本书获宜宾学院2018年度校级应用型示范课程《行政法与行政诉讼法》项目基金支持；
获宜宾学院2019年度校级线下一流课程《行政法与行政诉讼法》项目基金支持

行政法与行政诉讼法理论与实务

李凤军　王夏玮　主编

Administrative Law and Administrative Procedural Law Theory and Practice

法律出版社
LAW PRESS·CHINA
北京

图书在版编目(CIP)数据

行政法与行政诉讼法理论与实务 / 李凤军, 王夏玮主编. -- 北京 : 法律出版社, 2023

ISBN 978 - 7 - 5197 - 6671 - 9

Ⅰ. ①行… Ⅱ. ①李… ②王… Ⅲ. ①行政法 - 研究 - 中国②行政诉讼法 - 研究 - 中国 Ⅳ. ①D922.104 ②D925.304

中国版本图书馆 CIP 数据核字(2022)第 063134 号

行政法与行政诉讼法理论与实务
XINGZHENGFA YU XINGZHENG SUSONGFA LILUN YU SHIWU

李凤军　王夏玮 主编

策划编辑 许　睿
责任编辑 许　睿
装帧设计 李　瞻

出版发行 法律出版社
编辑统筹 司法实务出版分社
责任校对 朱轶佳
责任印制 胡晓雅
经　　销 新华书店

开本 710 毫米 × 1000 毫米　1/16
印张 21.25　　**字数** 381 千
版本 2023 年 3 月第 1 版
印次 2023 年 3 月第 1 次印刷
印刷 唐山玺诚印务有限公司

地址:北京市丰台区莲花池西里 7 号(100073)
网址:www.lawpress.com.cn
投稿邮箱:info@lawpress.com.cn
举报盗版邮箱:jbwq@lawpress.com.cn
销售电话:010 - 83938349
客服电话:010 - 83938350
咨询电话:010 - 63939796

书号:ISBN 978 - 7 - 5197 - 6671 - 9　　**定价**:85.00 元

凡购买本社图书,如有印装错误,我社负责退换。电话:010 - 83938349

目　　录

第一章　行政法基础理论

导入案例

王某某是一名初三年级学生，即将面临中考，学校为了完成考取重点高中的指标，制定了很严格的学习纪律，包括不能迟到、不能旷课、不能早退、不能谈恋爱，规定迟到、早退一次罚款10元，旷课一次罚款20元，谈恋爱罚款200元。最近，由于老师布置的作业较多，以致要做到深夜才能完成，第二天起床晚了，赶到学校就迟到了，一个月下来，迟到6次，被罚款60元，还有一次生病不能上学，由于家长工作忙忘记给王某某请病假，也被当作旷课处理，罚款20元。

思考：学校有无权力对迟到、早退、旷课、谈恋爱的学生进行罚款？这些学生该如何应对？

提示：平时所讲的处罚与行政法上的处罚具有明显区别，案例中学校的罚款行为不是行政处罚。

第一节　行政法概述

一、行政

行政法是关于行政的法。行政①也称行政活动、行政管理，原义是指组织管理、对事务的执行。从一般意义上讲，行政是指社会组织对一定范围内的事务进行组织与管理的活动。行政存在于所有社会组织之中，国家以及其他社会组织都

---

① 从行政法的角度，学者多是从"三权分立"来界定公共行政范围，使得"行政"在行政法上有其特定的含义，尽管在不同社会制度、不同法律传统和不同历史时期的国家中，行政法学理论对行政有着不同的解释。第一，分权说，或称除外说、排除说、狭义行政说。这种学说是以国家权力划分的标准来界定行政的，认为行政是国家权力的一个组成部分。比如，德国学者耶林纳克在其《行政法》一书中认为，"行政是包含立法、司法以外的一切国家作用"；日本学者美浓部达吉在所著《行政法概要》中强调，"行政即行

有其行政活动。其中,国家实施的行政活动也被称为“国家行政”或“公共行政”,是指专门的国家机关基于公共利益对国家和社会事务的组织与管理。公共行政与私行政相比,具有以下几个特点:

1. 行政具有国家意志性。行政不是一般的社会活动,更不是一种个人的活动,而是一种国家的活动,它的目的和任务是实现国家的职能,即建立有利于统治阶级的政治、经济、文化秩序。因此,这种管理活动只能由国家机关负责,并以国家的名义处理内外事务从而体现国家意志。

2. 行政具有执行性。根据《中华人民共和国宪法》(以下简称宪法)的规定,人民代表大会是国家权力机关,各级行政机关是本级权力机关的执行机关,它由本级权力机关产生,对本级权力机关负责,受本级权力机关监督。相对权力机关而言,行政管理必然是一种执行性的活动,它必须执行权力机关所赋予的任务,而没有“抗衡”的权力。因此,行政是一种执行性的活动,是行政机关执行权力机关意志的活动。

3. 行政具有法律性。现代行政管理是一种法治的管理。从各国法治的普遍

于法律之下的国家行为中除去司法行为部分”。这一学说只指出了行政的外部形式特征,而没有涉及行政的实质性内容,难以表达行政的内含。第二,职能说,或称国家意志执行说。这种学说认为,在所有的政治体制中都存在着两种主要的或基本的功能,即国家意志的表达功能和国家意志的执行功能。执行国家意志的功能被称作行政。美国行政法学家古德诺主张国家职能两分法,他对孟德斯鸠的三权划分不以为然,甚至认为,“如果孟德斯鸠作进一步的研究的话,他本应发现,政府的这第三种功能即司法功能的存在,不能仅由法官是独立的这一事实作出断言”。古德诺在《政治与行政》一书中指出:“在所有的政府体制中都存在着两种主要的或基本的政府功能,即国家意志的表达功能和国家意志的执行功能……这两种功能分别就是:政治与行政。”第三,目的说,或称目的实现说、广义行政说。这种学说认为,国家的一切活动和作用都是行政。德国行政法学者奥托·梅叶主张,行政是实现国家政治目的的一切活动。日本行政法学者田中二郎认为:“行政是在法律规定的基础上,受法律制约,在现实之中,以积极实现国家目的为目标所进行的,全体统一的、连续不断的国家活动。”目的说简单地把行政等同于为国家目的而进行的一切活动,其内涵不够明确。这是一种警察国家的行政观,已与法治观念不相符合。第四,管理说。这种学说认为,行政是指政府事务的管理。萨佛里兹编的《公共行政词典》认为,行政是指政府事务的管理和指导。这种见解目前在国外较为普遍,与国内多数学者所称之行政管理比较接近。无论关于行政的分权说、除外说、职能说、管理说或者其他学说,自有其道理和逻辑。从不同的视角观察行政,对若干行政现象的观察和思考会促使人们更现实地谈论行政,并对行政作出由“微”至“宏”的解释和描述。在对行政的理解和描述中,人们将不约而同地使用公共行政、平衡行政、法治行政、程序行政等词汇展示理想的行政和行政的未来。这些对行政的定义是建立在不同的国家机关相互分工基础上的,因此对我国行政法中的“行政”进行定义时,上述内容自然具有借鉴的价值。

性而言，“政府服从法律，行政受法的支配是法治的一般原则之一”。[①] 现代行政尤其是我国行政，不能超越法律而应当受法律制约。“依法行政”是当代行政法的原则和核心，它要求一切行政活动都必须遵循法律所规定的条件、程序、方式、形式等，违法行政显然没有法律效力。

4. 行政具有强制性。行政的国家意志性和法律性也反映出行政具有其强制性的特点。既然行政是国家的活动，它则当然以国家强制力作为其实施的保障；既然行政是法律活动，由法律所确认，它则当然由法律强制力保证其实施。行政主体所实施的行政活动，作为相对人有服从、接受的义务，否则，行政主体就可以借助法律手段来强制相对人执行和服从自己的行政决定。

二、行政法

（一）行政法的概念

行政法是调整行政关系，规范行政组织及其职权、行政行为的条件与程序，以及对行政活动予以监督的各种法律规范之总和。[②] 对这一概念要从以下三个方面来掌握：

1. 行政法是调整行政关系的法。

2. 行政法是规范行政组织及其职权、行政行为的条件与程序，以及对行政活动予以监督的法律规范。行政法主要由行政组织法、行政活动法和监督行政法三部分组成。

3. 行政法是有关行政活动的各种法律规范的总和。

---

① 姜明安：《行政法与行政诉讼法》，北京大学出版社、高等教育出版社 1999 年版，第 5 页。

② 关于行政法学的认识，较有影响的有控权论、管理论和平衡论三种学说。控权论认为行政法的重点在于控制行政主体的权力，保护行政相对人权益免受行政主体滥用职权行为的侵害，以建立和维护自由、民主和人权保障的法的秩序。管理论认为行政法的重点在于规范行政相对人的行为，保障行政管理的顺利进行，以建立和维护有利于提高管理效率、实现管理任务的法的秩序。平衡论认为行政法的重点在于尽可能在总体上平衡行政主体与相对人的权利义务，兼顾公共利益和个人利益，建立和维护民主和效率有机统一和协调发展的法的秩序。参见姜明安主编：《行政法与行政诉讼法》，北京大学出版社 2005 年版，第 98－110 页。

(二)行政法的特征

1. 行政法没有统一、完整的法典。[①] 与民法、刑法等其他部门法不同,由于行政事务的复杂、多样和广泛性,行政法尚难以制定出一部统一、完整、具有综合性的法典,它由具有不同效力层次的宪法、法律、行政法规、地方性法规和规章中的法律规范所共同组成。

2. 行政法的内容广泛。行政活动涉及国家的国防、外交、经济、文化、教育、卫生、城乡建设等各方面的管理,因而决定了行政法的内容也必然极为广泛。

3. 行政法通常将实体规范与程序规范合为一体。由于行政法的内容复杂、广泛,为了适用上的方便,行政法通常将实体规范与程序规范合为一体,规定在同一个法律文件之中。

4. 行政法的内容变动性较大。这一特征是由行政活动所具有的易变性所决定的。行政所面临的情况错综复杂,行政法必须适应不断变化的情况并及时作出调整。

(三)行政法的内容

行政法的内容广泛,大体可以分成行政组织法、行政活动法和监督行政法三个主要部分。行政组织法主要规定行政机关的组织形式、结构,行政机关的设置及权限分配,行政职权的设定和范围以及行政机关公务人员的管理制度等。行政活动法也称“行政行为法”,主要规定行政机关实施行政活动的范围、方式,行使行政权力的条件和程序,公民、法人和其他组织一方参与行政活动的方式、方法等。监督行政法主要规定对行政机关行政活动的监督及对违法的行政活动造成后果的补救。

对上述三类行政法规范,按照其性质,又可以分为实体行政法与程序行政法两大内容。实体行政法规定行政机关、公民一方以及国家监督机关在行政活动中各自具有本质属性的权利义务。如税务机关与纳税人之间的征税权力和纳税义务。程序行政法则主要规定行政机关、公民一方以及国家监督机关在行政活动中

---

① 有学者指出了三点理由:行政法的调整对象过于广泛,且多种多样,各种不同的行政关系又存在较大差别,很难将之以统一的规范加以调整;部分行政关系的稳定性低、变动性大,有必要留给法律位阶较低的法规和规章调整,而不适宜用统一法典进行规范;行政法作为一个独立的法律部门产生较晚,规范各种行政关系的最一般基本原则尚未完全形成或不成熟,从而不具备编撰统一法典的条件。参见姜明安主编:《行政法与行政诉讼法》,北京大学出版社 2005 年版,第 26 页。

各自为保障实体性权利义务得以形成和正常运行的手段性或过程性权利义务。

三、行政法的调整对象

行政法的调整对象是指行政法所要规范的特定的社会关系，这些社会关系是因行政活动而形成的。具体来说，主要包括以下四类：

1. 行政管理关系。行政管理关系是行政机关在运用行政权对行政相对人服务、管理过程中所形成的行政机关与行政机关之间的关系、行政机关与公务员之间的关系、行政机关与公民、法人及其他组织之间的关系。其中，行政权在行使过程中所形成的行政机关与公民、法人及其他组织之间的关系是最主要、最常见的行政关系，也是行政法调整的最主要的行政关系。行政管理关系与其他法律关系相比，其独特点在于：关系的双方只能是行政机关和行政相对人，而且行政机关在关系中占主导地位。

2. 行政监督关系。行政监督关系是在对行政权实施监督的过程中形成的社会关系。为了确保行政权的合法、正当行使，法定的监督主体要对行政活动实施监督，因而会形成监督行政过程中的各种社会关系。监督主体是指那些根据宪法和法律授权，依法定方式和程序对行政职权行使者及其所实施的行政行为进行法制监督的国家机关，包括国家权力机关、国家司法机关和行政监察机关等。监督对象包括行政主体、国家公务员和其他行政执法组织和执法人员。行政监督关系的特点在于，双方主体的多元性，关系的内容因具体参与主体不同而具有较大的差异性，行政监督主体在关系中占主导地位。

3. 行政救济关系。行政救济关系是行政相对人认为其合法权益受到行政主体行政行为的侵犯，向行政救济主体申请救济，行政救济主体应行政相对人的请求，对其申请予以审查，作出向相对人提供或不予提供救济的决定而发生的各种关系。行政救济主体是指法律授权其受理行政相对人申诉、控告、检举和行政复议、行政诉讼的国家机关。行政救济关系的特点在于：存在行政相对人、行政主体和行政救济机关三方主体，行政救济主体在关系中占主导地位，部分行政救济关系和行政监督关系重合。

4. 内部行政关系。内部行政关系是行政主体内部发生的各种关系，包括上下级行政机关之间的关系，平行行政机关之间的关系，行政机关和所属机构、派出机构之间的关系，行政机关与国家公务员之间的关系，行政机关与其委托行使某种特定行政职权的组织之间的关系，行政机关与法律法规授权组织之间的关系等。内部行政关系的特点在于：关系的主体是多元的，关系的类型是多种多样的，部分内部关系的双方主体处于平等地位,不存在起主导作用的一方,而且关系受法律调整的范围和程度小于外部行政关系。

在上述四种行政关系中,行政管理关系是最基本的行政关系。因为国家建立行政系统是为了行政管理,而不是为了接受监督和提供救济。但行政系统一经建立,就必须协调其系统内部的关系以保证有效地对外实施管理。同时,为了减少和避免管理过程中出现的违法和侵权现象,必须建立法制监督和救济制度。

四、行政法的渊源

法的渊源,指法的存在形式。① 行政法的渊源主要包括:

(一)宪法

宪法规定国家的基本制度和公民的基本权利与义务,是国家的根本法,具有最高的法律效力,是所有部门法的渊源。我国宪法作为行政法的渊源,其包含的行政法规范主要有:

1. 关于行政管理活动基本原则的规范。如关于依法治国、建设法治国家的原则、人民参与国家管理的原则、保障人权和保障公民权利自由的原则、法制统一的原则、行政首长负责制原则、行政机关工作人员接受人民监督的原则等基本原则规范。②

2. 关于国家行政机关组织、基本工作制度和职权的规范。如关于国务院的组织、基本工作制度和职权的规范;关于国务院各部委和审计机关的基本职权规范;关于地方各级人民政府的组织、基本工作制度和基本职权的规范;关于民族自治地方人民政府的组织、基本工作制度和基本职权的规范。③

3. 关于国家行政区域划分和设立特别行政区的规范。④

4. 关于公民基本权利和义务的规范。如关于公民批评权,建议权,申诉权,私有财产权,获得赔偿、补偿权,言论、出版、机会、结社、游行、示威自由权,非经法定程序不受逮捕、拘留权,劳动权,受教育权,社会保障权,纳税的义务,遵守法律、公

---

① 关于法的渊源,还有法原动力说、法原因说、法制规定说、法的规范说和法事实说等观点。参见王名扬:《法国行政法》,中国政法大学出版社 1989 年版,第 14 – 16 页。

② 参见《中华人民共和国宪法》第 2 – 5、13、27、33、41 条。

③ 参见《中华人民共和国宪法》第 85 – 92、105 – 110、112 – 122 条。

④ 参见《中华人民共和国宪法》第 30、31 条。

共秩序、社会公德的义务的规范。[1]

5. 关于国家发展教育、科学、医疗卫生、体育、文学艺术、新闻广播、出版发行等事业方针政策的规范；关于发挥知识分子作用、建设社会主义精神文明、推行计划生育、保护环境、防止污染和其他公害的规范；关于加强国防、保卫国家安全和维护社会秩序的规范等。[2]

（二）法律

法律是全国人民代表大会及其常务委员会制定的规范性文件。其中，全国人民代表大会制定的法律为基本法律，如《国务院组织法》《行政处罚法》《行政诉讼法》等；全国人民代表大会常务委员会制定的法律为一般法律，如《国家赔偿法》《行政强制法》《食品安全法》《药品管理法》等。[3] 法律作为行政法的渊源，是指法律中有关行政活动的法律规范。如规定行政权的设定、行政权的运作以及对行政的监督和救济等的规范，它们都是行政法的基本组成部分。法律不得与宪法相抵触，否则无效。

（三）行政法规

行政法规指国务院根据宪法、法律和国家权力机关的特别授权，按照法定程序制定和发布的具有普遍约束力的法律文件。行政法规的具体名称有"条例"、"规定"和"办法"三种。行政法规在全国范围内有效，其内容都与行政活动有关，它们是行政法的重要渊源。但行政法规的效力低于宪法和法律，不得与宪法、法律相抵触，否则无效。

（四）地方性法规与自治条例、单行条例

地方性法规是指省、自治区、直辖市以及设区的市，省、自治区人民政府所在地的市、经济特区市和国务院批准的较大的市的人民代表大会及其常务委员会在不同宪法、法律、行政法规相抵触的情况下制定的规范性文件。自治条例和单行条例是指民族自治地方的人民代表大会依照法定权限，结合当地民族的政治、经

---

① 参见《中华人民共和国宪法》第10、13、33－56条。

② 参见《中华人民共和国宪法》第19－29条。

③ 基本法律和非基本法律只是从制定机关上所作的形式上的区分，前者的重要性并不一定高于后者，这是因为全国人大一年只开一次会议，许多重要的法律不能等到全国人大来通过。

济和文化的特点所制定的规范性文件,只限于民族自治地方适用。[①]

(五)规章

规章分为部委规章和地方政府规章。规章都是由特定国家行政机关就各自领域的行政管理事项制定的、具有普遍约束力的规范性文件。其中部委规章是指国务院各部、各委员会根据法律、行政法规及国务院的决定、命令,在本部门的权限内制定的规范性文件。地方政府规章是指省、自治区、直辖市人民政府,省、自治区人民政府所在地的市政府,经国务院批准的较大市的政府以及国家权力机关特别授权的市政府根据法律、行政法规、地方性法规所制定的规范性文件。地方政府规章的效力低于宪法、法律、行政法规以及本地区的地方性法规,并只在本行政辖区内有效。

(六)国际条约与协定

我国参加和批准的国际条约或与其他国家签订的协定中涉及国内行政管理的,是我国行政法的渊源。但声明保留的条款除外。如我国和很多国家签订的领事条约,其中关于领事馆的设立、馆长的任命、承认、领事的职权、护照和签证的颁发、同派遣国国民的联系、公证与认证等规定都涉及国家行政管理,调整一定领域的行政关系。

(七)法律解释

法律解释是指在法律适用过程中,有权的国家机关对法律的有关概念、界限以及如何适用所作的阐释、说明或补充。[②] 具体而言,是指行政执法机关和司法机关在执法、司法活动中对法律、法规、规章所作的解释。法律解释除了行政解释和司法解释外,还存在立法解释和学理解释,但这两种解释在法的渊源中不占重要

---

① 注意,自治条例和单行条例不同于地方性法规。地方性法规必须不同宪法、法律、行政法规相抵触,而自治条例和单行条例则可依照当地特点制定,对某些法律和行政法规的规定作适当变通。而且,在制定机关上,自治条例和单行条例可以由省一级的自治区、省辖市一级的自治州以及县一级的自治县的人民代表大会制定。最后,地方性法规报全国人大常委会备案,而自治区的自治条例和单行条例须报全国人大常委会批准,自治州、自治县的自治条例和单行条例须报省或自治区人大常委会批准和报全国人大常委会备案。

② 关于法律解释的具体规定,参见1981年6月10日第五届全国人大常委会第19次会议通过的《关于加强法律解释工作的决议》。注意,法律解释不应超出法律本身的范围,不能就法律本身没有规范的事项进行规范,不能设立法律本身没有设立的权利、义务;法律解释机关应享有解释的权限;法律解释应遵循法定程序;立法解释一般优于司法解释和行政解释,而司法解释优于行政解释。

地位。立法机关的根本任务在于立法而不是解释,应在立法过程中尽可能把法律调整的事项规定明确,而不是留有空间待以后去解释。至于学理解释,虽然对执法和司法有一定影响,但它本身没有法律效力。

五、行政法的作用

行政法与其他部门法相比,对加强国家的法治建设、促进经济发展以及建构和谐社会都具有重要作用,其主要包括:

1. 行政法是实现依法治国的一个重要的法律部门。实现依法治国的重点是要求行政机关依法行政,行政法通过规定行政机关的组织、职权,行使职权的条件、方式和程序,对行政机关公务人员各项管理制度,公民一方参与行政活动的方法,监督主体对行政活动的监督以及对违法的行政活动造成后果的补救等,促使行政主体依法行政,从而实现依法治国的目标。

2. 规范和控制行政权,保障公民的合法权益不受侵犯。规范和控制行政权,防止行政权被滥用,也是行政法的重要功能。通过这种规范与控制,可以防止违法行使的行政权对公民一方造成侵害,从而有效地保障公民的合法权益的享有和实现。

3. 促进我国市场经济的建立与完善。市场经济要求经济自治,要求建立平等、自由、开放的竞争秩序,市场经济的建立和完善,固然离不开民商法的调整,但同样需要行政法的保障。行政法的作用,一方面是确认各市场主体的各种经济权利和义务,建立公正的竞争规则,以良好的经济秩序来促进市场经济的发展;另一方面则可以通过严格设定行政权和规范行政权的运作,排除行政权对市场的违法干预,以保障市场的正常运转。

4. 预防和化解社会矛盾。行政法一方面可以通过制度设计来保障政府服务于民,规范行政行为的依法实施,从而减少和防范政府与公民一方的冲突和纠纷产生;另一方面还可以通过行政复议、行政诉讼、行政信访等救济制度解决政府与公民之间已发生的行政争议,化解矛盾,从而促进政府与公民等一方之间关系的和谐。此外,行政法还通过行政调解、行政裁决等制度的构建,及时、妥善解决相关纠纷,化解社会矛盾,促进社会的和谐。

第二节　行政法律关系

一、行政法律关系的概念与特征

（一）行政法律关系的概念

行政法律关系是指行政法对在实现国家行政职能过程中产生的各种社会关系加以调整后所形成的行政主体之间以及行政主体与其他各方之间的权利义务关系：

1. 行政法律关系是行政法规范对一定社会关系调整后所形成的特定法律关系的总称。这些社会关系是行政主体在实现国家行政职能的范围内发生的各种社会关系，其他范围的社会关系不在此列，也不由行政法规范调整。

2. 行政主体在实现国家行政职能范围内发生的各种社会关系，并不等于行政法律关系。行政法律关系是指经过行政法律法规调整过的社会关系，但在行政主体实现国家行政职能范围内发生的部分社会关系，并没有相应的行政法律调整，是一种行政事实关系。

3. 行政法律关系的双方可以都是行政机关或者行政机构，行政机关或者行政机构和行政主体不能划等号。行政主体是在特定的行政法律关系中具有行政管理职能的国家行政机关或行政机构，在某具体特定的行政法律关系中，国家行政机关或行政机构没有行使行政管理职能，它可以成为行政被管理者，虽然也是行政法律关系的一方主体，但不是行政主体。双方形成由行政法所确定的权利义务关系。

（二）行政法律关系的特征

1. 在行政法律关系双方主体中，行政主体一方具有恒定性。这是行政法律关系主体方面的特征。无论是何种类型的行政法律关系，在其双方主体中必有一方是行政主体。

2. 行政法律关系主体双方互有权利义务，但具有不对等性。行政法律关系主体双方互有权利义务，是指主体双方相互行使权利并履行义务，不存在一方只行使权利而另一方只履行义务的情况。但这种权利义务的对应并不是权利义务的对等。互有权利义务要求主体相互之间既行使权利，又要履行义务，反之亦然。

权利义务的对等则进一步要求主体双方相互的权利义务是等值的或基本等值的。行政法律关系的不对等性，是指主体双方虽对应地相互既享有权利又履行义务，但各自权利义务的质量却不对等。

3.行政法律关系中的国家权力一般不具有可处分性。在行政法律关系中，主体中相当一部分都是国家机关，其拥有并行使的都是国家权力。在应当运用时必须运用，在不应当运用时则不得运用。这是由其权力的性质使然。由这一特征，决定了这种权力对拥有它的国家机关来说，又是一种责任或义务。

4.行政法律关系设定的灵活性与及时性。行政法律关系内容丰富，种类繁多，难以由一部统一的法典加以全面设定。同时，行政法所调整的行政关系由于行政事务的复杂多变而具有较大的变化，这就带来了行政法律关系设定的灵活性与及时性特征。这一特征主要表现为：第一，行政法律关系在不易由立法机关以统一法典全面设定的情况下，通常要以更多的方式来灵活设定。第二，行政法律关系设定的周期较短，一旦新的社会关系出现而又有必要由行政法加以调整时，行政立法就要尽快作出反应，及时予以确认或肯定。第三，在许多情况下，已设定的行政法律关系存续期不长，一旦社会生活有了变化而已设定的行政法律关系与之不相适应，就需要废止或修改，已设定的行政法律关系需要及时变动。

二、行政法律关系的分类

1.行政权配置关系、行政管理关系和监督行政关系。以行政法调整对象的基本类型为标准，可以将行政法律关系分为行政权配置过程中的法律关系、行政活动过程中的法律关系与监督行政过程中的法律关系。行政权配置关系是行政主体相互之间的行政职权分配、分工及配合关系；行政权运行关系是具有国家行政权力的行政主体在行使行政权时，与他方之间的管理、服务等关系；行政权监督关系是各监督主体对行政主体的监督关系。

2.实体法律关系与程序法律关系。以调整行政法律关系的"法律规范"为标准，可以将其分为实体法律关系与程序法律关系。实体法律关系是决定人们之间具有本质属性的事实、状态和结果的权利义务关系。这种权利义务决定着主体的存在，是目的性或结果性的权利义务关系。程序法律关系是保障实体性权利义务关系得以形成和正常运行的权利义务关系，是手段性或过程性权利义务关系。如国家税务机关为了保障征税权的正常行使而具有调查权、执行权，纳税人对之履行接受调查、提供证据的义务，以及纳税人为保证自己履行的是合法纳税义务而具有了解权，税务机关对之具有说明理由的义务，这些就是保障实体性权利义务关系得以正常运行的手段性程序法律关系。

3. 内部行政法律关系和外部行政法律关系。以法律关系主体的隶属关系为标准，可将其分为内部行政法律关系和外部行政法律关系。内部行政法律关系是行政主体之间或者行政主体与所属的公务人员之间因内部行政管理活动而形成的权利义务关系。外部行政法律关系是行政主体与行政相对人之间因外部行政活动而形成的权利义务关系。外部行政法律关系的主体之间没有上下级隶属地位和身份，因而没有内部管理权利义务的一些特点或形式，如命令权力与服从义务不像内部法律关系那样具有职位层级性等。

4. 行政主体相互之间的关系、行政主体与其公务人员的关系、行政主体与行政相对人的关系、行政主体与监督主体的关系。以行政法律关系主体的对应结构为标准，可以分为行政主体相互之间的关系、行政主体与其公务人员的关系、行政主体与行政相对人的关系、行政主体与监督主体的关系。行政主体包括国家行政机关、法律法规授权的组织。因此，行政主体之间的关系还可分为：(1)国家行政机关之间的关系。(2)行政机关与法律、法规授权的组织之间的关系。行政主体与公务人员的关系主要包括：行政主体对其公务人员的考试录用、调用、任免、奖惩、培训等人事管理关系，以及公务人员以行政主体名义行使行政职权、履行行政职责的工作代表关系。行政主体与行政相对人之间的关系是行政主体与相对一方的公民、法人和其他组织的关系，这是最常见的行政法律关系。这种关系内容极为丰富，包括管理关系、服务关系、合同关系、指导关系、补救关系，等等。监督主体与行政主体之间的关系是因对行政主体的行政活动实施监督而形成的关系。

5. 原初性法律关系、保障性法律关系和补救性法律关系。以法律关系的形成过程和作用为标准，可以将其分为原初性法律关系、保障性法律关系和补救性法律关系。原初性法律关系即行政法规范规定行政主体和行政相对人各自相互应当做什么或不应当做什么，可以做什么或不可以做什么，禁止做什么或不禁止做什么的内容，其目的是建立原初的行政管理秩序或行政服务秩序。保障性法律关系分为针对行政相对人而形成的关系和针对行政主体而形成的关系。补救性法律关系则是专门针对行政相对人予以补救而形成的法律关系。其目的是纠正在对行政相对人形成的保障性法律关系中所产生的差错。如当行政处罚这种保障性法律关系有错误时，还要通过补救性法律关系来纠正或作出弥补。

三、行政法律关系的要素

行政法律关系由主体、内容和客体三要素构成。

（一）行政法律关系的主体

行政法律关系的主体亦称行政法主体，或行政法律关系当事人，它是指行政法律关系中享有权利和承担义务的组织或个人。行政法律关系主体则是指参加行政法律关系的各方当事人，包括行政主体、行政公务人员、行政相对人以及对行政的监督主体。行政主体只是行政法律关系主体的一种。

（二）行政法律关系的内容

行政法律关系的内容是指行政法律关系主体相互之间的权利义务。行政法律关系的主体较为广泛，行政主体与不同的另一方主体相对应形成多种行政法律关系，而不同类型的行政法律关系其权利义务也各有区别。

1. 行政主体相互之间以及行政主体与其公务人员之间的权利义务。

2. 行政主体与行政相对人之间的权利义务。行政主体与行政相对人之间的权利义务可从以下两个角度来看：第一，行政主体对行政相对人的权力及行政相对人对行政主体的义务。第二，行政相对人对行政主体的权利和行政主体对行政相对人的义务。

3. 监督主体与行政主体的权利义务。监督主体是在监督行政法律关系中依法对行政主体享有国家监督权力或其他监督权利的各种主体，包括国家权力机关、国家司法机关、国家行政机关自身、行政相对人、其他各社会组织、团体及个人。

（三）行政法律关系的客体

行政法律关系的客体是指行政法律关系主体的权利、义务所共同指向的对象或标的。对于行政法律关系的客体，行政法学界有不同的观点。有的认为应当包括物、行为和智力财富，有的则认为行为不是客体，而应将行为的结果作为其客体。我们认为，行政法律关系的客体包括物、智力成果、人身、行为和行政权力。

1. 物。物是现实存在的、能够为人们控制和支配的物质财富。包括实物和货币。大多数行政法律关系都和物有着密切联系，有的直接以物为客体；有的虽以行为为客体，但仍与物紧密相关。因此，物在行政法律关系中占有重要地位。

2. 智力成果。智力成果是人们从事智力活动所取得的非物质财富。包括著作、科学发明、技术成果，等等。此外，信息等无形物也可成为行政法律关系的客体。

3. 人身。人身是法律关系的主体在人格关系、身份关系上所体现的、与其自身不可分离并受法律保护的利益。在行政法律关系中，人身可以成为其客体。如在行政处罚法律关系中，人身就成为行政主体行使行政拘留权的客体。此外，在行政救助法律关系、行政奖励法律关系、行政确认法律关系、行政强制法律关系中，人身都可成为行政法律关系的客体。

4. 行为。行为成为行政法律关系客体的情况主要有：作为行政管理法律关系客体的行为，这主要是行政相对人的行为；作为行政服务法律关系客体的行为，这主要是行政主体的服务行为；作为监督法律关系客体的行为，这主要是指行政主体接受监督时应作出的行为，等等。

5. 行政权力。行政权力是指行政主体依宪法和法律而享有的执行法律、管理行政事务从而实现行政职能的权力。在行政权力配置形成的行政法律关系中，行政权力本身就成为国家权力机关等权力配置主体和获得权力的行政主体双方之间行使权利和履行义务所指向的对象。行政权力作为行政法律关系的客体，可以存在于行政权力配置法律关系之中，也可以存在于上、下级行政主体之间的内部行政法律关系中，还可以存在于授权、委托的法律关系之中。

四、行政法律关系的产生、变更与消灭

（一）行政法律关系的产生

行政法律关系的产生，是指法定事由出现后，行政法律关系的主体之间按行政法规定的权利义务规则形成的必然的权利义务联系。行政法律关系的产生必须具备两个条件：

1. 行政法已设定了权利义务的规则，即规定权利义务的行政法规范是行政法律关系产生的根据。

2. 适用该权利义务规定的法律事实出现。法律事实包括法律事件和法律行为。法律事件分为社会事件和自然事件，都是不以人们的意志为转移的客观现象。社会事件即社会变革，自然事件是自然的变化。法律行为是产生行政法律关系的最主要法律事实。但这种法律行为只能是行政法预先规定的行为，即行政法预先已确定只有这类行为才能引起行政法律关系的产生。

（二）行政法律关系的变更

行政法律关系的变更，是指行政法律关系产生后，因一定的原因而发生局部的变化。但应当明确，行政法律关系的变更与原行政法律关系消灭后产生新的行政法律关系是不同的。行政法律关系产生之后如发生改变，只能是主体与客体的一定变化，而不能是内容即权利义务发生变化，无论人们之间在权利义务方面发

生什么变化，都意味着原有行政法律关系已消灭，并形成了新的行政法律关系。权利义务有质的变化，即权利义务性质的变化，如由行使权利变为履行义务，或者由此类权利义务变为彼类权利义务；也有量的变化，即权利义务的增加或者减少，这都表明原行政法律关系不再存在而产生了新的行政法律关系。

1. 主体的变化。主体的变化是指主体发生了不影响原权利义务的某种变化。这里的主体变化限于不影响原有权利义务的范围之内。如果他们发生的变化会带来权利义务即内容的改变，则属于是消灭原行政法律关系而建立新的行政法律关系。

2. 客体的变化。客体的变化是指客体发生了不影响原权利义务的某种变化，通常只能是具有可替代性的变化，即以一种客体取代另一种客体。如果客体不具有可替代性，则不能发生变化。客体的变化也只限于在不影响原有权利义务的范围之内。如果他们发生的变化会带来权利义务即内容的改变，也属于消灭原行政法律关系而建立新的行政法律关系。

在行政法律关系中，人身、不作为都是不能替代的，它们作为行政法律关系的客体时不能发生变更问题。如人身、不作为行为都不能变更为物这种客体，否则就会形成以金钱换取不执行拘留处罚、不履行不作为义务的非法状态。

（三）行政法律关系的消灭

行政法律关系的消灭，是指原行政法律关系不再存在，包括主体、客体和内容即权利义务的消灭。但其核心应是主体双方原有权利义务的消灭。

行政法律关系消灭的原因通常是：第一，主体双方之间因已产生的行政法律关系存在没有意义或没有必要而终止。第二，原产生的行政法律关系已完成而使其消灭。原产生的行政法律关系，因权利得以实现或义务已被履行完毕，该行政法律关系因完成而得以消灭。第三，原适用的行政法律关系模式的取消使行政法律关系消灭。第四，行政相对人放弃权利使行政法律关系消灭。行政相对人的权利属于他们自己，他们可以自主地处分自己的权利。一旦他们放弃权利就免除了行政主体对他们原有的义务，从而消灭了双方的权利义务关系。

以行政法律关系主体、客体以及内容等要素的消灭为标准，可以将行政法律关系的消灭分为以下类型：

1. 行政法律关系内容即权利义务的消灭。权利义务不存在则行政法律关系也不再存在。权利义务这一要素的消灭，通常由于是已被适用的设置行政法律关系的规则被废除、权利义务已行使或履行完毕以及行政相对人放弃自己的权利等。权利义务的消灭是行政法律关系人为的消灭，即人们有意识、有目的地消灭已产生的行政法律关系。

2. 因主体消灭使权利义务归于消灭。行政法律关系主体的消灭,不一定必然导致行政法律关系的消灭。主体的消灭可以形成行政法律关系的变更和消灭两种情况:第一,原主体消灭后,有新的主体承接原主体的权利义务,即权利义务并没有消灭,则行政法律关系只是变更而不是消灭。第二,原主体消灭后,没有主体承接或不能有承接主体,则权利义务要随之消灭。

3. 因客体的消灭使原权利义务归于消灭。行政法律关系客体的消灭也不一定必然导致行政法律关系的消灭。

第三节 行政法的基本原则

行政法的基本原则,是指反映行政法的本质和基本价值要求,集中体现行政法的目的和价值,贯穿于行政法规范之中,并指导行政法的制定、执行和遵守,规范行政行为实施和行政争议解决的基本准则和原理[①]。

一、依法行政

依法行政是指行政机关实施行政管理,应当依照法律、法规、规章的规定进行;没有法律、法规、规章的规定,行政机关不得作出影响公民、法人和其他组织合

① 行政法的基本原则具有以下功能:(1)有助于中国行政法制的统一、协调和稳定。我国行政管理的广泛性、多样性和复杂性,决定了行政法律规范的广泛性、多样性和复杂性。然而,这些广泛、多样和复杂的行政法律规范所体现的基本精神是统一的。同样,由于上述行政管理的特点,使得我国的行政法律规范更易变动,但相对多变的行政法律规范所体现的基本原则则是稳定的。在行政立法、行政执法和行政司法中坚持行政法的基本原则,显然有助于中国行政法制的统一、协调和稳定。(2)有助于对行政法律规范在适用时的准确理解。行政法的基本原则贯穿于所有的行政管理法规中,指导和统帅着所有的行政法律规范。因此,深刻地把握行政法的基本原则,有助于我们认识行政法的实质,有助于在执法和司法中准确地理解条文和适用条文。(3)弥补行政法规范的漏洞,直接作为行政法适用。由于行政法调整的领域非常广泛,涉及国家生活和社会生活的方方面面,要求立法机关制定没有任何漏洞的法律是不可能的。现代科学技术的发展和全球一体化的趋势,使社会变革的步伐加快,部分行政法律规范落后于时代也是不可避免的。我国处于新旧体制的转型时期,行政法律规范不适合或者没有调整新型的行政关系的情况,就更加突出。在这种情况下,行政法基本原则就可以起到弥补行政法律规范的空白或者漏洞的作用。在没有明确的法律规定时,可以直接适用行政法的基本原则;法律规定的内容比较抽象或者宽泛时,可以根据行政法基本原则进行解释。当然,适用行政法基本原则没有适用具体的行政法律规范那样容易,它对执法人员的素质提出了更高的要求。

法权益或者增加公民、法人和其他组织义务的决定[①]。具体包括：

（一）法律创制

法律对行政权的运作、产生绝对有效的拘束力，行政权不可逾越法律而行为。超越法定权限的行为[②]无效，不具有确定力、拘束力和执行力。法治行政表现了法律与行政权的关系。行政权源自法律，或者基于法律的明确授权，或者基于法律对行政职能的规定。大凡能够对公民、法人和其他组织的权益产生不利影响的权力，如处罚权、强制权等，必须由法律明确授权。除此而外的行政权应是法定职能的自然展现，政府及其部门的法定职能将是其职权及职责的法律说明。

（二）法律优先

法律优先首先是指行政机关的一切行政活动都要服从全国人大及全国人大常委会所制定的法律。其次，法律优先指法律在效力位阶上处于最高层次，在行政活动所依据的法律、法规和规章中，法律的位阶高于行政法规、行政规章和行政规范性文件等任何其他规范，一切行政法规、行政规章和行政规范性文件等都不得与法律相抵触。法律优先的具体要求是：

1. 在已有法律规定的情况下，任何其他法律规范，包括行政法规、行政规章和地方性法规，都不得与法律相抵触，凡有抵触的，都以法律为准。

2. 在法律尚无规定，其他法律规范作了规定时，一旦法律就此事项作出规定，法律优先，其他法律规范的规定都必须服从法律。

（三）法律保留

法律保留是指宪法关于人民基本权利的限制等专属立法事项，必须由立法机关通过法律规定，行政机关不得代为规定，行政机关实施任何行政行为皆必须有法律授权，否则，其合法性将受到质疑。法律保留严格区分国家立法权与行政立法权，是行政法治在行政立法领域的当然要求，其根本目的在于保证国家立法的至上性，划定立法机关与行政机关在创制规范方面的权限范围，防止行政立法权

---

① 行政合法性原则是行政法治的核心内容。它是指行政权的设立、行使必须依据法律，符合法律要求，不能与法律相抵触。行政合法性原则要求行政主体必须严格遵循行政法规范的要求，不得享有行政法律规范以外的特权，超越法定权限的行为无效；违法行政行为依法应受到法律制裁，行政主体应对其违法行为承担相应的法律责任。

② 越权行为包括无权限、级别越权、事务越权和地域越权四种。

的自我膨胀。

法律保留又分为绝对保留和相对保留。绝对保留是指某些事项必须由最高国家权力机关自己进行立法而不能委托国家行政机关立法,相对保留是指有些事项最高国家权力机关既可以自己立法也可以依法委托给国家行政机关立法。

（四）行政行为必须符合法律

这就要求政府守法,行政机关依法办事。依法办事的“法”,包括法律、法规和规章。优于法律的明文规定有限,始终存在滞后性,为了实现正义,行政行为还必须考虑法的精神。

1. 行政主体必须具有合法的资格。行政主体具有合法资格,包括两个方面:①实施行政行为的主体必须是依法成立的行政机关或者是法律、法规授权的组织。②行政主体必须是在法律规定的职权范围内或合法授权范围内实施行政行为,如果越权行政,也是违反了合法行政原则。

2. 行政行为内容必须符合法律规定。其主要包括以下内容:（1）行政行为必须依据充分、确凿的证据。（2）行政行为不得超越法定权限。行政权力的行使不能超越一定的限度。（3）行政主体实施行政行为必须依照法律条文的实体规定。

3. 行政行为必须符合法定程序。凡是法律规定有行政行为程序的,实施行政行为就必须按法定程序进行,否则,就属于行政程序上的违法。在法治行政进程中,程序的价值日益凸显,超越“运用程序兑现实体”的程序意识,通过程序实现正义已成为越来越重要的法治原则。行政法上程序性权利明确了相对人在行政过程中的主体性角色,行政遵循程序将与相对人一同建构以参与和监督为特征的民主化的行政过程,行政过程中由程序构建的对等、对话和对抗机制将有效发挥对权力的控约作用、对权利的保障作用和对权力与权利的平衡作用。

二、合理行政

合理行政要求行政机关实施行政管理,应当遵循公平、公正的原则。要平等对待行政管理相对人,不偏私、不歧视。行使自由裁量权应当符合法律目的,排除不相关因素的干扰;所采取的措施和手段应当必要、适当;行政机关实施行政管理可以采用多种方式实现行政目的的，应当避免采用损害当事人权益的方式。[①] 行政合理性原则的基本内容归纳为以下三项具体原则：(1)适当性原则——行政主体执行某一法律只能使用那些适合于实现该法目的的方法，而且必须根据客观标准而不是按照行政主体的主观判断来决定某种措施的适当性；(2)必要性原则(最温和方式原则)——行政主体在若干适合用于实现法律的目的的方法中，只能选择使用那些对个人和社会造成最小损害的措施；(3)比例原则(禁止越权原则)——适当地平衡一种行政措施对个人造成的损害与对社会获得的利益之间的关系，也禁止那些对个人的损害超过了对社会的利益的措施。合理行政原则的具体要求包括：

1. 行政行为必须平等对待相对人。行政机关在实施行政活动时必须出于公心，不抱成见、偏见，不存在歧视，平等对待行政相对人，做到同等情况同等对待，不同等的情况不同等对待。行政机关在行使自由裁量权时，对同等情况应同等对待。

2. 行政行为必须符合法律的目的。任何法律的制定都是基于一定的社会需要，为了达到某种社会目的。所有的法律规范也都是围绕于、服务于该项目的。行政机关在行使自由裁量权时，必须要符合有关法律、法规的目的，若与法律目的不符合者，即构成违反合理行政原则，该行为是不合理的行为。

3. 行政行为必须具有正当的动机，必须考虑相关的因素，排除不相关因素的干扰。

4. 行政行为必须符合比例原则的要求。行政机关实施行政行为应兼顾行政目的的实现和行政相对人权益的保护。比例原则的具体要求是：(1)行政机关拟实施的行政行为，特别是将对行政相对人的权益造成不利影响的行政行为，只有当该行政行为对达成相应的行政目的是必要的、必需的时，才能实施；(2)行政机

---

① 行政法上合理性原则的确立，与政府行政自由裁量权的存在和发展，以及人们对行政自由裁量权认识的深化，特别是对其控制意识的加强有关。所谓行政自由裁量权，是指行政主体在法律规范明示或默示的范围内，基于行政目的，在合理判断的基础上决定作为或不作为，以及如何作为的权力。行政主体拥有自由裁量权，并不意味着行政主体可以为所欲为，它同样要受到一定的约束。自由裁量行为要根据客观情况，在适度的范围内，符合社会大多数人的公平正义观念而实施。同时，我们在确认行政主体的自由裁量权时，为了防止对这一权力的滥用，必须加强对自由裁量权的控制，这是非常必要的。行政合理性原则正是基于自由裁量权而产生的。主要表现在：(1)法律不可能规范全部行政活动。由于社会活动的复杂多变，使国家行政活动出多变性与复杂性。法律不可能地全部行政活动作出细致的规定，行政主体只能在行政合理性原则的指导下，运用自由裁量权，根据客观情况采取适当的措施或作出合适的决定。(2)法律对行政活动的规范，应留出一定的余地，以便使行政主体根据具体情况处理。如果法律对行政活动规定得面面俱到，毫无自由裁量的余地，则最终可能导致行政主体束手无策。

关实施行政行为,如有多种方案可以实现行政目的,行政机关必须在多种方案中进行选择,选择其成本最小、收益最大且对相对人权益损害最小的方案实施;(3)行政机关拟实施行政行为,必须先进行利益衡量,只有通过利益衡量,确认实施该行政行为可能取得的公共利益大于可能损害的私人利益时,才能实施。

5. 行政行为必须符合其他公正法则。这是指行政行为除遵守上述六项要求外,还应遵守一些其他的公正法则,包括:(1)行政行为要符合事物的客观规律。(2)行政行为要符合常理,即日常生活中一般人都能理解并普遍遵守的准则。(3)行政行为要符合惯例。惯例是行政活动中经久形成的既定做法,经实践检验为正确、有效,行政机关在通常情况下应当遵守,除非有充分的理由。行政机关在没有充分理由的情况下,不得违背。

合法行政原则与合理行政原则同是依法行政原则的内容,二者之间有着密切的联系。行政行为不仅要合法,也要合理。两者的区别:第一,合法行政原则是合理行政原则的基础和前提,没有合法是谈不上合理的;第二,合理行政原则是合法行政原则的补充和发展,合法不一定合理,因此合理是合法的补充和更高要求;第三,合法行政原则是实质的标准,是对行政行为质的要求;第四,合理行政原则是精度上的标准,是对行政行为量的要求。两者互相作用,不可分割。

三、程序正当

程序正当要求行政机关作出影响行政相对人权益的行政行为,必须遵循正当的程序,包括:行政机关实施行政管理,除涉及国家秘密和依法受到保护的商业秘密、个人隐私的外,有关事项应当公开,注意听取公民、法人和其他组织的意见;要严格遵循法定程序,依法保障行政管理相对人、利害关系人的知情权、参与权和救济权。行政机关工作人员履行职责,与行政管理相对人存在利害关系时,应当回避。

程序正当原则的具体要求是:(1)行政公开。行政机关实施行政管理,除涉及国家秘密和依法受到保护的商业秘密、个人隐私的外,应当公开。它包括行政活动的依据公开、过程公开、结果公开、情报信息资料公开等。(2)不做自己案件的法官。这是指行政人员执行公务过程中,如处理与自己有利害关系的事务或裁决与自己有利害关系的争议时,应当回避,其目的是防止行政偏私,保障行政公正。(3)不在事先未通知和听取相对人申辩意见的情况下,作出对相对人不利的决定。行政主体在作出对相对人不利的行政决定前,必须事先通知相对人,听取相对人对有关事实、理由的陈述和申辩。这主要是为了防止行政决定的片面性,尽量避免作出错误的决定。(4)说明理由。行政主体在作出行政决定特别是对当事人不利的决定时,负有说明理由的义务,应说明的理由包括作出行政决定的事实根据和法律依据。(5)不单方接触。它要求行政主体在处理某一涉及两个或两个以上有利益冲突的当事人的行政事务或裁决他们之间的纠纷时,不能在一方当事人不在场的情况下单独与另一方当事人接触,听取其陈述,接受和采纳其证据,以防止偏听偏信或先入为主从而有失公平。(6)严格遵循法定程序,行政行为要符合法定的方式、步骤、顺序和时限。

四、诚实守信

诚实守信要求行政机关公布的信息应当全面、准确、真实。非因法定事由并经法定程序,行政机关不得撤销、变更已经生效的行政决定;因国家利益、公共利益或者其他法定事由需要撤回或者变更行政决定的,应当依照法定权限和程序进行,并对行政管理相对人因此而受到的财产损失依法予以补偿。

诚实守信原则的内容包括政府提供全面、准确、真实的信息、信守承诺和信赖保护三个方面:

1. 提供全面、准确、真实的信息。"全面"是指行政机关应当对可以公开的所有信息予以披露;"准确"是指行政机关对自己发布的信息应充分核实,认定无误后才能发布;"真实"是指行政机关不得提供虚假的信息误导相对人。

2. 信守承诺。行政机关在行政活动中应当言必行,行必果,对自己作出的承诺必须兑现。否则,应承担相应的法律责任。

3. 信赖保护。信赖保护是指因行政机关的职权行为使相对人获得了对某种利益的正当、合理信赖,行政机关便不得随意更改此行为,若确须改变此行为,必须对由此遭受损失的相对人承担责任。具体要求做到:(1)行政行为一经作出,非有法定事由并经法定程序不得随意撤销、废止或改变,以保护行政相对人的既得利益和合理期待。(2)行政机关对行政相对人作出授益行政行为后,即使事后发现有违法情形,只要这种违法情形不是因行政相对人的过错(如胁迫、欺骗或行贿等)造成的,行政机关亦不得撤销或改变,除非不撤销或改变此种违法行政行为将会严重损害国家、社会的公共利益。(3)行政行为作出后,如事后据以作出该行政行为的法律、法规、规章修改或废止,或者据以作出该行政行为的客观情况发生重大变化,为了公共利益的需要,行政机关可以撤销、废止或改变已经作出的行政行为。但是行政机关在作出撤销、废止或改变已经作出的行政行为的决定前,应进行利益衡量。(4)行政机关撤销或改变其违法作出的行政行为,如这种违法情形不是因行政相对人的过错造成的，对行政相对人因此受到的损失应予以赔偿。行政机关因公共利益的需要撤销、废止或改变其合法作出的行政行为，如这种撤销、废止或改变导致行政相对人的损失，要对相对人的损失予以公平的补偿。

五、高效便民

高效便民要求行政机关实施行政管理，应当遵守法定时限，积极履行法定职责，提高办事效率，提供优质服务，方便公民、法人和其他组织。

高效便民原则的基本内容包括：(1)行政机关实施行政管理，应当遵守法定时限。(2)积极履行法定职责，对属于自己法定职责范围内的事项，不得推诿、拒绝或不予答复。(3)要提高办事效率，提供优质服务，方便公民、法人和其他组织。也就是说，行政机关在行使其职能时，要力争以最快的时间、最少的人力、最低的成本耗费取得最大的效益，为公民、法人和其他组织提供最好的服务。

六、权责统一

权责统一要求行政机关依法履行经济、社会和文化事务管理职责，要由法律、法规赋予其相应的执法手段。行政机关违法或者不当行使职权，应当依法承担法律责任，实现权力和责任的统一。

权责统一原则的基本内容包括：(1)法律、法规应赋予行政机关依法履行经济、社会和文化事务管理职责相应的执法手段，做到有责必有权。(2)行政机关违法或者不当行使职权，应当依法承担法律责任，做到有权必有责，实现权力和责任的统一。(3)国家建立有效的法律责任追究制度，对行政机关和行政公务人员的违法、不当行为追究相应的法律责任，从而做到有权必有责、用权受监督、违法受追究、侵权须赔偿。

以案说法

刘某在街道所办的纸箱厂生产车间工作。2017年3月，刘某因违反生产纪律在车间抽烟，受到了厂方罚款20元并扣发当月奖金的处理。刘某对此处理极为不满，认为自己一向小心，虽在车间抽烟，但决不至于引发火灾。因此，在受到处罚后，刘某非但没有及时改正自己的错误，反为表示自己的不满，多次在厂领导来车间检查生产情况时刻意点上香烟，领导为此又多次对其进行了批评教育。2018年1月5月，刘某又在车间吸烟，因没有及时将烟头熄灭，点燃了车间堆放的纸板，后经众人奋力扑救，没有造成大的损失。发生此次事件后，纸箱厂有意开除刘某，但因纸箱厂是街道为解决就业问题而办，经厂方、刘某所在居委会、刘某父母等各方协商，于2018年1月15日作出如下处理决定：(1)由刘某负责赔偿因失火造成的损失；(2)对刘某予以开除留用察看，一年内不发奖金；(3)有关这次火灾的情况不向消防部门报告。2018年1月底，市公安局消防大队根据举报，对这次火灾事故进行调查后，根据《消防法》第63条的规定，作出了对刘某处以罚款200元的行政处罚决定。

问题：刘某在受到厂方的处理后，消防大队还可以对其处以罚款吗？

评析：厂方对刘某的处理与消防大队对刘某的处罚是两种不同性质的行为，前者是一般行政(或说是私行政)，受《劳动法》调解，后者是公共行政，受行政法调整。一般行政不能代替公共行政，所以消防大队在厂方对刘某进行了处理后仍可对其实施行政处罚。

第二章　行政法主体

导入案例

黄老太住在一家大超市附近,她和老伴是这家超市的常客。2019年春节前的一天,黄老太与老伴去超市买东西。眼看东西已经挑选得差不多了,老伴就推上满载货物的小车去交钱。这时,患有糖尿病的黄老太看见了放在出口处货架上的杏干,心想:都说得糖尿病吃点杏干好,顺手拿了一包。一看老伴已经交完钱出去了,心里一着急,拿着杏干就往外走,岂料刚走出超市门,就被超市保安抓了个“人赃俱获”。保安人员说:“我们超市有规定,5元以下商品未交款拿走者要罚1000元。”黄老太身上没有带那么多钱,只得将身上的100元钱和身份证押在了那里。次日,黄老太又带了500元钱到超市,有关人员又将500元扣下。回到家里,黄老太茶饭不香,夜不能寐,连春节都没过好,后向当地工商部门投诉。经过工商人员干预,超市负责人退还了黄老太的罚款。

思考:“超市”等不具有管理公共事务职能的组织能否成为行政主体?

提示:行政主体是行政职权的享有者、行政行为的实施者、行政责任的承担者。判断一个组织是否行政主体,就看其是否“三者”统一体。本案例中的“超市”不能成为行政主体。

第一节　行政主体

一、行政法主体与行政主体的概念及范围

行政法主体是指行政法调整的各种行政关系的参加人。这意味着只有参加到实际的、具体的行政关系中去,作为相应行政关系的实际参加人,才具有相应行政法主体的实际资格。当然,“参加”不一定是主动的参加,有时是被动受到某种行政关系的影响而具有行政法主体资格。而且,从理论上讲,行政关系的参加人

还不能等于行政法主体，只有当行政关系被行政法调整时，其参加人才是行政法主体。这是由于行政关系被行政法调整时才是行政法律关系，而行政法律关系的参加人才是行政法主体。因此，行政法主体是行政法律关系主体，而不等于行政关系主体。此外，行政法主体是行政法律关系中权利义务的承受者，不包括所有行政法律关系的参与人。例如，国家公务员代表行政机关实施各种行政行为，但国家公务员不是行政关系的行政法主体。

行政主体是行政法主体的一种，是指享有国家行政权力，能以自己名义从事行政管理活动，并独立承担由此产生的法律责任的组织。行政主体应符合以下几个条件：

1. 必须是依法具有行政权力的组织，即是行政权力的享有和行使者。这是行政主体与其他不享有和行使国家行政权的立法机关、司法机关以及公民、法人等的重要区别。

2. 必须能以自己的名义行使行政权，即是行政活动的直接实施者。

3. 必须能独立承担法律责任。能独立承担法律责任的主要体现是能独立参加行政复议和行政诉讼等活动并承担法律后果。

4. 行政主体是特定的组织而不是个人。

根据行政主体的条件，在我国，行政主体在范围上主要包括国家行政机关和法律、法规授予行政权力的组织这两种类型。在特定情况下，其他社会公权力管理机构也可能成为行政主体。

二、国家行政机关

(一)行政机关的概念和特征

行政机关是行使国家行政权的国家机关，即行政机关是指由权力机关依照宪法和组织法设立的，为实现国家行政管理目标而行使行政权，管理国家行政事务的国家机关。国家行政机关是国家机关的组成部分，其特征主要有：

1. 行政机关在法律地位上属于权力机关的执行机关，负责执行国家权力机关制定的法律和各级国家权力机关作出的决议、决定。

2. 行政机关主要从事直接执行法律、依照法律的规定采取措施对行政事务进行管理的工作，通常也称之为“执法”。其活动具有明显的执行性。

3. 行政机关在组织体系上实行统一领导、分工负责的层级管理制度。即上下级行政机关之间是领导关系，下级服从上级，向上级负责并报告工作。

4. 行政机关在决策体制上一般实行首长负责制，这不同于国家权力机关和国家审批机关实行的合议制形式。原因在于行政事务具有紧迫性,没有较多时间进行集体讨论。

(二)行政机关的分类

1. 根据其权限范围,行政机关可分为一般行政机关和部门行政机关。前者的权限是全方位的,涉及各个行政领域的各种行政事务,如国务院和地方各级政府;后者的权限是局部性的,仅涉及特定行政领域或特定行使事项,如国务院部委和地方政府的工作部门。

2. 根据其管理的客体和内容,行政机关可分为职能性行政机关和专业性行政机关。前者管理的客体和内容是综合性、跨部门、跨行业的,如工商、税务、统计、环保等行政管理机关;后者管理的客体和内容是专门性、部门性和行业性的,如电子、机械、农林等行政管理机关。

3. 根据是否依法设置和存在时间的长短,行政机关可分为常设性行政机关和非常设性行政机关。前者通常根据宪法和行政组织法由国家机关决定设置,如国务院和地方各级政府及其工作部门,有时也由人民政府根据行政组织法自行决定设置,如国务院的直属机构和办公机构。后者通常由权力机关或政府根据某一临时性任务或工作的需要设置,相应任务完成后即撤销。如国务院的各种协调委员会。

4. 根据其行使职能的情况以及与行政相对人的关系,行政机关可分为专门执法机关和普通管理机关。前者通常直接与行政相对人打交道,直接适用法律对行政相对人作出具体行政行为,如公安、工商、海关、城管等;后者通常不直接与行政相对人打交道,行使职权往往不直接适用法律,依政策和自由裁量作出行为的情况较多,如人事、财政等机关。

(三)行政机关的职责、职权和管理手段

1. 行政机关的职责

行政机关的职责通常有四项:经济调节、市场监管、社会管理和公共服务。具体表现在:保障国家安全、维护社会秩序、保障和促进经济发展、保障和促进文化发展、健全和发展社会保障与福利、保护和改善人类生活环境与生态环境。

2. 行政机关的职权

行政机关为履行职责,必须要有相应的职权,主要有:行政立法权、行政命令权、行政处理权、行政监督权、行政裁决权、行政强制权、行政处罚权等。

3. 行政机关的管理手段

行政机关的管理手段是行政机关行使职权的表现形式，主要有：制定规范和发布命令、贬值和执行计划、设定和实施行政许可、征收税费或征收征用财产、调查统计和发布信息、处理和裁决争议、采取行政强制措施、实施行政制裁、缔结行政合同、提供行政指导等。

（四）行政机关的体系

我国行政机关的体制是一个完整的系统，纵向的有从中央到地方各级行政机关，横向的有各级政府职能部门，还有各处于平行关系的机关、机构等。

1. 中央行政机关

中央行政机关是指活动范围及管辖事项涉及全国的行政机关，它是统一领导全国和各地方行政工作的最高国家行政机关。在我国，中央行政机关指国务院及其职能部门，主要包括：国务院、国务院各部委、国务院直属机构以及国务院组成部门管理的国家行政机构。依据有关组织法和《国务院行政机构设置和编制管理条例》的规定，国务院可以根据国家行政事务的需要，设立若干行政主管职能部门。这些行政主管职能部门如粮食储备局、煤炭工业局等。由于其行政事务与一些部委的职能有关，因此由相应的部委实施管理。国务院组成部门管理的国家行政机构由国务院组成部门管理，主管特定业务，行使行政管理职能，故具有行政主体资格。

除此之外，国务院还有办事机构、议事协调机构等。国务院办事机构协助国务院总理办理专门事项，不具有独立的行政管理职能，因而不属于行政主体。国务院议事协调机构承担跨国务院行政机构的重要业务工作的组织协调任务，其议定的事项，经国务院同意，由有关的行政机构按照各自的职责负责办理。在特殊或者紧急的情况下，经国务院同意，国务院议事协调机构可以规定临时性的行政管理措施。因此议事协调机构通常不以自己的名义对外行使行政权力，不能独立承担法律责任，也不属于行政主体。

2. 地方行政机关

地方行政机关是指活动范围及管辖事项仅限于国家一定区域范围内的行政机关，包括地方各级人民政府及其工作部门。注意，省级人民政府下设的地区行署、县级人民政府下设的区公所以及在市、市辖区人民政府之下设立的街道办事处，均不是一级地方行政机关，而只是相应地方人民政府的派出机关。地方各级人民政府既要对上一级国家行政机关负责并报告工作，同时又要对同级人民代表大会负责并报告工作。

3. 行政机构

行政机构是具有行政主体资格的各级人民政府及其职能部门根据行政管理工作的需要而在该机关内部设立的，具体处理和承办各项行政事务的内部工作机构。行政机构不具有独立的编制和财政经费预算，一般不具有独立的法人资格，也不能以自己的名义对外行使行政职权、进行行政管理，因此行政机构一般不具有行政主体资格。但是，行政机构在法律、法规明确授权的前提下，可以自己的名义在授权范围内行使一定的行政职权，并承担相应的法律责任，即经法律、法规的明确授权成为行政主体。实践中，下列行政机构经法律、法规的明确授权而具有行政主体资格：行政机关的内部机构、政府职能部门的派出机构、综合执法机构。

三、法律、法规授予行政权的组织

（一）概念及特征

法律、法规授予行政权的组织，简称"被授权的组织"，指根据法律、法规的授权，从而享有并行使国家行政权力，进行行政管理的非行政机关的组织。被授权的组织具有如下特征：

1. 被授权的组织本身不是行政机关或行政机关中的内部机构、派出机构，其行政权力是来源于法律、法规专门、明确的授权规定。

2. 被授权的组织依法享有行政职权，同时也依法承担行政职责。即行政授权引起行政职权和职责的同时转移。被授权的组织不仅依法被赋予行政权，而且也承担依法行使权力的义务并依法承担其由行使行政权而产生的法律责任。

3. 被授权的组织具有行政主体资格。行政授权的结果是不仅使被授权组织取得了法定职权，而且取得了以自己名义独立行使行政权并承担法律责任的能力，即意味着其依法取得了行政主体的资格。但是，在非行使行政职能的场合，不享有行政权，不具有行政法主体的地位。

（二）授权的条件

1. 授权主体的条件

授权是配置国家公权力的活动，其主体必须是依法有权的机关而不能是任何组织或个人。根据法律规定，授权主体主要有：（1）全国人民代表大会及其常务委员会；（2）国务院；（3）省、自治区、直辖市的人民代表大会及其常务委员会。授权主体授权的方式和授权的内容都必须依照法律的规定进行。授权必须是公开的，其基本方式是通过法律、行政法规或地方性法规授权。

2. 被授权组织的条件

被授权的组织应当具备某些条件,以使其有资格和能力接受授权并行使被授予的行政权力。一般来讲,被授权组织是公益性组织并与授权的内容有某种联系:(1)被授权组织必须是具有管理公共事务职能的组织;(2)必须有熟悉有关法律、法规和业务的正式人员;(3)必须具有与承担的行政职务相应的技术及设备条件;(4)必须能独立承担因自己行为而引起的法律责任。

3. 授权内容的条件

被授予的权力应当是共有权力而不是专有权力。专有权力只能归特定机关专门行使,具有专一性和不可转让性。共有权力则可以由几个机关同时行使并可予以转让。任何授权主体都不得超出其法定职权范围进行授权,否则即为无效授权。

行政授权的法律后果是,被授权组织取得了行使被授予的行政职权的主体资格,成为该项行政职权的法定行政主体。它可以依法以自己名义独立行使被授予的行政权力,并依法独立承担其行为所产生的法律责任。

(三)被授权组织的类型

1. 行政性公司

行政性公司是指符合公司的条件,主要从事经济活动,同时又经授权具有某一方面行政管理职能,特别是对某一行业的经济活动具有宏观调控和监督管理职能的组织。如《烟草专卖法》授权全国烟草总公司和省级烟草公司行使下达总产量计划指标的行政职能。

2. 事业单位

事业单位包括研究机构、教育机构和社会团体等。它们都可以经法律、法规的授权而行使某种行政权力。如《教育法》授权公立学校及其他公立教育机构招收学生,对受教育者颁发学业证书等。

3. 基层群众性自治组织

基层群众性自治组织是指城市和农村按居民居住的地区设立的居民委员会和村民委员会,被授权行使调解民间纠纷和协助维护社会治安等多项行政职能。

4. 行业组织

这些组织既可根据组织章程行使各种相应的社会公权力,也可接受法律法规授权行使特定行政职能。如《律师法》授权律师协会保障律师依法执业、维护律师合法权益、组织律师业务培训、进行律师执业道德教育、组织律师开展对外交流、调解律师执业活动中发生的纠纷等多项行政职能。

5. 工青妇等社会团体

法律法规授权工青妇等社会团体行使某种行政职能，办理一定行政事务的情况是常见的。如《企业劳动争议处理条例》（已失效）曾授权企业职工代表大会和工会参与劳动争议的处理，《妇女权益保障法》授权妇联维护妇女的权益，在妇女权益受到侵害时，接受被侵害人的投诉，并要求有关部门查出。

6. 行政机关的内设机构和派出机构

在某些特殊情况下，为行使行政职能的便利，法律法规会授权行政机关的内设机构或派出机构独立作出某种特定行政行为，并赋予其行政主体的资格。如《税收征收管理法》第 14 条规定，税务机关是指各级税务局、税务分局、税务所和按照国务院规定设立的并向社会公告的税务机构。税务所即是税务局的派出机构。

四、受委托的组织

（一）概念及特征

行政委托是指行政机关依法将其行政职权的一部分委托给非行政机关行使的行为。[①] 受委托组织则是接受行政机关委托而代替行政主体行使部分行政职权的组织。受委托的组织具有如下特征：

1. 其行政权力来源于行政机关的委托行为。行政机关可以根据行政管理工作的实际需要，以法律、法规或规章为依据，将一部分行政职权委托给非行政机关的组织，而受委托的组织则基于行政机关的委托决定而有权行使一定的行政权力。

2. 受委托的组织并没有因委托而获得法定的职权职责。即行政机关的委托行为并不引起行政职权和职责的同时转移，被委托的组织只能在委托的范围内以委托的行政机关的名义来行使行政权，并由委托的行政机关来承担该行为的法律责任。

3. 受委托的组织不具有行政主体资格。行政委托并不导致新的行政主体的

---

① 行政委托的原因可能是因为行政事务扩张过快，使得行政机关难以依靠自身力量完成既定行政任务并完成既定行政目标；也可能还是因为行政事务面临的不确定性情况所增加的临时性任务；或者是因为技术性很强的事务需要处理。

形成，即受委托者并不因行政委托行为而取得行政主体的资格。在受委托组织作出的行政行为中，行政主体仍然是委托的行政机关。

4. 受委托的组织不是行政机关，也不是其他国家机关，其基本职能是从事非国家职能性质的活动。即使在受委托范围内，它也仅仅能根据委托行使一定的行政职能，而不能行使一般的行政职能。行政立法、涉及人身自由的行政处罚和强制、颁发营业执照等行政职能不得委托。

（二）委托条件

1. 委托主体的条件。委托的主体必须是国家行政机关，其他任何享有行政权的组织都不得再行委托。委托的方式必须是依法律规定、以法定形式及按法定程序进行。

2. 受委托组织的条件。法律尚未规定统一条件，从现行法律法规的规定和行政管理实践看，受委托组织的范围大致同于法律法规授权组织的范围，至于具体行政事务可委托的对象，也如同具体行政事务可授权的对象一样，取决于法律法规的规定。《行政处罚法》第 21 条规定受委托组织必须符合以下条件：（1）依法成立并具有管理公共事务的职能；（2）有熟悉有关法律、法规、规章和业务并取得行政执法资格的工作人员；（3）对违法行为需要进行技术检查或者技术鉴定的，应当有条件组织进行相应的技术检查或者技术鉴定。

3. 委托内容的条件。被委托的行政职权也有一定的限制条件。被委托的行政职权一般是有关社会性和群众性的行政管理职权，如治安管理、城市交通管理、市容卫生管理等。而一些专业性较强的行政权则不宜予以委托，如海关管理、税务管理等。而且被委托的职权还必须是影响较小或较轻的行政职权。同时，行政机关委托的行政权必须在其自己的法定职权范围内，任何超出法定职权范围进行的委托都是无效的。

五、其他公权力机构

其他公权力机构主要是指非国家机关的某些公共组织，包括公共社团（如律师协会、医生协会）、公共企事业单位（如国有企业、公立学校、研究所）等。其他公权力机构具有以下法律特征：

1. 从设立目的来看，公权力机构并非仅以追求自身利润最大化为目的，还具有增进社会公平、公共利益的目的。其要组织对公共事务的管理与调控，配合政府实现一定的行政目标。

2. 从权力的性质来看,公权力机构行使的权力并非为国家行政权力,但也不是单纯地作为法人或非法人组织的"私权利"。它是一种不属于国家权力的公共权力,其具有社会公共管理和公共事务的性质。

3. 从权力的来源来看,公权力机构行使的权力并非由国家法律直接进行规定,而是由这些机构、组织的章程加以规定的,当然,公权力机构的章程不能违反国家的宪法与法律。

4. 从公权力机构与其涉及的一定范围内的社会成员的关系(如律师协会与律师之间的关系)来看,它们之间并不是一种平等的关系,而在很大程度上具有管理与被管理、服务与被服务关系等性质。公权力机构可以按照章程的有关规定对这些成员作出相应的处理。

其他社会公权力机构作为行政主体,其条件和领域都受到很大限制。在一般情况下,它只能根据自己组织的章程作为其组织内部行政的主体,对于外部相对人,其行为只限于相应组织内外关系交织的范畴,以及行为为社会公共利益所特别需要,且相应组织章程对之有明确的规定。否则,受相应行为影响的外部相对人可以请求法院确认行为无效。

第二节　国家公务员

一、国家公务员的概念

国家公务员,是指依法定方式任用的,在各级国家行政机关中工作的,依法行使国家行政权、执行国家公务的人员。国家公务员是个人而不是组织,他代表行政主体,以行政主体的名义实施行政管理行为,行为后果由其所代表的行政主体承担。根据《公务员法》的相关规定,国家公务员享有职位保障权、执行职务权、工资福利权、参加培训权、批判建议权、申诉控告权、辞职权和法律规定的其他权利,承担守法的义务、依法办事的义务、联系群众的义务、维护国家利益的义务、忠于职守的义务、保守秘密的义务、廉洁奉公的义务以及法律规定的其他义务。

二、国家公务员的范围

国家公务员主要包括中央机关及其直属机构公务员和地方各级机关公务员两部分。

（一）中央机关及其直属机构公务员

根据《公务员法》第2条的规定，公务员是指依法履行公职、纳入国家行政编制、由国家财政负担工资福利的工作人员。国家公务员的范围包括在中国共产党各级机关、各级人民代表大会及其常务委员会机关、行政机关、审判机关、检察机关、监察机关、人民政协、民主党派机关和工商联的各级机关中任职的除工勤人员以外的工作人员。

国家行政机关国家公务员是指依法在中央和地方国家行政机关中任职，行使国家行政权、执行国家行政公务的工作人员。国家行政机关国家公务员是国家公务员中数量最多也是最重要的组成部分。其特征如下：

1. 国家行政机关国家公务员任职于国家行政机关，属于国家行政机关行政编制之内的人员。

2. 国家行政机关国家公务员是在国家行政机关中行使国家行政权力，执行国家行政公务的人员。行政机关中的工勤人员，如司机、打字员、门卫等被排除在国家公务员的范围之外。

3. 国家行政机关国家公务员是经过法定的方式和程序任用的国家行政机关的工作人员。国家行政机关国家公务员身份的取得必须依照法定的方式，经过法定的程序，否则无效。

（二）其他国家公务员

其他国家公务员，指除国家行政机关国家公务员之外，在其他行政公务组织中执行国家行政公务的人员。具体包括：(1)行政机关非固定性聘用、借用的执行公务人员；(2)在紧急情况下，经行政机关认可，协助执行公务的人员；(3)在法律、法规及规章授权的组织中从事行政管理事务，但不属于国家行政编制，也不由国家财政负担工资福利的人员；(4)在受行政机关委托的组织中行使行政职权的人员。

三、公务员的分类

西方国家的公务员通常分为政务类公务员和业务类公务员两大类。

政务类公务员，通常是指通过选举或任命产生，与相应政党共进共退的政府组成人员以及其他政治性较强的职位的行政人员。

业务类公务员，通常是指通过竞争考试任职，政治上保持中立，无重大过错即在政府中长期任职,并受一般公务员法调整的人员。

我国不实行多党制,公务员也没有政务类和业务类的划分。

按照我国《公务员法》的规定,公务员职位类别按照公务员职位的性质、特点和管理需要,划分为综合管理类、专业技术类和行政执法类。

(一)政府组成人员公务员和一般公务员

这是按照公务员产生办法划分:

政府组成人员公务员,由各级国家权力机关选举或通过决定产生,其任期与相应政府每届的任期相同,政府换届后,上一届政府组成人员可在下一届政府中留任,如不留任,可转换成一般公务员。

一般公务员,通过考任、委任、聘任等方式产生,其任职不受政府换届的影响。一般公务员可转换成政府组成人员公务员。这两类公务员没有政务类和业务类的严格界限。

(二)领导职公务员和非领导职公务员

这是按照公务员职务进行划分:

领导职公务员:总理、副总理,国务委员;正副省长,正副部长,正副市长,正副司(局、厅)长,正副县(处)长,正副科长(镇、乡)长等。

领导职务层次分为:国家级正职、国家级副职、省部级正职、省部级副职、厅局级正职、厅局级副职、县处级正职、县处级副职、乡科级正职、乡科级副职。

综合管理类非领导职公务员:一级巡视员、二级巡视员、一级调研员、二级调研员、三级调研员、四级调研员、一级主任科员、二级主任科员、三级主任科员、四级主任科员、一级科员、二级科员。对于担任主任科员以下及其他相当职务层次的非领导职务公务员,一律采用“公开考试,严格考察、平等竞争、择优录取”的办法。

领导职公务员,其任用办法是选任、委任、聘任。

四、行政职务关系

(一)行政职务关系的概念与特征

行政职务关系,是指国家公务员基于一定的行政职务在任职期间与行政主体之间所形成的权利与义务关系。它具有以下特征:

1. 行政职务关系本质上是一种国家委托关系。国家行政机关国家公务员所担任的是国家公职,实施的是国家公务行为,其所产生的法律后果和责任归属于国家。因此,行政职务关系是国家与行政机关国家公务员之间的一种国家公职上的委托关系。

2.行政职务关系的内容是行政职务方面的权利与义务。由于行政职务关系的核心是规范与界定行政机关国家公务员代表行政机关行使行政职权和履行行政职责,因此,其内容表现为行政职务及与行政职务有关的权利与义务,即行政机关国家公务员拥有与其承担的行政职务相对应的行政职权与职责。

3.行政职务关系属内部行政法律关系。

4.行政职务关系是一种特殊的劳动法律关系。国家行政机关国家公务员在行政机关任职,从事行政管理和实施国家公务,其本身也是一种"劳动",国家公务员以此劳动获取报酬和其他有关待遇,作为本人和家庭的基本物质生活来源。因此,在行政职务关系中包含有与其所承担的行政职务相适应的劳动报酬和福利待遇等。

(二)行政职务关系的内容

行政职务关系的内容是行政法所规定的行政机关与国家公务员之间的权利和义务。

1.行政机关国家公务员的义务。行政机关国家公务员的义务是指国家法律基于国家公务员的身份,对国家公务员必须作出某种行为或不得作出某种行为的限制与约束。

2.行政机关国家公务员的权利。行政机关国家公务员的权利是指国家法律基于国家公务员的身份和职责,对国家公务员有资格享有某种利益和有权作出或不作出某种行为以及要求他人作出或不作出某种行为的许可与保障。

(三)行政职务关系的产生、变更和消灭

1.行政职务关系的产生。行政职务关系因公民被任用为行政机关的国家公务员,取得国家公务员资格而形成。行政职务关系通常通过选任、委任、考任和聘任等几种方式产生。

2.行政职务关系的变更。行政职务关系的变更,是指行政机关国家公务员在任职期间,因某种法律事实的出现而使行政职务关系的内容部分地发生变化。导致国家公务员职务变动的法律事实主要有:(1)转任。即国家公务员因工作需要或者其他正当理由在国家行政机关系统内部的平级调动。(2)升职。即国家公务员所任职务的升迁。(3)降职。即国家公务员所任职务的下降。行政职务关系变

更,实际上是国家公务员担任的职务变动而导致其具体权利与义务的某些变动,国家公务员本人身份不会因职务变动而改变。

3. 行政职务关系的消灭。行政职务关系的消灭,是指行政机关国家公务员身份的丧失或者行政职务关系内容的全部终止。行政职务关系消灭的主要原因有:(1)辞职。即国家公务员根据本人意愿,依照法律规定辞去行政职务,解除与行政机关的行政职务关系的行为。(2)辞退。即行政机关依法律规定的条件和程序,在法定权限内作出的解除国家公务员职务关系的行为。(3)退休。即国家公务员达到一定的年龄、工龄或符合法定条件(如丧失工作能力)而根据规定退出国家行政机关,不再担任行政职务和保留国家公务员身份的行为。(4)罢免。即权力机关对其选举或任命产生的国家公务员因其违法失职行为而免去其行政职务,取消其国家公务员资格的行为。(5)调离。即国家公务员因某种原因不适宜继续保留国家公务员身份,而被有关机关调离行政机关系统。(6)开除。即行政机关对有严重违法失职行为的国家公务员进行的一种行政处分,意味着开除其国家公职,取消其国家公务员资格。(7)被判处刑罚。即国家公务员因触犯刑律,而被判刑,表明其失去了担任国家公务员的资格条件,因而被除名,消灭其行政职务关系。(8)丧失国籍。因行政职务只能由具有本国公民资格者担任,丧失国籍,就意味着丧失了做国家公务员的资格,所以行政职务关系会因国家公务员丧失国籍而自动消灭。(9)死亡。国家公务员的生命终结,导致其行政职务关系必然消灭。

五、国家公务员的法律地位

国家公务员依照法定的方式和程序任职于相应的行政机关,相应的行政机关依法对与自己存在有隶属关系的国家公务员进行管理;该国家公务员由此也能代表所属的行政机关,即行政主体对外执行公务,行使行政职权和履行行政职责,与此同时,该国家公务员原来作为普通公民的身份并未丧失,因此在法律上,国家公务员具有普通公民、国家公务员、行政主体的代表等多种身份。国家公务员以不同的身份出现在不同的法律关系中,其法律地位是不一样的。第一,在外部行政管理法律关系中,国家公务员并非作为一方当事人出现,不具有一方当事人的资格。因为外部行政管理法律关系是行政主体与作为行政相对人的个人、组织发生的关系,而不是国家公务员与相对人发生的关系。第二,在行政诉讼法律关系中,国家公务员既不能做原告,也不能做被告,不具有诉讼当事人的地位。第三,在内部行政法律关系中,国家公务员可以作为一方当事人与所属行政机关发生法律关系。例如,行政机关对公务员进行考核、奖惩、晋升、确定工资待遇过程中与之发生的关系。第四,在行政法制监督法律关系中，国家公务员可以作为被监督对象与监督主体发生关系，成为其中的一方当事人。第五，国家公务员也可以普通公民的身份从事各种活动。作为普通公民，国家公务员享有宪法、法律和法规所赋予的各种权利，承担各项法定的义务。

六、行政公务行为

以普通公民和公务人员个人的身份和名义所进行的活动，属于个人行为；其以行政主体代表的身份和名义所进行的活动，属于公务行为。个人行为的后果均属于国家公务员个人，而公务行为的法律后果则归属于国家。所以，国家公务员不能借执行公务之名从事个人行为，也不能以普通公民身份对待公务。因此，要使公务人员的不同身份与其不同的行为相适应，就必须正确区分国家公务员的个人行为和公务行为。

确认行政公务行为，应当以行政职务关系和国家公务员资格为前提。以国家公务员所担任的行政职务和所属行政主体的行政职权与行政职责为基础，以下相关因素的综合通常可以作为确认行政公务行为的基本标准：

1. 时间要素。国家公务员在上班时间实施的行为，通常被认为是执行公务的行为，在下班后实施的行为通常被认为是非执行公务的行为。

2. 名义或公务标志要素。国家公务员以其所属的行政主体之名义或者佩戴或出示能表明其身份的公务标志实施的行为，视为执行公务的行为，以个人名义实施的，则通常视为非执行公务的行为。

3. 公益要素。国家公务员的行为涉及公共利益的或者以公共利益为目的的，通常视为执行公务的行为，不涉及公共利益或者以公共利益以外的其他利益为目的的，一般视为非执行公务的行为。

4. 职权与职责要素。国家公务员的行为属于其职权与职责范围内的，则视为执行公务的行为，而不属于其职权与职责范围内的，则视为非执行公务的行为。

5. 命令要素。国家公务员根据其主管领导的命令、指示或者委派实施的行为，通常视为执行公务的行为，反之则属非执行公务的行为。

第三节　行政相对人

一、行政相对人的概念

行政相对人是指在行政法律关系中与行政主体互有权利义务的相对应一方

公民、法人和其他组织。行政相对人具有以下几个法律特征:

1. 在法律地位上,行政相对人是与行政主体相对应的一方当事人,是与行政主体相互对应的行政法主体,而不是被行政主体支配和控制的客体,行政相对人在行政法上是法定的权利主体。

2. 在权利义务上,行政相对人不具有国家行政权,但这并不意味着他们只有义务而没有权利。行政相对人的权利与义务只是与行政主体的权利义务在法律性质上有区别,行政相对人的权利属于私人权利,而行政主体的权力则属于国家权力。

3. 在形成方式上,行政相对人是与行政主体之间具有特定法律关系的人,即他们并不是泛指所有的公民、法人和其他组织。只有当公民、法人或其他组织进入某个具体的行政法律关系中时,他们才成为该行政法律关系中与行政主体对应的行政相对人。

二、行政相对人的范围

行政相对人包括:自然人与法人或其他组织。

1. 自然人。自然人包括公民、外国人、无国籍人以及国籍不明的人。

2. 法人或其他组织。法人是具有民事权利能力和民事行为能力,依法独立享有民事权利和承担民事义务的组织。

三、行政相对人的权利和义务

(一)行政相对人的权利

行政相对人的权利是行政相对人依行政法规定而享有的、针对行政主体所主张的权利。行政主体对行政相对人的这种权利则具有相对应的义务。在行政法律关系中,行政相对人对行政主体的权利包括实体上的权利和程序上的权利两类。

1. 行政相对人实体上的权利。其主要有:以各种形式和渠道参与行政管理的权利;为保护自身合法权益而抵抗行政主体非法侵害的权利;各种合法权益受行政主体保护的权利,即在自己合法权益受到他人侵害时,有请求行政主体给予保护的权利;受益的权利,即通过行政主体的行政活动获得现实利益或可得利益的权利;受到行政主体公平对待的权利,这种权利要求行政主体在作出任何行政处理决定时,必须平等地对待每一个同等条件的行政相对人;因行政主体违法行政行为而受损害的,有获得行政赔偿的权利。

2. 行政相对人程序上的权利。其主要有:在行政主体作出不利于自己的处理决定时的申辩权；对行政主体有关行政活动的了解权；对行政主体的行政处理不服而提起行政复议、行政诉讼的权利，等等。

（二）行政相对人的义务

行政相对人的义务是行政相对人所具有的专对代表国家的行政主体所履行的义务，行政主体对行政相对人的这种义务则具有相对应的权利。在行政法律关系中，行政相对人对行政主体的义务主要有：维护行政主体各种行政权力正常行使的义务，即有不得妨碍、阻挠各种行政权力依法正常行使的义务；配合行政主体正常行使有关权力的义务，如对行政主体行使调查取证权具有配合的义务；服从行政主体依法行使行政权力结果的义务，如对于行政主体行使行政处罚的权力，行政相对人既要履行不得妨碍、阻挠其正常行使的义务，又要履行服从、执行的义务。

第四节　行政法制监督主体

行政法制监督主体是指有权对行政主体及其工作人员遵守法律、执行法律的情况进行监督的主体。在我国，行政法制监督主体非常广泛，包括国家机关、执政党、民主党派、社会团体、群众组织及公民个人。不同的监督行政主体，其监督权和行使方式也不同。

一、权力机关及其监督权限

权力机关的监督是指最高国家权力机关和地方各级国家权力机关对各级行政机关及其工作人员的监督。人民代表大会制度是我们国家的根本政治制度，人民代表大会的性质和地位决定了权力机关对行政的监督具有民主性、权威性、全面性等特点。权力机关的监督在监督行政中具有最高法律地位。

根据我国《宪法》、《国务院组织法》、《地方各级人民政府组织法》、《中华人民共和国各级人民代表大会常务委员会监督法》（以下简称《监督法》）、《人大及其常委会的议事规则》等，以及权力机关监督政府活动的实际情况，权力机关对行政的监督权限主要有：

1. 审议政府工作报告。听取和审议政府工作报告，是权力机关对政府行为实施监督的基本形式，也是权力机关对政府决策及决策实施的结果进行的全面的、宏观的监督。

2. 审查政府的法规、规章、决定和命令。我国宪法和立法法规定，全国人大常委会有权撤销国务院制定的同宪法、法律相抵触的行政法规、决定和命令。根据地方组织法的规定，地方各级人大及其常委会也有权撤销本级人民政府的不适当的规章、决定和命令。

3. 审查和批准国民经济和社会发展计划及财政预算等。

4. 调查和视察。依据宪法规定，全国人大及其常委会认为必要的时候，可以组织关于特定问题的调查委员会，对特定问题进行调查并作出决议。地方组织法也作了类似规定。视察，是指权力机关的组成人员，即人大代表有组织地到各地了解政府工作情况，听取群众意见的活动。代表在视察中不直接处理问题，对视察中发现的政府工作问题，可以采用批评、建议的方式，由人大常委会办事机构转给政府有关部门处理。

5. 提出质询和询问。质询是指权力机关的组成人员依法对政府的某些管理行为提出质问，要求被质询的政府或其部门在法定时间内，正式作出答复的活动。

6. 处理公民对行政机关的申诉和控告。根据宪法和有关法律的规定，我国公民享有对政府及其工作人员提出批评、建议、申诉、控告和检举的权利，各级国家权力机关受理公民的申诉、控告、意见是实现这一权利的重要组成部分和保证。

7. 罢免或撤销由权力机关选举或任命的国家公务员的职务。权力机关有权对构成违法犯罪或者失职的政府组成人员予以罢免。

二、司法机关及其监督权限

司法机关的监督可分为人民检察院监督和人民法院监督。

1. 人民检察院作为专门的国家法律监督机关，对行政的监督主要体现为：

（1）受理对行政职务犯罪的举报，侦查和指控行政职务犯罪。

（2）对公安、国家安全机关的刑事司法活动是否合法进行监督。

（3）对监狱、看守所、劳改劳教场所的活动是否合法进行监督。

（4）在行使法律监督职权过程中向有关的行政机关提出检察建议。

2. 人民法院对行政的监督主要是通过行使行政审判权来实施对行政行为的司法审查。即通过行政诉讼活动来监督行政机关依法行使职权。此外，在刑事诉讼、民事诉讼和行政诉讼过程中，对涉及行政活动的问题，人民法院均有权通过向有关行政机关提出司法建议来实现对行政的监督。

三、行政机关及其监督权限

行政机关的监督是指在行政机关系统内部，上级机关对下级机关或专门监督机关对其所管辖的行政机关及其工作人员的监督。这种监督具有直接、灵活、及时、有效的特点。根据主体的不同，行政机关对行政的监督可分为一般行政监督和专门行政监督。

（一）一般行政监督

一般行政监督是指上级行政机关对下级行政机关的监督。具体表现为国务院对全国地方各级各类行政机关的监督，各级人民政府对其所属部门的监督，上级主管行政机关对相应的下级行政机关的监督等。一般行政监督的存在是由行政机关在组织体制上实行层级制所决定的。

（二）专门行政监督

专门行政监督是指在行政机关内部设置专门的监督机构依法在其职权范围内对所管辖的行政机关及其工作人员的监督。专门行政监督包括审计监督和国家监察。

1. 审计监督。审计监督是指审计机关对行政机关的行政行为涉及的财政财务收支活动进行审查核算的监督行为。只有在审计机关对其管辖范围内的行政机关及其工作人员进行审计时，才是一种专门行政监督。

（1）审计机关的主要职责。①对本级各部门（含直属单位）和下级政府预算的执行情况和决算以及其他财政收支情况，进行审计监督；②对政府部门管理的和其他单位受政府委托管理的社会保障基金、社会捐赠资金以及其他有关基金、资金的财务收支，进行审计监督；③对其他法律、行政法规规定应当由审计机关进行审计的事项，进行审计监督。

（2）审计机关的审计权限。审计机关依法享有如下审计权限：①要求报送权。②检查权。③调查权。④制止并采取措施权。⑤通报权。⑥处理权。

2. 国家监察。根据《中华人民共和国监察法》（以下简称《监察法》）的规定，国家监察是指为了维护宪法和法律的尊严，为了开展廉政建设和反腐败工作，国家专门依法设立的各级监察委员会，行使国家监察权，依照《监察法》的规定，对所有行使公权力的公职人员进行职务违法和职务犯罪的立案、调查并给予处置的监督活动。

(1)国家监察机关的职责。根据《监察法》的规定,国家监察机关依法履行下列职责:

①对公职人员开展廉政教育,对其依法履职、秉公用权、廉洁从政从业以及道德操守情况进行监督检查;②对涉嫌贪污贿赂、滥用职权、玩忽职守、权力寻租、利益输送、徇私舞弊以及浪费国家资财等职务违法和职务犯罪进行调查;③对违法的公职人员依法作出政务处分决定;对履行职责不力、失职失责的领导人员进行问责;对涉嫌职务犯罪的,将调查结果移送人民检察院依法审查、提起公诉;向监察对象所在单位提出监察建议。

(2)国家监察机关的监察权限。国家监察机关依法具有下列权限:

①立案审查和调查权。根据《监察法》的规定,监察机关在履行职责过程中,监察机关应当严格按照程序开展工作,建立问题线索处置、调查、审理各部门相互协调、相互制约的工作机制;监察机关应当加强对调查、处置工作全过程的监督管理,设立相应的工作部门履行线索管理、监督检查、督促办理、统计分析等管理协调职能;监察机关对监察对象的问题线索,应当按照有关规定提出处置意见,履行审批手续,进行分类办理。线索处置情况应当定期汇总、通报,定期检查、抽查。需要采取初步核实方式处置问题线索的,监察机关应当依法履行审批程序,成立核查组。初步核实工作结束后,核查组应当撰写初步核实情况报告,提出处理建议。承办部门应当提出分类处理意见。初步核实情况报告和分类处理意见报监察机关主要负责人审批。经过初步核实,对监察对象涉嫌职务违法犯罪,需要追究法律责任的,监察机关应当按照规定的权限和程序办理立案手续。

《监察法》对监察人员的调查权做了程序上的规范,监察人员不得滥用调查权,调查工作需要有程序性材料予以佐证,并及时向领导汇报。

监察机关主要负责人依法批准立案后,应当主持召开专题会议,研究确定调查方案,决定需要采取的调查措施。立案调查决定应当向被调查人宣布,并通报相关组织。涉嫌严重职务违法或者职务犯罪的,应当通知被调查人家属,并向社会公开发布。

监察机关对职务违法和职务犯罪案件,应当进行调查,收集被调查人有无违法犯罪以及情节轻重的证据,查明违法犯罪事实,形成相互印证、完整稳定的证据链。

严禁以威胁、引诱、欺骗及其他非法方式收集证据,严禁侮辱、打骂、虐待、体罚或者变相体罚被调查人和涉案人员。

调查人员采取讯问、询问、留置、搜查、调取、查封、扣押、勘验检查等调查措施，均应当依照规定出示证件，出具书面通知，由二人以上进行，形成笔录、报告等书面材料，并由相关人员签名、盖章。调查人员进行讯问以及搜查、查封、扣押等重要取证工作，应当对全过程进行录音录像，留存备查。调查人员应当严格执行调查方案，不得随意扩大调查范围、变更调查对象和事项。对调查过程中的重要事项，应当集体研究后按程序请示报告。

②对监察对象的留置措施

根据《监察法》规定，监察机关对留置对象采取留置措施，应当由监察机关领导人员集体研究决定。设区的市级以下监察机关采取留置措施，应当报上一级监察机关批准。省级监察机关采取留置措施，应当报国家监察委员会备案。留置时间不得超过三个月。在特殊情况下，可以延长一次，延长时间不得超过三个月。省级以下监察机关采取留置措施的，延长留置时间应当报上一级监察机关批准。监察机关发现采取留置措施不当的，应当及时解除。

监察机关采取留置措施，可以根据工作需要提请公安机关配合。公安机关应当依法予以协助。

第四十四条对被调查人采取留置措施后，应当在二十四小时以内，通知被留置人员所在单位和家属，但有可能毁灭、伪造证据，干扰证人作证或者串供等有碍调查情形的除外。有碍调查的情形消失后，应当立即通知被留置人员所在单位和家属。监察机关应当保障被留置人员的饮食、休息和安全，提供医疗服务。讯问被留置人员应当合理安排讯问时间和时长，讯问笔录由被讯问人阅看后签名。被留置人员涉嫌犯罪移送司法机关后，被依法判处管制、拘役和有期徒刑的，留置一日折抵管制二日，折抵拘役、有期徒刑一日。

③监察处置权。根据《监察法》规定，监察机关根据监督、调查结果，有权依法作出如下处置：

第一，对有职务违法行为但情节较轻的公职人员，按照管理权限，直接或者委托有关机关、人员，进行谈话提醒、批评教育、责令检查，或者予以诫勉；第二，对违法的公职人员依照法定程序作出警告、记过、记大过、降级、撤职、开除等政务处分决定；第三，对不履行或者不正确履行职责负有责任的领导人员，按照管理权限对其直接作出问责决定，或者向有权作出问责决定的机关提出问责建议；第四，对涉嫌职务犯罪的，监察机关经调查认为犯罪事实清楚，证据确实、充分的，制作起诉意见书，连同案卷材料、证据一并移送人民检察院依法审查、提起公诉；第五，对监察对象所在单位廉政建设和履行职责存在的问题等提出监察建议；第六，监察机关经调查，对没有证据证明被调查人存在违法犯罪行为的，应当撤销案件，并通知被调查人所在单位；第七，监察机关经调查，对违法取得的财物，依法予以没收、追缴或者责令退赔；对涉嫌犯罪取得的财物，应当随案移送人民检察院。

四、其他社会监督主体及其监督

其他社会监督主体及其监督，是指行政系统外部的个人、组织等社会主体，他们也是对行政实施监督的重要主体。个人、组织作为对行政实施监督的社会主体，不能直接对监督对象采取有法律效力的监督措施和处理决定。但这种监督可以通过向有权国家机关提出批评、建议、申诉、控告、检举、起诉或通过报刊等舆论工具对违法行政行为予以揭露、曝光，为有权国家机关的监督提供信息，使之采取有法律效力的监督措施和监督行为。因此，行政系统外部的个人、组织等社会主体的监督，是启动其他监督形式的基本动力，是实施整个监督行政的基础。

以案说法

2019 年 4 月 14 日，中国足球协会超级联赛第五轮场序第 38 场，山东某足球俱乐部与大连某足球俱乐部的比赛在济南澳体中心体育场举行。

根据比赛监督报告，裁判会评议组报告，当事方情况说明及视频，当比赛进行到第 73 分钟，山东某足球俱乐部一球员在角球发出前，大连某足球俱乐部球员李某推击对方球员脸部，造成严重社会影响。

依据《中国足球协会纪律准则》第 53 条及第 48 条之规定，在自然停赛基础上追加如下处罚：

"一、对大连一方足球俱乐部队 4 号球员李帅予以停赛 6 场；

二、罚款人民币 6 万元。

上述处罚应按照《中国足球协会关于违规违纪的停赛执行细则》《中国足球协会纪律准则》第 17 条及第 112 条的规定执行。"

但是，在足球协会处罚公布之前，大连某足球俱乐部已经对李某处以罚款 50 万元，并下放预备队的处罚。

问题：中国足球协会是否具有行政主体资格？

评析：行政主体是指享有国家行政权力，能以自己名义从事行政管理活动，并独立承担由此产生的法律责任的组织。在我国，行政主体在范围上主要包括国家行政机关和法律、法规授予行政权力的组织，在特定情况下，社会公权力管理机构也可以成为行政主体。依中国足球协会章程的规定，中国足球协会是依法成立的、唯一的、全国足球专项体育社会团体法人，这意味着中国足球协会肯定不是行政机关，但却属于一个法律、法规授予行政权的组织。(1) 中国足球协会是依法成立的公法人。其一，中国足协是在行政机构改革过程中，由专业主管机关转变而来，它既是注册为社团法人的中国足球协会，同时也是国家体育总局下属的中国足球运动管理中心。其二，中国足协是行使公权力，管理一定公共事务的组织。体育竞赛管理属于国家行政的一部分，但出于体育竞赛专业化的要求，可能由某种社会组织管理更为妥当。因此，《体育法》第 31 条规定："……全国单项体育竞赛由该项运动的全国性协会负责管理。"《体育法》第 39 条规定："全国性的单项体育协会管理该项运动的普及与提高工作，代表中国参加相应的国际单项体育组织。"其三，中国足协可以行使强制性的权力。中国足协的章程以及运动员管理条例等规范性文件中均规定，足协在一定条件下享有对足球俱乐部及运动员的处罚权，包括经济处罚、停赛、禁赛处罚等。(2) 中国足协符合行政主体必须具备的条件。其一，中国足协能以自己的名义实施行政职能，本案中足协对亚泰足球俱乐部等作出的"14 号处理决定"，即是直接以中国足协的名义作出的。其二，中国足协有实施行政职能的权利能力，《体育法》第 31、39 条授予了中国足协对足球竞赛的管理权力。其三，中国足协能对自己的行为独立承担法律责任。所以，不论是将中国足协看作法律、法规授予行政权的组织，还是把它看作其他社会公权力管理机构，在本案中都具有行政主体的资格，法院应将该案作为行政案件受理。

第三章　行政行为及行政程序原理

导入案例

2018 年，王某接受委托，担任湖南省人民检察院娄底分院提起公诉的抢劫案被告人邱某辉的辩护人。4 月 13 日下午，王某到涟源市公安局看守所会见在押被告人。王某向看守所值班警察出示了律师职业证、湖南真理律师事务所开具的会见被告专用证明及被告人邱某辉父亲邱某恒的授权委托书。值班警察提出会见在押被告人必须出示人民法院出具的会见证明，否则，不许可会见。王某解释法律无此规定，并找到主管局长，向其指出律师会见在押被告必须由人民法院出具会见证明的规定与《刑事诉讼法》和最高人民法院、最高人民检察院、公安部、国家安全部、司法部、全国人大常委会法制工作委员会六部门《关于〈中华人民共和国刑事诉讼法〉实施中若干问题的规定》相抵触，请求同意会见被告人邱某辉，遭到拒绝。4 月 24 日，王某依法向娄底地区中级人民法院提起行政诉讼。

思考：公安局拒绝会见被告人的行为是行政行为还是一种刑事司法行为？

提示：刑事司法行为是指公安机关、国家安全机关和监狱等依《刑事诉讼法》的明确授权实施的行为。这类行为既包括这些机关在刑事案件的立案侦查过程中所采取的拘传、取保候审、监视居住、拘留、逮捕等刑事强制措施，也包括在侦查过程中为搜集、取得证据而采取的诸如勘验、检查行为，搜查行为，对物证、书证的扣押行为，鉴定等行为。对于公安机关来讲，因其既是行政管理机关又是刑事侦查机关，集行政管理职能与侦查职能于一身，对其行为性质的认定就很重要。本案例中，公安机关对会见被告人的批准行为不属于《刑事诉讼法》规定的刑事司法行为，而属于公安看守管理行政行为。因此要严格区分公安机关的行政行为与刑事司法行为。

第一节　行政行为原理

一、行政行为的概念

我国行政法学界的通说认为，行政行为是指行政主体为实现国家行政管理目的，行使行政职权和履行行政职责所实施的一切具有法律意义、产生法律效果的行为。[①] 行政行为不同于行政事实行为。所谓行政事实行为，是指行政主体基于职权实施的不能产生、变更或消灭行政法律关系的行为。行政行为与其他行为相比较具有以下几个主要特征：

1. 行政行为的从属性。行政机关是权力机关的执行机关，行政行为是执行法律的行为，行政行为的实施必须从属于法律，有如下要求：(1)行政行为的实施必须有法律依据；(2)行政行为必须在法律规定的时间和空间范围内内实施；(3)行政行为是受法律规范约束的行为，任何违法，越权行为都是无效或可撤销的行为。

2. 行政行为的公益性。行政主体所追求和维护的是国家和社会公共利益和公共秩序，提供公共服务和公共产品，行政主体可以对公共利益进行维护、分配和调整。

3. 行政行为的单方性。行政主体只要在其法定职权内，即可自行决定和直接作出行政行为，而不受行政相对人意志的影响或左右。

4. 行政行为的裁量性。依法行政的原则要求行政主体要依据法律规定采取行政行为，但由于行政管理的复杂性与多变性，任何法律都不可将行政主体的每一步骤，每一细节都予以详细规定，行政主体也必须享有一定的自由裁量权，才会合理、科学地进行行政管理，但自由裁量不是无限制的，必须在法律规定的范围内

---

① 关于什么是行政行为，在理论上仍然有着行为主体说、行政权说和公法行为说等不同的学说。行为主体说认为，行政行为是指行政机关的行为，将行政机关运用行政权所作的事实行为和没有运用行政权所作的私法行为都看作行政行为。行政权说认为，只有行使行政权的行为才是行政行为。包括行政法律行为、行政事实行为和准法律行为三类，而不包括行政机关没有运用行政权所作的私法行为。公法行为说认为，行政行为是具有行政法意义或效果的行为，将私法行为和事实行为排除在行政行为范围之外，该学说在外延上又存在以下几种不同的观点：第一，全部公法行为说。认为行政行为包括全部有公法意义的行为，既包括具体行政行为，又包括抽象行政行为。第二，立法行为排除说。认为包括除行政立法行为以外的全部有行政法意义的行为，将抽象行政行为排除在外，但包括制定规范性文件的行为。第三，具体行政行为说。认为行政主体就具体事件所作的公法行为才是行政行为。第四，合法行为说。认为行政行为应当是行政主体所作的一种合法行为。参见张载宇：《行政法要论》，台北，汉林出版社 1977 年版，第 303 页。

进行。

5. 行政行为的强制性。行政行为是行政主体代表国家，为实现国家管理职能而以国家名义进行的，它必须以国家强制力为后盾，其强制性表现在行政行为一经作出即产生法律效力，相对人必须遵守和服从，否则，行政机关可以自行或依法申请人民法院强制执行。

6. 行政行为的效力先定性。行政行为一经作出，就推定其为合法有效，没有被有权机关推翻或撤销前，任何机关或个人都必须遵守执行。

7. 行政行为的无偿性。行政机关提供的服务应该是无偿的，因为行政行为是行使国家公权力的行为，利用了国家的财政力量和公共资源，这些财政力量和公共资源是属于全体人民的，因此，行政机关对公共利益的维护和公共资源的分配应当是无偿的。

如果特定行政相对人享受了更多的公共资源的使用权时，对其征收一定的费用，实行有偿使用也是合理的，对收取的部分使用费，也应当是归属全体国民的，而不应归属于某一个行政机关。

这与民事法律行为的等价交换和有偿服务是区别的。因为民事主体为进行民事法律活动所投入的成本全部由自己承担，允许其收取报酬也是权利义务相一致的体现。

二、行政行为的构成要件

行政行为的构成要件是指决定一行为能构成行政行为所必需的一切主、客观必要条件的总和。行政行为的构成要件主要包括以下三个：

1. 行政行为的主体必须是行政主体，这是行政行为的主体要件。行政行为的主体必须是行政主体，非行政主体的行为都不能是行政行为，更不可能是合法、有效的行政行为。

2. 行政行为的本质是国家行政权力的运用，这是行政行为的权力属性要件。行政行为是行政主体行使行政职权或履行行政职责的行为，行政权力的运用是该行为的本质。行政主体必须在自己的事务管辖权、地域管辖权和级别管辖权的范围内作出行政行为，不得滥用职权。

3. 行政行为必须是客观存在的，也就是说，行政行为在外观上必须具有一定的存在形式，使行为主体的内在意思表示出来，行政主体只有将自己的意志通过语言、文字、符号或行动等形式表示出来，能被外界所识别，才能成为一个行政行为。

以上三个要件同时具备的,行政行为成立;缺乏其中之一,则不是行政行为。

三、行政行为的主要分类

行政行为可按不同标准划分为各种不同的种类,必要的分类可以使我们了解各类行政行为的特点、作用及其具体运用,也是分析行政行为是否合法、有效,确定行政行为救济机制的现实需要。

1. 以行政相对人是否特定为标准,分为抽象行政行为与具体行政行为。前者是指行政主体针对不特定行政相对人所作的行政行为,后者是指行政主体针对特定行政相对人所作的行为。认定行政相对人是否特定,可与一定的法律事实相联系。一般来说,处于已经发生的法律事实中的行政相对人是特定的行政相对人,而处于将来可能发生的法律事实中的行政相对人则是不特定行政相对人。这一分类,对认识我国现行行政救济机制、确定不同行政行为的相应救济方式具有重要意义。

2. 行政行为以其相对人的身份为标准,[①]分为内部行政行为和外部行政行为。内部行政行为是行政主体基于行政隶属关系针对内部相对人而实施的行政行为,外部行政行为是行政主体基于行政管辖关系针对外部相对人而实施的行政行为。在我国,内部行政行为不适用《行政复议法》、《行政诉讼法》和《国家赔偿法》的规定。

3. 以是否可由行政主体主动实施为标准,分为依职权的行政行为和应申请的行政行为。依职权的行政行为是指行政主体根据其职权而无须行政相对人申请就能主动实施的行政行为,而应申请的行政行为是指行政主体只有在行政相对人提出申请后才能实施而不能主动采取的行政行为。如果相对人未申请或撤回申请,行政主体却实施了行政行为,将导致行政行为的违法。

4. 以行政主体对行政法规范的适用有无灵活性为标准,分为羁束行政行为与自由裁量行政行为。羁束行政行为是指行政主体对行政法规范的适用没有灵活性的行政行为,自由裁量行政行为是指行政主体对行政法规范的适用具有灵活性的行政行为。注意,上述区分并非依据行政主体对事实的认定是否具有灵活性,所有行政行为中对事实的认定的灵活性都无可避免。上述分类对分析和认定行政行为的合法性和公正性具有重要意义。在法律适用上,羁束行政行为只存在合

① 有学者认为应以行政行为的效力范围为标准。参见胡建淼:《行政法学》,法律出版社 2003 年版,第 198 页;杨解君:《行政法学》,中国方正出版社 2002 年版,第 190 页。

法性问题,而自由裁量行政行为还涉及合理性问题。

5. 以行政行为是否具备某种法定形式为标准,分为要式行政行为与不要式行政行为。行政行为的形式包括书面文字、特定意义的符号、口头语和行为。书面文字和特定意义的符号有利于准确载明行政主体的意思表示,体系行政行为的严肃性,分清责任,促进依法行政。因此,行政法规范一般规定书面文字或特定意义的符号为行政行为的必要形式。要式行政行为是指必须具备某种书面文字或具有特定意义符号的行政行为,非要式行政行为则是指行政法规范没有要求必须具备书面文字或特定意义符号的行政行为。

6. 以行政行为的内容对行政相对人是否有利为标准,分为授益行政行为与负担行政行为。授益行政行为是指行政主体为行政相对人设定权益或免除其义务的行政行为。不利行政行为是指行政主体为行政相对人设定义务或剥夺、限制其权益的行政行为,又称负担行政行为。当一个行政行为既设定了行政相对人的权利又设定了相对人的义务时,既是授益行政行为又是不利行政行为。

7. 以行政行为是否有附款为标准,分为附条件行政行为和无附条件行政行为。附条件行政行为是指除行政法规范明确规定外,行政主体根据实际需要在主内容基础上附加从属性内容的行政行为。① 无附条件行政行为是指行政行为没有附加条件的行政行为。这里所谓的条件,是指行政主体规定的、其成就与否决定法律行为效力或消灭的、某种将来的不确定事实或行为,包括期限、条件、负担、保留行政行为的废止权及事后对负担的追加或变更权。② 从我国实际情况来看,所附条件多为行政主体关于行政行为生效条件和期限的规定。③

8. 以行政行为是否改变现有法律状态(权利义务关系)为标准,④可分为作为行政行为与不作为行政行为。作为行政行为是指行政主体积极改变现有法律状态的行政行为,如行政征收等。不作为行政行为是指行政主体维持现有法律状态,或不改变现有法律状态的行政行为,如不予答复或拒绝颁发许可证等。

此外,有的学者还将行政行为分为实体行政行为和程序行政行为,合法行政行为和违法行政行为,有效行政行为和无效行政行为,实力行政行为和意思行政

---

① 参见林纪东:《行政法》,台北,三民书局 1988 年版,第 326 页。

② 参加张载宇:《行政法要论》,台北,汉林出版社 1977 年版,第 332 页。

③ 参见叶必丰:《行政行为的效力研究》,中国人民大学出版社 2002 年版,第 154 页。

④ 也有学者认为,作为不作为的划分,应以行政主体的义务是作为义务还是不作为义务,对义务的态度是积极还是消极为标准。行政主体积极履行作为或不作为义务的行为是作为行政行为,行政主体消极对待作为义务的行为是不作为行政行为。参见周佑勇:《论行政作为与不作为的区别》,载《法商研究》1996 年第 5 期。

行为，职权行政行为和职权相关行政行为，单方行政行为、双方行政行为和多方行政行为，行政法律行为和行政事实行为，以及对人的行政行为和对物的行政行为，等等。①

四、行政行为的内容

行政行为的内容即行政行为所内含的意思和目的。行政行为作为一种法律行为，其法律意义上的作用就是产生、变更或消灭一定的法律关系，因此，行政行为的内容都与权利、义务有关。概括地讲，行政行为的内容主要包括以下几个方面：

1. 设定权利和义务。设定权利和义务是指通过行政行为规定和确立行政主体与行政相对人各自应有的某种权利和义务。

2. 实现权利和义务。实现权利和义务是指通过行政行为具体落实行政主体与相对一方各自的法定权利义务。

3. 剥夺、限制权利和减、免义务。剥夺、限制权利是以行政行为取消、制约相对一方已经取得的某种权利。减、免义务是以行政行为减、免相对一方原有的义务。

4. 确认和恢复权利义务。确认和恢复权利义务是当权利义务出现争议纠纷时，以行政行为认定已被模糊和歪曲了的原有权利义务并使之恢复原状。以此为内容的行政行为主要有行政确认、行政裁决、行政复议、行政赔偿，等等。

5. 确认法律事实。确认法律事实是以行政行为认定与某种权利义务有重要关系的法律事实。法律事实本身并不是权利义务，但它往往是得到某种权利义务的必要条件，通过行政行为确认之后，将必然地导致应有的权利义务关系。

五、行政行为的效力

（一）行政行为效力的含义

行政行为的效力是指行政行为所发生的法律效果。行政行为只有发生预期的法律效果才能达到其应有的目的和作用。行政行为的效果通常表现为它产生特定的法律约束力和强制力。这种约束力和强制力要求行政主体和行政相对人双方都必须遵守和服从，否则就要承担法律责任。

---

① 参见胡建淼：《行政法学》，法律出版社 2003 年版，第 207 页。

(二)行政行为效力的内容

行政行为效力的内容是指行政行为生效后,对有关各方主体所产生的法律约束力。这种约束力主要表现为以下几个方面:

1. 行政行为的公定力。公定力是指行政行为一经作出,不论其是否合法,即对任何人都具有法律约束力。即使它是不符合法定条件的,在没有被有关国家机关经过一定程序确认为违法并撤销其效力之前,它仍然是有效的,仍然对任何人具有法律约束力。因此,公定力并不意味着行政行为的真正合法。之所以如此规定,是因为社会对行政主体的地位和作用应予以充分信任和尊重,从而稳定权利义务关系。公定力是一种对世的法律效力,不是对行政主体和行政相对人双方而言的,而是对行政主体以外的任何机关、组织和个人而言的。

2. 行政行为的确定力。行政行为的确定力也称不可变更力。它指行政行为成立生效后,其内容具有确定性,非法定主体不可随意变更、重作或撤销。这一效力来自法的安定性原则和诚信原则,又可进一步分为形式确定力和实质确定力。形式确定力即不可争力,指除无效行政行为外,在复议或诉讼期限届满后相对人不能再要求改变行政行为。这是为了确保行政行为所涉及的权利义务得到及时稳定。实质确定力即"一事不再理",是指行政主体不得任意改变自己所作的行政行为,否则应承担相应的法律责任。行政主体有义务信守和兑现自己的承诺,否则就损害了相对人对这种承诺的信任。在有法律明文规定时,对合法行政行为进行改变给相对人造成损害时,应予以补偿。

3. 行政行为的拘束力。拘束力是指行政行为成立生效后,其内容对有关对象产生法律上的约束性,有关对象都必须遵守和服从,否则将要承担法律后果。行政行为的这种拘束力表现在以下两个方面:(1)对行政相对人的拘束力。行政行为主要是针对行政相对人的,它要对行政相对人的权利义务产生约束,而且行政相对人必须服从。(2)对行政主体自身的拘束力。行政行为成立生效后,行政主体也受其拘束,必须依照行政行为的内容履行自己的职责,否则要承担相应的法律责任。

4. 行政行为的执行力。执行力是指行政行为成立生效后,行政主体依法有权采取强制手段使行政行为的内容得以实现。执行力是实现具体行政行为内容的效力。这里的内容,是指具体行政行为所设定的权利义务。行政行为的内容只有得到实现才具有实际意义,因而行政行为的执行力是行政行为效力的一个不可缺少的部分。

（三）行政行为合法成立的条件

行政行为发生法律效果必须具备一定的条件，只有符合这些条件的才能真正稳定地产生法律效果，如果不符合这些条件，即使依照效力先定原则形成事先的效力，但终究要被有权机关依照一定的法律程序予以撤销或变更，从而终止全部效力。行政行为成立的条件包括：

1. 主体条件。主体条件要求作出行政行为的主体必须具有行政主体的资格。

2. 职权、职责条件。所有行政主体依法都具有一定的权限分工，职权、职责条件要求行政主体作出行政行为时，运用的是自身法定的职权或履行的是自身法定的职责，符合自身法定的权限分工范围，如果超越范围，则是超越职权或滥用职权的无效行政行为。

3. 内容条件。内容条件要求行政行为的内容必须合法、适当、真实、明确。

4. 程序和形式条件。行政行为的程序和形式条件，是指行政主体作出的行政行为必须符合法定程序和具备法定的形式。

六、行政行为的生效、撤销、变更、终止和废止

（一）行政行为的生效

符合有效要件的行政行为都能发生法律效力，一般而言，行政行为自作出之时即开始发生法律效力。但是，行政行为作出之时，行政相对人并不一定能立即知晓，行政相对人并不知晓的行政行为对其不能产生法律效力。因而，行政行为对行政主体生效的时间是行政行为作出之时，而对行政相对人的生效时间则根据情况不同可以分为即时生效、送达生效和附条件生效。

1. 即时生效。即时生效是指行政行为一经作出即具有效力，对相对人立即生效。即时生效的行为通常是行政主体当场作出并立即产生法律效力。其适用范围较窄，一般适用于紧急情况。即时生效的行政行为通常没有书面形式，行为作出就是生效的开始。

2. 送达生效。送达生效是指将表达行政行为内容的法律文书送达给当事人，一经送达即发生法律效力。送达包括直接送达、留置送达、转交送达、邮寄送达、公告送达、委托送达等几种方式。送达生效是行政行为生效的一般规则，行政行为的生效大多属于送达生效。

3. 附条件生效。附条件生效是指行政行为的生效附有专门的日期或条件，一旦日期届满或条件具备，该行政行为就发生效力。例如作为抽象行政行为的行政

法规和规章在附则中都附有一定的生效日期，一旦这个日期届满，该抽象行政行为就开始发生法律效力。

（二）行政行为的撤销

行政行为的撤销，是指因行政行为不符合有效成立的条件，由有权的机关对其予以撤销，使其向前向后均失去效力。行政行为不符合有效成立的条件即属于违法或不当的行政行为，撤销是对其完全的否定，因而不仅使其对后不具有效力，而且原则上要溯及既往，使之自始至终都归于无效。即应认定为从成立之时起就不具有法律效力。在被撤销前已发生的法律效果，应依法予以处理，使相关的权利义务恢复到作出该行政行为之前的状态。不能恢复的，也应给予一定的行政赔偿。

（三）行政行为的变更

行政行为的变更，是指行政行为因内容不适当而被改变。变更通常是让行政行为仍然存在，只是在种类、幅度等内容上作出一些变化，使之更为合理、适当。在这一点上，它不同于对具体行政行为的完全撤销。

（四）行政行为的终止

行政行为的终止，又称行政行为的自动失效，是指行政行为的效力因某些法定因素而不再向后发生法律效力。终止对该行为以前的效力并不否定，而且也不是因为该行为有违法或不当的情况，这就是终止与撤销的主要差别。引起行政行为的终止的原因很复杂，概括起来主要有以下几种：

1. 行政行为的目的已经达到，其因任务已完成而自然终止效力。例如，具体行政行为所设定的义务已得到履行或强制执行，权利已经得到实现。

2. 期限届满。行政行为在附有存续期限的情况下，一旦期限届满，行为的效力即行终止。

3. 行政行为针对的事项已不复存在或因情况有了较大变化而被行政主体终止。如行政行为已经执行完毕、行政行为执行的条件已经不复存在、作为行政相对人的公民已经死亡、行政行为的标的物已经灭失（如应拆除的房屋已经倒塌），等等。

4. 行政行为附有一定的解除条件，一旦条件具备，其效力即被终止。行政行为因条件成就而终止的，其法律效力自条件成就之日起丧失。行政行为自生效之时起至失效之时止，具有持续的法律效力。

（五）行政行为的废止

行政行为的废止，是指本来具备合法要件的行政行为，因法律和政策的变化而不再适应新的社会情况，而由有权国家机关宣布废除并使其向后不再发生法律效力。行政行为的废止不是因为行政行为本身存在违法或不当，所以，被废止的行政行为自废止决定作出之日起向后丧失法律效力，废止之前的法律效力不受废止行为的影响。行政行为具有下列情形之一的，可以予以废止：

1. 行政行为所依据的法律、法规、规章、政策被有权机关依法修改、废止或撤销。作为行政行为依据的法律、法规、规章或政策被依法修改、废止或撤销，则相应行政行为失去了合法存在的基础，它的继续存在将与新的法律、法规、规章、政策相抵触，所以，行政主体必须废止原行政行为。

2. 国际、国内或行政主体所在地区的形势发生重大变化，原行政行为的继续存在将有碍社会政治、经济、文化的发展，甚至给国家和社会公共利益造成重大损失。为此，行政主体必须废止原行政行为。

3. 行政行为已完成原定目标、任务，实现了其历史使命，从而没有继续存在的必要。为此，行政主体应该废止原行政行为。

行政行为的废止如果是因法律、法规、规章、政策的废除、改变、撤销或形势变化而引起的，且此种废止给行政相对人的合法权益造成了比较大的损失，基于信赖保护原则的要求，行政主体应对其损失予以适当补偿。

第二节　行政程序原理

一、行政程序的概念、特征和分类

（一）行政程序的概念

行政程序是行政行为的方式、步骤所构成的行政行为的过程，它既不同于立法程序，也不同于司法程序。行政程序一般由以下四个要素构成，即行政行为的方式、步骤以及实现这些方式、步骤的顺序和时限。方式是指行政主体实施行政行为时所采用的各种具体方法和形式。步骤是指行政主体完成某一行政行为所要经历的阶段。顺序是指行政主体实施行政行为所必经的步骤间的先后次序。

从顺序这个角度而言,“先取证,后裁决”是行政程序的核心或灵魂。时限是作出行政行为的时间限制,包括完成某一程序行为的时间限制和完成实体行为的时间限制。行为方式、步骤构成了行政行为的空间表现形式,行为的时限、顺序构成了行政行为的时间表现形式。所以,行政程序本质上是行政行为空间和时间表现形式的有机结合。行政程序与行政行为的实体内容是行政行为的两个方面,它们是形式与内容的关系,二者相互依存,不存在没有实体内容的行政程序,也不存在不通过程序就能实现的行政实体内容。行政程序对于保护相对人的程序权益、提高行政效率和监督行政主体依法行使职权具有重要意义。

(二)行政程序的特征

1. 行政程序的法定性和责任性。行政程序是由相应的法律规范规定的,行政主体在实施行政行为时必须严格遵循法定的方式、步骤、顺序和时限,这是行政法治的基本要求。如果行政主体实施行政行为时程序违法,则同样要承担相应的法律责任。

2. 行政程序的多样性。不同的行政行为所遵循的程序不同必然有各自的程序。同时,即便是同一行政行为,不同情况下也要遵循不同程序。

3. 行政程序的分散性。目前尚无统一的行政程序法典,有关行政程序的规范分散于总舵的、具有不同效力的法律文件之中。而且在某些行政实体法中规定了一些行政程序规范。例如,我国《国家赔偿法》就规定有行政赔偿处理程序。

(三)行政程序的分类

1. 行政程序以其规范行政行为所涉及的对象和范围为标准,分为内部行政程序和外部行政程序。前者是指行政主体对内部事务实施行政行为时所应遵循的程序。多为行政主体自己设置,且行政主体不遵守内部程序往往只能通过行政主体系统内部来解决。后者是指行政主体对外部事务实施行政行为时所应当遵守的程序。

2. 行政程序以其所规范的行政行为是抽象的还是具体的为标准,分为抽象行政行为的程序和具体行政行为的程序。前者是为规范抽象行政行为而设置的程序。经过抽象行政程序所作出的一个行政行为,不能直接作为强制执行的依据,违反时不会直接对行政相对人的合法权益产生影响。后者是为规范具体行政行为而设置的程序,经过具体行政行为程序作出的一个行政行为,可以直接作为强制执行的依据,违法时对行政相对人合法权益的影响是直接的。

3.行政程序以行政主体遵守行政程序是否具有一定的自由选择为标准,分为强制性行政程序与任意性行政程序。前者是行政主体在行政行为时没有自主选择的余地,必须严格遵守,不得增加或减少行政行为的步骤、方法、时限,也不得颠倒顺序。无选择性是它的最大特征。例如,责令停产停业的行政处罚,行政主体必须告知当事人听证权后才能作出。后者是指行政主体在实施行政行为时法律规定了可供选择的余地,由行政主体根据具体情况酌情决定适用何种程序。

4.行政程序以对相对人合法权益所产生的影响性质和影响程度为标准,分为主要行政程序和次要行政程序。前者是指行政主体若不遵守可能对行政相对人合法权益产生实质性影响的行政程序,其欠缺将直接影响行政行为的合法性。例如,行政处罚中的告知程序、表明身份程序和听证程序等。后者是指行政主体不遵守并不会对行政相对人合法权益产生实质影响的行政程序。其欠缺有时只需相对人向行政机关指出或由监督机关责令其予以补正即可,而不必一定撤销相应行为或责令行政主体重作。

二、行政程序的基本原则

行政程序的基本原则是指行政程序的设置和运用中必须普遍遵循的基本准则。从我国的立法与实践来看,行政程序的基本原则主要有:

(一)程序法定原则

程序法定原则是指行政行为的主要程序必须由法律规范加以规定,行政主体在实施行政行为时对于法定程序必须严格遵循,违反法定程序的行政行为是违法的,并应承担相应法律责任。程序法定原则是行政合法原则在行政程序领域的具体化。其基本内容包括:(1)行政主体实施行政行为时必须严格按照法律规定的方式、步骤、顺序和时限进行。(2)行政主体行使职权所选择适用的程序必须有利于保护相对人的合法权益,不得侵犯公民的基本权利和自由。(3)行政主体实施行政行为违反法定程序的,应当承担相应的法律责任。

(二)公开原则

公开原则是指行政主体的一切行政活动除涉及国家秘密、商业秘密及个人隐私并由法律规定不得公开的以外,一律向相对人和社会公开,以增强行政活动的透明度,接受相对人和社会的监督确立行政公开原则,有助于实现公民的知情权,促进公民对行政的参与。公开原则包括如下内容:第一,行使行政职权的依据公开。如果依据是抽象的,必须事先以法定形式向社会公布;如果依据是具体的,必须在作出决定以前将该依据以法定形式告知相关的行政相对人。第二,行政信息公开。行政主体根据行政相对人的申请,应当及时迅速地提供其所需要的行政信息,除非法律有不得公开的禁止性规定。第三,设立听证制度。听证是行政主体在作出影响行政相对人合法权益的决定前,由行政相对人表达意见、提供证据的程序以及行政主体听取意见、接受证据的程序所构成的一种法律制度。第四,行政决定公开。行政主体对行政相对人的合法权益作出有影响的决定,必须向行政相对人公开,从而使象征相对人不服决定时及时行使行政救济权。

(三)相对人参与原则

相对人参与原则是指行政主体在行政决策、制定规范性文件和实施其他行政行为时,在程序上要保障相对人的知情权和参与权得以实现。该原则的具体内容包括:(1)行政机关应当保障公民及时了解有关情况。(2)行政机关在进行决策和作出影响行政相对人权益的行政决定时要保证让相对人参与,为利害关系人举行听证,广泛听取各方面的意见、建议,并允许相对人对之提出反对意见等。(3)行政机关在制定政策、进行行政立法或行政裁决时,要事先通知利害关系人,允许相对人查阅或复制公文案卷,以收集有关资料,维护自己的合法权益。事后要允许相对人向行政机关申诉,通过行政复议等获得救济。

(四)程序公正原则

程序公正原则是指行政主体在实施行政行为时应合理处理公共利益与个人利益之间的关系,并在程序上平等地对待相对人,其宗旨是公平、正义。公正原则包括以下内容:(1)行政机关在实施行政行为时,要尽可能地兼顾公共利益和个人利益,在两者之间保持平衡。(2)对所有的行政相对人要一视同仁,不偏不倚,如在行政裁决中要给利害关系人以同等的辩论机会等。(3)行政机关要公正地查明一切与作出行政决定有关的事实真相。(4)在作出影响相对人权益的决定时要排除偏见,如实行回避、审裁分离、禁止单方面接触制度等。

(五)效率原则

效率原则是指行政行为应当在合法的前提下,程序上要以迅速、简便与经济的方式达到行政目的。该原则包含的内容有:(1)任何行政程序的设定都要考虑到时间性,防止拖延,保障快速实现行政目标。行政程序中时效制度即体现这一要求。(2)行政程序的设定要有一定的灵活性,以适应行政管理复杂多变的需要。行政程序中的紧急处置制度体现了这一要求。(3)行政程序应建立在科学、合理的基础上,以保证行政决策的正确以及行政活动为公众所接受,通过减少失误和保证执行顺畅来提高行政效率。(4)行政程序的设计要有利于排除行政管理的障碍,保证行政目标的实现。如行政程序中的不停止执行制度即体现了这一要求。

三、行政程序的主要制度

行政程序的主要制度是指行政机关在行政活动中必须遵循的重要程序制度,是行政程序基本原则的具体化。主要包括以下内容:

(一)公开制度

公开制度是实现公民知情权的必然要求。这一制度包括行政程序公开和信息资料公开两个方面。行政程序公开是指行政主体在作出行政行为时除法律有不得公开的规定以外,都应当公开进行。比如,公开举行听证会等。信息资料公开,又称为情报公开,是指行政主体应通过各种方式和渠道使社会公众知晓有关行政活动的情况和相关信息资料。它包括的内容广泛,行政法规、规章、行政政策、行政决定及行政机关据以作出相关决定的有关材料、行政统计资料、行政机关的有关工作制度、办事规则和手续等所有这些行政情报,凡是涉及相对人权利义务的,只要不属于法律规定的保密范围(如国家秘密、个人隐私、商业秘密等),都依法向社会公开,任何公民、组织均可依法查阅和复制。

(二)告知制度

告知制度是指行政主体在作出行政行为前或作出行政行为过程中,要依法将相关事项告诉相对人。公开制度是向社会公开,而告知制度是向相对人的告知。向相对人告知的内容通常包括:(1)告知身份。这是指行政机关及其工作人员在进行调查或作出行政处理或处罚行为之时,应当向相对人出示履行职务的证明,表明其有权从事该项活动的制度。(2)告知决定。如告知受理或不受理、告知许可或不许可、告知处罚轻重或不予处罚等。(3)告知权利。如告知相对人有陈述和申辩的权利、聘请律师的权利、查阅材料的权利、申诉的权利、申请行政复议与提起行政诉讼的权利等。(4)告知其他事项。如告知听证会的时间和地点、告知申诉的期限和受理申诉的机关等。

(三)听证制度

听证制度是指行政主体在作出影响相对人权利义务的决定之前,听取相对人的陈述、申辩和质证的一种程序制度。在正式听证中,相对人享有下列权利:(1)由无偏见的官员作为听证主持人的权利;(2)在合理的时间以前得到通知的权利;(3)提供证据和进行辩论的权利;(4)聘请律师陪同出席听证会的权利;(5)通过质证及其他正当手段驳斥不利证据的权利;(6)要求行政主体根据行政案卷中所记载的证据作出裁决的权利;(7)取得全部案卷副本的权利。

由于行政听证的功能在于行政相对人在接受不利决定前有发表自己意见的机会,因此,如果行政主体作出有利于行政相对人的决定,则无须事先听取意见。而且,又是为了确保行政效率,有的行政行为在作出之前也可以不进行听证。此外,如果听证过程中公开证据资料将损害国家利益、公共利益或第三人利益,也可能将这些行政行为排除在听证范围之外。从各国行政程序法的规定来看,行政听证的范围主要包括:行政立法和行政决定。

听证在形式上可以分为正式听证和非正式听证。正式听证是借助于司法审判程序而发展起来的一种听证形式,其内部结构为三角型程序模式。听证主持人剧中,行政机关和行政相对人各执一方,指控和抗辩相互交涉。这种模式讲究方式,按部就班,耗费大量的资源。因此,为了行政效率的需要,有时也采用非正式听证。不采用司法型审判程序听取意见,不以笔录作为裁决唯一依据。此时,行政机关对如何进行听证具有较大的自由裁量权,可以根据案件审理的需要决定程序的进展,只要使当事人得到一个表达意见的机会就满足了给予当事人听证的要求。

(四)辩论制度

辩论制度是指行政主体在裁决当事人之间的争议时,应通知双方当事人到场,在行政主体的主持下,由双方当事人就有关事实问题和法律问题进行对质的一种法律制度。其目的在于通过在当事人之间进行质证,以达到澄清有关事实和法律问题的目的,从而保障双方当事人的合法权益。辩论制度给予了当事人充分陈述自己观点和理由的机会,有利于防止行政主体在进行裁决时偏听偏信,也有利于相对人接受和自觉履行行政决定。

(五)回避制度

回避制度是指行政工作人员与所处理的行政事务有利害关系,可能影响到公正处理或裁决时，主动或应相对人申请而不得参与处理该项行政事务的制度。实行回避制度，有利于排除与所处理的事项有利害关系的行政人员主持行政程序，从而实现行政公正；有利于增加相对人对行政主体的信任感，保障行政管理活动的顺利进行。

行政回避的范围是指哪些与行政机关工作人员有利害关系的人作为案件当事人时，行政机关工作人员应当回避，通常包括：当事人中有近亲属的，与当事人的代理人有亲属关系的，在与本案有关的程序中担任过证人、鉴定人的，与当事人之间有监护关系的，当事人为社团法人时行政机关工作人员作为其成员之一的，与当事人有公开敌意或亲密友谊的，以及其他有充分证据可以证明行政机关工作人员不能公正处理案件的。

行政回避可以分成自行回避和申请回避。自行回避是指行政机关工作人员认为自己与本案有法律规定的回避情形时，向本机关的负责人主动提出回避请求，由机关负责人依法审查并作出是否准许的决定。申请回避是指当事人认为处理案件的行政机关工作人员有法律规定的回避情形时，在行政程序结束之前依法向有权机关提出要求行政机关工作人员回避案件处理的请求，由有权机关作出是否回避的决定。但无论如何，行政回避不能使有管辖权的行政机关无法对案件行使管辖权。

（六）职能分离制度

职能分离制度是指将行政主体内的某些相互联系的职能加以分离，使之分属不同机关（机构）或不同工作人员掌管和行使的制度。主要包括两种：①审裁分离，即案件的调查人和裁决人相分离；②裁执分离，即案件的裁决者和执行者相分离。

（七）不单方接触制度

不单方接触制度是指行政主体在处理两个以上有利害关系的相对人的事项时，不得在一方当事人不在场的情况下单独与另一方当事人接触，不得单方面听取其陈述、接受其提交的证据的制度。设立该制度的目的在于：防止行政机关及其工作人员与一方当事人进行私下交易而导致行政腐败；防止行政机关及其工作人员受一方当事人虚假陈述的影响而形成偏见，作出对其他当事人不利的决定而损害其合法权益。

（八）时效制度

时效制度是指行政行为的全过程或其各个阶段应受到法定时间限制的程序制度。时效制度是行政程序效率原则的具体体现。为了保证行政活动的高效率，行政程序的各个环节都应当有时间上的限制，如超过法定的期限，就会产生相应的法律后果。

（九）调查制度

调查制度是指行政机关在作出一项决定或裁决前，应当收集证据、查明事实的制度。具体包括询问证人、查账、鉴定、勘验等各种方法。

（十）说明理由制度

说明理由制度是指行政主体在作出影响行政相对人权利义务的决定时，除法律有特别规定的外，必须向行政相对人说明作出该决定的合法性和合理性的事实根据和法律依据的制度。其作用主要在于：（1）促使行政机关对自己作出的决定作充分的考虑，使自己的决定有充分根据。（2）使相对人对行政决定的内容有充分的了解，有利于保护相对人的合法权益，避免违法、不当的行政决定对其合法权益造成侵害。

（十一）行政救济制度

行政救济制度是指在相对人不服行政机关作出的影响其权利义务的行政决定时，法律应为其提供申诉或申请复议等获得救济的途径与机会，由上级行政机关或法定行政机关对原行政决定进行审查并作出裁决的制度。

四、行政程序法

（一）行政程序法的概念

行政程序法是关于行政程序的各种法律规范的总和。具体是指关于行政行为的方式、步骤以及实施这些方式和步骤的顺序、时限的法律规范的总和。正确理解这一概念应注意以下几点：

1. 行政程序法的主要规范对象是行政行为。行政程序法不包括调整诉讼行为的行政诉讼法，而是专门用以规范和调整行政行为的方式、步骤、顺序、时限的法律规范。

2. 行政程序法是行政法的有机组成部分，但其也有一定的独立性。行政程序法不改变当事人的实体权利义务，而只是保证当事人实体权利义务的实现。但行政程序的正当、合法与否，直接影响到实体权利内容能否正确、顺利地实现。因而，行政程序法又具有独立的价值。

3. 行政程序法既可以从广义上理解，也可以从狭义上理解。广义上的理解是指“各种有关行政程序的法律规范之总和”，它不仅包括行政程序法典，还包括散见于其他法律、法规及规章中的有关行政程序的法律规范；狭义上的理解则专指统一完整的行政程序法典。

（二）行政程序法的作用

1. 规范和控制行政权，防止和纠正行政专横与行政侵权，切实保护相对人的合法权益。行政程序法对行政权的规范与控制作用主要表现在以下两个方面：（1）行政程序法使行政程序成为行政行为发生法律效力的必要条件；（2）行政程序法是杜绝失职和滥用职权等行政违法行为的有效手段。

2. 保障行政权的有效行使，促进行政效率的提高。对行政行为的方式、步骤以及实施这些方式和步骤的顺序和时限的规范，实质上是对行政权的行使的方式、步骤以及实施这些方式和步骤的顺序和时限的规范。行政程序法确立的时效制度、不停止执行制度、紧急处置制度等，增加了行政的灵活性，这无疑有助于保障行政权的有效行使，从而促进行政效率的提高。

3. 规范行政程序行为，加强行政民主，保障相对人对行政活动的参与，从而可以尽可能地避免行政专断，促进行政民主化，促进行政质量的提高。

（三）我国行政程序立法的现状

行政程序法的产生和发展是20世纪和21世纪行政法发展的重要内容之一。在我国虽然还没有一部统一的行政程序法典，但这并不能说我国没有行政程序法规范，更不能说我国没有行政程序立法。特别是改革开放以来，国家立法机关在行政程序立法方面做了大量工作，在许多法律文件中规定有行政程序的内容，如我国的《治安管理处罚法》、《国家赔偿法》、《行政处罚法》、《税收征收管理法》、《监察法》、《行政复议法》、《立法法》、《行政许可法》和《行政强制法》等都有行政程序的规定。所有这些都为将来制定颁布统一的行政程序法典奠定了坚实的基础。

以案说法

2018年3月13日、10月16日张某某向天津市人力资源和社会保障局、天津市社会保险基金管理中心邮寄信函,要求对其社会保险缴费基数偏低和少缴、漏缴问题进行强制征缴。市社保局认为该问题不属于该局职责,将信件转至社保基金中心;社保基金中心答复:中心作为社保经办机构,负责依据区县社保局审批结果及有关政策规定按时足额发放退休待遇。张某某将两单位作为共同被告诉至法院。

法院判决市社保基金中心30日内对原告请求作出处理并将结果书面告知,在规定期限内不履行的,从期满之日起按日处70元罚款。

问题:被告不作为的行为属行政不作为吗?

评析:人民法院以行政裁判方式明确了行政主体在社保管理方面的相关职责。基于行政管理复杂性和法律规定不明确,在职权界线不清晰的情况下,行政机关之间应当主动沟通联系,共同协调解决,不能互相推诿,甚至和老百姓“捉迷藏”。社会保险待遇涉及千家万户,关乎个人生老病死,无论是社保机关还是经办机构都必须积极履责,方为责任政府应有之义。

第四章　行 政 立 法

导入案例

2020年7月31日四川省第十三届人民代表大会常务委员会第二十次会议通过《四川省工伤保险条例》，对四川省的工伤保险覆盖范围、保险对象、主管部门、工伤认定程序、工伤保险待遇、劳动能力鉴定、法律责任等作了规定，该条例从2020年9月1日起施行。该条例可以有效保障因工作遭受事故伤害或者患职业病的职工获得医疗救治和经济补偿，促进工伤预防和职业康复，规范工伤认定程序。该条例有一个突破性制度规定，即未参加工伤保险的，向用人单位生产经营地的县（市、区）社会保险行政部门提出工伤认定申请，这样降低了工伤认定的级别管辖，有利于保护工伤人员的合法权益。

思考：《四川省工伤保险条例》是行政立法吗？

提示：《四川省工伤保险条例》是行政立法。行政立法的主要表现形式包括行政法规和规章，行政机关制定的规章以下的其他规范性文件的活动不属于行政立法范畴，但属于抽象行政行为。行政法规是指国务院为管理和领导国家各项行政工作，根据宪法和法律，并且按照法定的程序制定的政治、经济、教育、科技、文化、外事等各类法规的总称。规章可以分为部门规章和地方政府规章。部门规章是指国务院各部门根据法律和国务院的行政法规、决定、命令在本部门的权限内按照规定程序所制定的规定、办法、实施细则、规则等规范性文件。地方政府规章只有省、自治区、直辖市以及设区的市的人民政府根据法律、行政法规、地方性法规，按照规定的程序制定和普遍适用于本地区行政管理工作需要的规定、办法、实施细则、规则等规范性文件。

四川省第十三届人民代表大会常务委员会是《立法法》中所称的省级人民代表大会及其常务委员会，根据《立法法》第72条规定，省、自治区、直辖市的人民代表大会及其常务委员会根据本行政区域的具体情况和实际需要，在不同宪法、法律、行政法规相抵触的前提下，可以制定地方性法规。上述条例内容只要不和宪法、法律、行政法规相抵触即为有效。

第一节 行 政 立 法

一、行政立法的概念

行政立法是指特定的国家行政机关依照法定权限和程序制定和发布行政法规和行政规章的活动。[①] 行政立法的主体是享有立法权的行政机关,而不是国家权力机关、国家司法机关或其他组织。行政立法是一种立法活动,是制定和发布行政法规和行政规章的活动。行政立法是行政机关立法权范围内的行为。行政立法须依法进行,行政立法的主体、权限和程序均由法律规定。

二、行政立法的分类

根据不同的标准,行政立法可以分为不同的类别。

(一)职权性行政立法与授权性行政立法

根据立法权的来源不同,可以把行政立法分为职权性行政立法与授权性行政立法。

职权性行政立法是指特定行政机关根据宪法和组织法赋予的职权,就其职权范围内的事项制定行政法规和规章的活动。授权性行政立法可分为:(1)一般授权性行政立法,即根据单行法律、法规中的条款授权某一行政机关,制定具体的实施细则或实施办法。(2)特别授权性行政立法,即国家最高权力机关将应由法律规定的事项,以“决定”的形式,特别授予国家最高行政机关行使。

(二)中央行政立法与地方行政立法

根据行政立法的主体及适用范围的不同,可以分为中央行政立法与地方行政

---

① 关于行政立法的性质,有不同的学说。有宪政行为说和行政行为说。行政行为说认为行政立法是行政机关运用行政权所作的一种行政行为,该说又可分为授权立法说和职权立法说两派。授权立法说认为立法权来自权力机关。因为现代立法的专业性、技术性和适应性,以会议为主要活动形式的立法机关难以胜任,有必要委托行政机关行使部分立法权。职权立法说认为一个行为的性质取决于作出该行为的权力性质。行政机关源于宪法和组织法的立法权是它的固有职权,运用这种职权所进行的立法是职权立法;源于单行法及特别授权决议的立法权也是依法取得的行政权,但运用这种事后授予的行政权所进行的立法却是授权立法。行政机关及时没有单行法和特别法授权,也具有固有的立法权,也能进行立法。参见姜明安主编:《行政法与行政诉讼法》,北京大学出版社 2005 年版,第 205 页。

立法。

中央行政立法是指国务院制定行政法规和国务院各部、委员会、中国人民银行、审计署和具有行政管理职能的直属机构制定部门规章的活动。中央行政立法调整的是全国范围内的事项或普遍性问题,其效力和适用范围及于全国,而不限于个别地方行政区域。

地方行政立法是指一定层级以上的地方人民政府制定和发布行政规章的活动。《立法法》第82条规定,省、自治区、直辖市和设区的市、自治州的人民政府可以根据法律、行政法规和本省、自治区、直辖市的地方性法规制定规章。地方行政立法包括省级政府制定的地方行政规章,较大市政府制定的地方行政规章,省会市政府制定的地方行政规章,经济特区市政府制定的地方行政规章,设区的市政府制定的地方行政规章,自治州的人民政府制定的规章。

(三)执行性行政立法与创制性行政立法

根据行政立法的目的与内容的不同,可以分为执行性行政立法与创制性行政立法。

执行性行政立法,是指行政立法机关为了执行法律、法规已创设的法律制度而进行的立法。执行性行政立法本身并不创设新的法律制度,而是执行法律、法规已经创设的法律制度,使之更具体化、明确化和更具可操作性。

创制性行政立法,是指行政机关根据宪法、组织法规定的职权或其他单行法律、法规的授权,在其授权范围内,就本应由法律或法规规定的事项,在条件尚不成熟时,创制新的法律规则的行政立法活动,包括填补法律调整的空白和变更法律已规定的制度

三、行政立法的原则

行政立法的原则是指贯穿于行政立法的过程中,对行政立法起指导作用的基本准则。行政立法应当遵循以下几项原则:

(一)依法立法原则

行政立法必须依法进行。依法立法包括以下三层含义:(1)行政立法必须依照法定权限。行政机关或者根据宪法、有关组织法规定的权限立法,或者根据法律、法规的明文授权立法,依照授权的目的、范围行使权力。(2)行政立法的内容必须符合宪法、法律、法规的规定。行政法规不得与宪法、法律相抵触;规章不得

与宪法、法律、行政法规或上层级的行政规章相抵触。(3)行政立法必须遵循法定程序。

(二)民主、公开原则

中华人民共和国的一切权力属于人民,人民是国家的主人,国家的法律应当反映人民的利益和意志,让人民群众参与立法,充分听取各方面的意见,这就是立法的民主、公开原则。民主立法体系在行政立法程序上,就是行政立法的开放性和行政相对人的立法参与,确认公众对法案的讨论和听证权,并建立对所提意见、建议和要求是否采纳的答复制度。民主立法体系在法规和规章的内容上,就是要求尊重人权,真正反映和体现民众的利益、愿望和要求,切实保障公民、法人和其他组织的合法权益。在规定其应当履行的义务的同时,应规定其相应的权利和保障权利实现的途径。

(三)维护法制的统一和尊严的原则

我国的国家结构是单一制,中央和地方职权的划分是遵循在中央统一领导下充分发挥地方主动性、积极性的原则。立法是广大人民群众利益与意志的反映。体现人民利益和意志的立法应当有极大的权威、尊严,必须得到统一的遵守与执行。这不仅是人民意志的体现,同时也是国家结构的要求。任何国家的法律、法规都应是一个分等有序、严密统一的整体。法制的统一是国家和社会得以稳定的前提,也是经济上建立统一的大市场的必然要求。法制的统一和尊严要求行政立法要严格依照法定职权、法定程序进行,各行政立法机关不得超越职权范围,也不得违反法定的立法程序。行政立法必须与权利机关和上级行政机关的立法保持一致,不相隶属的行政立法之间应当协调一致,一个行政主体所制定的多个行政规范之间、一个行政规范或规章内部条款之间也应保持一致。

(四)协调、合理原则

行政立法是立章建制,是为人们规定行为规范的,它必须尊重社会客观规律,在充分协调的基础上,科学、合理而又切合实际地设定权利义务和建立行为规则。用理性的标准、符合实际的标准来立法和规定权利(力)与义务,要在保障公民权益与维护公共利益、维持社会稳定与促进社会发展、实现社会公平与提高行政效率等之间取得平衡。《立法法》第 80 条第 2 款规定:没有法律或者国务院的行政法规、决定、命令的依据,部门规章不得设定减损公民、法人和其他组织权利或者增加其义务的规范，不得增加本部门的权力或者减少本部门的法定职责。82条第六款规定：没有法律、行政法规、地方性法规的依据，地方政府规章不得设定减损公民、法人和其他组织权利或者增加其义务的规范。

（五）法律保留原则

凡是涉及公民、组织重大权益的事项，尤其是限制或剥夺公民、组织人身权、财产权的事项，只能由代议机关（在国外通常是国会或议会，在我国是全国人大及其常委会）制定法律作出规定，或者只能由法律明确授权的特定规范作出规定。法律保留原则的目的在于保护公民、法人或其他组织的合法权益不受行政机关的侵犯。其含义表现在以下两个方面：一是对特定的具体管理活动，行政机关只能在由代议机关的法律作出规定，或者法律授权的规范作出规定的情况下才能从事；二是对特定事项的设定权应为代议机关享有，除非代议机关有明确授权，行政机关不得对该事项作出规定，否则即为无效。法律保留分为法律绝对保留和法律相对保留。法律绝对保留是指特定事项的立法权只能由代议机关享有，且只能由其行使，不得授权包括行政机关在内的任何其他国家机关行使。法律相对保留是指特定事项的立法权应由代议机关享有，但在尚未制定法律时，代议机关在某些情况下可以通过法律授权特定国家机关对部分事项先制定法律规范。

四、行政立法权限

（一）国务院的行政立法权限

国务院的行政立法权是制定行政法规，其法律根据是宪法和法律。根据宪法和立法法的规定，国务院制定行政法规的立法权限包括两类事项：

1. 职权立法事项。所谓职权立法事项，是指根据宪法和法律的规定本属国务院职权范围内的事项。国务院对这些本属自己职权范围内的事项进行的立法，就是职权立法。国务院职权立法事项又分为两类：（1）宪法第89条规定的国务院行政管理职权的事项。（2）国务院为执行法律的规定需要制定行政法规的事项。

2. 授权立法事项。所谓授权立法事项，是指将本属于应由全国人民代表大会及其常务委员会制定法律的事项，由全国人民代表大会及其常务委员会授权国务院立法，国务院根据此项授权而对此事项制定行政法规进行调整。特别授权立法还必须符合以下要求：（1）国务院应当严格按照全国人大及其常委会授权目的和授权范围行使立法权，制定行政法规，并不得将该项权力转授给其他机关；（2）国务院根据全国人大及其常委会的授权制定的行政法规，应当报全国人大及其常委会授权决定规定的机关备案;(3)全国人大及其常委会就授权国务院立法的事项已制定法律后,国务院的授权立法相应终止。

(二)国务院各部门的行政立法权限

国务院各部门有制定部门规章的行政立法权限,这是中央行政立法的另一种形式。根据《立法法》第80条第1款规定,国务院各部、委员会、中国人民银行、审计署和具有行政管理职能的直属机构,可以根据法律和国务院的行政法规、决定、命令,在本部门的权限范围内,制定规章。

(三)省、自治区、直辖市的人民政府和设区的市等的人民政府的行政立法权限

《立法法》第72条第1、2款规定,省、自治区、直辖市的人民代表大会及其常务委员会根据本行政区域的具体情况和实际需要,在不同宪法、法律、行政法规相抵触的前提下,可以制定地方性法规。设区的市的人民代表大会及其常务委员会根据本市的具体情况和实际需要,在不同宪法、法律、行政法规和本省、自治区的地方性法规相抵触的前提下,可以对城乡建设与管理、环境保护、历史文化保护等方面的事项制定地方性法规,法律对设区的市制定地方性法规的事项另有规定的,从其规定。设区的市的地方性法规须报省、自治区的人民代表大会常务委员会批准后施行。省、自治区的人民代表大会常务委员会对报请批准的地方性法规,应当对其合法性进行审查,同宪法、法律、行政法规和本省、自治区的地方性法规不抵触的,应当在四个月内予以批准。

五、行政立法程序

行政立法程序,是指行政立法机关在制定、修改和废止行政法规和规章过程中所应遵循的步骤、方式、顺序等各种要素的总称。行政立法程序的规范化、科学化和民主化,是保障并提高行政法规和行政规章的质量,实现行政法治的基本途径之一。行政立法的程序主要由以下环节组成:

1. 提议。这种提议通常表现为行政法规或规章的议案,是有权主体就有关事项依法提交有关主体审议的,关于制定、修改或废止行政法规、规章的议事法案。法案可以是列入行政立法规划内的事项,也可以是未被列入的事项。行政法规的议案可以由国务院提出。部门规章的法案由该主管部门法制机构或业务机构提出,地方规章的议案则由地方政府的法制部门或职能部门提出。其他组织或个人

不具有提议权。

2. 起草。起草是行政立法机关拟定行政立法草案以备立法通过的过程，最终形成草案。草案是法案的附案部分，可以与法案同时起草，也可以在提出法案后组织起草。草案应当由制定主体的法制部门起草，起草组织的人员一般应包括行政立法机关工作人员及业务专家和法律专家。

3. 征求意见。行政立法中的征求意见，是指对行政法规、规章草案的征求意见，实际上它也是起草过程中的一个环节或形式。在起草过程中应采取座谈会、论证会、听证会等多种形式广泛听取意见。

4. 审查。审查是指行政立法草案拟定之后，送交政府法制机构进行审议核查的制度。审查的内容应包括：该项行政立法的必要性和可行性，该项草案在内容上的合法性和权限上的合法性，必要条款是否完备以及在内容、结构和文字上是否具有科学性。法制部门审查后应提出审查报告，与草案一并提交行政立法主体审议。

5. 通过。行政立法机关按照其决定程序通过立法草案的制度就是通过。其中，行政法规草案应经过国务院全体会议或国务院常务会议审议通过，部门规章草案应由该主管部门的常务会议审议通过，地方规章应由地方人民政府全体会议或常务会议通过。草案具有下列情形之一的，法制机构可以缓办或退回起草部门：制定行政法规的基本条件尚不成熟的，或者有关部门对送审稿规定的主要制度存在较大争议，起草部门未与有关部门协商的，或者上报送审稿不符合《立法法》要求的。

6. 签署。签署是行政首长对会议决定通过的法规、规章签署姓名的制度。

7. 公布备案。公布是将已经行政首长签署的行政法规、规章对社会公开发布的环节。备案是将已公布的行政立法报送监督机关备审备查的制度。

8. 修改和废止。行政立法在公布一段时间后，由于社会环境的变化、主管部门的变更、母法的修改或废止以及进一步规范等原有，可能需要作一定的修改或加以废止。这本身也是一种立法活动，应按照法律、法规的规定进行。

六、行政立法技术

行政立法技术，是指行政机关在制定行政法规和行政规章的实践过程中总结出来的，能保障和提高行政立法质量的技巧与方法。

（一）行政立法形式方面的技术

行政法规和行政规章，作为行政立法的结果，是形式和内容的有机统一。对行政法规和行政规章外在表现形式的基本要求，一般是结构严谨、条理清楚、合乎逻辑、语言简洁。要达到上述要求，行政立法技术在形式方面必须注意以下几点：

1. 名称要规范、简明、准确。
2. 标明制定或发布的行政机关。
3. 文本排列要规范。
4. 签署和附加部分。行政法规或规章必须由有关人员签署才能生效。
5. 语言必须严谨、简洁、准确。法律是普遍、明确、具体的规范。

(二)行政立法内容方面的技术

1. 弄清条文与规范的关系，做到规范明确并切实可行。
2. 明确列举被废除的法律文件，保持整个法律体系的协调统一。

第二节　其他行政规范性文件的制定

一、其他行政规范性文件制定的概念

其他行政规范性文件的制定，是指国家行政机关制定除行政法规、规章以外的具有普遍约束力的决定、命令，规定行政措施等抽象行政行为的活动。其他行政规范性文件的制定，虽然不是行政立法，但它与行政立法一样，都是抽象行政行为，只要不与法律、法规和规章抵触，也可以作为具体行政行为的依据。其他规范性文件具有以下特征：

1. 主体的广泛性。其他行政规范性文件的制定主体是各级各类国家行政机关。

2. 效力的多层级性与从属性。其他行政规范性文件数量众多，其各自的效力与制定主体相对应，从上到下呈现多层级特点，下级规范性文件不能同上级规范性文件内容相抵触，并且分别从属于相应行政机关制定的行政法规和行政规章。

3. 规范性。其他行政规范性文件同样能为人们提供行为规则，它具有普遍约束力和反复适用性，在各自效力所及范围内的单位和个人都必须遵守，具有执行力。

二、其他行政规范性文件的分类

其他行政规范性文件以其内容的不同，可分为创制性文件、解释性文件和指

导性文件三类。

(一)创制性文件

创制性文件是指行政机关或被授权组织为不特定公众创设新的权利义务的其他行政规范性文件,又可分为依职权的创制性文件和依授权的创制性文件。依职权的创制性文件是指行政机关为了行政管理的实际需要,根据宪法和有关组织法规定的固有职权而制定的,对不特定公众创制新的权利义务的其他行政规范文件。不是为了执行、补充行政法规范或上级其他行政规范性文件,而是行政主体根据需要依据其职权自行制定的。从法理上讲,公众的权利义务应当由法律、法规和规章来创制,只有在法律、法规和规章缺位的情况下才能由行政机关的其他行政规范性文件进行创制。而且,这种创制通常应当是授益性的而不应当是负担性的,通常发生在行政给付领域。依授权的创制性文件是指行政机关为了补充行政规范或变通上级其他行政规范性文件的规定,依据宪法和组织法以外的法律、法规、规章或上级行政规范性文件的专门授权而制定的,为不特定公众创制新的权利义务的其他行政规范性文件。只要有授权依据,它可以存在于负担行政领域。但授权依据应明确规定这种创制性文件的制定目的、程序、范围和内容等,而且经授权的行政机关必须受这些规定的严格约束,违背或超越了授权法的规定,应属违法。

(二)解释性文件

所谓解释性文件,就是行政机关为了实施法律、法规和规章,统一各个行政机关及其公务员对法律、法规和规章的理解及执行活动,对法律、法规和规章进行解释而形成的规范性文件,包括法定解释性文件和自主解释性文件两类。法定解释性文件是指具有法定解释权的行政机关对法律、法规和规章进行解释而形成的其他行政规范性文件。[①] 这种解释应当以法律、法规和规章的规定为限,一旦超出,就不再属于解释性文件了。在形式上,应在文号中标明解释机关和“释”字,如“国务院〔2012〕释字 1 号”,便于和其他行政规范性文件进行区分。自主解释性文件是行政机关为了统一所属行政主体及其工作人员对法律、法规和规章及特定其他行政规范性文件的认识,对法律、法规和规章及特定其他行政规范性文件进行解

---

① 在《立法法》生效以后,法定解释性文件的解释对象限于行政法规和规章。对法律进行解释的权力仅留给了立法机关和最高人民法院。

释而形成的其他行政规范性文件。便于规范行政机关及其工作人员,统一其对法律规范的认识和理解,从而使行动和裁量取得一致。

(三)指导性文件

所谓指导性文件就是行政机关对不特定公众事先实施书面行政指导时所形成的一种其他行政规范性文件。行政指导针对的对象可以是特定的也可以是不特定的,其形式可以是书面的也可以是口头的。只有当行政主体对不特定公众以书面形式进行行政指导并予以公布时,才形成了我们所说的其他行政规范性文件。

三、其他行政规范性文件的效力

其他行政规范性文件虽然不属于法的范畴,但它们能为人们提供行为规则,具有普遍约束力:

1. 其他行政规范性文件虽然具有普遍约束力,但其效力低于法律、法规和规章,根据制定主体的不同,效力自上而下呈现出多层级的特点,下级行政规范性文件不能与上级行政规范性文件的内容相抵触。

2. 其他行政规范性文件对行政相对人具有拘束力和强制执行力,行政相对人应遵守其他行政规范性文件的规定,对其他行政规范性文件所确定的义务必须履行。其他行政规范性文件对行政机关本身具有确定力,对具体行政行为具有适用力。其他行政规范性文件一经颁布,非经法定程序不得任意撤销、改变或者废止。

3. 部分其他行政规范性文件属于行政复议范围。复议机关在审查具体行政行为时,如果发现所依据的决定、命令与法律、法规、规章或较高层次的决定、命令相抵触,可在其职权范围内依法予以撤销或改变。

4. 行政诉讼当事人可以以其他行政规范性文件作为相应具体行政行为违法或合法的根据。

四、其他行政规范性文件的制定程序

目前,其他行政规范性文件的制定所依据只有国务院办公厅颁布的《国家行政机关公文处理办法》。根据这一办法,参照行政立法的程序,结合实践经验,制定其他行政规范性文件应遵循以下程序:

1. 起草。由既懂行政专门业务又熟悉法律和政策的专门人员负责起草。

2. 协商和协调。如果内容涉及其他一个或几个部门的职责权限,起草人员应组织这些部门协商取得一致意见。

3. 征求和听取意见。起草过程中应听取有关机关、组织和公民的意见。

4. 审核、签批。审核一般由行政机关秘书部门的负责人或法制工作部门的负责人或负责拟稿职能部门的负责人承担审核任务。审核结束后，一般由制定机关的正职领导人签发。

第三节 行政立法的效力等级、冲突及解决

行政立法的效力等级，是指行政立法在国家整个规范性文件体系中的法律地位，它解决行政立法与宪法、法律、法规的关系，以及行政立法自身内部关系的问题。行政立法与权力机关的立法，以及行政立法自身之间可能发生冲突，所以，必须对法律冲突的解决规定必要的方法。

一、行政法规的效力等级、冲突及解决

行政法规是由国务院制定的，它的效力等级总的来说是低于宪法和法律，高于地方性法规、部门行政规章、地方行政规章。

1. 行政法规必须根据宪法和法律制定，或者根据法律制定机关——全国人民代表大会及其常务委员会的授权决定而制定。这是行政法规与宪法、法律的效力关系的根据内容。

2. 宪法与法律的效力高于行政法规，行政法规的内容不得与宪法和法律相抵触。

3. 行政法规应当在公布后 30 日内报全国人民代表大会常务委员会备案，接受该机关的监督审查。

4. 行政法规如有超越权限、违反宪法与法律规定及违背法定程序的，全国人民代表大会常务委员会有权撤销该行政法规。

二、部门行政规章的效力等级、冲突及解决

部门行政规章的效力等级总的来说低于宪法、法律、行政法规，而与地方性法规、地方行政规章之间没有效力高低的区别。具体内容是：

1. 部门行政规章的立法依据就是法律、行政法规及国务院的决定、命令，部门行政规章多是为了执行法律、行政法规而制定的。

2. 部门行政规章发布后 30 日内应报国务院备案审查,接受国务院的监督。

3. 国务院有权改变或撤销不适当的部门行政规章。这种不适当包括部门行政规章的内容与上位的宪法、法律、行政法规相抵触,也包括部门规章超越权限或违反法定程序。

4. 部门规章与地方性法规之间对同一事项的规定不一致,不能确定如何适用时,应由国务院提出意见。国务院认为应当适用地方性法规的,应当决定适用地方性法规;国务院认为应适用部门行政规章的,应当提请全国人民代表大会常务委员会裁决。

5. 部门行政规章与部门行政规章之间、部门行政规章与地方行政规章之间对同一事项的规定不一致的,则由国务院裁决适用。

三、地方行政规章的效力等级、冲突及解决

地方行政规章的效力等级总的来说低于宪法、法律、行政法规、同级和上级人民代表大会及其常务委员会制定的地方性法规,与部门行政规章之间有同等法律效力。具体内容是:

1. 地方行政规章的立法依据是法律、行政法规、本省、自治区、直辖市的地方性法规,地方行政规章多为执行法律、行政法规、地方性法规的规范需要而制定。

2. 地方行政规章的内容不得与宪法、法律、行政法规、本级和上级人民代表大会及其常务委员会制定的地方性法规相抵触。

3. 地方行政规章在公布后 30 日内应报国务院、本级人民代表大会常务委员会备案,其中设区的市的地方行政规章还应同时报送所在省、自治区人民代表大会常务委员会和省、自治区人民政府备案,以备监督审查。

4. 地方行政规章与宪法、法律、行政法规、本级或上级人大地方性法规相抵触的,国务院有权改变或撤销,本级人民代表大会常务委员会也有权撤销本级政府制定的地方行政规章,省、自治区政府也有权改变或撤销下一级政府制定的不适当的地方行政规章。

5. 规章内部效力等级也不相同,部门行政规章与地方行政规章具有同等效力,在各自的权限范围内施行有效,部门行政规章与地方行政规章不一致时,由国务院裁决适用,省级政府的地方行政规章的效力高于本行政区域内设区的市的政府制定的地方行政规章。此外,行政法规、规章均不得溯及既往,但为更好地保护公民、法人和其他组织的合法权益而作的特别规定除外。

以案说法

2004年3月，某市一房地产有限公司向某银行贷款兴建市贸广场，并签订《土地使用权抵押合同》，合同经市房地产管理局登记生效，同年10月，公司取得商品房预售许可证和外销许可证。某银行认为土地使用权已经抵押，房地产公司无权不经抵押权人的同意预售在抵押土地上新建的房屋，为此，某银行紧急请求抵押合同登记机关市房屋土地管理局予以保护，维护其合法权益。房地产公司能否预售在抵押土地上新建的房屋，问题的关键在于抵押土地上新建的房屋是否属于抵押物的组成部分。根据《城市房地产管理法》的规定，房地产抵押合同签订后土地上新增的房屋不属于抵押财产，而根据《某市房地产抵押管理办法》的规定，土地使用权抵押时，其地上的建筑物、附属物（包括在抵押期限内的新增部分）均为抵押物的一部分，规定完全相反。市房地产管理局接到申请后责令不准房产公司将土地上新建的房屋销售。房产公司提起行政诉讼。

问题：本案应适用《城市房地产管理法》还是《某市房地产抵押管理办法》？

评析：法治的统一性原理要求下位阶的法律规范不得同上位阶的法律规范抵触，宪法的效力最高，其次是一般法律。法律的效力仅次于宪法，高于行政法规和规章。行政法规的效力高于地方性法规和规章。地方性法规的效力高于本级和下级地方政府规章。省、自治区的人民政府制定的规章的效力高于本行政区域内的人民政府制定的规章。部门规章之间、部门规章和地方政府规章之间具有同等效力，在各自的权限范围内施行。

凡是上位阶的法律规范已经对某一事项有了规定，下位阶的法律规范就不得与之相抵触，在上位阶法律尚未规定时，下位阶的规范可以作出规定，一旦上位阶规范就此事项有了规定，下位阶规范必须服从。这反映在法的适用上就要求行政机关作出具体行政行为时，只能选择上位阶的法律规范，而不能选择适用与上位阶的法律规范相抵触的下位阶的法律规范。《某市房地产抵押管理办法》作为市政府制定的政府规章，在效力上低于作为法律的《城市房地产管理法》，因此本案应适用《城市房地产管理法》。

第五章　行政奖励与行政给付

导入案例

2017年3月13日,原告贾某某向被告济南市历城区食品药品监督管理局举报违法责任人销售过期食品,并申请奖励。2017年9月4日,被告单位作出(济历城)食药监食罚(2017)310号行政处罚决定书,认定原告举报事项属实,并对历城大润发作出以下处罚:(1)没收违法所得2.02元;(2)罚款5万元。被告于2017年9月25日通知原告提交相关材料申请举报奖励,并于2017年10月24日向原告支付奖励款0.2元。2017年11月10日,被告作出《奖励情况说明》,主要内容为:原告向被告举报的历城大润发经营超过保质期的面包案,被告已依法处理完毕,根据《济南市奖励办法》的有关规定,应给予原告的奖励金额为0.2元。

2016年1月1日,济南市食品药品监督管理局和济南市财政局根据《食品安全法》《药品管理法》等相关法律、法规和13号《奖励办法》规定,发布并实施了《济南市奖励办法》,有效期5年。2017年8月9日,国家食品药品监管总局和财政部对13号《奖励办法》进行了修订,公布并实施了67号《奖励办法》,同时废止了13号《奖励办法》。

67号《奖励办法》对一级举报奖励的规定为"一般按涉案货值金额或者罚没款金额的4% –6%(含)给予奖励。按此计算不足2000元的,给予2000元奖励",《济南市奖励办法》对一级举报奖励的规定为"按案件货值金额的10%给予奖励"。

思考:行政奖励属于什么性质的行为?可否提起行政诉讼?

提示:行政机关必须依法定的条件、形式和程序实施行政奖励,在法律仅对行政奖励做原则性规定的情况下,行政机关制定规范性文件对如何奖励进行具体规定并对外公布,那么行政机关在实施奖励行为时,也应遵循该文件的规定。行政机关实施行政奖励应当坚持诚信和有利于相对人原则,正如本案例中,《济南市奖励办法》和国家食品药品监管总局和财政部67号《奖励办法》相冲突,下位法应当服从上位法，本案应当适用国家食品药品监管总局和财政部67号《奖励办法》，对相对人给予相应的举报奖励。

第一节　行政奖励

一、行政奖励的概念与特征

（一）行政奖励的概念

行政奖励，是指行政主体依照法定的条件和程序，对为国家和社会作出重大贡献或者模范地遵纪守法的单位和个人，给予物质和精神等方面的奖赏与鼓励的具体行政行为。其目的在于表彰先进，充分调动和激发人们的积极性和创造性，最终实现国家和社会治理的目标。它包括以下几层含义：

1. 行政奖励的主体是行政主体。行政奖励必须由有行政奖励权的行政主体实施。

2. 行政奖励的目的是表彰和鼓励先进，激励和鞭策后进，调动广大人民的积极性和创造性。

3. 行政奖励的对象是为国家和社会作出重大贡献或模范地遵纪守法的单位或个人。

4. 行政奖励的内容主要包括物质奖励和精神奖励两个方面。偶尔也可能表现为予以晋级或升职。

5. 行政奖励是一种法定的行政行为，行政奖励的内容、方式、程序及条件等，都由行政法律规范予以明确规定。

（二）行政奖励的特征

1. 行政奖励是一种具体行政行为，是由行政主体针对特定的对象实施的、能对相对人产生实际影响的行政行为。

2. 行政奖励是一种单方行政行为，但不具有强制性。被奖励者对于行政主体给予的奖励可以放弃，看着是由受奖权本身具有可放弃性决定的。

3. 行政奖励是一种授益性行政行为。

二、行政奖励的原则和合法要件

(一)行政奖励的原则

行政奖励的原则是行政主体实施行政奖励时应当遵循的基本行为准则,它主要包括:

1. 依法奖励、实事求是的原则。任何奖励都是一种法定行为,都必须坚持法定的表彰和条件,实事求是地进行。

2. 精神奖励与物质奖励相结合的原则。二者可以独立实施,也可以合并实施。

3. 公正、合理、民主、平等的原则。这要求做到机会均等,按法定程序实施奖励,凡符合法定条件的,人人都有平等受奖励的权利。

4. 奖励与行为相当的原则。奖励必须与被奖励的行为相适应,奖励的等级与被奖励行为的贡献大小相适应,做到论功行赏,合理适度。

5. 及时性和稳定性的原则。某一时期的奖励,只能表明受奖者过去的功绩和贡献,不能搞“终身制”。

(二)行政奖励的合法要件

一般而言,合法、有效的行政奖励应当符合以下要件:

1. 符合法定的奖励条件和标准。这是合法行政奖励行为的客观要件。

2. 符合法定的奖励形式。

3. 符合法定的奖励权限。这是行政奖励行为的主体要件。

4. 符合法定的奖励程序。行政奖励行为的实施,必须符合法定的程序。

三、行政奖励的内容和形式

(一)行政奖励的内容

行政奖励的内容,是行政主体通过行政奖励赋予被奖励人的合法权益。根据我国行政奖励法律规范的规定,行政奖励的内容体现为以下几方面:

1. 精神方面的权益。表现为被奖励人获得某种法定的荣誉,并被国家和社会所承认,如通报表扬、授予荣誉称号等。

2. 物质方面的权益。表现为被奖励人获得一定数额的奖金或奖品。

3. 职务方面的权益。表现为被奖励人晋升一定的行政职务或工资级别等。

（二）行政奖励的形式

行政奖励的形式很多，不同的法律规范针对不同的对象有不同的规定。概括而言，主要有以下形式：

1. 通报表扬。对受奖者在一定范围内以一定形式予以公开表扬的奖励形式，是一种精神鼓励。

2. 记功。记功按不同的法律规范，有不同的等级。通常分为特等功、一等功、二等功和三等功四个等级。

3. 奖品或奖金。这是一种物质奖励。根据不同的法律、法规的规定，物质奖励也有一定的等级差别。

4. 晋级。指提高工资级别。一般晋升一至二级工资。成绩特别优异的可晋升二至三级工资。

5. 晋职。指提高其职务，一般提升一至二级职务。

6. 通令嘉奖。指在较大范围内的表彰。通令嘉奖要在省级以上的报刊予以刊载。

7. 授予荣誉称号。如先进工作者、劳动模范、战斗英雄等。此类荣誉称号一般都有不同的等级，从县级直至国家级。

以上各种奖励形式既可单独适用，也可以并用，并可发给某种证书、奖章，以资证明。

四、行政奖励的程序

我国行政奖励的程序目前没有统一规定，表现为三种不同情况：第一种是由具体法律规范规定某项奖励的具体程序；第二种是将奖励程序授权授奖机关拟定；第三种是只规定奖励条件及权限，不规定程序。

综观我国现行法律、法规规定，可将行政奖励的程序概括为：

1. 奖励的提出。一般有三种提出奖励的办法：群众评选；由特定的单位向法定的行政主管机关推荐；自行申请或申报。

2. 审批。由法定权限机关对奖励进行审查批准。审批权限同奖励权限相一致。

3. 公布。行政奖励审查批准后，一般应由一定机关以一定方式予以公布。公布程序是行政奖励生效的必经程序。比如科技进步奖，必须公布期满无人异议时才可生效。

4. 授奖。采取一定的仪式,发给奖品、奖金或以资证明的证书、奖章等。

5. 存档。对于个人的奖励,一般应书面通知受奖人,同时将奖励材料存入个人人事档案。

第二节 行政给付

一、行政给付的概念与特征

行政给付,又称行政物质帮助,它是指行政主体在公民失业、年老、疾病或者丧失劳动能力等情况或其他特殊情况下,依法赋予其一定的物质利益或与物质利益有关的权益的具体行政行为。行政给付具有以下特征:

1. 行政给付是行政主体的职责性具体行政行为。

2. 行政给付具有特定性。行政给付是行政机关在法律规定的条件下对特定相对人的一种救助行为,这一行为具有特定性。当然,在符合特定对象要求的前提下,行政给付的对象也可以具有广泛性和多样性。

3. 行政给付是依申请的行政行为。

4. 行政给付是一种授益性行政行为,是行政主体向行政相对人给付金钱或者实物的授益性行政行为。

行政给付对于维护社会稳定、保证各项改革顺利进行具有重要意义。对于确保贫困公民过上享有尊严和人格的生活具有重要意义。直接关系到行政法所保护和追求的国家和社会公共利益能否实现,关系到广大民众能否很好地享有人权,关系到国家政治经济能否稳定发展的大局。

二、行政给付的原则

行政给付的原则是行政主体实施行政给付行为时应当遵循的基本准则。行政给付的原则主要有:

1. 给付法定原则。给付法定原则要求行政给付要有法律依据,并要依法实施。

2. 公开、公平、公正原则。对符合条件的公民一律平等地实施,不允许差别对待。对于行政给付的申请,行政机关通常只要没有正当的理由便不得拒绝给付。

3. 专款专用与效率原则。行政给付应坚持专款专用的原则,任何挪用、拖欠行为都是不允许的。

4. 国家保障与社会帮扶相结合、鼓励劳动自救的原则。

5. 信赖保护原则。依法受领行政给付是个人或组织的权利，依法实施行政给付是行政主体的职责。

三、行政给付的形式

总的来说，行政给付有两大类：一类是物质利益，表现为给予相对人一定数量的金钱或实物；另一类是与物质利益有关的权益。综合有关法律、法规和政策的规定，我们将行政给付的形式概括为以下几种：

1. 抚恤金。抚恤金是指公民因公伤残或者死亡时，由国家发给本人或者其家属用于对抚恤对象提供精神安慰和基本生活保障的款项。一般包括以下四种情形：第一，牺牲、病故人员抚恤金。其发放对象是烈士和病故的军人、人民警察、参战民兵民工以及党政机关、民主党派、人民团体工作人员的家属。第二，残疾抚恤金。第三，烈军属、复员退伍军人生活补助费。第四，退伍军人安置费。

2. 特定人员离退休金。其主要包括以下三种情形：由民政部门管理的军队离退休干部的离休金、生活补助费、副食品价格补贴以及取暖补贴、护理费、丧葬费等；由民政部门管理的军队退休干部、无军籍退休职工和由民政部门发放退休金的地方退休人员的退休金、副食品补贴等；由民政部门发放退职金的退职人员生活费等。符合上述条件的人员越来越少。

3. 社会保险金。社会保险金是公民根据法律规定，在其年老、疾病、失业和出现法定事由时，由国家发给本人用以承担养老、医疗、维护家庭生活等必要支出的费用。

4. 最低生活保障费。最低生活保障费是指共同生活的家庭成员人均收入低于当地城市居民最低生活保障标准的非农业户口的城市居民，有权从当地人民政府获得最低生活标准的费用。

5. 优待。即给予被帮助人以与物质有关的权益的物质帮助形式，如享受某种待遇、免费受教育、减免有关费用等

6. 安置。即从工作、生活、居住上给予安排，通常指对复员、转业、退伍军人的安排，还包括对无家可归者的安排。

7. 社会救济、福利金。主要包括以下四种情形：第一，农村社会救济，主要是用于对农村五保户、困难户等的救济。第二，城镇社会救济，主要用于对城镇居民中无依无靠、无生活来源的孤老残幼和贫困户的救济。第三，精简退职老弱病残职工救济。第四，社会福利金，主要用于对社会福利院、敬老院、儿童福利院等社

会福利机构,流浪乞讨人员救助、安置以及社会残疾人团体及其福利机构的经费资助。

8. 其他。行政给付还有其他一些形式,如福利金、补助、救灾扶贫、紧急救援等。自然灾害救济金及救济物资。包括生活救济费和救济物资,用于解决灾民吃、穿、住及治病等困难;安置抢救转移费及物资援助,用于发生特大自然灾害、紧急情况下临时安置、抢救、转移灾民的费用支出及物资援助。

四、行政给付的种类与程序

行政给付根据不同的标准有不同的分类,根据紧迫情形的不同,可以分为平时行政给付和紧急行政给付;根据救助方式的不同,可以分为物质给付和非物质给付等。不同形式的行政给付虽然具有不同的程序,但也存在一些共同的程序规则。主要有:申请、审查、批准、给付。根据行政给付是否定期进行,可以将行政给付分为定期性行政给付、一次性行政给付、临时性行政给付。其中,定期性发放的行政给付,如伤残抚恤金、离退休金、军烈属生活困难补助等;一次性发放的行政给付,如因公牺牲或病故人员的丧葬费、退伍军人安置费等;临时性发放的行政给付,如自然灾害救助、公民突发性困难紧急救助等。

以案说法

1997 年 9 月 18 日,张某向某县国家税务局(以下简称县国税局)实名书面举报县花岗岩矿严重偷税。因该矿系涉外企业,县国税局按税务机关查处案件管辖规定,上报市国税局查处。经市国税局调查,认定偷税漏税属实,作出税务处理决定书,决定该矿补交增值税724 286.56 元,并处罚 10 万元。张某认为花岗岩矿在被查处期间曾自行申报了 80 万元,市税务局进行复查后又作出了新税务处理决定书,决定对该矿再次追缴税款 426 181.13 元。以上两次追缴的税款及罚款共计 1 250 467.69 元,由县国税局征收入库并留成 25%。张某认为自己举报的事实已得到查处,遂申请县国税局和市国税局按规定给付应得的举报奖金,但县和市国税局互相推诿,未予解决。张某遂向县人民法院提起诉讼。

问题:张某对税务机关不履行奖励职责的行为能否提起行政诉讼?

评析:行政奖励是行政主体依照法定的条件和程序,对为国家和社会作出重大贡献的单位和个人,给予物质和精神等方面的奖赏与鼓励的具体行政行为。符合法定奖励条件的人有获得奖励的权利,对符合法定奖励条件的人实施奖励是行政机关必须履行的法定职责。《税收征收管理法》第 13 条规定:“任何单位和个人都有权检举违反税收法律、行政法规的行为。收到检举的机关和负责查处的机关应当为检举人保密。税务机关应当按照规定对检举人给予奖励。”《税收征收管理法实施细则》第7条规定：“税务机关根据检举人的贡献大小给予相应的奖励，奖励所需资金列入税务部门年度预算，单项核定。奖励资金具体使用办法以及奖励标准，由国家税务总局会同财政部制定。”本案中，张某实名举报企业的偷税漏税问题经查证属实，符合法定的奖励条件，因而税务机关有向张某履行奖励的法定义务。税务机关不兑现举报奖金的行为是不履行法定职责的不作为行为，构成了对张某受奖励的权利的侵害。《行政诉讼法》第12条规定：“人民法院受理公民、法人或者其他组织提起的下列诉讼：……（六）申请行政机关履行保护人身权、财产权等合法权益的法定职责，行政机关拒绝履行或者不予答复的……”据此，税务机关不履行奖励职责的行为，属于行政诉讼的受案范围，张某对此不服，是可以依法提起行政诉讼的。

第六章　行政确认与行政许可

导入案例

河南省某县A村和B村位于该县与邻县交界处，地势偏远，比较落后。该县政府为发展农村经济，围绕该县沿边地区修建了一条环县公路，正好穿越并联结两村。该路的建成，便利了两村的交通，活跃了两村的经济，尤其是A村，还成立了定期集市，附近农民均来此买卖小商品。但该路建成后，各种车辆包括公共汽车、摩托车、小四轮推土机等都从此经过，使路面受损严重；同时上路的司机除公共汽车司机外，均无经过正规培训，交通事故频繁发生。仅2001—2002年一年间，就有3人死亡、9人重伤。有识之士纷纷呼吁：禁止重型机动车辆通行；所有司机未经严格培训并经考核合格，不得上路。

思考："司机未经严格培训并经考核合格，不得上路"属于何种性质的行政行为？

提示：属于行政许可。建立这种制度的目的在于限制和防止某些事项的泛滥可能给社会造成的危害。如果许可事项不加控制而任其泛滥，会给国家和社会公共利益带来严重的损害，如本案例中的车辆过多且司机未考有驾驶证就随意上路，造成了交通事故的频繁发生。另外，许可事项又不适宜于绝对禁止。因为它们某种程度上又为人们生活和社会进步所必需。如本案例中车辆过往能够繁荣经济、丰富人们的生活，促成社会进步。法律让符合具备特种资质、符合特定条件的申请人为之，既可以限制和预防许可事项泛滥所可能给国家或社会利益带来的危害，又可以充分发挥许可事项本身的作用和功能。

第一节　行政确认

一、行政确认的概念与特征

行政确认是指行政主体依法对行政相对人的法律地位、法律关系或有关法律事实进行甄别,给予确定、认可、证明并加以宣告的具体行政行为。行政确认可以使当事人的法律地位和权利义务得以明确,不致因含糊不清而发生争议。即使发生纠纷,运用行政确认,也有利于纠纷的正确解决。行政确认具有以下特征:

1. 行政确认的主体是有法定确认权的行政主体,即特定的行政机关以及法律、法规授权的组织。

2. 行政确认的内容或目的,是对特定法律关系及其当事人的法律地位以及有关法律事实加以确定(或否定)、认可、证明,从而明确相应的权利义务,达到稳定社会秩序和行政管理秩序的目的。

3. 行政确认是要式行政行为。行政确认行为必须以法定的书面形式作出,否则将难以产生预期的法律效力。

4. 行政确认是羁束性行政行为。行政主体实施行政确认行为,必须严格按照法律规定的技术规范进行操作,没有自由裁量的余地。

二、行政确认的种类和形式

(一)行政确认的种类

1. 根据行政主体是否主动进行确认,行政确认可以分为依职权的行政确认和依申请的行政确认。

2. 根据行政确认的内容不同,行政确认可以分为对身份的确认、对能力的确认、对法律关系的确认和对事实的确认四类。

3. 根据存在领域的不同,行政确认可以分为公安行政确认、民政行政确认、劳动行政确认、卫生行政确认、经济行政确认、环保行政确认和司法行政确认。

(二)行政确认的形式

根据法律、法规的规定,结合行政管理的实际,行政确认的形式主要有:

1. 确定。它是指行政主体对个人或组织法律地位和权利义务的认定,如颁发土地使用证。

2. 认可。它是指行政主体对个人或组织已有的法律地位、权利义务和法律事实是否符合法律规定的承认或肯定,如对解除合同效力的确认。

3. 鉴证。它是指行政主体对特定法律关系的合法性进行审查后,确认其效力的行为,如工商局对合同的鉴证。

4. 证明。它是指行政主体明确证明对象的法律地位或权利义务的真实性,如学位证明。

5. 登记。它是指行政主体应申请人的申请,在其登记簿中记载相对人的情况或事实,以确认相对人的法律地位和权利义务。如产权、婚姻、户口登记等。

6. 鉴定。它是指行政主体对法律事实的性质、状态、质量等进行的检验评定。

三、行政确认的原则和程序

(一)行政确认的原则

1. 依法确认原则。行政确认的目的是维护公民、法人和其他组织的合法权益。因此,行政确认必须是行政主体严格按照法定的权限、条件,遵循法定的程序实施的。

2. 客观公正原则。行政确认是对法律事实或法律关系的证明或鉴定,因而必须始终贯彻客观公正的原则,以事实为依据,以法律为准绳,对当事人一律平等。

3. 保守秘密原则。行政确认经常涉及商业秘密和个人隐私,尽管其确认程序要求公开、公正,但必须坚持保守秘密的原则,行政确认的结果不得随意用于行政管理行为以外的信息提供。

(二)行政确认的程序

1. 申请。行政确认可分为依申请的确认和依职权的确认。对于法律规定应依申请确认的事项,必须先由行政相对人提出申请,申请应采用书面形式。对于行政主体依职权实施的行政确认,则不必经过申请程序。

2. 审查。包括对相对人申请的确认事项是否属于行政确认的范围,是否属于受理申请的行政主体的管辖范围进行审查,以及对有关的证据、材料进行审查等。

3. 作出决定。行政主体经过审查,认为相对人的申请符合法定条件,或特定法律事实、法律关系状态符合法律规定的,应依法作出行政确认决定,并按法定形式制作相应的确认文书,及时送达给相对人。

4. 救济。行政确认属于具体行政行为,具有确定力和强制性,会对当事人的权利义务产生影响。因此,行政确认的撤销、变更或废止必须遵守行政行为撤销、变更或废止的一般规则,并受信赖保护原则的约束。当事人对行政确认有异议时,可以通过行政复议或者行政诉讼的途径寻求救济。

第二节　行 政 许 可

一、行政许可的概念与特征

行政许可是指在法律一般禁止的前提下,行政机关根据公民、法人或者其他组织的申请,经依法审查,通过颁发许可证或执照等形式,准予其从事特定活动的行为。它具有以下特征:

1. 行政许可是一种依申请的行政行为。行政许可必须根据公民、法人或其他组织的申请才可进行。

2. 行政许可存在的前提是法律的一般禁止,许可是对禁止的解除。即行政许可是对一般人禁止而对特定人解除禁止的行为。

3. 行政许可是一种授益性行政行为。行政许可引起的法律后果是行政机关准予行政相对人从事某种特定活动,而该行为存在的前提是法律的一般禁止,而解禁无疑意味着行政相对人获得了某种“特权”。

4. 行政许可是一种外部行政行为。行政许可是准予或不准予相对人从事特定获得的职权行为,是对外的行为。

5. 行政许可是一种要式行政行为。行政许可的形式一般是许可证、执照或批准文书等形式。行政许可必须按照法定的形式,以正规的文书、格式、日期、印章等予以批准、认可和证明,必要时还应附加相应的辅助性文件。

二、行政许可的原则

(一)许可法定原则

许可法定原则是指行政许可的设定和实施,必须依照法定的权限、范围、条件和程序,而不得违背法律的规定。该原则主要两个方面的要求,即依法设定行政许可和依法实施行政许可。《行政许可法》第4条规定设定和实施行政许可,应当依照法定的权限、范围、条件和程序。

(二)公开、公平、公正的原则

《行政许可法》第5条:设定和实施行政许可,应当遵循公开、公平、公正、非歧视的原则。有关行政许可的规定应当公布;未经公布的,不得作为实施行政许可的依据。行政许可的实施和结果,除涉及国家秘密、商业秘密或者个人隐私的外,应当公开。未经申请人同意,行政机关及其工作人员、参与专家评审等的人员不得披露申请人提交的商业秘密、未披露信息或者保密商务信息,法律另有规定或者涉及国家安全、重大社会公共利益的除外;行政机关依法公开申请人前述信息的,允许申请人在合理期限内提出异议。符合法定条件、标准的,申请人有依法取得行政许可的平等权利,行政机关不得歧视任何人。

1. 有关行政许可的规定应当公布,未经公布的一律不得作为实施行政许可的依据;行政许可的实施过程与结果应当公开。法律、法规、规章规定实施行政许可应当听证的事项或者行政机关认为需要听证的其他涉及公共利益的重大行政许可事项,应当向社会公告,并举行听证。行政许可事项涉及第三人的,应当告知第三人。行政机关作出的准予行政许可决定,应当予以公开,公众有权查阅。

2. 公平原则要求行政机关平等地对待每个相对人,在法律上保证相对人在申请和获得许可上的同等的权利和义务

3. 公正原则要求在行政机关和行政相对人之间实现一种实质上的平等,在行政许可的设定上,正确认识行政相对人的相对弱势地位,为行政许可实施机关设定若干义务,为相对人设置若干保障条款;要求行政许可实施机关遵循"不做自己法官"的原则,行政机关工作人员在办理与自己有密切关系的行政许可时,应当主动回避或者应当事人申请回避;在作出不利于相对人的行政许可决定时,应当听取相对人的陈述和申辩;在作出行政许可决定时,应当基于正当的动机并考虑相关的因素。

(三)效率与便民原则

效率原则要求行政机关在履行行政许可职能时,不仅应当按照法定程序在规定的时限内及时办理许可事项,不得无故拖延,而且必须以最小的许可管制成本,实现既定的行政目标。

便民原则是行政许可中一项人性化的原则,旨在体现行政机关为人民服务的宗旨。

《行政许可法》第六条实施行政许可,应当遵循便民的原则,提高办事效率,提供优质服务。

三、行政许可的种类、范围和设定

（一）行政许可的种类

1. 学理上的分类

第一，以许可的范围为标准，行政许可可以分为一般许可和特别许可。一般许可是指只要符合法律、法规规定的一般条件，就可向主管行政机关提出申请，对申请人并无特殊限制的许可，如驾驶许可。特殊许可是指法律、法规对某种许可除设定一般条件外，对申请人或申请事项予以特别限制的许可，如烟草专卖许可。一般许可仅是对法律一般禁止的解除，而特别许可是赋予相对人可以与第三人抗衡的新的法律效力的行为，是为特定人设定新的权利和资格的行为。

第二，以享有的程度为标准，行政许可可以分为排他性许可和非排他性许可。排他性许可又称独占许可，是指某一相对人获得该项许可后，其他任何个人或组织都不能再申请获得该项许可。非排他性许可又称共存许可，是指可以为具备法定条件的任何个人或组织所申请并获得的许可

第三，以是否附加义务为标准，行政许可可以分为权利性行政许可和附义务行政许可。权利性行政许可也称无条件放弃的行政许可，是指申请人取得行政许可后，并不承担一定作为的义务，相对人可以自由放弃被许可的权利并不因此而承担法律责任的许可。附义务行政许可又称有条件放弃的行政许可，是指被许可人获得许可的同时必须承担作为的义务，否则要承担相应法律责任或丧失被许可权利的许可。

第四，以能否单独使用为标准，行政许可可以分为独立的行政许可和附文件的行政许可。独立的行政许可，是指许可证已规定所有许可内容，不需其他文件补充说明的许可。附文件的行政许可，是指由于特殊条件的限制，需要附加文件予以说明被许可活动的内容、范围、方式、时间等的许可。

第五，以许可的目的和形式为标准，行政许可可以分为行为许可和资格许可。行为许可是指允许符合条件的申请人从事某项活动的许可。资格许可是指行政机关对申请人的申请，经过一定的考核程序后，核发一定的证明文书，允许其享有某种资格或具有某种能力的许可。

2. 实定法的分类

《行政许可法》根据许可性质、功能、适用条件等不同将行政许可分为一般许可、特许、认可、核准和登记五类。

（1）一般许可。一般许可是指行政机关准予符合法定条件的个人或组织从事

特定活动的行为，是运用最广泛的一种行政许可。根据《行政许可法》第 12 条第 1 项规定，对“直接涉及国家安全、公共安全、经济宏观调控、生态环境保护以及直接关系人身健康、生命财产安全等特定活动，需要按照法定条件予以批准的事项”所设定的许可，都可归入一般许可的范畴。

（2）特许。特许是由行政机关代表国家依法向相对人授予某种特定权利的行为。特许主要适用于有限自然资源的开发利用、有限公共资源的配置、直接关系公共利益的垄断性企业的市场准入等事项。

（3）认可。认可是由行政机关对申请人是否具备特定技能的认定。

（4）核准。核准是由行政机关对某些事项是否达到特定技术标准、技术规范的判断、确定，主要适用于直接关系公共安全、人身健康、生命财产安全的重要设备设施的设计、建造、安装和使用，直接关系人身健康、生命财产安全的特定产品、物品的检验、检测、检疫。核准的功能也是为了防止危险、保障安全。核准没有数量控制，行政机关实施核准没有自由裁量权。

（5）登记。登记是由行政机关确立个人、企业或者其他组织的特定主体资格、特定身份的行为。如工商企业注册登记、社团登记等。登记的主要功能是通过使申请人获得某种能力向公众提供证明或者信誉、信息。

（二）行政许可的范围

行政许可的范围是指可以设定行政许可的事项，即哪些事项可以设定行政许可，哪些事项不能设定行政许可。

根据《行政许可法》第 12 条的规定，可以设定行政许可的事项包括以下几个方面：（1）直接涉及国家安全、公共安全、经济宏观调控、生态环境保护以及直接关系人身健康、生命财产安全等特定活动，需要按照法定条件予以批准的事项；（2）有限自然资源开发利用、公共资源配置以及直接关系公共利益的特定行业的市场准入等，需要赋予特定权利的事项；（3）提供公众服务并且直接关系公共利益的职业、行业，需要确定具备特殊信誉、特殊条件或者特殊技能等资格、资质的事项；（4）直接关系公共安全、人身健康、生命财产安全的重要设备、设施、产品、物品、需要按照技术标准、技术规范，通过检验、监测、检疫等方式进行审定的事项；（5）企业或者其他组织的设立等，需要确定主体资格的事项；（6）法律、行政法规规定可以设定行政许可的其他事项。

根据《行政许可法》第 13 条的规定，上述事项，通过下列方式能够予以规范的，可以不设定行政许可：（1）公民、法人或者其他组织能够自主决定的；（2）市场竞争机制能够有效调节的;(3)行业组织或者中介机构能够自律管理的;(4)行政机关采用事后监督等其他行政管理方式能够解决的。

(三)行政许可的设定

1. 行政许可的设定权。(1)法律的设定权。法律可以就《行政许可法》第12条所列的所有事项设定行政许可。(2)行政法规的设定权。行政法规是由国务院依法制定的规范性文件。对依法可以设定行政许可的事项,尚未制定法律的,可以由行政法规设定行政许可。(3)国务院决定的设定权。(4)地方性法规和省级政府规章的设定权。根据《行政许可法》的规定,尚未制定法律、行政法规的,地方性法规可以设定行政许可;尚未制定法律、行政法规和地方性法规的,因行政管理的需要,确需立即实施行政许可的,省、自治区、直辖市人民政府规章可以设定临时性的行政许可。临时性的行政许可实施满一年需要继续实施的,应当提请本级人民代表大会及其常务委员会制定地方性法规。

地方性法规和省、自治区、直辖市人民政府规章不得设定应当由国家统一确定的公民、法人或者其他组织的资格、资质的行政许可;不得设定企业或者其他组织的设立登记及其前置性行政许可。地方性法规和省、自治区、直辖市人民政府规章设定的行政许可,不得限制其他地区的个人或者企业到本地区从事生产经营和提供服务,不得限制其他地区的商品进入本地区市场。

除法律、行政法规、地方性法规和省级地方政府规章外,国务院部门规章、省级以下地方政府规章以及依法不享有规章制定权的地方人民政府和其他机关制定的规范性文件一律不得设定行政许可。

2. 行政许可设定前的听证、论证与设定后的评价。设定行政许可是一种规范创制行为,为了保证这种设定行为的合法性与正当性,要求在起草法律草案、法规草案和省、自治区、直辖市人民政府规章草案时,起草单位应当采取听证会、论证会等形式听取意见,并向制定机关说明设定该行政许可的必要性、对经济和社会可能产生的影响以及听取和采纳意见的情况。

四、行政许可的实施

行政许可的实施,是指将依法设定的行政许可具体适用于实际的行政管理之中,由法定的行政机关或者组织,根据相对人的申请,依法进行审查,并作出是否准予其从事特定活动的决定的过程。它是实现行政许可功能的重要环节。

（一）行政许可的实施机关

根据《行政许可法》的规定，行政许可的实施机关包括：行政机关、法定授权组织、受委托的行政机关、专业技术组织等。

1. 行政机关。

2. 法定授权组织。

3. 受委托的行政机关。

4. 专业技术组织。

（二）行政许可的实施程序

行政许可的实施程序是行政许可的申请、审查与作出决定的步骤、方式、顺序和时限的总称。《行政许可法》对行政许可的一般程序和特别程序作了规定。

1. 一般程序。

（1）申请与受理。行政许可的申请，是指行政相对人认为符合获得行政许可的各项具体条件，向行政机关提出行政许可请求，请求行政机关依法作出行政许可的行为。申请是行政机关行使行政许可权的前提，是申请人从事某种特定行为之前必须履行的法定义务。行政许可是依申请的行政行为，行政机关遵循“不告不理”的原则，申请程序因行政相对人行使其申请权而开始。《行政许可法》第31条规定，申请人申请行政许可，应当如实向行政机关提交有关材料和反映真实情况，并对其申请材料实质内容的真实性负责。这是为了保证行政许可决定的有效性和保证行政机关有效实施行政管理、保障社会秩序和公共利益的需要。

申请人可以委托代理人提出行政许可申请。但是，依法应当由申请人到行政机关办公场所提出行政许可申请的除外。

行政许可申请可以通过信函、电报、电传、传真、电子数据交换和电子邮件等方式提出。

行政许可的受理，是指许可机关对行政相对人的申请行为进行审查后，认为申请符合法律规定的要件，在法定期限内进入审查程序，或者认为申请不符合法律规定，决定不予受理的行为。

行政许可申请符合以下条件，行政机关应当予以受理：一是申请事项属于该行政机关的职权范围；二是申请材料齐全、符合法定形式。行政机关应当将申请材料的有关要求，尽可能具体和详尽地告知申请人，有利于申请人正确地提交申请材料，避免出现需要补正、延误受理的情况。申请人向有权机关提交符合法定形式的申请，且申请材料齐全，该机关应当予以受理。对于当场可以受理的，行政机关应当当场予以受理。

受理的期限是指行政机关自收到申请材料到作出是否受理的决定的时限。《行政许可法》第 32 条规定了 5 日的告知期限，即申请材料不齐全或者不符合法定形式的，应当当场或者在 5 日内一次告知申请人需要补正的全部内容，逾期不告知的，自收到申请材料之日起即为受理。在这里，补正告知的期限实际上与受理期限是有联系的，除当场告知的以外，5 日的补正告知期限，实际上是赋予了行政机关 5 天的受理期限。对于申请材料不需要补正的，这 5 天即被计入作出行政许可决定的期限。如果行政机关不即时对申请材料进行是否受理的审查，而是在收到的第 5 天才审查，那么行政机关作出行政许可决定的期限则被相应缩减，以根据《行政许可法》第 42 条的规定一般为 20 天为例，则变为 15 天。这一规定可以有效地督促行政机关提高受理审理的效率。

行政机关受理或不受理行政许可申请，均应向申请人出具书面凭证。受理凭证上应加盖本行政机关的专用印章并注明日期。作出这一规定，目的是防止有行政许可机关以没有收到申请书为由而迟迟不作行政许可决定的违法行为，促进行政机关及时作出许可决定，保障公民请求权的实现。

(2)审查与决定。行政机关受理申请以后，行政许可程序进入审查阶段。行政机关对申请材料的审查，根据法律、法规的规定，进行形式审查和实质审查。

形式审查是指行政机关仅对申请材料的形式要件进行审查，即审查其申请材料是否齐全，是否符合法定形式，对于申请材料的真实性、有效性不作审查。由于形式审查不对申请材料的内容进行审查，因此行政许可法规定，对于能够当场作出决定的，行政机关应当当场作出决定，以方便申请人，提高行政效率。

实质审查是指行政机关不仅要对申请材料的要件是否具备进行审查，还要对申请材料的实质内容是否符合条件进行审查。对于申请材料的实质审查，有的可以采取书面审查的方式，即通过申请材料的陈述了解有关情况，进行审查。但有的实质审查还需要进行实地核查，才能了解真实情况。对需要进行实地核查的，行政机关应当指派两名以上工作人员进行核查，以保证核查工作的公正性。行政机关工作人员在进行实地核查时，应当向当事人或其他有关人员出示执法身份证件，以表明自己代表国家执行公务，否则当事人可以拒绝接受核查。

行政许可的决定是指行政机关基于对申请材料审查核实的结果，应分别不同的情况作出是否准予行政许可的决定。对于符合行政许可条件的，行政机关应当依法作出准予许可的书面决定。一般而言，只要申请人符合法律规定的要件，不存在不予许可的特别理由，行政机关原则上应当予以许可。有人将这一制度称为“原则许可制”。这一制度对于限制行政机关的自由裁量权，保障申请人取得行政许可的权利具有重要作用。

对于不符合许可条件的，应作出不予许可的决定，并向申请人说明理由，并告知申请人享有的权利。说明理由作为行政程序的一项制度，具有以下重要功能：一是说服功能。行政机关基于民主要求，应当将行政决定的理由明白、易懂、令人信服地向申请人说明，可以增强公众对政府的信任感，避免对立。二是自律功能。对于行政机关而言，通过说明理由，可促使其事先充分考虑，在理由充分、推理严密的情况下形成自己的判断，慎重地作出决定，避免职业性的草率，防止行政专断。三是保护功能。有利于申请人了解行政机关作出该决定的理由，认真考虑请求行政救济的可能性，确定是否提起和如何提起行政复议或者行政诉讼，从而增强对行政相对人权益的保护。四是证明功能。对于行政复议的受理机关或人民法院来说，通过行政决定的理由，可以了解行政机关作出该决定的动机和依据，便于对其审查。五是引导功能。公众可以通过说明的理由，了解行政机关对特定事务在事实上和法律上的意见和态度，提高其预测的可能性，从而引导公众行为。

《行政许可法》第 41 条规定：“法律、行政法规设定的行政许可，其适用范围没有地域限制的，申请人取得的行政许可在全国范围内有效。”但法律、行政法规规定行政许可的适用有地域范围限制的除外。这一规定的目的主要在于防止某些地方政府利用行政许可权力推行地方保护。

（3）听证。行政许可听证是行政机关在作出是否准予行政许可的决定之前，由行政机关告知申请人或者利害关系人听证权利，行政相对人陈述意见、提供证据以及行政机关听取意见、接纳证据并作出相应决定等程序所构成的一种法律制度。

行政许可听证的范围分为主动举行的听证和依申请的听证两种。第一，主动举行的听证。《行政许可法》第 46 条规定：“法律、法规、规章规定实施行政许可应当听证的事项，或者行政机关认为需要听证的其他涉及公共利益的重大行政许可事项，行政机关应当向社会公告，并举行听证。”第二，依申请的听证。《行政许可法》第 47 条规定：“行政许可直接涉及申请人与他人之间重大利益关系的，行政机关在作出行政许可决定前，应当告知申请人、利害关系人享有听证的权利；申请人、利害关系人在被告知听证权利之日起五日内提出听证申请的，行政机关应当在二十日内组织听证。”

根据《行政许可法》的规定，行政许可听证依下列程序进行：第一，听证通知。

在合理的时间内得到通知是当事人的权利，也是程序公平的要求。通知一般应采用书面的方式进行，必要时，可以公告。关于通知的时间，行政许可法规定，应当于举行听证的 7 日前通知。通知的内容除举行听证的时间、地点外，一般还应包括听证所要涉及的问题，行政机关拟作出的行政许可决定的内容以及当事人程序上的权利等。

第二，听证公开原则。行政许可听证除涉及国家秘密、商业秘密或者个人隐私的以外，应当公开举行。对于当事人来说，公开听证是行政决定获得其认可的基础。通过公开听证，即使作出的行政决定不利于当事人，但由于该决定是通过公正的程序作出的，当事人也较容易接受并执行。对于公众来说，参与听证可以了解行政决策的过程，并加强对行政机关的监督。对于行政机关来说，公开听证，可以增强行政机关及其工作人员的责任心，同时也是对公众进行教育的机会。

第三，听证主持人。听证主持人在听证程序中负责听证程序的进行。为了有利于听证主持人在听证过程中做到客观公正，指定听证主持人应当遵循职能分离的原则。根据《行政许可法》的规定，行政机关应当指定审查行政许可申请的工作人员以外的人员为听证主持人。也就是说，听证主持人可以是同一行政许可机关的工作人员，但不能是负责行政许可审查的工作人员。此外，申请人或者利害关系人认为主持人与本行政许可事项有直接利害关系的，有权申请回避。

第四，举证和质证。在听证程序中，负责审查行政许可申请的行政机关，负有主要的举证责任，包括审查意见的证据、理由和依据。对于申请人或利害关系人来说，提出自己的主张并提供相应的证据，既是权利，也是义务。听证程序中，申请人和利害关系人不仅有提供证据为自己辩护的权利，而且还享有知晓和驳斥行政机关提供的证据的权利。质证是辨别证据真伪的有效方法，但质证不能滥用，否则就会导致时间的拖延，降低效率。因此，听证主持人应当根据具体情况，限定质证的范围。

第五，听证笔录。在听证程序中，行政机关应当对听证过程进行书面记录，制作成听证笔录。听证笔录一般应当包括以下内容：听证案件名称；听证主持人的姓名、职务；到场的当事人的姓名、住址等；听证的时间、地点；听证是否公开；当事人的陈述、申辩、发问；证据调查的内容；主持人认为重要的其他事项。在听证结束时，听证笔录应当出示给听证参加人，经审查行政许可申请的工作人员、申请人、利害关系人和证人确认听证记录无误后签字或盖章。

第六，作出行政许可的依据。从各国行政程序法关于听证会制度的规定来看，都对听证记录对行政机关的最终决定的约束力作了规定，但听证记录对行政机关决定的约束力程度是不一样的，有两种做法：一种是美国的案卷排他性规则，即行政机关的决定必须根据听证会案卷作出，不能在案卷以外；另一种是德国、韩国、日本、瑞士等国家规定的听证记录对行政决定的作出有一定的约束力，但行政决定不是必须以听证记录作根据。目前，我国的行政处罚法、价格法以及一些法规、规章对听证程序作出了规定，但由于缺乏听证笔录对行政决定的约束力规定，导致一些听证会"听而不证"，没有真正发挥作用。在行政许可法中，明确规定"行政机关应当根据听证笔录，作出行政许可决定"。

2. 特别程序。行政许可的特别程序是关于行政许可实施程序的特别规定，是对行政许可实施一般程序的补充。行政机关实施行政许可时，有特别程序的，适用特别程序；没有特别程序的，适用一般程序。

（1）国务院实施行政许可的程序。国务院是最高国家行政机关，其实施的行政许可通常都涉及极为重大、复杂的事项，而且有很强的针对性，对国务院实施行政许可的程序，法律、行政法规往往会有特殊的规定。

（2）特许程序。特许程序，即实施有限自然资源开发利用、公共资源配置以及直接关系公共利益的特定行业的市场准入等行政许可应遵循的特别程序。

（3）认可程序。认可程序，即实施赋予公民特定资格，赋予法人、其他组织特定资格、资质等行政许可应遵循的特别程序。

（4）核准程序。核准程序，即实施对特定设备、设施、产品、物品是否符合技术标准、技术规范进行审定等行政许可应当遵循的特别程序。核准程序的核心是行政机关应当依据对设备、设施、产品、物品进行检验、检测、检疫的结果作出行政许可决定。

（5）登记程序。登记程序，即实施确立企业或者其他组织的主体资格等行政许可应遵循的特别程序。

五、行政许可的撤销与注销

（一）行政许可的撤销

行政机关违法作出的行政许可决定，根据依法行政、有错必纠的原则，应当予以撤销。《行政许可法》第 69 条从两个方面规范行政机关行使撤销权的行为：（1）明确了撤销权行使的条件与程序。（2）因行政机关的原因导致行政许可决定被撤销的，行政机关应当赔偿被许可人因此受到的损害。

1. 行政机关可以撤销许可的情形。作出行政许可决定的行政机关或者其上级行政机关，根据利害关系人的请求或者依据职权，在查明有下列情形之一的，可以撤销行政许可:(1)行政机关工作人员滥用职权、玩忽职守作出准予行政许可决定的;(2)超越法定职权作出准予行政许可决定的;(3)违反法定程序作出准予行政许可决定的;(4)对不具备申请资格或者不符合法定条件的申请人准予行政许可的;(5)依法可以撤销行政许可的其他情形。

2. 行政机关应当撤销行政许可的情形。被许可人以欺骗、贿赂等不正当手段取得行政许可的,应当予以撤销。

3. 行政机关不予撤销违法许可的情形。在某种情况下,虽然发生了可以撤销行政许可的情形,或者虽然被许可人以欺骗、贿赂等不正当手段取得行政许可,其许可证应当被撤销,但考虑到撤销许可可能对社会公共利益造成重大损害,行政机关却不予撤销。

4. 行政许可被撤销后有关利益的保护。行政许可如出现上述可以撤销的五种情形而被行政机关撤销,被许可人的合法权益受到损害的,行政机关应当依法给予赔偿。但如被许可人以欺骗、贿赂等不正当手段取得行政许可被行政机关撤销的,被许可人基于此种行政许可取得的利益不受保护。

(二)行政许可的注销

行政许可的注销是指基于特定事由的出现,而由行政机关依据法定程序收回行政许可证或者公告行政许可失去效力的活动,它是行政许可终止的一个最后的程序性活动。根据《行政许可法》第70条的规定,有下列情形之一的,行政机关应当依法办理有关行政许可的注销手续:(1)行政许可有效期届满未延续的;(2)赋予公民特定资格的行政许可,该公民死亡或者丧失行为能力的;(3)法人或者其他组织依法终止的;(4)行政许可依法被撤销、撤回,或者行政许可证件依法被吊销的;(5)因不可抗力导致行政许可事项无法实施的;(6)法律、法规规定的应当注销行政许可的其他情形。

六、行政许可的法律责任

(一)行政机关及其工作人员的法律责任

1. 违法设定行政许可的法律责任。《行政许可法》第71条规定,违法设定行政许可的,有关机关应当责令设定该行政许可的机关改正,或者依法予以撤销。

2. 违法实施行政许可的法律责任。《行政许可法》第72条规定,行政机关及其工作人员实施行政许可,有下列情形之一的,由其上级行政机关或者监察机关责令改正;情节严重的,对直接负责的主管人员和其他直接责任人员依法给予行政处分:(1)对符合法定条件的行政许可申请不予受理的;(2)不在办公场所公示依法应当公示的材料的;(3)在受理、审查、决定行政许可过程中,未向申请人、利害关系人履行法定告知义务的;(4)申请人提交的申请材料不齐全、不符合法定形式,不一次告知申请人必须补正的全部内容的;(5)未依法说明不受理行政许可申请或者不予行政许可的理由的;(6)依法应当举行听证而不举行听证的。

根据《行政许可法》第 73 条的规定,行政机关工作人员办理行政许可、实施监督检查,索取或者收受他人财物或者谋取其他利益,构成犯罪的,依法追究刑事责任;尚不构成犯罪的,依法给予行政处分。

根据《行政许可法》第 74 条的规定,行政机关实施行政许可,有下列情形之一的,由其上级行政机关或者监察机关责令改正,对直接负责的主管人员和其他直接责任人员依法给予行政处分;构成犯罪的,依法追究刑事责任:(1)对不符合法定条件的申请人准予行政许可或者超越法定职权作出准予行政许可决定的;(2)对符合法定条件的申请人不予行政许可或者不在法定期限内作出行政许可决定的;(3)依法应当根据招标、拍卖结果或者考试成绩择优作出准予行政许可决定,未经招标、拍卖或者考试,或者不根据招标、拍卖结果或者考试成绩择优作出准予行政许可决定的。

根据《行政许可法》第 75 条的规定,行政机关实施行政许可,擅自收费或者不按照法定项目和标准收费的,由其上级行政机关或者监察机关责令退还非法收取的费用;对直接负责的主管人员和其他直接责任人员依法给予行政处分。截留、挪用、私分或者变相私分实施行政许可依法收取的费用的,予以追缴;对直接负责的主管人员和其他直接责任人员依法给予行政处分;构成犯罪的,依法追究刑事责任。

根据《行政许可法》第 76 条的规定,行政机关违法实施行政许可,给当事人的合法权益造成损害的,应当依照国家赔偿法的规定给予赔偿。

根据《行政许可法》第 77 条的规定,行政机关不依法履行监督职责或者监督不力,造成严重后果的,由其上级行政机关或者监察机关责令改正,对直接负责的主管人员和其他直接责任人员依法给予行政处分;构成犯罪的,依法追究刑事责任。

(二)行政相对人的法律责任

1. 行政许可申请人的法律责任。根据《行政许可法》第 78 条的规定,行政许可申请人隐瞒有关情况或者提供虚假材料申请行政许可的,行政机关不予受理或者不予行政许可，并给予警告；行政许可申请属于直接关系公共安全、人身健康、生命财产安全事项的，申请人在1年内不得再次申请该行政许可。

2. 被许可人的法律责任。根据《行政许可法》第79条的规定，被许可人以欺骗、贿赂等不正当手段取得行政许可的，行政机关应当依法给予行政处罚；取得的行政许可属于直接关系公共安全、人身健康、生命财产安全事项的，申请人在3年内不得再次申请该行政许可；构成犯罪的，依法追究刑事责任。

3. 其他行政相对人的法律责任。根据《行政许可法》第81条的规定，公民、法人或者其他组织未经行政许可，擅自从事依法应当取得行政许可的活动的，行政机关应当依法采取措施予以制止，并依法给予行政处罚；构成犯罪的，依法追究刑事责任。

以案说法

某国有企业新上一项目，计划用地100亩。项目获上级主管部门审核通过后，该企业向国土资源管理部门提出用地申请。半年后，企业的用地申请仍没有通过。原因是国土资源管理部门每次都会要求该企业提交新的用地申请材料。后来，该企业诉至法院。法院认为国土资源管理部门违反了《行政许可法》的有关规定，判国土资源管理部门败诉。

问题：国土资源管理部门有何违法之处？应当承担什么责任？

评析：根据《行政许可法》第32条的规定，行政机关对申请人提出的行政许可申请，认为申请材料不齐全或者不符合法定形式的，应当当场或者在5日内一次告知申请人需要补正的全部内容，逾期不告知的，自收到申请材料之日起即为受理。本案例中，国土资源管理部门多次要求该企业提交新的用地申请材料，而不是一次告知申请人需要补正的全部内容，该行为违反了《行政许可法》第32条的规定。同时，也违反了《行政许可法》第6条所规定的便民原则，即实施行政许可，应当遵循便民的原则，提高办事效率，提供优质服务。对于此类行为，应依《行政许可法》第72条的规定，由其上级行政机关或者监察机关责令改正；情节严重的，对直接负责的主管人员和其他直接责任人员依法给予行政处分。

第七章　行政征收与行政征用

导入案例

2020年5月18日，《民法典》出台，某大学李教授应本地某监狱要求，给监狱干警宣讲《民法典》，双方约定讲课费用2000元，讲课结束后，某监狱要求李教授到国家税务局开具税票到监狱报账。李教授按照监狱的要求，携带身份证到国家税务局开具个人所得税发票，国家税务局工作人员告知监狱会计人员，监狱需要给李教授进行个人所得税代扣代缴申报。

思考：国家税务局征收个人所得税的的行为属于什么行政行为？

提示：征收个人所得税的行为属于行政征收行为。行政征收是行政主体以国家的名义对相对人财产所有权的合法剥夺，因此，行政征收权的行使以国家强制力为后盾，当行政相对人拒不履行行政征收所确定的义务时，行政主体可以依法采用强制手段迫使相对人履行义务，实现行政管理的目标。行政征收具有法定性、强制性和先定性特点。

第一节　行政征收

一、行政征收的概念与特征

行政征收是指行政主体为了公共利益的需要，根据法律、法规的规定，以强制方式取得行政相对人财产所有权的一种具体行政行为。它具有以下特征：

1. 无偿性。行政征收是财产的单项流转，无须向被征收主体偿付任何报酬。

2. 强制性。实施行政征收无须征得相对人的同意，甚至可以在违背相对人意志的情况下进行。征收的对象、数额及具体征收的程序，完全由行政机关确定。

3. 法定性。为了确保行政相对人的合法权益不受违法行政征收行为的侵害，行政征收的主体、依据、程序和对象都是法定的。

二、行政征收的种类

以是否给予补偿为标准,行政征收可以分为无偿征收和有偿征收。

(一)无偿征收

无偿征收,即征收主体无须向被征收主体给予补偿的征收。目前在我国行政征收体制中,无偿性的行政征收主要包括行政征税和行政收费两大类。

1. 行政征税。行政征税又称税收征收,是指国家税收机关凭借其行政权力,依法无偿地取得财政收入的一种手段。

2. 行政收费。行政收费,是指行政主体行使行政征收权向特定的行政相对人强制收取一定额度的费用的行为。

(二)有偿征收

2004 年第四次《宪法修正案》中,明确将补偿作为征收的一个必要条件。宪法第 13 条第 3 款规定:"国家为了公共利益的需要,可以依照法律规定对公民的私有财产实行征收或者征用并给予补偿。"据此可见,除行政征税和行政收费活动外,行政征收是有偿的,行政相对人的财产一经征收,其所有权就转移为国家所有,成为公有财产的一部分,由国家永久控制和支配。相应地,征收主体必须向被征收主体给予合理的补偿。

三、行政征收法律关系主体

1. 行政征收主体。行政征收只能由行政机关实行,但在具体征收中,哪个行政机关成为某一特定征收对象的行政征收主体则只能由法律予以规定。例如,行政征收中的各种税收,除海关征收关税外,其他均有国家税务机关征收。行政征收主体拥有如下权力:要求缴纳主体依照法律、法规规定,及时、足额缴纳应征收款项;对缴纳主体"欠、漏、偷、逃"征收的,有权根据情况给予批评教育或加收滞纳金、处以罚款等处罚;要求缴纳主体按法律、法规规定及时提供财务报表等资料;对缴纳事项进行监督检查;依法决定对符合条件的缴纳主体予以减征、免征、分期或延期征收。

2. 缴纳主体。每一项具体的征税或费,都有具体缴纳义务主体。只要符合法律规定的条件就必须履行缴纳义务,否则应承担相应的法律后果。虽然他与征收主体之间属于被管理与管理的关系,但他也有权:依法享有见面水库或其他款项的权利;依法申请收回多缴款项的权利;对于违法或不当征收申请复议等救济的权利;对于不发行为有监督和检举的权利。

四、行政征收的原则

行政征收的原则是指行政主体在行政征收中必须遵循的基本准则。主要有:

(一)依法征收原则

行政征收是公共权力面向私人的合法财产的征收,因而必须依法进行。

(二)保护私有财产权原则

私有财产权是人权的重要组成部分。人权意义上的财产权观念已经促使国家和政府在行政征收领域认同私人财产不受侵犯。

五、行政征收的程序

我国目前尚未制定统一的行政征收程序法,相关规定散见于单行法律、法规和规章之中。现从两个方面对行政征收的程序作些分析:

(一)无偿征收程序

1. 行政征税的程序。我国《税收征收管理法》对征税程序作了具体的规定,主要包括:

(1)税务登记。

(2)纳税鉴定。

(3)纳税申报。

(4)税款征收。

2. 行政收费的程序。结合单行法律、法规的规定,可将行政收费的程序概括为:

(1)通知收费。

(2)收取费用。

(3)给付收据。

(二)有偿征收程序

1. 申请。行政征收首先应该由征收主体就征收目的、征收对象和范围、征收方式以及补偿方式和额度等情况一并报请法定主管机关核准。

2. 核准。行政征收主体提出申请后,法定的核准机关就申请事项是否具有法律依据和符合法律规定进行审查。核准程序是对行政征收的一种事前审查。

3. 执行。行政征收的执行应包括公告或通知与发放补偿费两个程序。其中补偿费的数额应该在申请前与被征收人协商并报核准机关核准。

六、行政征收的补偿与救济

(一)行政征收的补偿

行政征收的补偿是指行政征收行为使公民、法人或其他组织的合法权益遭受特别损害,由国家承担补偿责任的制度。我国在第四次《宪法修正案》中明确规定了行政征收及其补偿条款,这是立宪上的一个巨大进步,为行政征收补偿立法和实施行政征收补偿行为提供了宪法依据。

(二)行政征收的救济

行政征收作为政府强制取得公民财产所有权的一种具体行政行为,其对公民造成的损失是显而易见的,是损益性的具体行政行为,因此必须通过立法设定有效的救济途径,这是保障私有财产权的最后屏障。

行政征收的救济是公民的权利和利益因政府实施行政征收而受到侵害时的防卫手段和申诉途径。对于行政征收行为引起的纠纷,自然属于行政复议、行政诉讼及国家赔偿的范围。公民、法人及其他组织对行政征收不服的,可以先申请行政复议,对复议决定不服,再向人民法院提起诉讼;也可以不经过复议,直接向人民法院提起行政诉讼。

就有偿行政征收而言,其引起的纠纷,主要表现在两个方面:(1)行政征收行为是否合法引起的纠纷,主要包括征收主体、征收目的以及征收程序等是否合法引起的纠纷;(2)因补偿问题引起的纠纷,主要有补偿的标准、数额、方式以及补偿费的归属引起的纠纷等。

第二节　行 政 征 用

一、行政征用的概念和特征

行政征用是指行政主体为了公共利益的需要,依法以强制方式有偿取得行政相对人的财产使用权或劳务的一种具体行政行为。它具有以下特征:

1. 公益目的性。行政征用的价值合理性在于其结果符合社会整体利益。

2. 强制性。它是一种通过对个体利益加以限制以促进社会公共利益能够更有效实现的行政行为,必须以强制力作为后盾才能保证其有效实现。

3. 权属转移性。国家强制被征用者对其财产自由处分,而责令其将财产向国家转移。这样,国家获得对财产的权利,而被征用者丧失对财产的权利。财产权的转移包括财产所有权的转移和财产使用权的转移。

4. 有偿性。国家牺牲无责任特定人的合法权益以满足其他社会成员的利益要求,破坏了原有利益分布格局,应当对受损害的特定成员予以公平合理的补偿,以体现公平正义原则。

二、行政征用的原则

行政征用的原则是行政主体实施行政征用行为时应当遵循的基本行为准则。行政征用的原则主要有:

(一)公共利益需要原则

行政征用只有在满足公共利益需要时才能采取,公共利益需要成为各国征用行为遵循的首要原则。

(二)公平补偿原则

我国第四次《宪法修正案》中只规定了对公民的私有财产实行征收或征用,应给予补偿,对补偿的标准未作规定,但我国应确立公平补偿的原则与标准,以在公共利益与私人利益之间建立起一种平衡的机制。公平补偿原则包含下列要求:(1)事先补偿。即未经事先合理补偿,政府不得征用公民的财产。(2)补偿直接损失。即补偿仅针对与征用行为有直接因果关系的损失,它又可分为被征用财产的实体损失和其他直接损失两大类。(3)补偿物质损失。即补偿仅针对财产上利益损失,不补偿精神上或情感上的损失。(4)补偿实际损失。即补偿只对已发生或将来一定发生的损失进行补偿,而不包括将来可能发生的不确定的损失。(5)动态调整。

三、行政征用的程序

行政征用前需要经过调查、审批程序,除情况紧急外,在征用决定作出前要听取和征求当事人意见。在行政征用决定书中应该载明征用事由、法律依据、征用机关、征用时限、对当事人相关利益加以保护的保证、补偿范围、救济手段和责任承担方式等事项。

行政公务人员在执行征用决定时应出示证件和书面行政征用决定。但若情况十分紧急,可以在事后出示行政征用决定。

行政相对人在被征用过程中可以提出异议,除非其有确凿证据证明行政征用纯属违法,原则上不停止行政征用决定的执行。

四、行政征用的救济

行政征用作为具有强制性的、限制或剥夺公民财产权的一种具体行政行为,是一种损益性的行政行为,因此有必要通过法律设定相应的救济途径,以保障公民的财产权。

行政征用的救济是公民的权利和利益因行政主体实施行政征用而受到侵害时的防卫手段和申诉途径。行政征用引起的纠纷,主要表现在两方面:(1)行政征用行为是否合法引起的纠纷,主要包括征用主体、征用目的以及征用程序等是否合法引起的纠纷;(2)因行政征用补偿问题引起的纠纷,主要有补偿的标准、数额、方式以及补偿费的归属引起的纠纷等。

行政相对人对行政征用行为不服的,可以申请行政复议,对复议决定不服的,可以向人民法院提起行政诉讼,寻求司法救济。行政相对人亦可不经过行政复议,直接向人民法院提起行政诉讼,但法律另有规定的除外。

因行政征用补偿引起的纠纷,也属于行政复议与行政诉讼的受案范围。即行政相对人对行政征用补偿不服的,可以申请行政复议。对复议裁决不服的,可以向人民法院提起行政补偿诉讼。行政补偿诉讼属于一类特殊的行政诉讼,原则上适用行政诉讼程序,但法院审理行政补偿案件可以适用调解。调解不成的,人民法院应当依法作出判决。

以案说法

商城县城关某区域的房屋大多建于30年前,破损严重,基础设施落后。2012年12月8日,商城县房屋征收部门发布《关于某棚户区房屋征收评估机构选择公告》,提供信阳市某房地产估价师事务所有限公司、安徽某房地产评估咨询有限公司、商城县某房地产评估事务所作为具有资质的评估机构,由被征收人选择。后因征收人与被征收人未能协商一致,商城县房屋征收部门于12月11日发布《关于某棚户区房屋征收评估机构抽签公告》,并于12月14日组织被征收人和群众代表抽签，确定信阳市某房地产估价师事务所有限公司为该次房屋征收的价格评估机构。2012 年 12 月 24 日，商城县人民政府作出商政(2012)24 号《关于某安置区改造建设房屋征收的决定》。原告文某某长期居住的房屋在征收范围内。2013 年 5 月 10 日，房地产价格评估机构出具了房屋初评报告。商城县房屋征收部门与原告在征收补偿方案确定的签约期限内未能达成补偿协议，被告于 2013 年 7 月 15 日依据房屋评估报告作出商政补决字(2013)3 号《商城县人民政府房屋征收补偿决定书》。原告不服该征收补偿决定，向人民法院提起诉讼。

问题：商城县房屋征收部门的行为是否合法？

评析：本案被诉征收补偿决定的合法性存在以下问题：(1)评估机构选择程序不合法。商城县房屋征收部门于 2012 年 12 月 8 日发布《关于某棚户区房屋征收评估机构选择公告》，但商城县人民政府直到 2012 年 12 月 24 日才作出《关于某安置区改造建设房屋征收的决定》，即先发布房屋征收评估机构选择公告，后作出房屋征收决定。这不符合《国有土地上房屋征收与补偿条例》第 20 条第 1 款有关"房地产价格评估机构由被征收人协商选定；协商不成的，通过多数决定、随机选定等方式确定，具体办法由省、自治区、直辖市制定"的规定与《河南省实施〈国有土地上房屋征收与补偿条例〉的规定》第 6 条的规定，违反法定程序。(2)对原告文某某的房屋权属认定错误。被告在《关于文某某房屋产权主体不一致的情况说明》中称"文某某在评估过程中拒绝配合致使评估人员未能进入房屋勘察"，但在《某安置区房地产权属情况调查认定报告》中称"此面积为县征收办入户丈量面积、房地产权属情况为权属无争议"。由此看来，被告提供的证据相互矛盾，且没有充分证据证明系因原告的原因导致被告无法履行勘察程序。且该房屋所有权证及国有土地使用权证登记的权利人均为第三人文然而非文白安，被告对该被征收土地上房屋权属问题的认定确有错误。据此，一审法院判决撤销被诉房屋征收补偿决定。宣判后，各方当事人均未提出上诉。

第八章　行政处罚与行政强制

导入案例

李某是某市某县土地管理局的公职人员，因家中有事急需用车，李某便在未经单位允许的情况下，将一辆小轿车挪作私用。但就在挪用的当晚，李某因开车不慎，将公路上的路标撞坏，小轿车也受到一定程度的损坏。结果，李某被公安机关处以50元的罚款，李某所在单位得知其擅自挪用公车，并使车子受损后，给予李某记过处分。

思考：本案例中，公安机关的处罚与土地管理局的处理有什么区别？

提示：公安机关的处罚是行政处罚，而土地管理局的处罚是行政处分。二者在做出主体、适用领域、制裁对象、制裁方式方面均有不同。本案例中的两个机关一个是与李某有着职务关系的土地管理局，另一个是与李某没有隶属关系的公安机关。一个是对外的处罚，另一个是对内的处分；对外的处罚所影响的独立个体所具有的法律的权益，对内处分则是对职务上的惩戒，因而分属不同的范畴。

第一节　行 政 处 罚

一、行政处罚的概念和特征

根据《行政处罚法》（2021）的规定，行政处罚是指行政机关依法对违反行政管理秩序的公民、法人或者其他组织，以减损权益或者增加义务的方式予以惩戒的行为。行政处罚具有以下特征：

1. 行政处罚由特定的行政主体作出。行政处罚权的主体主要是行政机关。此外，经由法律、法规的直接授权或根据行政机关依法作出的委托，在一定范围内进行行政管理的组织，也可以行使行政处罚权。行政处罚属于行政主体的一种行政行为，但是并不是任何一个行政主体，都可以作出任何一种行政处罚。只能经过法律法规明文规定拥有行政处罚权的行政主体才能够在其权限范围内作出行政处罚。也就是说，行政主体是否享有行政处罚权、在多大范围内享有行政处罚权，必须以行政法律规范的明文规定为依据。行政主体必须严格依据法定权限行使行政处罚权，超越法定权限的处罚无效。总之，我国的行政处罚权由行政主体独揽，而不实行西方国家那种行政机关与法院均有行政处罚权，甚至以法院为主的行政处罚体制。

2. 行政处罚的对象是与行政机关之间没有组织隶属关系的公民、法人或其他组织。这一特点，使行政处罚区别于行政机关基于行政隶属关系或监察机关依职权对国家公务员所作出的监察处置。

3. 行政处罚以被处罚人违反行政法律规范为法定前提，以追究违法者的行政责任，对其进行制裁，并通过这种制裁维护行政法秩序为目的。行政处罚的法定前提是被处罚人的行为违反行政法律规范，这是行政处罚行为得以合法成立的必要条件（但不是充分条件）。正因为行政处罚须以该前提的存在为基础，所以当行政主体错误认定当事人的行为的违法性而作出处罚行为时，行政主体自身将承担包括行政处罚行为无效在内的一系列法律后果。

4. 行政处罚既是对违法者的惩戒与教育，又是为了维护行政管理秩序。行政主体要对社会实施管理就必须拥有一些制裁权，以便使社会能够得到稳定、高效的管理。其实，对违反行政法律规范行为的制裁和对社会秩序的管理，往往是一个问题的两个方面。

5. 行政处罚的内容是对行政相对人权益的减损或者是对相对人义务的增加，这是2021年《行政处罚法》修改时加以明确的内容，厘清了行政处罚实践中哪些行政管理行为是行政处罚，给相对人权益的救济提供了有力的立法支持。

二、行政处罚与相关概念的区别

（一）行政处罚与刑罚的区别

刑罚是国家司法机关对违反刑事法律规范、严重危害社会的犯罪行为人根据其应负的刑事责任所实施的一种制裁。它是法律制裁中最为严厉的一种。行政处罚与刑罚虽然都是国家专门机关对违法行为实施的制裁，但二者存在本质的区别：

1. 两种行为的权力归属不同。行政处罚权属于行政权的一部分；而刑罚的权力则归属于审判权的范畴。

2. 实施处罚的主体不同。行政处罚是由有外部行政管理权限的行政机关或法律、法规授权的组织实施的；而刑罚的实施主体是国家司法机关——人民法院。

3. 实施处罚的对象不同。行政处罚的对象是违反行政法律规范的公民、法人或其他组织；而刑罚只能对违反刑事法律规范的犯罪分子实施，而不能对只违反行政法律规范而未犯罪的人实施。

4. 作出处罚决定的程序不同。行政处罚是按照行政处罚法所规定的行政程序作出的；而刑罚必须根据刑事诉讼法规定的程序作出，这是由刑罚在法律制裁中具有最严厉的性质所决定的。

5. 处罚的种类不同。行政处罚的种类很多，既有行政处罚法的统一规定，也有各单行法律、法规的分散规定。而刑罚的种类统一由刑法规定，有两类十种，即五种主刑和五种附加刑。主刑是：管制、拘役、有期徒刑、无期徒刑、死刑。附加刑是：罚金、剥夺政治权利、没收财产、驱逐出境（适用于外国人）以及剥夺奖章、勋章和荣誉称号（适用于军人）。

（二）行政处罚与行政处分的区别

行政处分是行政主体对所属的行政公务人员因违法、违纪所给予的一种行政制裁。行政处分与行政处罚虽然都属于行政制裁，但二者存在以下区别：

1. 作出决定的机关不同。行政处分一般由不履行公务员义务的公务员或行政机关工作人员所属的国家行政机关科处，只有在特殊情况下才可以由没有隶属关系的监察机关科处；而行政处罚则必须由主管行政机关或者法律、法规授权的组织科处。实施行政处罚的机关与被处罚人只有监督和管理关系，而没有任用和隶属关系。

2. 制裁的范围与形式不同。行政处分的范围原则上限于与公务员法律地位有关的方面，其形式有警告、记过、记大过、降级、撤职、开除；而行政处罚的范围比较宽泛，且与公务员的法律地位无关，其形式概括起来有警告、罚款、责令停产停业、暂扣或吊销许可证或执照、没收违法所得、没收非法财物、行政拘留等，不仅涉及荣誉、财产、资格，而且涉及人身，而行政处分一般只限于与公务员法律地位有关的荣誉、资格与职务，不得涉及人身。

3. 依据的法律法规不同。行政处罚一般由与社会管理有关的法律法规规定，如《治安管理处罚法》等；而行政处分则由与行政工作人员有关的内部行政法律、法规规定，如《公务员法》等。

4. 制裁的程序不同。行政处分适用公务员惩戒程序；而行政处罚则适用行政处罚法所规定的程序，包括简易程序、一般程序和听证程序。

5. 制裁的对象不同。行政处分的对象具有特定性,即限于具有公务员身份的人或限于行政机关工作人员,只有在特殊情况下,即监察机关处分监察对象时,国家行政机关才有可能成为处分对象;而行政处罚的对象则是行政相对人,既可以是公民,也可以是法人或其他组织。在特定情况下,国家公务人员也可能会成为行政处罚的对象,比如公务人员驾车超速、闯红灯,在这种情况下,国家公务人员是行政相对人,是被管理者,能够成为行政处罚的对象。

6. 性质和法律救济不同。行政处罚既然是针对行政相对人实施的,那么它是以行政管理关系为基础而作出的外部行政行为;行政处分则是以行政隶属关系为基础的内部行政行为。所以,当事人如果对行政处罚不服,可以提起行政复议或者行政诉讼。但当事人是公务员的,对行政处分不服,可以自知道该人事处理之日起 30 日内向原处理机关申请复核;对复核结果不服的,可以自接到复核决定之日起 15 日内,按照规定向同级公务员主管部门或者作出该人事处理的机关的上一级机关提出申诉;也可以不经复核,自知道该人事处理之日起 30 日内直接提出申诉。

(三)行政处罚与行政强制的区别

1. 性质不同。行政强制是行政执法过程中的一种手段,一种保障,是实现相应的执法目的,不是最终的处理行为;而行政处罚是对违法行为人的最终处理结果,具有制裁性。

2. 目的不同。行政强制是为了预防或制止违法行为的发生或继续,迫使义务人履行义务或达到与履行义务相同的状态。行政处罚的目的是通过对行政相对人实施一定的惩罚,使其承担一定的法律责任,教育行政相对人守法。

3. 法律后果不同。行政强制是保证实现执法目的,本身不给行政相对人课以或增加义务;而行政处罚则是用科以或增加义务的方式制裁违法行为人。

4. 适用的次数不同。行政强制可以适用一次,特殊情况下也能持续适用,直至行政相对人履行义务或停止违法活动;而行政处罚遵守一事不再罚的原则,不能对同一事项多次处罚。

5. 诉讼结果不完全相同。行政强制是羁束性行政行为,在诉讼中,人民法院可以判决撤销违法的行政强制措施;而行政处罚中有大量的自由裁量行政行为,人民法院可以判决变更显失公正的行政处罚。

三、行政处罚的原则

行政处罚的原则，是指由行政处罚法规定的设定和实施行政处罚时所必须遵循的基本准则。它贯穿于行政处罚的全过程，对行政处罚的设定和实施提出了总的和原则性的要求，对行政处罚行为具有普遍的约束力。《行政处罚法》在总则部分明确规定了我国行政处罚的基本原则，它们是：

（一）处罚法定原则

《行政处罚法》第 4 条规定："公民、法人或者其他组织违反行政管理秩序的行为，应当给予行政处罚的，依照本法由法律、法规、规章规定，并由行政机关依照本法规定的程序实施。"这就是行政处罚法定原则。根据这一规定，处罚法定原则的基本含义是：

1. 行政处罚的依据是法定的。即法无明文规定不受处罚。对哪些违反行政管理秩序的行为进行处罚应该有法律、法规的明确规定。如无具体、明确的法律依据，即使行政相对人违反了行政管理秩序，也不能对其施以行政处罚，否则便是对法治的破坏。法无明文规定不受处罚还要求，任何对当事人不利的行政处罚法律规则均不得溯及既往，用以处理该规则生效前当事人作出的违反行政管理秩序的行为。

2. 实施行政处罚的主体及职权是法定的。这意味着，哪一种行政主体拥有行政处罚权，以及它拥有多大的行政处罚权，均须由法律、法规和规章予以规定。

3. 实施行政处罚的程序是法定的。行政处罚为行政主体实施行政处罚设定了严格的程序，行政主体不遵循法定程序实施行政处罚，该行政处罚不具有法律效力。

（二）公正、公开原则

《行政处罚法》第 5 条规定："行政处罚遵循公正、公开的原则。设定和实施行政处罚必须以事实为依据，与违法行为的事实、性质、情节以及社会危害程度相当。对违法行为给予行政处罚的规定必须公布；未经公布的，不得作为行政处罚的依据。"这是对公正、公开原则的直接规定，它要求行政处罚必须做到客观、公平、合理。

(三)处罚与教育相结合原则

《行政处罚法》第6条规定:“实施行政处罚,纠正违法行为,应当坚持处罚与教育相结合,教育公民、法人或者其他组织自觉守法。”为保证行政主体在实施行政处罚时,切实贯彻处罚与教育相结合的原则,《行政处罚法》规定了若干具体措施,如第28条规定行政机关实施行政处罚时,应当责令当事人改正或者限期改正违法行为;第32条规定当事人如主动消除或者减轻违法行为危害后果,或者配合行政机关查处违法行为有立功表现的,应依法从轻或者减轻行政处罚。

(四)保护当事人合法权益原则

《行政处罚法》第7条规定:“公民、法人或者其他组织对行政机关所给予的行政处罚,享有陈述权、申辩权;对行政处罚不服的,有权依法申请复议或者提起行政诉讼。公民、法人或者其他组织因行政机关违法给予行政处罚受到损害的,有权依法提出赔偿要求。”这一原则又称“处罚救济”原则,是为了保障当事人在行政处罚中的合法权益而设立的,主要是指当事人对行政主体给予的行政处罚,享有获得法律救济的权

(五)一事不再罚原则

《行政处罚法》第29条规定:“对当事人的同一违法行为,不得给予两次以上罚款的行政处罚。”我们通常把这一规定叫作一事不再罚原则,其含义是,对相对人的同一违法行为,不得处以两次以上罚款的行政处罚,或者说,对同一违法行为只能进行一次处罚,而不得反复处罚。违法行为构成犯罪的,行政机关必须将案件移送司法机关,依法追究刑事证人,行政机关不再予以人身自由的处罚。人民法院判处拘役或有期徒刑的,行政机关已经给予当事人行政拘留的,应当折抵相应刑期;人民法院判处罚金的,行政机关已经给予当事人罚款的,应当折抵相应罚金。

(六)职能分离原则

行政处罚的设定机关和实施机关相互分离;行政处罚的调查、检查人员和行政处罚的决定人员相互分离;作出罚款决定的机关和收缴罚款的机构相分离。

四、行政处罚的种类与设定

(一)行政处罚的种类

行政处罚的种类是行政处罚的外在和具体形式,划分行政处罚的种类是行政处罚得以实施的前提条件,对保证行政处罚的合法与高效,具有重要意义。然而,对行政处罚的种类,依据的标准不同,所划分的种类也就不同,其中既有学理上的不同分类,也有法律中的具体规定。

1. 学理上的分类。我国行政法学界在理论上一般将行政处罚分为以下四大类:

(1)申诫罚。亦称精神罚,是指行政主体通过对违法者的名誉、信誉等施加影响,发出警戒,使其不再重犯的处罚形式,主要包括警告和通报批评等形式。

(2)财产罚。这是指行政主体剥夺违法者的某些财产所有权,以示惩戒的处罚形式。具体包括罚款、没收(没收非法财物、没收违法所得)等。

(3)能力罚。亦称行为罚,是指行政主体限制或剥夺违法者的特定的行为能力,以示惩戒的处罚形式。主要有责令停产停业、吊扣许可证照等。

(4)人身罚。亦称自由罚,是指行政主体限制或剥夺违法者的一定期限内的人身自由,以示惩戒的处罚形式。人身罚属行政处罚中最严厉的处罚种类,人身权被限制或剥夺,意味着其他权利都将难以行使。因此,限制人身自由的行政处罚,只能由法律规定。并且人身罚的行使权仅限于公安机关,以防止其滥用。人身罚主要包括以下形式:

第一,行政拘留。又称治安拘留,是公安机关依法对违反行政法律规范的人在短期内限制其人身自由的一种处罚,期限为1日以上15日以下。

第二,劳动教养。这是对有轻微犯罪行为,但尚不构成刑事处罚条件且有劳动能力的人实行强制性教育改造的处罚措施,期限未1年至3年,必要时可延长1年。劳动教养这一处罚种类没有列入《行政处罚法》,有关劳动教养的规定、补充规定、办法等属于行政法规和规章,立法级别低,与国家《宪法》、《立法法》、《行政处罚法》的规定冲突,劳动教养制度虽然在特殊时期对国家的管理起到了重大的积极作用,但随着国家法治思想和法治实践的有力推进,国家尊重和保障人权的观念深入人心,2013年11月12日《中共中央关于全面深化改革若干重大问题的决定》废止劳动教养制度,2013年12月28日,第十二届全国人民代表大会常务委员会第六次会议通过了《关于废止有关劳动教养法律规定的决定》。

第三,驱逐出境、禁止进境或出境、限期出境。这是公安、边防、安全机关对违反我国行政法律规范的外国人、无国籍人采取的强令其离开或者禁止进入中国国境的处罚形式。

2. 法定的种类。由于上述学理上的分类不具有实际可操作性，也无法对行政处罚种类进行规范，所以，我国《行政处罚法》第 9 条明确规定处罚的种类有以下几种：

（1）警告、通报批评。又称名誉罚，是指通过适当损害被处罚人的名誉达到处罚目的的一种行政处罚。在行政处罚法的规定中主要指警告、通报批评。一般认为，警告、通报批评是最轻的一类行政处罚，但在实际运用中有可能产生间接严重后果，因此对于警告、通报批评的轻重不能一概而论。

（2）罚款。其是指行政主体强制违法相对方承担金钱给付义务的处罚形式。罚款在行政处罚形式中是适用最广泛的一种形式。

（3）没收。没收包括没收违法所得和没收非法财物。违法所得是指违法行为人从事非法经营所获得的利益；非法财物是指用于从事违法活动的违法工具、物品和违禁品等。没收可视情节轻重而决定部分或全部没收。没收的物品，除应予以销毁以及存档备查的以外，均应上交国库或交由法定专管机关处理。

（4）责令停产停业、限制开展生产经营活动、责令关闭、限制从业，即行政主体不准违法行为人在一定时期内或永久性的从事某种生产活动或工作，或者行政主体限制相对人开展相应的生产经营活动、限制相对人从事相关的工作。

（5）暂扣或者吊销许可证降低资质等级。其是指行政主体限制或剥夺违法者从事某项活动的权利和资格的处罚形式。暂扣是指当事人在短期内没有从事某种活动的资格，即暂时中止持证人从事某种活动的资格，待其改正违法行为后和经过一定期限，再发还证件，恢复资格，允许其重新享有该权利和资格；吊销是当事人对于原先向行政主体所申请的许可证、执照上规定的权利不再享有的处罚，除非当事人在法律规定的期限之后，再次向行政主体提出申请获得新的许可证和执照，否则当事人不得从事这种活动或工作。

（6）行政拘留。依行政处罚法的规定，限制人身自由的行政处罚只能由公安机关进行，所以，行政拘留也被称为治安拘留。

（7）法律、行政法规规定的其他行政处罚。

（二）行政处罚的设定

所谓行政处罚的设定，是指国家机关依照职权和实际需要，在有关法律、法规或者行政规章中，自行创设和规定行政处罚的权力。为了保证行政处罚的严肃性和统一性,我国《行政处罚法》对行政处罚的设定权在法律、法规和行政规章之间进行了分配。

1. 法律的设定权。《行政处罚法》第 10 条规定:“法律可以设定各种行政处罚。限制人身自由的行政处罚,只能由法律设定。”

2. 行政法规的设定权。从《行政处罚法》的现行规定来看,行政法规设定权的范围包括:(1)行政法规有权设定除限制人身自由以外的行政处罚。(2)行政法规有权创设新的种类的行政处罚,即在行政处罚法规定的处罚种类之外,认为必要时可以设定新的种类的行政处罚(当然限制人身自由的处罚除外)。(3)行政法规的设定权要受到法律的限制,即当法律对违法行为已经作出了行政处罚规定,行政法规需要作出具体规定时,必须在法律规定的给予行政处罚的行为、种类和幅度的范围内规定。

3. 地方性法规的设定权。根据我国《行政处罚法》第 12 条的规定,地方性法规可以设定除限制人身自由、吊销营业执照以外的行政处罚,还可以在法律、行政法规规定的范围内作出具体规定,但不能超出法律、行政法规已规定的给予行政处罚的行为、种类和幅度。

4. 行政规章的设定权。根据我国《行政处罚法》第 13、14 条的规定,行政规章的设定权包括:(1)行政规章只限于设定警告和一定数额的罚款的行政处罚。(2)国务院部委规章设定的罚款的最高数额由国务院规定,地方性规章设定的罚款的最高数额由省级人大常委会规定。(3)在法律、法规对行政处罚已作规定的情况下,规章只能在法律、法规规定的范围内作出具体规定。

除以上四种规范性文件外,其他任何规范性文件不得设定行政处罚。

五、行政处罚的实施机关和管辖

(一)行政处罚的实施机关

行政处罚的实施机关,即有权实施行政处罚的主体。根据《行政处罚法》的规定,行政处罚的实施机关共有三类:

1. 行政机关。行政机关是行政处罚的主要实施机关,但并不是所有的行政机关都有行政处罚权。只有下列两类行政机关才是行政处罚的实施机关:(1)拥有法定处罚权的行政机关。一个行政机关可以实施哪些种类的行政处罚,必须根据法律、法规和行政规章的设定。(2)综合执法机关。综合执法机关是由一级政府成立的、解决和处理具有综合性质的事项的临时性机构,属广义的行政机关的范畴。

2. 法律、法规授权的组织。非行政机关的组织经授权而成为行政处罚的实施机关,必须具备以下条件:(1)只有法律和法规才可以作该种授权,其他规范性文件均不能;(2)被授权的组织必须是具有管理公共事务职能的组织;(3)他们只能在授权范围内实施处罚,不能超越所授权限。

3. 行政机关委托的组织。在实践中,出于需要,行政机关可以将自己的行政处罚权委托给非行政机关的组织,但必须有所限制,具体表现为行政机关实施委托和非行政机关的组织接受委托均应具备一定的条件。

(二)行政处罚的管辖

行政处罚的管辖,是指行政处罚的实施机关之间对行政违法行为在处理上的权限和分工。根据《行政处罚法》的规定,行政处罚的管辖包括级别管辖、地域管辖、职权管辖和指定管辖等。

1. 级别管辖。即不同级别的行政机关间对违法行为在处理上的权限和分工。

2. 地域管辖。即不同地区的行政主体间对违法行为在处理上的权限和分工。

3. 职权管辖。即具有不同职能的行政主体间对违法行为在处理上的权限和分工。

4. 指定管辖。即当出现不能依照法律规定确定管辖的情形时,而由上级行政机关以决定的方式指定由下一级行政机关处理的管辖。

违法行为构成犯罪的,行政机关必须将案件移送司法机关,依法追究刑事责任。

六、行政处罚的适用

行政处罚的适用是指享有行政处罚权的主体将行政处罚的法律、法规和规章应用于具体的违法案件,作出行政处罚的活动,它是将处罚法与具体的案件相结合的过程。关于行政处罚的适用主要有适用条件和适用方法两个问题。

(一)适用条件

1. 前提条件。适用行政处罚的前提条件是有违法行为的存在,行政处罚是对违法行为的制裁,没有发生违法行为,行政主体绝对不得适用行政处罚。

2. 主体条件。行政处罚的主体应当是依法享有处罚权并且对某一具体案件享有管辖权的行政主体。

3. 对象条件。行政处罚的对象应当是具有行政责任能力的行政相对人。

4. 时效条件。行政处罚应当在法定的时效内作出，超过法定时效作出的处罚无效。

（二）适用方法

行政主体在行政处罚的适用中，应区别各种不同的情况，采用不同的处罚方法，常用的方法有：

1. 不予处罚。不予处罚，是指因有法律、法规规定的事由存在，行政主体对某些形式上虽然违法但实质上不应承担法律责任的人不适用行政处罚。行政相对人违反行政管理秩序的行为，依照法律、法规和规章规定必须予以行政处罚的，应依法给予行政处罚。但下列三种情况不予行政处罚：一是无责任年龄人违法的。《行政处罚法》第 30 条规定："不满十四周岁的人有违法行为的，不予行政处罚，责令监护人加以管教。"二是精神病人有违法行为的。《行政处罚法》第 31 条规定："精神病人在不能辨认或者不能控制自己行为时有违法行为的，不予行政处罚，但应当责令其监护人严加看管和治疗。间歇性精神病人在精神正常时有违法行为的，应当给予行政处罚。"三是违法行为轻微的。《行政处罚法》第 32 条规定："违法行为轻微并及时纠正，没有造成危害后果的，不予行政处罚。"

2. 从轻、减轻处罚。从轻处罚，是指行政主体在法定的处罚方式和幅度范围内，对违法行为选择较轻的方式和较低的幅度进行处罚。根据《行政处罚法》第 30 条和第 32 条的规定，有下列情形之一的，应当从轻或者减轻处罚：一是已满 14 周岁不满 18 周岁的人有违法行为的；二是主动消除或者减轻违法行为危害后果的；三是受他人胁迫或诱骗有违法行为的；四是配合行政机关查处违法行为有立功表现的；五是其他依法从轻或者减轻行政处罚的。

3. 从重处罚。从重处罚是从轻处罚的对称，是指行政主体在法定的处罚方式和幅度范围内，选择适用较重的方式进行处罚。

4. 行政处罚与刑罚的竞合适用。行政处罚与刑罚的竞合适用，是指某一违法行为同时违反了行政法和刑法，从而构成行政违法行为与犯罪行为的竞合，导致行政处罚和刑罚的同时适用。

5. 行政处罚追究限时规则。行政处罚追究限时规则，是指行政主体对行政相对人的违法行为实施行政处罚，受到时限上的限制。超过一定的时限，行政主体便不能对行政相对人实施行政处罚。《行政处罚法》第 36 条规定："违法行为在二年内未被发现的，不再给予行政处罚；涉及公民生命健康安全、金融安全且有危害后果的，上述期限延长至五年。法律另有规定的除外。前款规定的期限，从违法行为发生之日起计算;违法行为有连续或者继续状态的,从行为终了之日起计算。”《治安管理处罚法》第22条第1款规定:“违反治安管理行为在六个月内没有被公安机关发现的,不再处罚。”

七、行政处罚的决定程序

对违法行为人实施行政处罚,首先应由有权机关依照一定的程序作出相应的行政处罚决定,以作为行政处罚执行的依据,所以行政处罚的决定程序是保障行政处罚正确实施的前提条件。根据《行政处罚法》的规定,作出行政处罚决定的程序有简易程序和一般程序之分,其中还包括对行政处罚举行听证的要求。

《行政处罚法》在我国第一次以法律的形式明确规定了两个非常重要的程序规则,并将它们作为构建整个行政处罚规则体系的基础。

1. 保障告知权原则。《行政处罚法》第44条规定:“行政机关在作出行政处罚决定之前,应当告知当事人拟作出的行政处罚内容及事实、理由、依据,并告知当事人依法享有的陈述、申辩、要求听证等权利。”行政主体必须在作出行政处罚决定之前告知行政相对人行政处罚方面的有关内容,这是行政主体的告知义务,而对于行政相对人而言,则是行政相对人享有的被告知的权利。为了保障告知权的实现,《行政处罚法》第62条规定,行政主体不履行告知义务的,不能作出行政处罚决定。

2. 保障陈述、申辩权原则。《行政处罚法》第45条规定:“当事人有权进行陈述和申辩。行政机关必须充分听取当事人的意见,对当事人提出的事实、理由和证据,应当进行复核;当事人提出的事实、理由和证据成立的,行政机关应当采纳。行政机关不得因当事人陈述、申辩给予更重的处罚。”同样,为了保证这一原则的实现,《行政处罚法》第62条规定,行政主体拒绝听取当事人的陈述、申辩,行政处罚不能成立。

(一)简易程序

简易程序是指在具备法定条件的情况下,由执法人员当场作出处罚决定的程序。简易程序无须适用调查取证程序,也不必更换时间和地点,有利于及时处理较轻微的行政违法行为。

1. 简易程序的适用条件。根据《行政处罚法》第51条的规定,简易程序的适用条件是:违法事实确凿并有法定依据;对公民处以200元以下、对法人或者其他组织处以3000元以下罚款或者警告的行政处罚。

2. 简易程序的步骤。根据《行政处罚法》第 52 条的规定，简易程序包含以下步骤：(1) 表明身份，由执法人员出示执法身份证件；(2) 确认违法事实，说明处罚理由和依据；(3) 填写有预定格式和编号的处罚决定书，处罚决定书应当载明当事人的违法行为、行政处罚的依据、罚款数额、时间、地点以及行政机关名称，并由执法人员签名或盖章后当场交付当事人；(4) 执法人员将行政处罚报所属行政机关备案。当事人对依简易程序作出的处罚决定不服的，也可依法申请行政复议或提起行政诉讼。

(二) 一般程序

一般程序，也称“普通程序”，是指除法律特别规定应适用简易程序的以外，行政处罚通常所应适用的程序。相对于简易程序而言，一般程序较为严格、复杂，适用范围也较广泛，并且它通常是听证程序发生的前提程序。其具体步骤包括：

1. 立案。行政机关对属于本机关管辖范围内并在追究时效内的行政违法行为或者重大违法嫌疑情况，认为有调查处理必要的，应当正式立案。这是行政处罚程序的开始，目的是对违法行为进行追究，通过调查取证工作证明违法嫌疑人是否实施了违法行为。

2. 调查取证。立案后应对案件进行全面调查，对主要事实、情节和证据进行查对核实，取得必要证据，并查证有关应依据的行政法律规范。先取证后处罚是行政处罚程序的基本原则。

3. 决定。案件调查终结后应当由承办人员向有裁决权的行政机关汇报案件情况和有关处理意见，送行政机关负责人审批，根据不同情况作出不同的处理决定：对情节复杂或重大违法行为给予较重的行政处罚，行政机关负责人应集体讨论决定；对其他违法行为，根据情节由行政机关作出适当的行政处罚决定；对违法行为轻微，依法可不予处罚的，不予行政处罚；对经调查认定，违法事实不能成立的，不得基于行政处罚。根据《行政处罚法》的规定，有下列情形之一，在行政机关负责人作出行政处罚的决定之前，应当由从事行政处罚决定法制审核的人员进行法制审核；未经法制审核或者审核未通过的，不得作出决定：涉及重大公共利益的；直接关系当事人或者第三人重大权益，经过听证程序的；案件情况疑难复杂、涉及多个法律关系的；法律、法规规定应当进行法制审核的其他情形。行政机关中初次从事行政处罚决定法制审核的人员，应当通过国家统一法律职业资格考试取得法律职业资格。

4. 制作行政处罚决定书。经审查作出给予行政处罚决定的，应制作盖有作出行政处罚决定的行政机关印章的行政处罚决定书,载明法定的事项。送达行政处罚决定书时,应当告知当事人作出行政处罚决定的内容及事实、理由及依据,并告知当事人依法享有的权利。

行政机关给予行政处罚,应当制作行政处罚决定书。行政处罚决定书应当载明下列事项:

(1)当事人的姓名或者名称、地址;

(2)违反法律、法规或者规章的事实和证据;

(3)行政处罚的种类和依据;

(4)行政处罚的履行方式和期限;

(5)不服行政处罚决定,申请行政复议或者提起行政诉讼的途径和期限;

(6)作出行政处罚决定的行政机关名称和作出决定的日期。

行政处罚决定书必须盖有作出行政处罚决定的行政机关的印章。

5. 当事人陈述和申辩。如果当事人提出有力证据证明自己是无辜的,行政机关就不能实施行政处罚。行政机关及其执法人员在作出行政处罚决定之前,拒绝听取当事人的陈述和申辩的,不能作出行政处罚决定。

(三)听证程序

行政法上的听证,是指通过举行专门的听证会的形式,听取当事人的意见,获取相关的证据。听证是依当事人申请并由行政机关主持的并由有关利害关系人参加的程序,必须公开进行,社会各界都可以旁听。组织听证是行政机关的法定义务,符合条件的当事人要求听证的,行政机关应当组织听证。

1. 听证程序的适用条件。从保护行政相对人权益角度考虑,行政处罚应当举行听证,但从提高行政效率角度考虑,并非任一行政处罚案件都必须举行听证。根据《行政处罚法》第 63 条规定,行政机关拟作出下列行政处罚决定,应当告知当事人有要求听证的权利,当事人要求听证的,行政机关应当组织听证:较大数额罚款;没收较大数额违法所得、没收较大价值非法财物;降低资质等级、吊销许可证件;责令停产停业、责令关闭、限制从业;其他较重的行政处罚;法律、法规、规章规定的其他情形。当事人不承担行政机关组织听证的费用。

2. 听证的具体步骤。行政机关举行听证,应当依照下列程序来组织:

(1)当事人要求听证的,应当在行政机关告知后 5 日内提出;

(2)行政机关应当在听证的 7 日前,通知当事人举行听证的时间、地点;

(3)除涉及国家秘密、商业秘密或个人隐私外,听证公开举行;

（4）听证由行政机关指定的非本案调查人员主持，当事人认为主持人与本案有直接利害关系的，有权申请回避；

（5）当事人可以亲自参加听证，也可以委托1－2人代理；

（6）当事人及其代理人无正当理由拒不出席听证或者未经许可中途退出听证的，视为放弃听证权利，行政机关终止听证；

（7）举行听证时，调查人员提出当事人违法的事实、证据和行政处罚建议，当事人进行申辩和质证；

（8）听证应当制作笔录，笔录应当交当事人审核后签字或盖章；

（9）听证结束后，行政机关应当依照《行政处罚法》第57条规定作出处罚决定。

八、行政处罚的执行

行政处罚的执行是指受处罚人在规定的期限内拒不主动履行处罚决定时，处罚机关或其他有关国家机关采取强制性措施实现处罚决定的活动。《行政处罚法》专门规定了处罚执行的原则、措施和程序等问题。

（一）行政处罚执行的原则

1. 主动履行原则。《行政处罚法》第66条第1款规定："行政处罚决定依法作出后，当事人应当在行政处罚决定书载明的期限内，予以履行。"这表明，行政处罚决定作出后，便可执行，无须等到经行政复议和行政诉讼后才执行。这正是行政行为"先定力"的体现。在行政处罚的执行中，当事人应当在行政处罚决定书载明的期限内主动自觉履行，而行政机关也应当首先尽量促使当事人自动履行。

2. 复议和诉讼不停止执行原则。《行政处罚法》第73条第1款规定："当事人对行政处罚决定不服，申请行政复议或者提起行政诉讼的，行政处罚不停止执行，法律另有规定的除外。"对此原则，《行政复议法》和《行政诉讼法》也作了相应的规定。

3. 罚缴分离原则。我国《行政处罚法》确立了罚款决定机关与收缴罚款机关相分离的制度，作出行政处罚决定的行政机关及其执法人员不得自行收缴罚款，而应由当事人在收到处罚决定书之日起15日内到指定银行缴纳罚款。长期以来，我国行政处罚实践中决定机关同时又是收缴罚款机关，这种做法导致一些行政机关受经济利益的驱动而滥罚、截留、挪用或贪污罚款，使得本应纳入预算管理的罚款收入大量流失，还滋生了腐败。1997年国务院颁布的《罚款决定与收缴罚款分离实施办法》,对收缴罚款的机关作了规定。经中国人民银行批准有代理收付款项业务的商业银行、信用合作社,可以开办代收罚款的业务。具体代收机构由县级以上地方人民政府组织本级财政部门、中国人民银行当地分支机构和依法具有行政处罚权的行政机关共同研究、统一确定。海关、外汇管理等实行垂直领导的依法具有行政处罚权的行政机关作出处罚决定的,具体代收机构由财政部、中国人民银行会同国务院有关部门确定。依法具有行政处罚权的国务院有关部门作出处罚决定的,具体代收机构由财政部、中国人民银行确定。实施行政处罚的机关与收缴机关相分离,并不排除当场收缴罚款。下列情况下,执法人员可以当场收缴罚款:(1)依法给予20元以下罚款的;(2)不当场收缴事后难以执行的;(3)在边远、水上、交通不便地区,当事人向指定的银行缴纳罚款确有困难,经当事人提出,行政机关及其执法人员可以当场收缴罚款。至于收取的罚款,则要全部上缴财政。

(二)行政处罚执行的方式

行政处罚的执行是一种行政强制执行行为,根据我国的行政强制执行模式,只有少数行政机关享有强制执行权,大多数行政机关在遇有当事人拒不执行的情形时,不得自行执行,而应申请人民法院执行,可以将行政处罚的执行方式分为以下两种:

1. 处罚机关自行执行。

(1)当场收缴罚款。根据《行政处罚法》第51条的规定可以当场收缴罚款的情形是:执法人员按简易程序当场作出罚款决定,罚款数额在100元以下的;执法人员按简易程序当场作出罚款决定,当场不收缴,事后难以执行的;在边远、水上、交通不便地区,行政主体及其执法人员作出处罚决定后,当事人向指定的银行缴纳罚款确有困难,当事人主动提出当场缴纳的。

当场收缴罚款的,执法人员必须向当事人出具国务院财政部门或省、自治区、直辖市人民政府财政部门统一制发的专用票据,不出具财政部门统一制发的专用票据的,当事人有权拒绝缴纳罚款。执法人员对当场收缴的罚款,应自收缴罚款之日起2日内,交至行政机关或其所属的其他行政主体;在水上当场收缴的罚款,应自抵岸之日起2日内交至其所属之行政主体。行政主体在收到执法人员上交的罚款后,应在2日内将罚款缴付指定的银行。

(2)专门机构收缴罚款。作出行政处罚决定的行政主体不得自行收缴罚款。当事人应当自收到行政处罚决定书之日起15日内,到指定的银行缴纳罚款。当事人向专门机构缴纳罚款的,专门机构应向缴纳人开具统一的罚款收据。银行收受罚款后,将罚款直接上缴国库。

2. 强制执行。《行政处罚法》规定了三种强制执行措施:第一,到期不缴纳罚款的,每日按罚款数额的3%加处罚款。其目的在于迫使当事人及时地履行行政处罚决定。第二,根据法律规定,将查封、扣押的财物拍卖、依法处理或者将冻结的存款、汇款划拨抵缴罚款。第三,根据法律规定,采取其他行政强制执行方式。第四,申请人民法院强制执行。没有强制执行权的行政机关,在受处罚人拒不履行处罚决定时,应当申请人民法院强制执行。

第二节 行政强制

一、行政强制概述

(一)行政强制的概念

行政强制是行政主体依法针对行政相对人凭借国家权力实施的强制性行为。

行政强制包括两种类型:一类是行政强制措施,另一类是行政强制执行。

《行政强制法》第2条规定,本法所称行政强制,包括行政强制措施和行政强制执行。行政强制措施,是指行政机关在行政管理过程中,为制止违法行为、防止证据损毁、避免危害发生、控制危险扩大等情形,依法对公民的人身自由实施暂时性限制,或者对公民、法人或者其他组织的财物实施暂时性控制的行为。行政强制执行,是指行政机关或者行政机关申请人民法院,对不履行行政决定的公民、法人或者其他组织,依法强制履行义务的行为。

(二)行政强制的特点

1. 行政性。行政强制是一种行政行为,由行政机关实施(申请法院强制是一种特殊执行方式),行政强制行为中所采取的行政强制手段都是行政手段,而不是司法手段或其他手段。

2. 具体性。国家强制机关为实现特定的行政目的,针对特定的行政相对人及行为或特定的物而作出的行政行为。它相对于“抽象行政行为”而言是具体行政行为。

3. 强制性。具体表现在:当被强制人不履行被强制义务时,行政强制主体可以实施强制手段,直接或间接地达到义务被履行的状态;行政强制主体在实施该强制行为时,相对人有容忍的义务。

4. 从属性。行政强制通常是为了实现或保障一定行政行为的有效实现,是为了另一个具体行政行为的顺利作出或实现而采取的行政手段,相对于被保障的行政行为,具有从属性。

5. 非处分性。行政强制只会限制相对人的权利行使,但不能直接发生对相对人权利的处分。

(三)行政强制的原则

1. 行政强制法定原则。行政强制必须有法律依据,主体、职权必须是法定的,而且必须按照法定程序实施。行政主体必须严格按照法律规定的种类、方法来实施强制,没有法律根据或违反法定程序的行政强制是无效的。

《行政强制法》第4条规定:"行政强制的设定和实施,应当依照法定的权限、范围、条件和程序。"第9条规定:"行政强制措施的种类:(一)限制公民人身自由;(二)查封场所、设施或者财物;(三)扣押财物;(四)冻结存款、汇款;(五)其他行政强制措施。"第10条规定:"行政强制措施由法律设定。尚未制定法律,且属于国务院行政管理职权事项的,行政法规可以设定除本法第九条第一项、第四项和应当由法律规定的行政强制措施以外的其他行政强制措施。尚未制定法律、行政法规,且属于地方性事务的,地方性法规可以设定本法第九条第二项、第三项的行政强制措施。法律、法规以外的其他规范性文件不得设定行政强制措施。"第11条规定:"法律对行政强制措施的对象、条件、种类作了规定的,行政法规、地方性法规不得作出扩大规定。法律中未设定行政强制措施的,行政法规、地方性法规不得设定行政强制措施。但是,法律规定特定事项由行政法规规定具体管理措施的,行政法规可以设定除本法第九条第一项、第四项和应当由法律规定的行政强制措施以外的其他行政强制措施。"第12条规定:"行政强制执行的方式:(一)加处罚款或者滞纳金;(二)划拨存款、汇款;(三)拍卖或者依法处理查封、扣押的场所、设施或者财物;(四)排除妨碍、恢复原状;(五)代履行;(六)其他强制执行方式。"第13条规定:"行政强制执行由法律设定。法律没有规定行政机关强制执行的,作出行政决定的行政机关应当申请人民法院强制执行。"

2. 公正、公开原则。公正原则是指行政主体实施行政强制必须做到客观、公平、合理,同样的情况要同样对待,不同的情况要不同对待。公开原则是指行政主体实施行政强制的依据必须公开,实施强制的程序必须公开。强制过程中要保障相对人的申辩权和了解情况的权利，行政强制活动要接受相对人及社会的监督。

《行政强制法》第 7 条规定："行政机关及其工作人员不得利用行政强制权为单位或者个人谋取利益。"第 8 条第 1 款规定："公民、法人或者其他组织对行政机关实施行政强制，享有陈述权、申辩权；有权依法申请行政复议或者提起行政诉讼；因行政机关违法实施行政强制受到损害的，有权依法要求赔偿。"

3. 行政强制适当原则。行政强制不得滥用行政强制权，在依法进行强制时，必须兼顾公共利益和当事人的合法权益，应当选择适当的强制手段，以达到行政管理的目的为限度。

《行政强制法》第 5 条规定："行政强制的设定和实施，应当适当。采用非强制手段可以达到行政管理目的的，不得设定和实施行政强制。"

4. 说服教育与强制相结合的原则。在采取行政强制措施前，必须告诫当事人，通过说服教育工作，给予当事人自觉履行法定义务的机会。只有在说服教育后当事人仍不自觉履行法定义务时，方实行行政强制执行。

《行政强制法》第 6 条规定：实施行政强制，应当坚持教育与强制相结合。

（四）行政强制立法

行政强制权具有较强的主动性与强制性，如果不对行政主体设置一定的行政强制规则，行政强制的权力将得不到规范，相关社会主体的合法权益也不能获得应有的保障。

《行政强制法》2011 年 6 月 30 日出台，2012 年 1 月 1 日开始实施。

二、行政强制措施

（一）行政强制措施的概念与特点

行政强制措施，是指行政机关在行政管理过程中，为制止违法行为、防止证据损毁、避免危害发生、控制危险扩大等情形，依法对公民的人身自由实施暂时性限制，或者对公民、法人或者其他组织的财物实施暂时性控制的行为。

其特点是：

1. 行政强制措施的主体是法定的国家行政机关或者法律授权的组织。除此以外的国家机关、企事业单位和个人，都无权实施行政强制措施。

《行政强制法》第 70 条规定："法律、行政法规授权的具有管理公共事务职能的组织在法定授权范围内，以自己的名义实施行政强制，适用本法有关行政机关的规定。”

2. 行政强制措施是为了预防或制止违法行为、危险状态以及不利后果的发生和发展，或者为了保全证据、确保行政案件查处工作的顺利进行而采取的。因此，采取行政强制措施有的是目的，有的不是目的而只是一种手段，是过程中的措施。

3. 行政强制措施一般具有临时性、紧急性，一旦采取行政强制措施的法定事由得以排除，行政强制措施即告消灭。

4. 行政强制措施具有强制性。行政强制措施不是通过说服教育实现的，也不需要相对人申请或自觉接受，而是国家行政机关依职权对相对人采取的强制性行为。

（二）行政强制措施与相关概念的区别

要进一步明确行政强制措施的概念，我们需把它同几个相近概念进行比较、区别。

1. 行政强制措施与行政处罚。行政强制措施与行政处罚的区别主要在于：

（1）法律效果不同。行政处罚是对相对人权利的最终处分，而行政强制是对相对人权利的临时性限制。

（2）所针对的对象的性质不同。处罚是一种行政制裁行为，以相对人的违法为前提；行政强制措施不是一种行政制裁行为，与行政相对人的行为是否违法没有必然联系，它可以针对相对人的违法行为，也可针对相对人的合法行为。

（3）行政行为的性质不同。行政强制措施是一种中间行为，它是为保证需要最终行政行为的作出所采取的一种临时性措施；行政处罚则是一种最终行政行为，它的作出表明该行政违法案件已被处理完毕。

（4）实施的阶段不同。行政强制措施多在行政处理前行政处理中；行政处罚是最后的处罚。

2. 行政强制措施与行政强制执行。行政强制措施与行政强制执行均属行政强制的范畴，词语和形式都比较相似，因而容易混同。但二者之间仍存在着重要的区别：

（1）实施的主体不同。强制分行的机关包括行政机关和人民法院；行政强制措施只能由行政机关或者法律法规授权的组织采取。

（2）实施的条件不同。强制执行以行政机关作出行政处理决定，对相对人设定义务为前提条件；强制措施是为了预防或制止违法行为的发生和继续而采取的强制方法，不以某种具体义务为前提条件。

(3)实施的目的不同。强制执行的目的是促使相对人履行特定的义务;强制措施的目的是预防、制止社会危害事件与违法行为的发生和继续,为了保全证据,使调查工作顺利进行。

(4)行为性质不同。强制措施是独立存在的实体性具体行政行为;而强制执行是一种程序性具体行为行为,是实现行政处罚的一种程序性行为。

3. 行政强制措施与行政诉讼强制措施。行政强制措施与行政诉讼强制措施都是强制措施,因此也有相同之处,但仍有区别:

(1)性质和适用主体不同。行政强制措施是具有行政性质,其适用主体是国家行政机关或者法律授权的组织。而行政诉讼强制措施则具有司法性质,其适用主体是人民法院。

(2)适用的法律依据不同。行政强制措施的依据是行政法规范。而行政诉讼强制措施的依据是行政诉讼法规范。

(3)目的和对象不同。行政强制措施的目的主要在于预防或制止违法行为的发生或继续。而行政诉讼强制措施的目的在于排除妨害诉讼秩序的行为,强迫当事人履行法律义务。前者适用的对象是一切行政相对人;后者适用于诉讼参与人等。

(4)种类不同。行政强制措施的种类繁多,且都散见于效力不等的规范性文件中,适用条件也不统一。而行政诉讼强制措施的种类主要是训诫、责令具结悔过、罚款、拘留四种,其适用条件也都只在统一的《行政诉讼法》中加以规定。

4. 行政强制措施与刑事强制措施。行政强制措施与刑事强制措施有相似之处,但仍有其区别:

(1)适用主体不同。行政强制措施中,除限制人身自由的措施是由公安机关实施的,其他的强制措施可由其他行政机关实施;而刑事强制措施是由公安机关和司法机关采取。

(2)适用的法律依据不同。强制措施的依据有法律、行政法规和规章,种类和适用条件不统一;刑事强制措施由刑事诉讼法明确规定,种类和条件也有具体规定。

(3)目的不同。行政强制措施的目的是预防、制止社会危害事件或行政违法行为的发生,为保证行政违法案件的调查工作顺利进行。刑事强制措施的目的是防止犯罪嫌疑人或被告人逃避侦查、审判或发生新的社会危害事件,以保证刑事诉讼的顺利进行。

（三）行政强制措施的种类

《行政强制法》第9条规定："行政强制措施的种类：（一）限制公民人身自由；（二）查封场所、设施或者财物；（三）扣押财物；（四）冻结存款、汇款；（五）其他行政强制措施。"

行政强制措施的种类主要可以从采取措施的目的、所强制的对象及适用条件等方面进行划分。

1. 预防性、制止性和保障性行政强制措施。根据强制措施的目的不同进行划分。

预防性强制措施是以预防发生危害社会的违法行为为目的，如警察强制管束企图跳楼自杀的人；列车员强制保管易燃易爆物品，预防爆炸事件发生。

制止性强制措施是对正在危害社会法律秩序的人或物采取的，以制止危害行为的继续进行。如对传染病患者的强制隔离和治疗，对超速车辆的扣留等。

保障性行政强制措施是保障以后的行政管理工作正常有效地进行为目的，如为保全证据而对物品扣押、查封等。

2. 限制人身自由和限制财产流通的强制措施。根据所针对的对象不同所作的划分。

对人身强制措施主要由公安、国家安全机关作出，主要有强制扣留、限期出境、驱逐出境、强制约束、强制遣返、强制隔离、强制传唤等。

对财产的强制措施主要有：冻结、扣押、查封、扣缴、强制拆除、强行销毁、强制鉴定、强制许可、强制退还等。

3. 一般强制措施和紧急强制措施。根据适用条件，行政强制措施有一般行政强制措施与紧急行政强制措施。

一般强制措施是行政主体为查明情况，或者为预防、制止违法或危害状态，或者为了保障行政管理工作的顺利进行，根据现实需要，依职权对有关对象的人身、财产或行为进行暂时性限制的强制措施，如强制戒毒、强制检查、强制传唤等。它遵循一般的程序要求，如事先决定与告诫。

紧急行政强制措施是行政主体在特别紧急的情况下所采取的断然措施，它没有事先程序，无须也不可能按通知、告诫书面决定等阶段进行。它是一般程序的例外，只有在事态发展的严重性与紧迫性达到一定程度时才能被允许使用。在这种情况下可以不遵循一般程序，如对传染病的强制隔离，对酒醉者的约束，救火时拆除邻居的房屋，警察在执法巡查中的盘问等。

(四)几种常用的行政强制措施

1. 限制人身自由的行政强制措施。主要有:

(1)盘问检查。公安机关为了实现行政管理目的,依据其职权,依法对有违法犯罪嫌疑的进行盘问和检查。《人民警察法》第9条规定:“为维护社会治安秩序,公安机关的人民警察对有违法犯罪嫌疑的人员,经出示相应证件,可以当场盘问、检查;经盘问、检查,有下列情形之一的,可以将其带至公安机关,经该公安机关批准,对其继续盘问:(一)被指控有犯罪行为的;(二)有现场作案嫌疑的;(三)有作案嫌疑身份不明的;(四)携带的物品有可能是赃物的。对被盘问人的留置时间自带至公安机关之时起不超过二十四小时,在特殊情况下,经县级以上公安机关批准,可以延长至四十八小时,并应当留有盘问记录。对于批准继续盘问的,应当立即通知其家属或者其所在单位。对于不批准继续盘问的,应当立即释放被盘问人。经继续盘问,公安机关认为对被盘问人需要依法采取拘留或者其他强制措施的,应当在前款规定的期间作出决定;在前款规定的期间不能作出上述决定的,应当立即释放被盘问人。”

(2)强制戒毒。是对戒毒人员在一定时期内,通过行政措施对其强制进行药物治疗、心理治疗、适度劳动、身体康复和法治教育、道德教育,使其戒除毒瘾。根据公安部于2000年制定的《强制戒毒所管理办法》的规定,强制戒毒措施由县级以上公安机关主管和决定,由强制戒毒所具体实施,卫生部门、民政部门配合同级公安机关共同做好强制戒毒工作。

(3)扣留或管束人身。它是在短时期内限制人身自由的一种行政强制措施。如《海关法》规定,对走私犯罪嫌疑人,经关长批准,可以扣留移送司法机关,扣留时间不超过24小时,在特殊情况下可以延长至48小时。《治安管理处罚法》第15条规定,公安机关对醉酒的人在醉酒状态中,可以对其采取保护性措施约束至酒醒。

(4)强制隔离、强制治疗措施。《国境卫生检疫法》《传染病防治法》等规定了强制隔离、强制治疗。

强制隔离主要针对容易传染的病人,为防止其传染其他人而将其与别人隔离开来的一种临时措施,如对“非典”病人的隔离。

强制治疗是指卫生行政机关对患有某种恶性传染病的人采取的强行治疗措施。如对艾滋病患者的强制治疗,霍乱病的治疗,麻风病的治疗。

(5)强行带离现场或驱散。强行带离,是指行政主体对在现场有危险的人强行带其离开现场的措施。如《广播电影电视大型、重大活动安全管理办法》第19条规定:“遇有行凶、闹事和散发反动宣传品、呼喊反动口号等破坏行为时,应采取果断措施将嫌疑人带离现场,稳定活动场所的秩序。”

强行驱散,是指行政机关对违反社会治安秩序或危害公共安全的人,采取强制手段将其驱散,以稳定社会秩序和公共安全。如《集会游行示威法》第27条第2款规定:“有前款所列情形之一,不听制止的,人民警察现场负责人有权命令解散;拒不解散的,人民警察现场负责人有权依照国家有关规定决定采取必要手段强行驱散,并对拒不服从的人员强行带离现场或者立即予以拘留。”

2. 限制财产流通的行政强制措施。主要包括:

(1)查封。行政主体对动产或者不动产就地封存,防止有关人员对财产任意进行处分的行为。查封的适用条件是:①有权实施扣押的主体只能是法律、法规明确规定有行使该项权力的国家行政机关或其他组织。②被扣押物的物主违反了有关行政法规范。③法律、法规规定可以采用扣押措施的。目前,我国有关工商、土地、海关、国家安全、行政监察、审计、税收、公安、证券、专利、食品卫生、植物保护等领域的法律、法规规定行政主体有权实施行政查封。

(2)扣押。是指行政机关为了取证或者防止当事人转移财产而对动产采取的行政强制措施。

(3)冻结。银行根据行政机关的请求,冻结当事人的账户,不准其动用款项的行为。《税收征收管理法》第26条规定,经县以上税务局局长批准,税务机关可以书面通知纳税人开户银行或者其他金融机构暂停支付纳税人相当于应纳税款的存款。

(4)强制收购、强制收兑。《金银管理条例》第31条第1项规定,违反有关规定而擅自收购、销售、交换和留用金银的,由中国人民银行或者工商行政管理机关予以强制收购或贬值收购。《违反外汇管理处罚实施细则》第3条第1项规定,套入方所得外汇尚未使用的,责令其限期交回,强制收兑;套入方所得外汇已被使用的,责令其补交等值的外汇,强制收兑,或者扣缴相应的外汇额度。

(五)实施行政强制措施的条件

1. 实施主体必须是有法定行政强制权的行政主体。行政强制行为是一种行政侵益性行政行为,它直接影响相对人的人身权和财产权,很多情况下比较紧急,因此,法律必须对具有该类行政强制权的行政主体有明确的规定,也只有这类行政主体才能实施行政强制措施。

2. 被强制对象必须符合法律规定的条件。被强制的对象多是有违法犯罪嫌疑的人,这些嫌疑人不是行政主体随意去确定,而是要符合法律规定的标准或条件,要有相应的证据证明。

3. 必须办理必要的手续,符合规定的期限。行政强制措施要履行严格的手续,如扣押财产,必须先向相对人表明身份,然后填写扣押清单,载明扣押的理由和法律依据,被扣押财产的名称、数量以及扣押日期,加盖行政机关的公章,最后交付当事人留存。

4. 必须按法定的种类运用行政强制措施。对于行政强制措施的种类方式,不同法律、法规有明确的列举规定,有行政强制权的行政主体只能按法定的种类实施,既不能超越该种类的范围,也不能随意创设一些种类,否则都属于违法行为。

(六)实施行政强制措施的程序

《行政强制法》第16条规定:"行政机关履行行政管理职责,依照法律、法规的规定,实施行政强制措施。违法行为情节显著轻微或者没有明显社会危害的,可以不采取行政强制措施。"第17条规定:"行政强制措施由法律、法规规定的行政机关在法定职权范围内实施。行政强制措施权不得委托。依据《中华人民共和国行政处罚法》的规定行使相对集中行政处罚权的行政机关,可以实施法律、法规规定的与行政处罚权有关的行政强制措施。行政强制措施应当由行政机关具备资格的行政执法人员实施,其他人员不得实施。"第18条规定:"行政机关实施行政强制措施应当遵守下列规定:(一)实施前须向行政机关负责人报告并经批准;(二)由两名以上行政执法人员实施;(三)出示执法身份证件;(四)通知当事人到场;(五)当场告知当事人采取行政强制措施的理由、依据以及当事人依法享有的权利、救济途径;(六)听取当事人的陈述和申辩;(七)制作现场笔录;(八)现场笔录由当事人和行政执法人员签名或者盖章,当事人拒绝的,在笔录中予以注明;(九)当事人不到场的,邀请见证人到场,由见证人和行政执法人员在现场笔录上签名或者盖章;(十)法律、法规规定的其他程序。"第19条规定:"情况紧急,需要当场实施行政强制措施的,行政执法人员应当在二十四小时内向行政机关负责人报告,并补办批准手续。行政机关负责人认为不应当采取行政强制措施的,应当立即解除。"第20条规定:"依照法律规定实施限制公民人身自由的行政强制措施,除应当履行本法第十八条规定的程序外,还应当遵守下列规定:(一)当场告知或者实施行政强制措施后立即通知当事人家属实施行政强制措施的行政机关、地点和期限;(二)在紧急情况下当场实施行政强制措施的,在返回行政机关后,立即向行政机关负责人报告并补办批准手续;(三)法律规定的其他程序。实施限制人身自由的行政强制措施不得超过法定期限。实施行政强制措施的目的已经达到或者条件已经消失,应当立即解除。”

相关教材理论:

一般来说,一个合法完整的行政强制措施的实施,应遵循以下程序步骤:

1. 行政强制措施的决定要经该行政机关的首长批准,以防止该措施的滥用。

2. 在执行过程中,必须告知当事人:(1)采取强制措施的决定。(2)拟采用的行政强制措施方式。(3)作出行政强制措施决定的法律依据与事实依据。(4)当事人不服该强制措施的救济权利与途径。

3. 实施行政强制措施必须由两个以上工作人员进行,并向当事人表明身份。

4. 制作现场笔录,并由双方签字。当事人拒不签字的,由见证人员见证。

以上属于一般行政强制措施的程序。

但在紧急情况下,行政机关实施行政强制措施可以不受一般程序的约束。

三、行政强制执行

(一)行政强制执行的概念与特征

《行政强制法》第 2 条规定,行政强制执行,是指行政机关或者行政机关申请人民法院,对不履行行政决定的公民、法人或者其他组织,依法强制履行义务的行为。

行政强制执行,是指公民、法人或其他社会组织逾期不履行行政法上的义务时,国家行政机关直接或申请人民法院依法采取必要的强制性措施,迫使其履行义务,或达到与履行义务相同状态的程序性行为。行政强制执行具有以下几个特征:

1. 行政强制执行以义务人逾期不履行义务为前提。这是行政强制执行的核心条件。在法定期限内义务人自动履行了义务,则不产生行政强制执行的后果;只有当义务人逾期拒不履行义务时,才有行政强制执行的必要。

2. 义务人不履行的义务是行政法上的义务而不是其他法上的义务。这可以从以下几方面进行分析。(1)行政法上的权利义务关系是行政强制执行的基础。对民事权利义务不能强制执行。(2)行政法上的义务包括法律、法规直接规定的义务和行政机关依照法律、法规或规章作出的行政处理决定中要求义务人履行的义务,两者都是行政强制执行的法律根据。(3)行政强制执行的根据主要是行政机关的行政处理决定,但并非所有的行政处理决定都能产生行政强制执行的法律后果。

从我国现行立法来看,行政强制执行的内容包括三个方面:(1)对行政处罚决定中义务的执行,如罚款、责令停产、停业等的执行。(2)对要求履行法律、法规规定的义务的行政决定的执行,如纳税义务、服兵役义务的执行等。(3)对行政裁决、裁定的义务的执行,如对复议决定的执行。

3. 行政强制执行的主体是特定的行政机关或者是人民法院。根据我国现行法律、法规的规定,目前对行政法义务的强制执行有两种模式:(1)由行政机关依照法律、法规的授权对义务人直接采取行政强制执行措施。如公安、海关、税务、工商行政管理、物价、审计、外汇管理等部门,这是严格意义上的行政强制执行。只有法律、法规明确授权的行政机关才有资格对相对人强制执行,并不是所有的行政机关都有强制执行权。也不是有强制执行权的行政机关对所有强制执行措施都有权强制执行,也要依法进行。(2)由行政机关申请人民法院依法强制执行。这是一种非诉行政的执行,是指公民、法人、或者其他组织既不向人民法院提起行政诉讼,又拒不履行已经发生法律效力的具体行政行为所确定的义务,行政机关向人民法院提出执行申请,由人民法院采取强制执行措施,使行政机关的具体行政行为得以实现的一种制度。

4. 行政强制执行一般不适用和解。执行和解,是指在执行过程中,双方当事人自愿协商、达成协议,自行解决他们之间的争议,从而结束执行程序的方式。这在民事强制执行是经常用到的一种解决执行的方式,也是法律许可的行为。但行政强制执行则不行,在行政强制执行中,实施强制执行的一方是依法代表国家实施行政管理的行政机关,它实施强制执行或申请人民法院强制执行,督促相对人履行义务,是行政机关的职权,也是对国家承担的职责,如果放弃职权或允许相对人不履行义务或少履行义务,这就是失职,这是法律不许可的。

《行政强制法》第42条规定:“实施行政强制执行,行政机关可以在不损害公共利益和他人合法权益的情况下,与当事人达成执行协议。执行协议可以约定分阶段履行;当事人采取补救措施的,可以减免加处的罚款或者滞纳金。执行协议应当履行。当事人不履行执行协议的,行政机关应当恢复强制执行。”

(二)行政强制执行的种类和方法

《行政强制法》第12条规定:“行政强制执行的方式:(一)加处罚款或者滞纳金;(二)划拨存款、汇款;(三)拍卖或者依法处理查封、扣押的场所、设施或者财物;(四)排除妨碍、恢复原状;(五)代履行;(六)其他强制执行方式。”

1. 行政强制执行的种类。行政强制执行最常见的种类有间接强制执行和直

接强制执行两类。以下分述:

(1)间接强制执行。间接强制执行是指国家行政机关通过某种间接的强制手段迫使义务人履行义务或达到与履行义务相同状态的行为。代履行又称代执行,是指当义务人逾期不履行义务时,如该义务由他人代为履行能达到同样目的,则由他人代为履行,但由义务人承担后果并支付必要履行费用的一种强制执行方法。两个特点:代履行适用于可以由他人代为履行的义务,如拆除违章建筑的行为,但只能由特定人履行的行政拘留或服兵役,则不能代履行;代履行针对作为义务,如是不作为义务,也不能代履行,如责令停产、停业,不得随地吐痰的义务等不能代履行。

(2)直接强制执行。直接强制执行是指当义务人逾期不履行义务时,行政机关对其人身、财产或智力成果,直接采取强制手段迫使义务人履行义务时,或达到与履行义务相同状态的一种执行方式。对人身的直接强制如强制执行拘留;对财产的直接强制如强制划拨存款;对智力成果的直接强制执行如对专利的强制许可等。直接强制执行具有下列特点:

第一,直接强制的适用范围比代履行、执行罚宽。无论是作为义务还是不作为义务,无论是可替代还是不可替代的义务,在必要时都可采用直接强制执行的方式。

第二,直接强制的实施条件较严。一般认为,只有在难以采用代履行、执行罚的方法,才能直接采用直接强制执行。

第三,直接强制执行的强制手段应当有一定的限度。一般认为,应以达到履行义务的状态为限,并应尽量使用强制度轻的执行方法,减少对义务人不必要的人身、财产的损害。

2. 行政强制执行的方法。

(1)对财产的强制执行方法。主要有:

①强制划拨。强制划拨,主要是指在银行设立账户的公民、法人及其他组织,逾期不履行相应义务时,行政机关以法定程序通知其银行划拨的一种措施。《价格法》的规定,对拒缴非法所得或拒缴罚款的,物价检查机构可以按有关规定通知其开户予以划拨。

②强制扣缴。这种措施与强制划拨具有基本相同的含义,不同的是,扣缴是指义务对国家而言,将行政相对人的资金扣缴入国库。而划拨也可发生在平等的当事人的资金账户之间。如税务机关对纳税人催缴税款无效的,就可以通知其开户行扣缴入国库。

③强制抵缴。它是指行政机关对逾期不履行义务的义务人，没收其财产或金钱，予以变价抵缴所负金钱义务的强制执行方法。如依照《海关法》的规定，作出处罚决定的海关对逾期不履行海关处罚决定，既不申请复议又不向人民法院起诉的，可以将其保证金没收，或者将其被扣留的货物、物品、运输工具变价抵缴。

④加处罚款或者滞纳金。又称执行罚，是指义务人不履行义务，该义务又不能由他人代为履行时，由执行机关按照义务人拖延的期限，近日课以义务人新的不间断的金钱给付义务，促使义务人早日履行义务。例如，对到期不缴纳税款者，每天处以税款2‰的滞纳金的执行罚，促使其早日缴纳税款。执行罚的目的是促使义务人早日履行义务，不是为了对义务人进行制裁，这与行政处罚以制裁违法为目的是不同的。我国的税务税收法律上规定了很多滞纳金的规定。适用条件：

第一，执行罚一般适用于必须由本人履行他人无法代替的义务，包括作为和不作为义务。

第二，执行罚的数额必须有法律、法规明文规定，执行机关不得自行设定。

第三，执行罚近日计算，从义务人履行义务的期限届满之日起，直至义务人履行义务止。

⑤滞报金。这种执行方法，见于《海关法》的规定，它是指义务人逾期不按国家有关规定申报法定事项时，有关国家行政机关征收其一次性滞报金。

⑥强制征用。它是指行政机关在紧急状态时对行政相对人的有关财产如车船等交通工具，予以管制并直接使用。

（2）对人身的强制执行方法。主要有：①强制拘留。它是指已被公安机关裁定行政拘留处罚的相对人逾期不到指定场所接受拘留，公安机关有权强制其接受拘留的一种强制措施。②强制服役。对于负有某种作为义务的人，行政机关有权在他们逾期仍不履行的情况下，依法采取强制措施迫使其履行作为义务的人。如《兵役法》中对拒绝和逃避兵役义务的当事人强制服兵役。

（3）对行为的强制执行方法。对行为的强制执行方法是指当义务人逾期不履行其作为或不作为义务时，行政机关依法地其采取的强制执行措施。如按照《专利法》的规定，专利权人负有自己在中国制造其专利产品、使用其专利方法或者许可他人在中国制造其专利产品、使用其专利方法的义务，如果发明和实用新型专利权人被授予之日起满3年，且自提出专利申请之日起满四年，无正当理由不履行上述义务的，专利行政部门可以根据具备实施条件的单位的申请，可以给予该单位实施该专利的强制许可。

(三)行政机关强制执行与申请人民法院强制执行

《行政诉讼法》第95条规定:“公民、法人或者其他组织拒绝履行判决、裁定、调解书的,行政机关或者第三人可以向第一审人民法院申请强制执行,或者由行政机关依法强制执行。”

《行政强制法》第46条规定:“行政机关依照本法第四十五条规定实施加处罚款或者滞纳金超过三十日,经催告当事人仍不履行的,具有行政强制执行权的行政机关可以强制执行。行政机关实施强制执行前,需要采取查封、扣押、冻结措施的,依照本法第三章规定办理。没有行政强制执行权的行政机关应当申请人民法院强制执行。但是,当事人在法定期限内不申请行政复议或者提起行政诉讼,经催告仍不履行的,在实施行政管理过程中已经采取查封、扣押措施的行政机关,可以将查封、扣押的财物依法拍卖抵缴罚款。”这是行政执行权和司法执行权的法律依据。从法治和制权角度来讲,应当依人民法院强制执行为主,以行政机关强制执行为辅。

1.行政机关的强制执行。

(1)行政机关强制执行的条件。行政机关强制执行的实施必须具备事实和法律两个方面的条件,二者缺一不可。具体包括:①公民、法人或其他社会组织依照法律的规定或行政机关依法作出的行政处理决定,具有应当履行的某种法定的义务。②义务人无正当理由逾期拒不履行其应当履行的义务,而不是客观上不能履行。③行政强制执行的实施只能由法律、法规明确授权的行政机关进行。④行政强制执行的内容、方式必须依照法律、法规的明确规定。

(2)行政机关强制执行的程序。行政机关强制执行的程序是指行政机关在实施行政强制执行措施过程中的方式和步骤。

行政强制执行必须严格按照法定程序进行,这是由行政强制执行的性质和特点所决定,也是保障行政机关强制执行的合法性和防止义务人的合法权益被非法侵害的重要条件。

《行政强制法》第35条规定:“行政机关作出强制执行决定前,应当事先催告当事人履行义务。催告应当以书面形式作出,并载明下列事项:(一)履行义务的期限;(二)履行义务的方式;(三)涉及金钱给付的,应当有明确的金额和给付方式;(四)当事人依法享有的陈述权和申辩权。”第36条规定:“当事人收到催告书后有权进行陈述和申辩。行政机关应当充分听取当事人的意见,对当事人提出的事实、理由和证据,应当进行记录、复核。当事人提出的事实、理由或者证据成立的,行政机关应当采纳。”第37条规定:“经催告,当事人逾期仍不履行行政决定,且无正当理由的,行政机关可以作出强制执行决定。强制执行决定应当以书面形式作出,并载明下列事项:(一)当事人的姓名或者名称、地址;(二)强制执行的理由和依据;(三)强制执行的方式和时间;(四)申请行政复议或者提起行政诉讼的途径和期限;(五)行政机关的名称、印章和日期。在催告期间,对有证据证明有转移或者隐匿财物迹象的,行政机关可以作出立即强制执行决定。”第38条规定:“催告书、行政强制执行决定书应当直接送达当事人。当事人拒绝接收或者无法直接送达当事人的,应当依照《中华人民共和国民事诉讼法》的有关规定送达。”

行政强制执行应具备以下步骤:

第一,执行的时间应当合理,除确有必要外,应给义务人一定时间,以便促使其尽可能自行履行;

第二,在执行时,应向义务人出示证明身份的证件和执行文书,并说明情况;

第三,如义务人不在现场时,应邀请有关人员,如家属、单位工作人员等到场作执行证明人;

第四,执行完毕后,应制作执行笔录。

在执行中遇到义务人或者其他人的妨碍,执行机关可予以排除,但不得对其打骂、侮辱。需要协助执行的,执行机关可以请求有关单位予以协助。属于代履行的,还应当向义务人收取费用。

《行政强制法》第43条规定:“行政机关不得在夜间或者法定节假日实施行政强制执行。但是,情况紧急的除外。行政机关不得对居民生活采取停止供水、供电、供热、供燃气等方式迫使当事人履行相关行政决定。”第44条规定:“对违法的建筑物、构筑物、设施等需要强制拆除的,应当由行政机关予以公告,限期当事人自行拆除。当事人在法定期限内不申请行政复议或者提起行政诉讼,又不拆除的,行政机关可以依法强制拆除。”

2. 申请人民法院强制执行。申请人民法院强制执行的特点如下:①执行机关是人民法院,而非行政机关。②执行根据应该是行政机关作出的具体行政行为,该具体行政行为没有进入行政诉讼,没有经过人民法院的裁判,而且已经发生了法律效力。③执行申请人是行政机关,被执行人只能是公民、法人或者其他组织。④执行的前提是公民、法人或者其他组织在法定期限内,既不提起行政诉讼,又不履行具体行政行为所确定的义务。

(1)申请执行的条件。行政机关根据《行政诉讼司法解释》第155条的规定申请执行其具体行政行为,应当具备以下条件:

①具体行政行为依法可以由人民法院执行。具体包括两种情况：其一是法律、法规没有授权行政机关强制执行权，行政机关只能申请人民法院执行；其二是行政机关和人民法院共享某种具体行政行为的执行权，行政机关既可申请人民法院执行，也可自己执行。

②具体行政行为已经生效并具有可执行的内容。公民、法人或其他组织在法定期间没有对该具体行政行为提起行政复议或行政诉讼，该具体行政行为已经生效。如果行政相对人已经向上级行政机关提出了行政复议或向人民法院提起了行政诉讼，复议机关或人民法院已经受理，即使相对人没有履行相应义务，行政机关也不能向人民法院申请强制执行。

③申请人是作出该具体行政行为的行政机关或法律、法规、规章授权的组织。

④被申请人是该行政行为所确定的义务人。

⑤被申请人在行政行为确定的期限内或者行政机关催告期限内未履行义务。

⑥申请人在法定期限内提出申请。

⑦被申请执行的行政案件属于受理申请执行的人民法院管辖。

《行政诉讼法司法解释》第158条规定，行政机关根据法律的授权对平等主体之间民事争议作出裁决后，当事人在法定期限内不起诉又不履行，作出裁决的行政机关在申请执行的期限内未申请人民法院强制执行的，生效行政裁决确定的权利人或者其继承人、权利承受人在六个月内可以申请人民法院强制执行。享有权利的公民、法人或者其他组织申请人民法院强制执行生效行政裁决，参照行政机关申请人民法院强制执行行政行为的规定。

（2）关于财产保全措施、不予执行等情形。根据《行政诉讼法司法解释》第159～161条相关规定，①行政机关或者行政行为确定的权利人申请人民法院强制执行前，有充分理由认为被执行人可能逃避执行的，可以申请人民法院采取财产保全措施。后者申请强制执行的，应当提供相应的财产担保。人民法院受理行政机关申请执行其行政行为的案件后，应当在七日内由行政审判庭对行政行为的合法性进行审查，并作出是否准予执行的裁定。②人民法院在作出裁定前发现行政行为明显违法并损害被执行人合法权益的，应当听取被执行人和行政机关的意见，并自受理之日起三十日内作出是否准予执行的裁定。需要采取强制执行措施的，由本院负责强制执行非诉行政行为的机构执行。③被申请执行的行政行为有下列情形之一的，人民法院应当裁定不准予执行：“（一）实施主体不具有行政主体资格的；（二）明显缺乏事实根据的；（三）明显缺乏法律、法规依据的；（四）其他明显违法并损害被执行人合法权益的情形。”行政机关对不准予执行的裁定有异议，在15日内向上一级人民法院申请复议的，上一级人民法院应当在收到复议申请之日起30日内作出裁定。

以案说法

2016年5月25日，王某向本乡农民收购了几头生猪准备运往县城出售。但在运输途中，县税务局接到群众举报，于是立即进行调查，获知王某确实在未到当地税务机关进行纳税申报以及办理查验手续的情况下，在农村采购生猪。县税务局于同年6月8日以税务违章处理通知书的形式，根据《税收征收管理法》处以追缴偷税漏税款80.48元，并罚款1500元的行政处罚。6月10日，本县的畜牧技术水产站也对此事进行了调查，认为王某收购的生猪未进行防疫检验，王某将未检验的猪运往外地销售，违反了国家相关法律的规定，于是又对王某作出了罚款105元的行政处罚。

问题：案中王某所受的行政处罚是否违反了一事不再罚原则？

评析：行政处罚的一事不再罚原则是指针对相对人的一个违法行为，不能给予多次处罚，《行政处罚法》第29条规定，“对当事人的同一个违法行为，不得给予两次以上罚款的行政处罚”。这是一事不再罚原则的具体体现，它要解决的是实践中多头处罚与重复处罚的问题。理解本原则要注意：它是指同一违法行为不受两次以上的同一种类的处罚，而不是不受两种以上的处罚。有些情况下，一个违法行为可能同时触犯几个法律规范，而不同的法律规范基于不同的立法目的，会设定不同的处罚种类，以实现相异的处罚目的，此时，根据不同的法律规范对该违法行为进行不同种类的行政处罚，并不与一事不再罚原则相悖。但若不同的法律规范对同一个违法行为作出了同一种类的行政处罚，则说明他们所要达到的处罚目的一致，一次处罚就已达到目的，不能再次处罚，否则就违背了过罚相当，有失公正。

本案例中，王某有两个违法行为，并且违反了不同的法律规范，其一是未进行纳税申报，违反了《税收征收管理法》的规定；其二是未办理防疫检疫手续，违反了家禽家畜检疫方面的法律规定，所以县税务局和县畜牧技术水产站分别依据不同的法律规范，对王某不同的违法行为进行的两次行政处罚并未违反一事不再罚原则。

第九章　行政裁决、行政仲裁与行政调解

导入案例

金某原承租本市某处公房。2018 年 8 月 30 日，某市为了保障性安居工程建设的需要，某市房屋征收部门决定对金某承租房屋所在地块实施拆迁，由于某市房屋征收部门与金某无法达成房屋拆迁补偿安置协议，遂于 2019 年 3 月 5 日向某市市政府报请作出补偿决定。2019 年 3 月 18 日该市政府作出补偿决定。在某市政府作出补偿决定后，拆迁当事人又另行达成拆迁安置协议并履行。继而，金某于 2019 年 6 月 12 日向一审法院提起行政诉讼，要求撤销该房屋拆迁补偿决定。

思考：本案例中房屋拆迁补偿决定与已履行的拆迁安置协议的效力如何认定？

提示：房屋拆迁补偿决定，确定的是当事人之间的民事权利义务。对于民事权利义务，当事人在不违反法律规定的前提下可以自由处分。因此，即使房屋拆迁补偿决定已经作出，拆迁人和被拆迁人可以另行签订协议并履行，这对及时解决问题是有积极意义的。与此同时，具体行政行为在行政法理论上具有确定力，非经法定程序，行政相对人及行政主体不得自行变更或者撤销。因此，拆迁人与被拆迁人在履行了安置补偿协议之后，没有必要在对原行政裁决申请撤销，行政机关可以自己决定撤销。

第一节　行 政 裁 决

一、行政裁决的概念与特征

行政裁决是指行政主体依照法律授权，对发生在行政管理活动过程中的、平等主体间的民事纠纷进行审查并做出裁判的行政行为。行政裁决可以及时稳定

法律关系，维护良好的社会秩序，弥补了法院的不足。

行政裁决行为具有以下法律特征：

1. 行政裁决的主体是特定的行政主体。在我国，专门行政裁决机构仅限于商标、专利等知识产权领域，管辖作为行政相对人的个人、组织不服商标局、专利局等有关主管机关作出的相应决定、裁决的行政争议案件。

2. 行政裁决是依申请的行政行为。争议双方当事人在争议发生后，可以依据法律、法规的规定，在法定期限内向法定裁决机构申请才具。

3. 行政裁决的对象是当事人之间发生的与行政管理活动密切相关的民事纠纷。行政裁决具有准司法性。

二、行政裁决的种类

1. 权属纠纷裁决。它是指行政主体对发生在平等主体之间的，与自身的行政管理有关的财产所有权、使用权等归属问题，依据当事人的申请依法作出的裁判。例如，关于土地的所有权、使用权的权属产生的争议，依法请求土地管理机关给予裁决。

2. 侵权纠纷裁决。它是指行政主体对当事人与自身的行政管理有关的合法权益，受到他人侵犯并发生争议时，依法作出的裁决。

3. 损害赔偿纠纷裁决。它是指行政主体对当事人之间的赔偿争议所作的裁决。这种裁决多发生在治安管理、食品卫生、药品管理、环境保护、医疗卫生、产品质量等方面。

三、行政裁决的原则

1. 公平原则。裁决机关必须在法律上处于独立的第三人地位。裁决者应当严格实行回避制度。裁决机关必须客观而全面地认定事实，正确适用法律，并实行裁决程序公开。

2. 迅速和简便的原则。必须在程序上考虑行政效率和有效实现想找职能，在确保纠纷得以公正解决的前提下，尽可能采取简单、迅速、灵活的裁决程序。

3. 准确原则。必须客观而全面地认定事实，根据案情的需要，坚持贯彻客观、准确的原则，尊重科学，尊重事实。

四、行政裁决的程序

1. 申请。可以请求行政裁决的主体，必须是和有争议的民事权利有直接利害关系的当事人,申请人申请行政裁决,还应当在相关法律法规规定的时限范围内提起,申请符合行政机关要求的形式。

2. 立案。行政机关接到申请人的裁决申请后,应当审查相关材料,对申请主体、裁决请求、管辖范围、事实和理由、证据材料等进行审查,如果符合立案条件,应当给予立案,如果不符合立案条件,不予立案,但应告知申请人理由。

3. 通知。行政机关立案后应当通知民事争议的申请人及对方当事人,并要求对方当事人提交有关材料等有关情况。

4. 答辩。民事争议当事人在收到裁决申请后,应当在规定的期限内提交答辩书及有关证据材料。答辩在行政裁决程序中极为重要,它一方面可以帮助对方当事人了解申请人申请争议的事实与理由,以便进行辩解,维护自身的合法权益;另一方面有利于裁决机构了解真相、查清事实,作出正确裁决。对方不答辩的,行政机关可径行裁决。

5. 审查。行政裁决机关收到答辩书后,对争议的事实、证据材料进行审查,需补充调查或鉴定的。进行调查、勘验或鉴定,对交通事故、医疗事故、环境污染、产品质量等技术性争议是必不可少的。行政裁决机关将所有的事实、证据材料进行综合分析研究,如果尚有疑问或经当事人请求,可举行公开听证,由当事人双方当面陈述案情,相互辩论、举证、质证,以查明案情。

6. 裁决。行政裁决机关在审理后,根据事实和法律、法规做出裁决。行政裁决机关制作并向双方当事人送达的裁决书应载明当事人双方的姓名、地址、争议的内容、对争议的裁定及其理由和法律根据,并注明是否为终局裁决。如不是终局裁决,应写明当事人提起行政复议或诉讼的期限和受理机关。

7. 执行。裁决生效后,争议当事人应当自觉履行,否则由裁决机关依法强制执行或申请人民法院强制执行。

第二节 行政仲裁

一、行政仲裁的概念与特征

行政仲裁是指根据法律规定和当事人的申请,由国家行政机关专设的机构以第三者的身份对双方当事人之间的民事争议依照仲裁程序作出公断的法律制度。目前在我国劳动争议仲裁属于比较典型的行政仲裁。

行政仲裁的法律特征主要有:

1. 就主体而言,行政仲裁由国家行政机关专设的仲裁机关主持进行,它是一种专门性的公断组织。

2. 就对象而言,行政仲裁的对象是特定类型的民事、经济和劳动争议,不包括行政争议,这就与行政复议相区别。

3. 就法律效果而言,行政仲裁能够产生多种法律效果,属于复效行为。它在对一方当事人的权利肯定的同时,否定另一方当事人的权利或增加其相应的义务。

4. 就程序而言,行政仲裁有自身专门的仲裁程序,这套程序同行政复议程序、行政裁决程序存在很大的区别。

5. 行政仲裁是法定仲裁,只有特定的仲裁机关按照法律规定的职权和程序才能实施仲裁行为,某类民事纠纷双方当事人无权选择其他仲裁机构或仲裁人。

二、劳动争议仲裁

劳动争议仲裁是我国最早设立的一项行政仲裁制度。1993 年国务院发布的《中华人民共和国企业劳动争议处理条例》已失效(以下简称《企业劳动争议处理条例》)曾对企业与职工之间的劳动争议仲裁程序作了详细的规定,1994 年第八届全国人民代表大会常务委员会第八次会议通过的《中华人民共和国劳动法》(以下简称《劳动法》)规定了我国境内的企业、个体经济组织和与之形成劳动关系的劳动者之间的争议具体适用仲裁程序。根据上述法律、法规的规定,我国劳动争议仲裁的内容主要包括:

1. 仲裁人员构成。

2. 仲裁组织。

3. 管辖。

4. 当事人。当事人为发生劳动争议的双方。

5. 仲裁程序。仲裁程序主要包括:

(1)申请。

(2)受理。

(3)告知。

(4)调解。

(5)裁决。

(6)当事人对发生法律效力的调解书和裁决书,应当依照规定的期限履行。一方当事人逾期不履行的,另一方当事人可以申请人民法院强制执行。

三、行政仲裁的原则

1. 自愿原则。即行政仲裁是基于当事人自愿提起的，在法定的期限内，当事人可以放弃向仲裁机关申请的仲裁。

2. 一次裁决原则。即行政仲裁实行一次仲裁制度，当事人对裁决不服的，可在法定的期限内向人民法院起诉。

3. 先行调解原则。即行政仲裁机构在作出仲裁裁决前必须先进行调解，只有经调解无效后，才能予以裁决。

第三节 行政调解

一、行政调解的概念与特征

行政调解是行政主体主持的，以国家法律和政策为依据，以自愿为原则，通过说服、教育等方法，促使双方当事人互谅互让，友好协商，达成协议，以便解决民事或特定行政争议的行政行为。它是一种独立的行政行为，与行政仲裁、行政裁决相并列。行政调解主要有以下几个法律特征：

1. 行政调解是行政主体出面主持的一种行为，其主体一般是国家行政机关。

2. 行政调解以当事人自愿为原则，行政调解不同于行政处罚、行政裁决，不能由行政主体单方强制作出决定。

3. 行政调解的对象主要是民事争议和经济争议，但也可以是行政争议（如行政赔偿争议）。

4. 行政调解是一种诉讼外的调解，它不是行政仲裁或行政诉讼的必经程序。当事人经过行政调解仍能申请行政仲裁和行政诉讼。

二、行政调解的种类和原则

（一）行政调解的种类

1. 依行政调解的对象不同，可以分为对民事争议的调解和对行政争议的调解。

2. 依行政调解的效力不同，可以分为正式的行政调解和非正式的行政调解。

（二）行政调解的原则

1. 自愿原则。
2. 平等原则。
3. 合理原则。
4. 效益原则。

三、行政调解的程序与法律效果

行政调解一般需要经过以下几个环节：①申请调解。②征求意见。③事实调查。④协商。⑤达成协议。⑥送达协议书。

行政调解一经依法作出，便产生以下法律效果：①对行政主体的约束力。调解协议书对主持调解的行政主体有一定的约束力，行政主体不能对同一事项作出其他行政决定。②经司法确认后具有强制执行效果。经行政机关的调解后，如果当事人将调解协议书拿到，经人民法院司法确认后，就具有强制执行的效果，如，保险协会对交通事故调解后，当事人将调解协议申请人民法院司法确认，人民法院司法确认后的调解协议，具有强制执行国。如果没有得到人民法院的司法确认，行政调解不具有强制执行的效果，但在后面的诉讼或者仲裁中可以做为证据使用。

以案说法

1997 年 3 月 8 日，崔某建房时，因郭某在崔家宅基地上堆放有 200 多块砖影响其施工，崔某要求郭某将砖移开，为此双方发生口角，并厮打，双方互有伤情。1997 年 3 月，郭某先后在乡医院、县医院和县某卫生院医治，共用去医疗费 1395 元。同年 3 月 31 日，郭某的伤情经县公安局鉴定为轻微伤。4 月 17 日，县公安局认定郭某辱骂他人，依法给予警告处罚。1997 年 12 月 25 日，县公安局认定崔某殴打他人依法予以警告处罚，并根据《治安管理处罚条例》第 38 条的规定，对崔某作出裁决，要求其赔偿郭某经济损失，负担医疗费共计 2003 元。

崔某不服，向平顶山市公安局申请行政复议。1998 年 2 月 17 日，平顶山市公安局维持了原裁决。同年 3 月 1 日，崔某向河南省宝丰县人民法院提起行政诉讼。以公安机关超越职权、认定事实不清为由，要求撤销公安机关所作出的第 34 号裁决。

需要指出的是，第十届全国人大常委会第十七次会议于 2005 年 8 月 28 日审议通过《治安管理处罚法》,2006 年 3 月 1 日开始施行,《治安管理处罚条例》被废止。旧条例第 5 条关于调解的规定,被新法第 9 条所取代。《治安管理处罚法》第 9 条规定,对于因民间纠纷引起的打架斗殴或者损毁他人财物等违反治安管理行为,情节较轻的,公安机关可以调解处理。经公安机关调解,当事人达成协议的,不予处罚。经调解未达成协议或者达成协议后不履行的,公安机关应当依照本法的规定对违反治安管理行为人给予处罚,并告知当事人可以就民事争议依法向人民法院提起民事诉讼。

问题:对公安机关作出的行政裁决不服,是否可以提起行政诉讼?

评析:行政裁决是一种具有准司法性质的具体行政行为,对公民、法人或者其他组织的人身权、财产权可能会产生重大影响。根据《行政诉讼法》(1990)第 11 条第 1 款第 8 项的规定,“认为行政机关侵犯其他人身权、财产权的,公民、法人或其他组织可以提起行政诉讼”,行政裁决行为属于行政诉讼的受案范围。本案例中,对公民之间因民事纠纷引起的打架斗殴的人身损害赔偿问题,根据当时的《治安管理处罚条例》第 38 条的规定,公安机关具有行政裁决的职权,相对人对裁决不服,相对人当然可以提起行政诉讼。

1990 年《行政诉讼法》的实施对行政裁决制度有比较大的影响,2000 年 3 月 8 日《最高人民法院关于执行〈中华人民共和国行政诉讼法〉若干问题的解释》(已失效)执行以来,将当事人不服行政机关裁决纳入行政诉讼受案范围。

2014 年 10 月 23 日,党的第十八届四中全会作出的《中共中央关于全面推进依法治国若干重大问题的决定》明确提出要“健全行政裁决制度,强化行政机关解决同行政管理活动密切相关的民事纠纷功能”。2015 年 12 月 27 日,中共中央、国务院印发的《法治政府建设实施纲要(2015—2020)》也将完善行政裁决制度作为一项工作举措。行政裁决工作进入新阶段,将发挥更加重要的作用。

第十章　行政合同与行政指导

导入案例

某县政府为了进一步保护生态环境,大力发展植树造林,经集体讨论研究决定将本县境内的所有荒山对外发包。2015 年 9 月 5 日,黄某与该县政府签订了一份荒山承包协议,双方在协议中约定:(1)黄某承包位于某地的荒山一座,承包期为 20 年,黄某应在该山上大力开展植树造林,并可种植具有经济价值的果树;(2)黄某必须保持荒山的生态环境不被破坏,山上的林木面积只能逐年增长,不能减少;(3)黄某只能在山上发展果树种植,不得另做其他经济用途,如有违反,县政府有权收回荒山并对黄某进行经济处罚。2017 年,在县政府开展的对荒山植树造林的检查中,县政府发现黄某所承包的荒山林木面积有所减少,黄某并未按承包协议约定发展植树造林和种植果树,而是将荒山上部分土地改为耕地,进行农作物种植。县政府认为黄某已违反荒山承包协议中约定的继续发展植树造林的条款,其承包的荒山应依法收回,于是在 2017 年 6 月作出决定:(1)收回黄某承包的荒山;(2)荒山上种植的农作物归黄某所有,在耕作之前全部收回;(3)对黄某处以罚款 5000 元。黄某不服,认为其与该县政府签订的荒山承包协议合法有效,且已履行多年,对于双方就协议产生的纠纷,属于一般合同纠纷,应通过民事、经济法律途径予以解决,该县政府无权单方解除合同。

思考:黄某与该县政府签订的荒山承包协议属于行政合同还是属于民事合同?什么样的合同才是行政合同呢?

提示:黄某与该县政府签订的这份荒山承包协议属于行政合同;该承包合同在行政诉讼中具有可诉性,黄某对于因履行该承包协议引起的纠纷可向人民法院提起行政诉讼。根据《行政诉讼法》(2014)第 12 条第 11 款规定,认为行政机关不依法履行、未按照约定履行或者违法变更、解除政府特许经营协议、土地房屋征收补偿协议等协议的,属于人民法院的受案范围。

第一节　行政合同

一、行政合同的概念与特征

行政合同是指行政主体为了行使行政职能、实现某一行政管理目的,依据法律和政策与公民、法人或其他组织通过协商的方式,在意思表示一致的基础上所达成的协议。行政合同是现代行政法中合议、协商等行政民主精神的具体体现。尽管行政合同在行政法中的地位仍然存在争议,但行政实践中存在大量行政合同却是不争的事实。行政合同能使行政主体更好地行使行政职权,保证行政目标的实现;能使相对人更好地发挥积极性和主动性,参与社会公共利益的活动,同时又能有效地实现自身的合法权益。行政合同具有以下特征:

1. 行政性。行政合同的行政性是指行政主体借助于合同形式实现其行政职权的目的,因此,不同于平等民事主体之间订立的合同。其行政性具体表现在:第一,行政合同的一方主体是行政主体,而且他必须是以行使行政职权为目的而与行政相对人订立合同,为其他目的而与他人订立的合同部可能是行政合同。第二,行政合同的内容是行政管理的公共事务,具有公益性。第三,行政主体在行政合同的变更和解除上具有行政优益权。行政主体在行政合同中拥有这种权力的基础是公共利益的优越性。在行政合同的履行过程中,因社会政治、经济和文化发生了变化,导致行政合同继续履行可能会损害公共利益时,行政主体有权变更或解除合同。

2. 合意性。这区别于一般行政行为的单方性,是指行政合同的签订必须以行政主体与行政相对人共同协商一致为前提。这一特征决定了行政合同仍然属于合同的范畴,并受合同的一般原理指导。行政合同的合意性具体体现在:第一,行政相对人对行政合同是否定理、行政合同的内容等有一定的选择权。第二,行政合同的内容具有可妥协性,这种妥协性表现在行政相对人有权提出修正行政合同内容的建议,行政主体可以根据具体情况对相对人的要求作出适当的让步以便就行政合同的订立达成一致。但不得以牺牲公共利益或第三人的利益作为达成订立合同的条件。

3. 法定性。行政合同订立、履行、变更和解决必须遵守预设的法律规范,行政主体不得法外实施行政合同行为。具体表现在:第一,行政主体运用行政合同来处理不适于以行政行为方式处理的行政事务。何种中行政事务可以通过行政合同来处理,一般取决于法律实现是否已作出规定。至于行政合同的适用范围,现有立法例一般规定除非法律有相反规定,否则行政机关可以通过行政合同实施行政管理。第二,行政主体必须依法行使行政合同中的行政优益权。依法行政的法律原则同样适用于行政合同。第三,当法律规定不明确时,行政主体基于行政自由裁量订立的行政合同,其目的必须是行政管理目的,符合公共利益的要求,不违背法律目的。如果行政主体是为了私人利益或为了转移行政责任而与行政相对人订立行政合同,该行政合同无效。

二、行政合同的种类与原则

行政合同的原则是行政合同在订立、履行、变更和解除过程中所应当遵循的基本准则,也是解释行政合同条款以及解决行政合同争议时所应当考虑的基本指导思想,同时,行政合同的原则还可以起到弥补行政合同法律规定不完善的功能。鉴于行政合同和民事合同的某些共性,民事合同的原则在一定条件下也可以适用于行政合同,如契约自由原则、诚实信用原则、公平原则等都是支撑行政合同的重要原则。根据行政法原理,行政合同的主要原则有:

(一)公开竞争原则

公开竞争原则是指行政合同应当在公开竞争的继承上订立。“公开”要求行政主体将整个行政合同订立的过程向行政相对人和社会公开,但涉及国家秘密、商业秘密和个人隐私的除外。这主要是为了防止行政主体在行政合同订立过程中封锁对行政相对人有利的信息,有利于相对人充分行使行政合同的选择权,也有利于社会对行政合同订立行为进行监督。“竞争”要求行政主体提供优胜劣汰的竞争环境,不得差别对待行政相对人。

(二)全面履行原则

行政合同已经签订,对合同双方当事人都有约束力。任何一方当事人都必须严格履行合同。

三、行政合同中当事人的权利和义务

行政合同双方当事人的权利和义务主要归纳如下:

1. 行政主体的权利主要有:(1)选择合同当事人的权利。(2)对合同履行的指挥权和监督权。(3)单方变更、解除合同权。(4)制裁权。

2. 行政主体的义务主要有:(1)依法履行合同的义务。(2)兑现承诺的义务。(3)给予相对人物质损害赔偿或补偿的义务。

3. 相对人的权利主要有:(1)获得报酬权。(2)损害赔偿或补偿请求权。(3)不可预见的困难情况的补助权。

4. 相对人的义务主要有:(1)全面履行义务。(2)接受行政主体的管理、监督和指导的义务。

四、行政合同的订立、履行、变更、解除与终止

1. 订立规则。行政主体订立、履行、变更、解除与终止行政合同,事实上是其行使行政权力的过程,能直接产生行政法上的效果,因此,其必须遵循相应的规则。行政主体订立合同时,必须出于行政管理的需要,不能随意订立。其应从国家和社会公共利益的需要出发,又要根据法律和政策,同时也要顾及相对人的利益。

2. 订立方式。行政主体订立行政合同主要采取以下方式:(1)招标。(2)拍卖。(3)邀请发价。(4)协议。

3. 履行规则。行政合同当事人履行行政合同必须遵循以下规则:(1)全面履行规则。(2)当事人自己履行规则。

4. 变更。行政合同的变更是指已订立的行政合同基于行政主体的裁量权或其他法律事实,在不改变现存合同性质的基础上,对涉及合同的主体、标的、内容等条款作相应的修改、补充或限制。行政合同的变更主要基于两种情形:(1)行政主体为满足公共利益的需要依法裁量,单方面变更合同。(2)由于出现了某种法律事实,如不可抗力等,行政主体变更合同。

5. 解除。行政合同的解除是指合同尚未履行或全面履行,当事人提前结束约定的权利和义务。行政合同的解除主要有两种方式:(1)单方解除合同。(2)协议解除。

6. 终止。行政合同主要因下列情况而终止:(1)合同履行完毕或期限届满。(2)双方当事人同意解除合同。(3)行政主体因公共利益需要,单方终止合同。(4)因不可抗力导致合同履行已不可能。(5)因合同一方或双方过错,有权机关决定解除合同。

第二节　行 政 指 导

一、行政指导的概念与特征

行政指导，是指行政主体在其所管辖事务的范围内，依据国家法律或政策，对特定的行政相对人运用引导、劝告等非强制性手段，获得相对人同意或协助，引导相对人采取或不采取某种行为，以实现一定行政目的的行为。行政指导的产生和发展与市场经济之间有着不可分离的关系。在我国，当前社会主义市场经济体制基本确立，行政指导也将在发展市场经济体制中发挥积极的作用，具体可以概括为：对经济发展和市场主体的引导和促进作用、对强制性法律手段的补充作用、对社会经济生活的协调和疏导作用。

行政指导具有以下几个特征：

1. 非强制性。行政指导的本质是一种非行政职权行为，承受行政指导的相对人是否接受取决于其自愿，而不是行政权固有的命令与服从的强制性。相对人不具有必须服从的义务，从而行政指导也不具有一般行政行为的可救济性，除非有法律特别规定。

2. 行政性。行政指导行为是发生在行政领域中的一种准法律现行，虽不是一种行政职权性行为，却是基于行政职能作出的，行政指导行为的实施者仍是行政主体，其承受人亦是行政相对人。行政指导行为是通过非行政职权性行为，与实施行政职权行为达到殊途同归的目的，并可能降低行政成本。此外，行政指导行为仍是以调整行政关系为其基本内容的一种与行政相关的行为。

3. 不可诉性。是否接受行政指导完全是行政相对人自愿选择的结果，接受行政指导行为后产生的不利后果不能归咎于作出行政指导行为的行政主体①。

4. 多样性。法律对行政指导的具体方法没有作出具体的羁束性规定，而是由行政主体根据实际情况决定采取具体的指导方法，包括引导、劝告、建议、协商、示范、制定导向性政策、发布官方信息等。

5. 能动性。行政指导行为本身具有较大的裁量性，实施方法也因行政事务的

---

① 行政指导行为毕竟是通过一个合法的行政主体基于行政职权作出的一种行为，行政相对人因为对合法行政主体的信赖而遭受不利后果，如果行政主体无须对此负责，是否容易引起行政指导的滥用？如果要负责，又当如何界定责任范围？

复杂性而多种多样。

二、行政指导的种类与原则

(一)行政指导的种类

在我国,一般将行政指导分为以下几种:

1. 依行政指导是否有具体的法律依据,可将其分为有法律依据的行政指导和没有法律依据的行政指导。

2. 以行政指导的对象是否特定为标准,分为普遍的行政指导和个别的行政指导。

3. 以行政指导的功能为标准,分为助成性指导、规制性指导和调整性指导。

(二)行政指导的原则

1. 正当性原则。行政指导必须最大限度地保障行政相对人对行政指导的可接受性。具体而言,行政指导必须以合法性为前提,重视以理服人。

2. 必要性原则。行政主体采取行政指导行为比实施行政行为可能会产生更好的客观效果。第一,必要性是行政主体实施行政指导行为的一种客观依据,但这种必要性同时受制于行政主体主观上的判断。第二,必要性作为一种客观状态是在不断变化的,这种变化可直接导致行政主体是否采用行政指导行为。

3. 不越权管辖原则。行政指导是行政主体基于职权实施的,超越法定管辖权实施应承担相应的法律责任。

三、行政指导与依法行政

1. 行政指导与依法行政的关系。行政指导是行政主体基于公务而实施的一种行为,具有一定的侵权可能性。因此,行政主体在实施行政指导时,必须遵守如下条件:(1)行政主体对行政指导的事务具有法定的管辖权。(2)行政指导不以行政相对人同意为实施的前提条件。(3)行政主体实施行政指导应当明示依据,并受其约束。行政主体实施了有依据的行政指导,非经法定程序不得随意撤销、变更。

2. 行政指导与权利救济的关系。承认错误、赔礼道歉、补偿损失是现阶段行政主体实施行政指导承担责任的主要形式,至于是否可提起行政诉讼,《最高人民法院关于执行〈中华人民共和国行政诉讼法〉若干问题的解释》(2000)第1条第四项不具有强制力的行政指导行为,不是人民法院的受案范围,《最高人民法院关于适用〈中华人民共和国行政诉讼法〉的解释》(2018)第一条第3项行政指导行为不是人民法院受案范围。从两部最高人民法院的司法解释本意来看，正常情况下的行政指导不属于人民法院的受案范围，但如果是具有强制力的行政指导行为则属于人民法院的受案范围。

以案说法

案例一

南方公司于2016年1月15日取得了钦州市规划局关于在钦州港建设3号、4号杂货码头的《建设用地许可证》。随后，南方公司向钦州市土地管理局（以下简称市土地局）申请用地。市土地局同意出让给南方公司作建设杂货码头用地。据此，南方公司与市土地局先后于2016年2月29日和3月12日签订了钦地宗合字（2016）第14号、第21号《钦州市国有土地使用权出让合同》；市土地局亦于上述两日给南方公司核发了钦建用地让字（2016）14号、26号《建设用地许可证》。根据出让合同的规定，南方公司应支付3号、4号码头国有土地使用权出让金总额为7 445 534元；合同签订后5日内，南方公司应支付土地使用权出让金总额的30%作为合同定金共计2 233 660元；合同签订后60日内，南方公司应支付完全部土地使用权出让金。

2016年3月12日，南方工艺品技术开发公司和南方置业投资公司以“商业街，储物仓”项目的土地预付款125万元人民币为南方公司在两个月内付清土地使用权出让金作担保。此外，南方公司至今所交纳的土地使用权出让金合计仅为160万元人民币，尚欠5 845 534元未交。2017年3月25日，钦州港土地分局受市土地局委托，向南方公司发出了《关于项目清理、盘整土地的通知》。通知要求南方公司在2017年4月10日前交清所欠的土地使用权出让金，逾期不交则收回土地使用权，注销所发的《钦州市建设用地许可证》，该项目另行安排。为此，市土地局于2017年4月16日作出钦市土字（2017）14号《关于收回国有土地使用权的决定》，以南方公司未按出让合同的约定支付土地使用出让金，违反了《国有土地使用权出让合同》第9条为由，依据《城市房地产管理法》第15条的规定，解除两份出让合同，收回合同所出让的土地使用权，并保留对南方公司违约赔偿的请求权。南方公司不服，向钦州市中级人民法院提起诉讼。

问题：试分析南方公司与市土地局签订的《钦州市国有土地使用权出让合同》的性质？

评析：南方公司与市土地局签订的《钦州市国有土地使用权出让合同》属于行政合同的一种。签订合同的当事人和签订合同的目的是判断一个具体的合同是行政合同还是民事合同最主要的形式标准和实质标准。本案中，上述《钦州市国有土地使用权出让合同》是作为行政主体的钦州市土地管理局与相对人南方公司签订的；钦州市土地管理局签订上述土地权出让合同的目的是依法履行《土地管理法》赋予的土地行政管理职责，保护和促进国有土地被合法和有效的利用，维护国家和公共的利益。因此，上述南方公司与市土地局签订的《钦州市国有土地使用权出让合同》在性质上属于行政合同。

行政合同结合了合同与传统行政行为的特点，是一种非常灵活的行政管理方式，它在行政管理活动中的作用主要体现在以下两点：一是明确了行政主体和相对人的权利义务，使行政管理目标具体化，有利于行政管理目标的实现；二是反映了相对人的意志，有利于激发相对人的积极性和创造性。本例中钦州市土地管理局与南方公司通过签订国有土地使用权出让合同，明确了南方公司在获得国有土地使用权的同时，需要承担按照约定的用途使用国有土地并交纳国有土地出让金的义务，市土地局在将国有土地交付南方公司使用的同时，有权监督南方公司按照约定的条件合理使用国有土地，并有权在约定期限内向南方公司收取国有土地出让金。通过签订国有土地使用权出让合同，在保证了市土地局依法对国有土地的使用进行监督管理的同时，也有利于保障土地使用权人正确、积极地履行自己的义务和依法享有已经获得国有土地使用权，从而保证国有土地获得合理、有效的利用，促使公共利益达到最大化。

案例二

李某在河南省某购物中心有限公司购买了药品若干，经鉴定全部为假货，有些药品根本找不到生产厂家。于是，李某向郑州市质量技术监督局提出申请，要求收回或者撤销颁发给某购物中心有限公司的“购物放心商场”荣誉称号。郑州市质量技术监督局以“无充分理由取消其相关称号”给予书面答复，认为其授予“购物放心商场”荣誉证书及牌匾的行为是不具有强制力的行政指导行为，对消费者而言，只是一种对消费的引导，不具有强制力。

李某不服，将郑州市质量技术监督局告上法庭。法院经审理后认为，郑州市质量技术监督局的行为属于不具有强制力的行政指导行为，不直接侵犯原告的财产权和人身权，依法驳回起诉。

问题：法院的做法是否合理？

评析：本案中，授予“购物放心商场”的行为对李某的权益不构成直接的侵害，是一种不具有强制力的行政指导行为。根据我国《行政诉讼法》的规定，法院驳回起诉是正确的。但行政指导情况下如何保障向对方的合法权益，是值得研究探讨的。

第十一章 行政违法与行政责任

导入案例

2017年10月1日，A市房地产管理局在明光小区贴出公告，称因旧城改造和城市建设的需要，根据《城市房地产管理法》和《A市房屋拆迁管理条例》等有关法律法规的规定，决定对明光小区17－36号共83户居民的住房实施拆迁。限各被拆迁的住户于当年12月1日前搬迁完毕，逾期不搬的，将予以强制搬迁。2017年12月7日，A市房地产管理局认为该27户钉子户已不可能通过做工作等非强制方式予以拆迁，于是出动力量进行了强制拆迁。在强制拆迁过程中，共有5位居民和1位执法人员受到不同程度的身体伤害。在被强制拆迁后，该27户居民决定采取措施维护自己的利益，他们分别向人大、纪委、监察机关等进行提出申诉，进行上访。

思考：在这个案例中是否存在行政违法的行为？

提示：根据《国有土地上房屋征收与补偿条例》第27、28条规定，实施房屋征收应当先补偿、后搬迁。

作出房屋征收决定的市、县级人民政府对被征收人给予补偿后，被征收人应当在补偿协议约定或者补偿决定确定的搬迁期限内完成搬迁。

任何单位和个人不得采取暴力、威胁或者违反规定中断供水、供热、供气、供电和道路通行等非法方式迫使被征收人搬迁。禁止建设单位参与搬迁活动。

被征收人在法定期限内不申请行政复议或者不提起行政诉讼，在补偿决定规定的期限内又不搬迁的，由作出房屋征收决定的市、县级人民政府依法申请人民法院强制执行。

强制执行申请书应当附具补偿金额和专户存储账号、产权调换房屋和周转用房的地点和面积等材料。

在本案例中，A市房地产管理局违反先补偿后拆迁的规定，A市房地产管理局没有强制拆迁的权力，应当向A市政府申请，由A市政府向人民法院申请强制拆迁,A市房管局采用强制手段,并使5位居民和1位执法人员受到不同程度的身体伤害,因此本案中存在比较严重的行政违法行为。

第一节 行政违法

一、行政违法的概念

行政违法是指行政主体及行政公务人员违反行政法律规范、尚未构成犯罪的、应当承担行政责任的行政行为。它包括以下几层含义:

1. 行政违法是行政主体及行政公务人员实施的行政行为违法。

2. 行政违法是违反行政法律规范的行为。

3. 行政违法是尚未构成犯罪的行为。

4. 行政违法是一种应当承担行政责任的行为。

二、行政违法的构成要件

行政违法的构成要件,是指由行政法律规范所规定的,构成行政违法所必须具备的主观和客观条件的总和。具体包括:

1. 行政违法的主体是行政主体及行政公务人员。

2. 行政违法侵害了受行政法律规范所保护的行政关系。

3. 行政违法主体实施了违反行政法律规范的行为。

4. 行政违法主体实施行政违法行为时主观上有过错。

三、行政违法的分类

根据不同的标准,可以对行政违法进行不同的分类:

1. 抽象行政行为违法和具体行政行为违法。这是根据违法行为侵害的对象是否特定为标准,对行政违法所作的分类。

2. 行政主体的行政违法和行政公务人员的行政违法。这是根据违法行为主体形态的不同,对行政违法所作的分类。

3. 作为行政违法和不作为行政违法。这是根据行为的方式和状态的不同,对行政违法所作的分类。

4. 内部行政违法和外部行政违法。这是根据违法行为发生范围的不同,对行政违法所作的分类。

5. 行政实体违法和行政程序违法。这是根据违反的行政法律规范是实体法律规范还是程序法律规范，对行政违法所作的分类。

6. 单一行政违法和共同行政违法。这是根据行为主体的数量不同，对行政违法所作的分类。

第二节　行政责任

一、行政责任的概念与特征

（一）行政责任的概念

行政责任可界定为：行政责任是指行政主体及行政公务人员因违反行政法律规范，构成行政违法而由有权国家机关依法追究或其主动承担的否定性法律后果。确立和确保行政责任产生了不同于以往的重要意义，主要表现在以下两个方面：第一，行政责任能够限制行政机关及其公务人员滥用行政权力。19 世纪末 20 世纪初，西方出现了行政国家现象。行政活动不再从属于政治，开始在国家政治生活中占据主导地位。行政国家现象的主要表现是，政府通过法律授权，从立法机关和司法机关那里接受了越来越多的委任立法权和委任司法权；政府利用宪法对政府职权的抽象规定，不断扩大自身的行政自由裁量权；政府通过对国家经济生活及社会生活干预的不断加强，自身的权力不断扩充。总之，政府在国家和社会生活中发挥越来越大的作用。然而，政府行政权力的扩张也造成了一些问题，主要是在实践上，政府职权的扩张，增加了政府侵犯社会公众合法权益的可能性。因此，从制度设计上看，一方面需要强化政府的职能以满足社会发展的需要，另一方面又需要对政府的权力进行必要的限制，以维护社会公众和组织的合法权益。这就产生了如何在变化的社会条件下，既能充分发挥富有灵活性和机动性的行政权的作用，又能维持基本的三权互相制约的国家权力结构以及民主精神和法制精神，充分保障社会公众和组织的合法权益不受侵害。解决这一矛盾的重要途径之一，就是加强政府及其公务人员的行政责任。第二，行政责任能够提高减少政府工作失误，提高政府工作效率。20 世纪以来，特别是两次世界大战以来，科学技术的发展使得人类社会的生产水平不断提高，生产规模和能力不断扩大。经济与科技的发展使得人们的社会生活日益丰富和多样化，人们的需求也日益增多和复杂化。社会发展的深刻变化对国家行政管理的方式、内容和范围都提出了新的要求,使得政府权力和职能明显扩张,政府组织结构更为复杂,政府公务人员的数量和种类大为增加。由于现代政府组织规模庞大而职能复杂,人员众多而分工细致,为提高行政效率,就要求在行政组织内部建立起职权与职责相一致的工作责任制度,使行政组织内部各个层级、各个部门以及各个公务人员都必须责任明确,从而保证行政行为的规范化,克服官僚主义,减少行政失误,提高行政工作的效率。

(二)行政责任的特征

1. 行政责任是行政法确立的、违反行政法律规范而应承担的法律责任。
2. 行政责任具有惩罚性和补救性的双重属性。
3. 行政责任的主体包括行政主体和行政公务人员。
4. 行政责任的追究机关具有多样性。

二、行政责任的构成要件

行政责任的构成要件,是指形成行政责任所必须具备的各种条件。根据上述对行政责任的界定,行政责任的构成要件包括以下几个方面:

1. 主体要件。行政责任的主体是行政主体和行政公务人员。
2. 行为要件。行政主体及行政公务人员有行政违法行为的存在,这是构成行政责任的必备前提条件。
3. 法律规范要件。行政责任需要由行政法律规范所确认。

三、行政责任的追究与承担

(一)行政责任的追究

1. 追究行政责任的主体。追究行政主体的责任由具有法定监督权力的国家机关进行。主要包括:①由权力机关以作出决定的方式追究;②由司法机关以行政诉讼和行政赔偿诉讼裁判的方式追究;③由行政复议机关以复议裁决的方式追究;④由上级行政机关以作出决定的方式追究;⑤由国家专门设立的监察机关和行政机关中专门的监督部门如审计,以作出决定的方式追究;⑥由行政主体自己主动承担法律责任。追究行政公务人员的责任主要由对其有法定人事任免、奖惩权力的国家机关进行。主要包括:①由权力机关以作出罢免决定的方式追究;②由具有人事管理隶属关系的行政机关以行政处分、追偿决定的方式追究;③由国家设立的专门监察机关以作出监察决定的方式追究。行政公务人员既不同于普通公民,又不同于行政主体，其法律责任具有内部人事管理的性质。因此，其法律责任的承担有其独特性。

2. 追究行政责任的原则。①责任法定原则。②责任自负原则。③责任相称原则。④补救、惩戒与教育相结合的原则。

（二）行政责任的承担

1. 行政主体承担行政责任的方式。行政主体承担行政责任的具体方式有：

（1）通报批评。

（2）赔礼道歉。

（3）恢复名誉、消除影响。

（4）返还权益。

（5）恢复原状。

（6）停止违法行为。

（7）责令履行职责。

（8）撤销违法的行政行为。

（9）纠正不当的行政行为。

（10）宣布无效。

（11）赔偿损失。

2. 行政公务人员承担责任的方式。行政公务人员承担责任的方式主要有：

（1）罢免行政领导职务。

（2）行政处分。

（3）对违法所得的没收、追缴或者退赔。

（4）赔偿损失。

（5）其他责任形式。如被责令检讨、予以通报批评、当面向受害人作出赔礼道歉等。

以案说法

2017 年 3 月，李某与邻居邓某、邹某等人在家打 10 元和 20 元一局的带庄麻将，被市公安局下属东区公安分局抓获。经讯问，李某等人承认了赌博事实，并在讯问笔录上签名。当晚，浏阳市公安局女干警对李某人身进行了搜查，收缴现金 250 元。次日，浏阳市公安局又对李某住宅进行了搜查。3 月 18 日，浏阳市公安局提出要对李尔芳处以 3500 元罚款并没收赌资 250 元。3 月 26 日，浏阳市公安局办理了《治安处罚审批表》并作出了第534号《治安管理处罚决定书》，对李某处以罚款3000元，没收赌资250元的处罚，并由浏阳市官渡信用社开具了代收罚款收据。李某不服，于2017年4月6日向浏阳市人民法院提起诉讼。原告起诉后，被告于4月8日将处罚决定书和罚款收据送达原告，并退还原告500元。原告在法定期限内未对该处罚决定书申请复议，在5月13日开庭审理时，才增加要求撤销该处罚决定书的诉讼请求。

问题：公安分局的行为是否合法？

评析：本案中，原告打麻将赌博属实，但被告对原告的管理、处罚也必须依法进行。被告传讯、留置原告符合法律的规定。但是，被告未依法出具搜查令，对原告人身及住宅进行搜查，并且在没有裁决的情况下收缴原告罚款的行为违反法律规定的程序，是行政机关在执法过程中普遍存在的轻程序重实体的错误习惯作法。本案中被告对原告人身及住宅进行搜查及不裁而罚的具体行政行为程序违法，侵犯了本案中原告的权利。

第十二章　行 政 复 议

导入案例

张某和李某是江海县渔民，2019年4月1日，二人驾驶机动渔船去县里办事，途中遇到市渔业执法巡查，被认定为非法捕鱼，并扣押了船只及相关证件和捕鱼工具，当场制作了勘察笔录后带二人回渔业站询问情况，二人被迫承认使用违法的捕鱼工具作业，书面写了违反渔业法规承认书。渔业站据此认定二人违反了渔业法相关规定，没收了拖网等工具，并分别处以罚款1500元。处罚执行完毕后，二人领回了被扣物品，心中不平，商量着告渔业站。张某认为应到市渔业站去告，因为市里的渔业站肯定管得着县里的渔业站；李某则认为，市渔业站是县渔业站的上级单位，肯定官官相护，告也没用，而法院是专门的告状的地方，所以应该到法院去告。二人的意见相持不下，最后张某选择向市渔业站提起行政复议，而李某则向县人民法院提起行政诉讼。

思考：张某和李某主张权利的做法正确吗？

提示：公民、法人或其他组织对行政机关的具体行政行为不服，可以先向上一级行政机关或者法律法规规定的行政机关申请复议，对复议不服的，再向人民法院提起诉讼，也可以直接向人民法院提起诉讼。法律法规规定应当先向行政机关申请复议，对复议不服再向人民法院起诉的，应按照法律法规规定。

通常，行政复议不是行政诉讼的前置程序。根据《最高人民法院关于适用〈中华人民共和国行政诉讼法〉的解释》（以下简称《行政诉讼法司法解释》）第57条规定，法律、法规未规定行政复议为提起行政诉讼必经程序，公民、法人或者其他组织既提起诉讼又申请行政复议的，由先立案的机关管辖；同时立案的，由公民、法人或者其他组织选择。公民、法人或者其他组织已经申请行政复议，在法定复议期间内又向人民法院提起诉讼的，人民法院裁定不予立案。本案由于行政复议机关先受理，应当先由复议机关处理，当事人对复议结果不满意，然后向人民法院提起行政诉讼。

第一节 行政复议概述

一、行政复议的概念与性质

行政复议是指行政相对人认为行政主体的具体行政行为[①]侵犯其合法权益，依法向行政复议机关提出复查该具体行政行为的申请，行政复议机关依照法定程序对被申请的具体行政行为进行合法性、适当性审查，并作出行政复议决定的一种法律制度。[②] 行政复议既是行政相对人行使行政救济权的一种法律途径，也是行政机关依法解决行政争议、加强层级监督的法律制度。可以从以下几个方面理解：

第一，行政复议所处理的争议是行政主体在行政管理过程中因实施具体行政行为而与相对人发生的行政争议，其目的是通过纠正行政主体作出的违法或不当的具体行政行为，以保护行政相对人的合法权益。第二，行政复议是一种依申请的行政行为，没有行政相对人提出申请，行政复议作为行政监督手段就不能发挥作用。第三，行政复议以引起争议的具体行政行为为主要审查对象，同时对部分抽象行政行为可以附带审查。对于不具有立法性质的行政规定，如果行政相对人认为违法的，可以在对相应具体行政行为申请复议时一并申请复议。

关于行政复议的性质，学界存在纯行政性活动说、行政救济说和行政司法活动说三种不同观点。笔者认为，上述看法都有失偏颇，应综合三种学说的观点来看待行政复议。首先，行政复议是行政机关内部监督和纠错机制的重要环节，表现为国家行政机关按照行政职权或者行政上的等级关系，直接、单方面地行使行政权力的行为。其次，不同于普通的行政行为，行政复议的目的是切实保护行政相对人的合法权益，无疑属于行政救济机制的重要环节。最后，行政复议是行政复议机关以裁判者的身份借用法院审理案件的某些方式来处理在行政过程中行政主体与行政相对人之间的争议，但行政复议机关的行为仍然属于行政行为。关于此点，有学者指出，“行政复议既有行政性质也有司法行为与程序的性质、特征，行政复议是不同于纯粹行政，也不同于司法程序那样的纯粹司法制度，它是具有

① 所谓具体行政行为，是指行政主体针对特定的行政相对人作出的行政行为，其特点是该具体行政行为作出时，行政相对人已经确定，既不能增加也不能减少。

② 姜明安主编：《行政法与行政诉讼法》，北京大学出版社 2005 年版，第 412 页。

双重色彩的行为与程序”。①

二、行政复议的基本制度

（一）一级复议制度

一级复议制度，是指行政复议经过行政复议机关一次审理并作出裁决之后，申请人即使不服，也不得再向有关行政机关再次申请复议，而只能向法院提起行政诉讼的一种法律制度。这可能是基于如下两点考虑：其一，提高纠纷解决的效率；其二，司法最终解决原则。行政复议始终是行政系统内部的纠错机制，多级复议也难以避免其内在缺陷，而且行政复议也只是为行政机关自我纠错提供了一个机会，而争议的最终解决只能由法院来裁决。

（二）书面复议制度

书面复议制度，是指行政复议机关对行政复议申请人提出的申请和被申请人提交的答辩，以及有关被申请人作出具体行政行为的规范性文件和证据进行非公开对质性的审查，并在此进程上作出行政复议决定的制度。这主要是为了提高行政复议的效率，及时解决行政争议，降低行政复议的成本。同时，这可以减轻行政复议中申请人和被申请人之间的对抗情绪。当然，行政复议机关可以召集当事人了解案情，或者采取听证的方式。

三、行政复议的基本原则

行政复议的基本原则，是指反映行政复议的特点，体现行政复议的精神实质，贯穿于行政复议活动的始终，对行政复议活动具有普遍指导意义的基本准则。它上承行政复议的立法目的，下联行政复议的基本制度和规范。不仅规范行政主体的行为，同时也规范行政相对人参与行政复议的行为。根据《行政复议法》的规定，行政复议的基本原则包括以下几项：

（一）合法原则

合法原则要求行政复议机关及其工作人员应按照法定的权限和程序，对申请复议的具体行政行为和有关的抽象行政行为进行审查，并严格依照法律规定作出复议决定。具体包括下列内容：主体合法、依据合法、程序合法以及复议决定的内

① 参见杨小君：《我国行政复议制度研究》，法律出版社 2002 年版，第 3 页。

容合法。《行政复议法》第4条规定,行政复议机关履行行政复议职责,应当遵循合法、公正、公开、及时、便民的原则,坚持有错必纠,保障法律、法规的正确实施。

(二)公正原则

公正是指行政复议活动应当公平、合理、无偏私。对于基本相同的案件事实、性质和情节,行政复议的结果应当基本相同,否则就有失公正。这实际上要求对具体行政行为的合理性进行审查。

(三)公开原则

为了确保行政复议权合法、公正地行使,防止行政复议权滥用,在行政复议过程中,除涉及国家秘密、个人隐私和商业秘密外,行政复议案件的材料要公开、行政复议过程要公开、行政复议结果要向行政复议申请人和社会公开。

(四)及时原则

及时原则也称效率原则,不仅要求行政复议机关应当严格遵守法定的期限,而且应当督促行政复议当事人遵守法定期限,尽快完成复议案件的审查并作出相应的决定。

(五)便民原则

便民原则是指在行政复议活动中,要尽量方便行政相对人,使其不因行政复议活动而增加过大的负担,最大限度地节省他们所耗费的时间、精力和费用。这隐含了不向申请人收取行政复议费用等要求。

第二节 行政复议的受案范围

行政复议的受案范围,是指公民、法人或其他组织认为具体行政行为侵犯其合法权益,依法向行政复议机关提出申请,由行政复议机关受理并解决行政争议的权限范围。行政复议只是行政救济的一种手段,它在解决行政争议功能上的局限性决定着行政复议不可能受理所有的行政争议。因此,通过立法明确规定可以申请复议的行政行为的范围和不可申请复议的事项的范围是必要的。

一、可申请复议的行政行为

根据《行政复议法》第 6 条的规定，行政相对人对下列行政行为不服，可依法申请行政复议：

（一）行政处罚

行政处罚是指行政主体对违反行政法律规范、实施了违反行政管理秩序行为的行政相对人依法给予的法律制裁，具体包括警告、罚款、没收违法所得、没收非法财物、责令停产停业、暂扣或者吊销许可证、行政拘留等。

（二）行政强制

行政强制是行政主体对拒不履行法定义务或者违反法定义务的行政相对人实施的或出于维护国家、社会公共利益的需要而对特定行政相对人实施的一种行政行为，包括对人身自由的限制和对财产的查封、扣押和冻结等。

（三）变更、中止、撤销行政许可

行政许可是行政机关根据公民、法人或其他组织的申请，经依法审查，准予其从事特定活动、认可其资格、资质或者确立其特定主体资格、特定身份的行为。变更是指行政相对人的活动不符合原许可或核准的范围或条件，应行政相对人申请而予以变更，或者行政机关认为行政相对人的活动明显超越或者不符合许可范围或者条件而予以变更或者强制变更。中止是指行政机关为了制止或纠正持证人的违反行为，责令其停止从事被许可活动。撤销是指行政机关对所颁发的许可证和各种资质证或资格证因其违法或者明显不当，依法取消其效力。

（四）行政确权

行政确权是指公民、法人或者其他组织之间因土地等自然资源的所有权或者使用权争议，由行政机关依法处理，确定权属归谁所有的一种行政行为。

（五）侵犯合法经营自主权

经营自主权是公民、法人或其他组织依法享有的自主调配人力、物力和财力等用于经营活动的各种权利。行政机关采用违法的行政手段，限制或剥夺公民、法人或其他组织依法享有的经营自主权，损害经营者的合法权益的，行政相对人有权提起行政复议。

（六）变更或废止农业承包合同

农业承包合同是农村集体经济组织与农民就承包集体土地等生产资料所达成的明确相互之间权利义务关系的协议。农业承包合同的变更是指依法设立的农业承包合同在没有履行或者没有全部履行之前，当事人之间就有关内容在协商的基础上进行的补充或修改。农业承包合同的废止是指经双方协商或法定事由终止合同效力的情形。行政机关不得随意变更或废止农业承包合同，督促合同双方履行义务。

（七）要求履行义务

行政主体在法律、法规之外要求公民、法人或者其他组织履行义务，实际上是一种违法行政行为。违法要求履行义务就是要求行政相对人履行没有法律依据的义务，一般有以下三种情况：（1）相对人无法定义务但行政主体要求其履行。（2）要求履行的义务量超过了法定义务量。（3）行政主体违反法定程序要求相对人履行义务。

（八）行政许可不作为

行政相对人根据自身情况，认为自己符合法定条件而向行政主体申请许可证等证书，或者申请行政机关审批、登记有关事项的，行政主体拒绝办理或者不予答复，则构成了行政违法。

（九）没有依法履行保护人身权、财产权和受教育权的法定职责

行政相对人的人身权、财产权受到法律的保护，行政主体作为执行国家法律的重要组织力量，有保护行政相对人人身权、财产权的法定职责。因此，当行政相对人认为自己的人身权或者财产权受到威胁时，有权向有关行政主体申请保护；行政主体无正当理由或者不予答复，则构成了拒绝履行法定职责的具体行政行为。

（十）行政给付

行政机关不依法发放抚恤金、社会保险金或者最低生活保障费的，行政相对人可依法申请行政复议。行政相对人因生活发生困难有依法从国家获得物质帮

助的权利。

（十一）其他侵犯合法权益的具体行政行为

这是一项概括性的规定，它表明，只要相对人认为某个具体行政行为侵犯了其合法权益，都可以申请行政复议，而不仅仅局限于上面列举的10种具体行政行为。此外，行政相对人针对上述具体行政行为申请行政复议时，如果认为这些具体行政行为所依据的有关规定不合法，还依法有权一并向复议机关提出对该规定的审查申请。根据《行政复议法》第7条的规定，这些规定具体包括：（1）国务院部门的规定；（2）县级以上地方各级人民政府及其工作部门的规定；（3）乡、镇人民政府的规定。

二、行政复议机关不予受理的事项

《行政复议法》除了规定复议机关受理的行政案件以外，还规定了复议机关不予受理的事项。复议机关不予受理的事项主要包括：

（一）行政法规和规章

行政相对人对行政主体制定和发布的行政法规和行政规章不服的，只能向有关国家机关提出，由有关国家机关依照《立法法》等法律的有关规定处理。

（二）内部行政行为

行政主体对其所属国家公务员作出的行政处分或者其他人事处理决定等内部行政行为，被处分或被处理的当事人即使不服，也不能申请复议，而只能依照《公务员法》等法律的相关规定提出申诉。

（三）居间行为

行政主体对行政相对人之间的民事纠纷作出的调解或仲裁行为，其效力完全依赖于当事人是否自愿接受，对当事人的权利义务关系不发生强制作用力，因此不能申请复议。

第三节 行政复议的法律关系主体

一、行政复议机关与主管机构

行政复议机关是指依照法律规定，有权受理行政复议申请并对其合法性和适当性进行审查并作出决定的行政机关。必须注意，行政复议机关一定是行政机关，而法律、法规授权的组织或者受委托的组织不得作为复议机关。而且，行政复议机关必须是具有行政复议权的机关，并不是每个行政机关都有该权利，例如，乡镇人民政府就没有复议权。此外，行政复议机关必须以自己的名义行使行政复议权并对其后果独立承担法律责任。

行政复议机构是享有行政复议权的行政机关内设的专门处理行政复议案件的办事机构。它不是行政主体，也不得以自己的名义对外行使职权，其职责主要包括：受理行政复议申请；调查取证；审查被申请行政行为的合法性与正当性；拟定复议决定；处理或转送有关抽象行政行为的审查申请；处理因不服复议而提起诉讼的应诉事项等。

二、行政复议的管辖

行政复议的管辖是指复议机关受理行政复议案件的分工和权限，其解决的问题是，行政相对人应当向哪一个行政复议机关提起行政复议申请。按照我国有关法律的规定，行政复议的管辖如下：

(1) 对县级以上地方政府的工作部门作出的具体行政行为不服的，申请人可选择该部门所属的本机人民政府或者是上一级主管部门管辖。但是，对实行垂直领导的行政机关和国家安全机关的具体行政行为不服，申请行政复议的，不实行选择管辖，申请人只能向其上一级主管部门申请复议。

(2) 对地方各级人民政府的具体行政行为不服申请复议的，应向上一级地方人民政府申请复议。其中，对省、自治区人民政府依法设立的派出机关所属的县级人民政府的具体行政行为不服的，应向该派出机关申请复议，由该派出机关管辖。

(3) 对国务院各部门或省、自治区、直辖市人民政府的具体行政行为不服申请复议的，应分别向作出该具体行政行为的国务院部门或者省、自治区、直辖市人民政府申请复议，由原作出具体行政行为的行政机关进行复议。对行政复议决定不服的，可以向人民法院提起行政诉讼，也可以向国务院申请裁决，国务院依照《行政复议法》的规定作出最终裁决,不得再向法院提起诉讼。这是否会违背“自己不得裁决自己案件”的公正原则从而引起对行政复议公正性的质疑?

(4)对县级以上地方人民政府依法设立的派出机关的具体行政行为不服的,向设立该派出机关的人民政府申请行政复议。注意,上述“派出机关”包括省级人民政府设立的行政公署、市辖区人民政府和不设区的市人民政府设立的街道办事处以及县人民政府设立的区公所三类。

(5)对政府工作部门依法设立的派出机构依照法律、法规或者规章规定,以自己的名义作出的具体行政行为不服的,向设立该派出机构的部门或者该部门的本级地方人民政府申请行政复议。

(6)对两个或两个以上行政机关以共同名义作出的具体行政行为不服的,由它们共同的上一级行政机关管辖。所谓“共同名义作出的具体行政行为”,是指共同签署和作出的具体行政行为。具体而言,如果是隶属于同一政府的两个或两个以上的工作部门共同作出的具体行政行为,应由同一级政府管辖;如果是两个或两个以上人民政府或者政府所属部门共同作出的具体行政行为,应当由共同的上一级人民政府或共同的上一级主管部门管辖。

(7)对法律、法规授权的组织作出的具体行政行为不服申请复议的,由直接管理该组织的地方人民政府、地方人民政府工作部门或者国务院部门管辖。

(8)对被撤销的行政机关在其被撤销前作出的具体行政行为不服的,由继续行使其职权的行政机关的上一级行政机关管辖;如果没有继续行使其职权的行政机关,则应当由决定撤销的行政机关的上一级行政机关管辖。

三、行政复议参加人

行政复议参加人是指作为行政复议主体而参加行政复议程序的人,包括申请人、被申请人和第三人。协助行政复议的证人、鉴定人、翻译人员等虽然参与了行政复议,但不能算作行政复议的参加人。

(一)申请人

申请人是指对行政主体作出的具体行政行为不服而依据法律规定,以自己的名义提起行政复议申请的人。申请人包括了行政相对人和行政相关人两类行政相对人,他与行政主体之间形成了明示或潜在的行政法律关系,而且,通常是认为被具体行政行为侵害其合法权益的人。在一般情况,具体行政行为侵害的行政相对人就是行政复议的申请人,但在特定条件下,行政复议申请人的资格可能发生转移,这些情况包括:有权申请行政复议的公民死亡的,其近亲属可以申请行政复议;有权申请行政复议的法人或其他组织终止,承受其权力的法人或者组织可以申请行政复议。

(二)被申请人

被申请人是指其具体行政行为被行政复议申请人指控违法侵犯其合法权益并由此而被行政复议机关通知参加行政复议的行政主体,包括行政机关和法律法规授权的组织。根据有关法律规定,被申请人包括以下几种情形:第一,申请人对行政机关作出的具体行政行为不服而直接申请复议的,该行政机关是被申请人。第二,两个或两个以上行政机关以共同名义作出同一具体行政行为的,共同作出具体行政行为的行政机关是共同被申请人。第三,法律、法规授权的组织作出的具体行政行为引起行政复议的,该组织是被申请人。[①] 第四,行政机关委托的组织作出的具体行政行为引起行政复议的,委托的行政机关是被申请人。第五,作出具体行政行为决定的行政机关被撤销的,继续行使其职权的行政机关是被申请人。

(三)第三人

行政复议中的第三人是指因与被申请复议的具体行政行为有利害关系,通过申请或者复议机关通知而参加到复议中去的公民、法人或其他组织。他参加行政复议的目的是维护自己的合法权益,独立于申请人和被申请人。

第四节 行政复议的程序

行政复议的程序是指行政复议机关在审查行政复议案件时所遵循的方式、步骤、顺序和时限。

① 存有疑问的是,对于行政规章授权的机构作出的具体行政行为引起的行政复议,应当如何确定被申请人?有学者认为,从客观情况来看,规章授权所产生的行政主体基本上是没有法律、法规依据的。对于行政规章的“授权”,应理解为“委托”。因此,在行政复议中,某些企事业单位依据行政规章的授权实施的具体行政行为引起的行政复议,应当由相应的主管部门作为被申请人。参见姜明安主编:《行政法与行政诉讼法》,北京大学出版社 2005 年版,第 437 页。

一、行政复议的申请与受理

(一)复议申请

行政复议的申请,是指公民、法人或其他组织认为行政机关的具体行政行为侵犯其合法权益,依法向有管辖权的行政复议机关提出对该具体行政行为进行审查和处理,以保护自己合法权益的一种意思表示。

1. 申请复议的期限

公民、法人或者其他组织不服行政机关的具体行政行为,应当在知道该具体行政行为之日起60 日内提出复议申请,但法律规定的申请期限超过60 日的除外。因不可抗力或者其他正当理由耽误法定申请期限的,申请期限自障碍消除之日起继续计算。

2. 申请的条件

申请行政复议应当符合下列条件:(1)申请人是认为具体行政行为侵犯其合法权益的公民、法人或者其他组织;(2)有明确的被申请人;(3)有具体的复议请求和事实根据;(4)属于申请复议范围;(5)属于受理复议机关管辖;(6)法律、法规规定的其他条件。

3. 申请的方式

根据《行政复议法》第 11 条的规定,申请人申请行政复议,可以书面申请,也可以口头申请;口头申请的,行政复议机关应当当场记录申请人的基本情况、行政复议请求、申请行政复议的主要事实、理由和时间。

(二)复议申请的受理

行政复议受理,是指行政复议机关对复议申请进行审查,对符合条件的复议申请决定立案的活动。复议机关在收到复议申请之日起 5 日内,对申请书进行审查并作出处理:对于符合申请复议条件没有向人民法院起诉的,依法应当决定受理,复议机构收到复议申请之日即为受理日期;对于不符合申请复议条件的,依法决定不予受理并告知申请人不予受理的理由;对于复议申请的内容有欠缺的复议申请,依法决定发还申请人并限期补正。若申请人限期内不予补正,则不予受理;对于符合复议条件但不熟该机关管辖的,应当告知申请人向有管辖权的机关提出或转送有关复议机关。

（三）受理的后果

受理意味着复议程序的开始，复议机关的复议期限开始计算，没有法定的理由不能中断程序，必须在法定的期限内作出行政复议决定，否则构成复议不作为。申请人的申请被行政复议机关受理后，在复议机关作出复议决定之前或者行政复议期限届满前，不能针对同一具体行政行为向人民法院提起行政诉讼。

根据法律规定，申请人申请行政复议，原则上不停止被申请的具体行政行为的执行。但下列情况下除外：被申请人认为需要停止执行的；行政复议机关认为需要停止执行的；经申请人申请，行政复议机关认为其要求合理的，也可以作出停止执行的决定；法律、法规规定停止执行的。

二、行政复议的审理

行政复议机关受理复议申请后，就进入行政复议的审理阶段。它是对行政复议案件的事实、证据、法律适用及争论焦点进行审理的过程。

（一）审查前的准备

审查前的准备是指行政复议机关受理复议申请后，为保证行政复议活动的顺利进行所做的一系列准备工作：（1）确定行政复议人员。（2）发送复议申请书副本或复议申请笔录复印件。（3）审阅复议材料和调查收集证据。（4）更换和追加复议当事人。（5）决定是否停止执行被申请复议的具体行政行为。（6）其他准备工作。

（二）审查的方式

行政复议法规定了行政复议案件原则上采用书面审查的方式，仅就双方所提供的书面材料进行审查、作出决定。但是，书面审查并不排除当申请人提出要求，或者行政复议机关负责法制工作的机构认为有必要时向有关组织和人员调查情况，听取申请人、被申请人或第三人的意见。

（三）审查的期限

复议机关应当自受理复议申请之日起 60 日内作出复议决定。但法律规定复议期限少于 60 日的除外。情况复杂，不能在规定的期限内作出复议决定的，经行政复议机关的负责人批准，可以适当延长。但延长期限最多不超过 30 日。

三、行政复议的决定

根据《行政复议法》第28条的规定，行政复议机关应该根据不同情况分别作出不同决定，法律另有规定的除外。

（一）维持决定

对被申请复议的具体行政行为，复议机关行为证据确凿，适用法律、法规正确，符合法定程序，内容适当，应当依法作出维持该具体行政行为的复议决定。

（二）履行决定

履行决定是指复议机关经过审查，在被申请人具有不履行或拖延履行法定职责的情形时，对被申请人作出的责令其在一定期限内履行法定职责的决定。

（三）撤销、变更和确认违法决定

行政复议机关经过审查认为被申请的具体行政行为具有以下情形之一的，依法作出撤销、变更或者确认该行为违法的决定，必要时可以附带责令被申请人在一定限期内重新作出具体行政行为。主要包括：主要事实不清、证据不足的；适用法律错误的；违反法定程序的；超越职权或滥用职权的；具体行政行为明显不当的。

（四）赔偿决定

申请人在申请行政复议时一并提出行政赔偿请求的，行政复议机关经过审查如果认为符合《国家赔偿法》的有关规定应予以赔偿的，应当在作出撤销、变更具体行政行为或确认具体行政行为违法的决定同时作出责令被申请人依法给予申请人赔偿的决定。

（五）对抽象行政行为的处理决定

申请人在申请行政复议时一并提出对有关抽象行政行为进行审查的，行政复议机关有权处理时应在30日内作出处理决定；无权处理的，应在7日内按法定程序转送有权机关处理，有权机关应在60日内依法作出处理决定。必须注意，行政复议机关在对具体行政行为进行审查时如果认为具体行政行为的依据不合法，有权处理的,应当在30内依法处理;无权处理的,应在7日内按法定程序转送有权机关处理。处理期间,复议机关中止对具体行政行为的审查。

(六)复议决定的效力

行政复议机关作出复议决定后,应当依法送达当事人。申请人如果不服行政复议决定,可以依法提起行政诉讼,法律规定复议为终局裁定的除外。当事人在法定期间既不提起行政诉讼又不履行复议决定的,复议决定具有强制执行的法律效力。

以案说法

案例一

某县文化局于2014年创办了电子音像市场。同年8月,王某租得靠近门口的摊位一个,租期5年,月租金1000元,用以出售音像制品等。随着个人电脑的发展,该市场越办越红火,到2016年,每个摊位月租金已经涨到6000元。2016年12月,县文化局工作人员李某为给其熟人石某(也在该市场做生意,但摊位位置较差)找到一个较好摊位做生意,找到了王某,以加强市场的统一管理为由,要求王某将自己的摊位与石某的对换,王某当场予以拒绝。2017年1月上旬,李某再次找到王某要求调换摊位,并声称不调换的话将把租金提高到6000元,王某以租期未到据理力争。1月21日,李某带两名市场协管员来到王某摊位,在王某再次拒绝调换摊位的情况下,以县文化局的名义将王某的摊位查封,换上新的门锁,并贴上封条。半个月后,在查封中的摊位被盗,价值10余万元的物品被盗窃一空。2月21日,王某向市文化局提起了行政复议。请求撤销县文化局的查封决定,并责令赔偿经济损失。

问题:王某可否就李某的行为向市文化局提起行政复议?

评析:李某的行为在法律性质上属于行政强制措施。根据《行政强制法》规定,行政强制措施是指行政机关在行政管理过程中,为制止违法行为、防止证据损毁、避免危害发生、控制危险扩大等情形,依法对公民的人身自由实施暂时性限制,或者对公民、法人或者其他组织的财物实施暂时性控制的行为。行政强制措施分为限制人身自由强制措施和限制财产自由的强制措施两类。限制人身自由强制措施包括强制戒毒、强制遣送和强制扣留等。限制财产自由强制措施包括:(1)查封,即行政机关对行政相对人的动产或不动产采取的就地封存,并禁止相对人自由处分的措施;(2)扣押,即行政机关为防止相对人转移、毁弃财产而采取的将有关动产置于自己的直接控制之下的行为；(3)冻结，即行政机关依法采取的要求银行不允许相对人自由动用其银行存款的措施。本案中，李某是文化局的工作人员，其查封行为也以县文化的名义作出。因此该查封行为当视为县文化局采取的行政强制措施。根据《行政复议法》第6条第2项的规定，对行政机关的强制措施不服的，可依法向行政复议机关提起行政复议。

案例二

四川省的合江县和江津县接壤，过去一直没有正式划定过行政区域边界线。1989年，两县发生了边界山林权属纠纷。为处理这个问题，四川省政府曾多次召开会议进行协调，但均没有达成一致意见。为此，四川省政府于1991年作出一个决定：《四川省政府关于划定江津县与合江县木瓜山至烟土沟段行政区域边界的决定》，确定了江津、合江两县的这一段行政区域边界，并要求重庆市政府和泸州市政府民政部门及两县组织边界实地勘查工作。根据省政府的决定，重庆和泸州两市的民政局开展了划界工作，将原来由合江县某国营农场使用的一片山林划归江津县所有。该国营农场不服两市民政局的划界决定，认为该处森林历史上就一直归合江县所有。国营农场向省政府提起了行政复议，省政府经审查后作出了维持两市民政局的划界决定的行政复议。

问题：某农场对省政府的决定能否提起行政诉讼？

评析：本案中涉及行政复议中的行政终局行为。行政终局行为是指，依照法律规定行政机关拥有最终行政裁决权的行政行为。它具有以下两个特点：一是这种行为体现着行政机关拥有最终行政裁决权。即终局行政行为一经作出，便具有最终的法律效力。如果行政相对人对这种行政行为不服，不能提起行政诉讼。二是这种行为的最终行政裁决权须由法律明文授权。这里所说的法律，指的是全国人大及其常委会制定的法律，不包括行政法规和地方性法规，更不包括行政规章。《行政复议法》中对最终裁决的行政复议决定作出规定的有两条：一是第14条规定，依法向国务院申请裁决的，国务院依法作出的决定是最终裁决定；二是第30条规定，根据国务院或者省、自治区、直辖市人民政府对行政区划的勘定、调整或者征收土地的决定，省级人民政府确认土地、矿藏。水流、森林、山岭、草原、荒地、滩涂、海域等自然资源的所有权或者使用权的行政复议决定是最终裁决。另外，我国法律规定行政复议决定为终局裁决的，还有两部法律。一是《出境入境管理法》第64条规定，外国人对依照本法规定对其实施的继续盘问、拘留审查、限制活动范围、遣送出境措施不服的，可以依法申请行政复议，该行政复议决定为最终决定。其他境外人员对依照本法规定对其实施的遣送出境措施不服，申请行政复议的，适用前款规定。二是《集会游行示威法》中相关规定，对主管机关不许可集会、游行、示威的决定不服申请行政复议的，应由同级人民政府的行政复议决定。故本案中，依据《行政复议法》的规定，某农场对省政府的决定不能提起行政诉讼。

第十三章　行政诉讼法概述

导入案例

北京某开发服务公司法定代表人耿某在2018年4月9日从北京市工商局经济信息中心下载的资料上得知,2017年12月5日,北京市工商行政管理局吊销了2011年2月16日对该公司核发的注册号05252063企业法人营业执照。同年4月,该公司向市工商局申请复议,一直未得到答复而依法向海淀区人民法院提起诉讼,请求确认市工商局2017年12月5日吊销其企业法人营业执照行为违法。海淀区人民法院认为对该公司作出吊销企业法人营业执照的行政机关为朝阳分局,而该公司不同意更换被告,从而作出驳回起诉的裁定。

思考:请问对工商局作出的吊销企业法人营业执照行为可否提起行政诉讼。

提示:对工商局作出的吊销企业法人营业执照行为可以提起行政诉讼。根据我国《行政诉讼法》第2条和第12条规定,公民、法人和其他组织可以对行政机关等行政主体作出的行政处罚行为、采取行政强制措施行为、侵犯企业经营自主权行为、颁发许可证和营业执照行为、拖延拒绝履行保护公民、法人的人身权、财产权行为、拖延拒绝发放抚恤金行为、拒绝履行法定职责行为、违法要求履行义务行为以及其他侵犯人身权、财产权行为和法律、法规规定可以提起行政诉讼的其他行为提起行政诉讼。

第一节　行政诉讼与行政诉讼法

一、行政诉讼的概念与特点

(一)行政诉讼的概念

所谓行政诉讼,是指行政相对人与行政主体在行政法律关系领域发生纠纷后，依法向人民法院提起诉讼，人民法院依据法定程序审查行政主体的行政行为的合法性，并判断相对人的主张是否妥当，以作出裁判的一种活动。① 与民事诉讼和刑事诉讼一样，行政诉讼是构成我国诉讼制度的重要组成部分。此外，行政诉讼对于行政主体而言，是一种不可缺少的事后法律监督制度，用于监督行政机关以及法律、法规授权组织依法行使职权。人民法院在审理行政案件过程中，发现行政行为认定事实不清或违反法律规定的，可以撤销该违法行为或责令重新作出具体行政行为。而对于相对人而言，行政诉讼则是一种法律救济制度。在相对人合法权益受到或可能受到具体行政行为侵犯时，为相对人提供及时有效的救济。

根据诉的请求内容不同，可以将行政诉讼分为确认之诉、撤销之诉、变更之诉、赔偿之诉和履行之诉五类。确认之诉是原告要求人们法院确认其与被告行政机关之间存在或不存在某种行政法律关系，被诉具体行政行为是合法或违法的行政诉讼。撤销之诉是原告对具体行政行为不服，请求人们法院撤销该具体行政行为的行政诉讼。变更之诉是原告对具体行政行为不服，请求人民法院变更具体行政行为内容的行政诉讼。赔偿之诉是原告要求人民法院判决行政机关赔偿因具体行政行为违法对自己的合法权益造成损失的行政诉讼。履行之诉是原告认为行政机关对其负有某种具体行政行为的特定法定职责而不履行，请求人民法院判决行政机关如期履行职责的行政诉讼。

（二）行政诉讼的特点

行政诉讼的特点主要包括：第一，行政诉讼所处理解决的是行政案件。第二，行政诉讼所争议的标的是行政机关的行政行为，即行政诉讼的原、被告等当事人之间进行诉讼活动所争议并要求认定的对象，是被告即行政机关对原告所作出的行政行为是否合法或适当。第三，行政诉讼以不服行政行为的公民、法人或其他组织为原告，以作出行政行为的行政机关为被告，双方的地位是恒定的。第四，行政诉讼是法院运用国家审判权来监督行政机关依法行使职权和履行职责，以保护公民、法人和其他组织的合法权益不受行政机关违法行政行为侵害的一种司法活动。

（三）行政诉讼的功能

行政诉讼的功能是指行政诉讼对社会关系可能产生的影响，包括平衡功能、

---

① 参见《中华法学大辞典》，中国检察出版社 1995 年版，第 667 页。

人权保障功能和提供社会公正功能。按照平衡论①的观点，行政诉讼的功能表现为既要保护公民权，又要监督和维护行政权。人权保障功能从两个方面体现：法院对行政机关合法行政行为的支持和维护以及对违法行政行为的纠正。行政诉讼提供社会公正的功能是通过行政诉讼程序本身公正和法院裁判公正来实现的。

二、行政诉讼法的概念、范围和效力

（一）行政诉讼法的概念

行政诉讼与行政诉讼法是既有联系又有区别的概念，行政诉讼是法院和当事人以及其他诉讼参与人为处理解决行政案件所进行的诉讼活动，而行政诉讼法则是对这种诉讼活动所作的一整套法律规定，是进行行政诉讼活动所必须遵循的行为规则。行政诉讼法是以行政诉讼关系作为自己的调整对象的，是设定行政诉讼主体权利和诉讼义务的法律规范，是调整行政诉讼关系的所有法律规范的系统。

我国的行政诉讼法，是指规定人民法院、当事人和其他诉讼参与人进行行政诉讼活动，及其在诉讼活动中相互关系的一整套法律规范。关于行政诉讼法，有狭义和广义两种解释。狭义的行政诉讼法也称形式意义上的行政诉讼法，特指国家专门制定的具有完整法典形式的行政诉讼法。广义的行政诉讼法也称实质意义上的行政诉讼法，是指不论何种形式的、一切在内容上属于规定行政诉讼问题的各种法律规范。以下我们从狭义和广义两个方面来说明我国行政诉讼法的范围。

（二）行政诉讼法的范围

狭义的行政诉讼法在范围上仅指我国 1989 年 4 月 4 日由七届全国人大二次会议通过的《中华人民共和国行政诉讼法》2014 年和 2017 年，全国人大常委会对该法进行了修订。广义的行政诉讼法在范围上则更为广泛，包括以下涉及行政诉讼问题的法律规范：

1. 宪法中有关行政诉讼的法律规范。
2. 专门的行政诉讼法典。
3. 国家司法机关组织法中有关行政诉讼的法律规定。
4. 民事诉讼法中能适用于行政诉讼活动的部分法律规范。

---

① 平衡论认为在行政机关与向对方的权利义务关系中，权利义务在总体上应当是平衡的。既表现为行政机关自身权利义务的平衡，也表现为向对方自身权利义务的平衡。参见罗豪才主编：《现代行政法的平衡理论》，北京大学出版社 1997 年版，第 17 页。

5. 各种行政法律、法规、自治条例和单行条例中有关行政诉讼的法律规范。

6. 正式、有效的法律解释①。

7. 有关行政诉讼的国际条约②。

（三）行政诉讼法的效力

行政诉讼法的效力指行政诉讼法适用的效力范围，即行政诉讼法在怎样的空间范围和时间范围内，对哪些人和事具有适用的效力。具体包括空间效力、时间效力、对人的效力和对事的效力四个方面。

1. 空间效力。空间效力也称地域效力，行政诉讼法的空间效力指行政诉讼法适用的空间范围。一般来讲，我国的行政诉讼法适用的空间范围是我国的一切领域，包括我国领土、领海、领空以及领土延伸部分的所有空间。凡在我国领域内发生的行政案件和在我国领域内进行行政诉讼，均适用我国行政诉讼法的规定。

但是，我国在某些地域建立了特别行政区，如我国香港特别行政区等，在特别行政区实行“一个国家、两种制度”的方针。由此，对不同层次的国家机关制定的行政诉讼法律规范，应分别正确了解它们适用的空间范围：(1)最高国家权力机关、行政机关和司法机关制定的行政诉讼法法典、各行政法律、行政法规中有关行政诉讼的法律规范和相关的法律解释等，适用于除特别行政区之外的我国的一切领域；(2)地方各省、直辖市的权力机关制定和批准的地方性法规中有关行政诉讼的法律规范，在各省、市范围内适用，即只适用于本省、市区域内发生的行政案件；(3)各民族自治地方自治机关制定的自治条例、单行条例中有关行政诉讼的法律规范，在各民族自治地方范围内适用，即只适用于本自治区域内发生的行政案件。

2. 时间效力。行政诉讼法的时间效力指行政诉讼法生效、失效的起止时间以及对该法生效前发生的行政案件是否适用，即溯及既往的效力。

我国《行政诉讼法》自施行之日起开始生效，一般不溯及既往，即对行政诉讼法生效之前发生行政案件不适用。

3. 对人的效力。行政诉讼法对人的效力指行政诉讼法适用于哪些人。根据

---

① 司法解释如属规范性的形式，且有调整诉讼关系的内容，应认为是行政诉讼法的渊源，它们对行政诉讼实践具有重要的规范作用。参见姜明安主编：《行政法与行政诉讼法》，北京大学出版社 2005 年版，第 450 页。

② 国际条约在未国内化之前，一般不能自然成为国内法，包括《行政诉讼法》的法律渊源，只有当全国人大批准加入且我国没有声明保留的情况下，国际条约中有关行政诉讼的条款才可由我国法院在行政诉讼中适用。

我国《行政诉讼法》第 2 条和第 98 条的规定，凡在我国领域内进行行政诉讼的人都适用我国的行政诉讼法，行政诉讼法对他们都具有效力。这些人包括：我国的各级各类行政机关；我国的公民、法人和其他组织；在我国进行行政诉讼的外国人、无国籍人和外国组织。但对外国人、无国籍人和外国组织，法律另有规定的除外。

4. 对事的效力。行政诉讼法对事的效力指行政诉讼法适用于处理解决那些行政案件，实际上也就指行政诉讼的受案范围。

三、行政诉讼法的立法宗旨

行政诉讼法的立法宗旨是指制定行政诉讼法所要达到的根本目的，或者说是行政诉讼法的根本任务。我国行政诉讼法的立法宗旨包括以下三个方面：

（一）保证人民法院正确、及时审理行政案件

行政诉讼法的制定主要从以下几个方面来保证人民法院正确、及时审理行政案件：

1. 行政诉讼法明确并具体赋予了人民法院在行政诉讼中的各项重要职权如案件受理权、审理权、裁判权等以及行使的方式，以保证人民法院运用这些职权来正确审理解决行政案件。

2. 行政诉讼法规定了一系列保证人民法院正确审理行政案件的原则、制度和方式，这包括人民法院依法独立行使审判权、以事实为根据、以法律为准绳等各项基本原则，主管、管辖、庭审、二审终审、执行等各项重要诉讼制度，这都为人民法院正确审理行政案件提供了重要的指导原则和制度条件保证。

3. 行政诉讼法规定了保证行政案件得到及时处理的各种期限，并要求人民法院和诉讼参加人严格按期限进行诉讼活动。这些期限的规定能防止行政案件处理的久拖不决，对于及时解决纠纷、化解矛盾，提高办案效率，减少人力、物力和时间的耗费具有重要的保证作用。

4. 行政诉讼法规定人民检察院有权对行政诉讼实施法律监督，规定检察机关对法院违法裁判的抗诉，规定当事人有权提出申诉和人民法院的审判监督程序等，这些毫无疑问对于人民法院正确审理行政案件都是具有切实保证作用的。

（二）保护公民、法人和其他组织的合法权益

保护公民、法人和其他组织的合法权益是我国行政诉讼最根本的目的，是其

立法宗旨中最主要的方面。行政诉讼法的制定对公民、法人和其他组织合法权益的保护主要体现为：

1. 建立行政诉讼诉讼制度首先保障了公民一方对行政机关提起诉讼的程序权利的实现。

2. 提供对公民一方合法权利的司法救济渠道，通过行政案件的审理，裁判确认、撤销、变更行政机关作出的侵犯公民一方合法权益的违法、不当行政行为，或促使行政机关依法及时履行职责，赔偿因其违法失职行为造成公民一方合法权益的损害。

3. 通过行政诉讼的案件审理结果的引导性、警示性，督促行政机关在以后的工作中总结经验，改进工作，防范再次出现违法失职现象，从而起到了保护公民、法人和其他组织的合法权益的作用。

（三）维护和监督行政机关依法行使职权

行政诉讼法在保护公民、法人或其他组织合法权益的同时，还具有维护和监督行政机关依法行使职权的目的。

第二节　行政诉讼法律关系

一、行政诉讼法律关系的概念

行政诉讼法律关系，是指由行政诉讼法所调整的、以行政诉讼主体诉讼权利义务为内容的一种社会关系。[①] 这种社会关系既包括法院同行政诉讼当事人以及与诉讼代理人、证人、鉴定人等其他诉讼参与人之间的关系，由于法院对行政案件行使审判权，决定了法院在行政诉讼法律关系中始终处于主导地位。行政诉讼法律关系是以诉讼主体的诉讼权利和义务为内容的，是诉讼程序演进中的社会关系，不是以诉讼行为产生的后果为内容，不是诉讼主体的诉讼行为和诉讼行为导致法院对诉讼当事人实体权利决断之间的关系。此外，虽然行政诉讼双方当事人在行政管理过程中的法律地位是不平等的，但在诉讼过程中他们的权利和义务却

---

① 姜明安：《行政法与行政诉讼》，中国卓越出版公司 1990 年版，第 413 页。也有学者认为："行政诉讼法律关系是由行政诉讼法律规范所确定的，反映诉讼行为及其后果的法定关系，影响诉讼主体法律地位的关系。"参见于安等编著：《行政诉讼法学》，法律出版社 1997 年版，第 39 页。

是平等的，不会因为行政实体上的地位不平等而对任何一方当事人诉讼权利进行限制，也不会给予任何一方当事人诉讼特权。

二、行政诉讼法律关系的主体

行政诉讼法律关系的主体，是行政诉讼权利和行政诉讼义务的承担者，具体包括：主持、指挥诉讼活动的法院、行政诉讼当事人以及与当事人诉讼地位相同的行政诉讼参加人以及行政诉讼参加人之外的（如证人等）其他参与人。需要指出的是，行政法律关系的主体与行政诉讼主体是有所区别的。行政诉讼主体是指法院和当事人、第三人以及共同诉讼人，排除了其他诉讼参与人。行政诉讼主体除在诉讼中享有诉讼权利、承担诉讼义务外，还必须有权作出能使诉讼发生、变更或消灭的法律行为，这种权利是其他诉讼参与人所不具有的①。

三、行政诉讼法律关系的客体

行政诉讼法律关系的客体，是指行政诉讼法律关系主体诉讼权利和义务所指向的对象。具体而言，法院与诉讼当事人之间诉讼权利、义务关系所指向的对象是确定具体行政行为是否合法，从而解决纠纷。而法院与证人、鉴定人、勘验人、翻译人员等其他诉讼参与人的诉讼权利、义务关系所指向的对象是查明案件的事实真相。

四、行政诉讼法律关系的内容

行政诉讼法律关系的内容，是指行政诉讼法律关系主体在行政诉讼过程中的权利和义务。具体而言，人民法院在行政诉讼过程中享有的主要权利有：受理权、调查取证权、审理权、裁判权、排除诉讼障碍权、执行权；应当承当的义务主要是：依法保护诉讼当事人的诉权，对行政案件依法受理、公正审理和裁判。行政诉讼当事人享有的权利主要有：起诉权、辩论权、上诉权、委托代理权、申请回避权、申请执行权、请求赔偿权（限于原告和第三人）等；应当承担的诉讼义务主要有：依法提供证据（原告起诉后，被告不得自行调查取证）、不得实施妨碍诉讼行为的活动、执行生效判决等。其他诉讼参与人享有的权利主要是依法作证、依法鉴定、勘验和如实提供鉴定意见和勘验笔录，有义务协助法院行使审判职能，为法院查明案情提供其所知悉的证据以及依法为法院的审判活动提供相应的帮助和便利。

---

① 姜明安主编：《行政法与行政诉讼法》，北京大学出版社2005年版，第453页。

五、行政诉讼法律关系的发生、变更与消灭

行政诉讼法律关系的发生、变更与消灭往往取决于一定法律事实的出现，而法律事实又可分为法律事件和法律行为。其中，法律事件是指由人的意志之外的情况导致法律关系发生、变更或消灭的事实。例如，享有诉权的公民死亡这一事实出现后，死者的近亲属可以提起诉讼，从而导致新的行政诉讼法律关系产生，以及死者与被告、其他诉讼参与人、法院之间的原行政诉讼法律关系的消灭。与此不同，诉讼行为是法院与诉讼参加人为实现诉讼目的而实施的导致行政诉讼法律关系发生、变更或消灭的行为。例如，原告的起诉行为和法院的受理行为相结合导致行政诉讼法律关系的发生，从而使原、被告以及其他诉讼参与人的诉讼地位确定。区分法律事件和法律行为的关键在于，它是否由人的主观意志所左右。

第三节　行政诉讼基本原则

一、行政诉讼基本原则的概念

行政诉讼基本原则是指体现行政诉讼基本特点、一般规律和立法目的，贯穿于行政诉讼的整个（或主要）过程并对行政诉讼起主导和支配作用的基本行为准则。西方国家行政诉讼基本原则一般不在法律中明确规定，大多由学者从不同的法律规定中以及法院的判例中概括，而我国则在《行政诉讼法》总则里采用列举的方式规定了行政诉讼的基本原则。行政诉讼基本原则在规范和指导行政诉讼活动方面具有重要的作用①，具体表现在保证行政诉讼能公正进行、知道行政诉讼行为以及弥补法律规定的遗漏三个方面。

二、行政诉讼基本原则的内容

行政诉讼基本原则可以分为行政诉讼与其他类型诉讼的共有原则和行政诉讼的特有原则。其中，行政诉讼与其他类型诉讼的共有原则也可称为行政诉讼的一般原则。

---

① 有学者将行政诉讼基本原则的作用概括为“稳定性、指导性和补漏性”。参见章剑生：《行政诉讼法基本理论》，中国人事出版社 1998 年版，第 20－22 页。

(一)行政诉讼的一般原则

1. 人民法院依法独立行使审判权原则

该原则的贯彻不仅关系到国家权力的相互制约和监督功能的发挥,而且关系到国家审判机关能否真正具有权威。而在行政诉讼中,由于被告是行政机关,如果法院的独立性差,就不能保证公正审理和裁判。《行政诉讼法》第4条规定,人民法院依法对行政案件独立行使审判权,不受行政机关、社会团体和个人的干涉。人民法院设行政审判庭,审理行政案件。

2. 以事实为根据,以法律为准绳的原则

为保障贯彻该原则,法院在审理案件的过程中,应在独立审判的前提下,进一步改革证据规则,坚持对证据进行质证,加强对证人的保护,加强立法机关对法律的解释,提高法官对法律、法规的理解以保证其法律适用能力。《行政诉讼法》第5条规定,人民法院审理行政案件,以事实为根据,以法律为准绳。

3. 合议、回避、公开审判和两审终审原则

合议原则要求由审判员三人以上单数组成合议庭,或由审判员和人民陪审员组成合议庭,以少数服从多数方式决定案件的裁判结果。为保证案件得到公正审理,当事人认为审判人员、书记员、翻译人员、鉴定人或勘验人与本案有利害关系或由其他关系可能影响公正审判时,有权要求其回避。审判人员认为自己与本案有利害关系或其他关系可能影响公正审判时,应主动申请回避。法院在审理行政案件时,除涉及国家秘密、个人隐私和法律另有规定外,一律公开审理。公开审判原则适用于法庭调查、法庭辩论和宣判等诉讼的各个阶段。此外,行政诉讼案件实现两审终审制。《行政诉讼法》第7条规定,人民法院审理行政案件,依法实行合议、回避、公开审判和两审终审制度。

4. 当事人诉讼法律地位平等原则

当事人在行政诉讼中的法律地位是平等的,有平等的诉讼权利和诉讼义务,但这并不意味着原、被告诉讼权利和义务完全对应。《行政诉讼法》第8条规定,当事人在行政诉讼中的法律地位平等。

5. 使用本民族语言文字进行诉讼原则

各民族公民都有使用本民族语言、文字进行行政诉讼的权利。在少数民族聚居或者多民族共同居住的地区,人民法院应当用当地民族通用的语言、文字进行审理和发布法律文书。人民法院应当为不通晓当地民族通用语言、文字的诉讼参与人提供翻译。《行政诉讼法》第9条规定,各民族公民都有用本民族语言、文字

进行行政诉讼的权利。在少数民族聚居或者多民族共同居住的地区，人民法院应当用当地民族通用的语言、文字进行审理和发布法律文书。

6. 辩论原则

在行政诉讼中，当事人有权针对案件事实的有无、证据的真伪、适用法律、法规的正确与否等诸多问题进行辩论。《行政诉讼法》第 10 条规定，当事人在行政诉讼中有权进行辩论。

7. 人民检察院对行政诉讼实行法律监督的原则①

人民检察院有权对行政诉讼实行法律监督，对法院已经发生法律效力的判决、裁定，发现违反法律、法规规定的，有权按照审判监督程序提出抗诉。《行政诉讼法》第 11 条规定，人民检察院有权对行政诉讼实行法律监督。

（二）行政诉讼的特有原则

行政诉讼的特有原则，是指反映行政诉讼内在规律、仅为行政诉讼所具有，其他类型诉讼并不具备的原则。包括以下原则：

1. 合法性审查原则。是具体行政行为合法性审查原则的简称。《行政诉讼法》第 5 条对这个原则有规定：人民法院审理行政案件，对具体行政行为是否合法进行审查，并做出裁判。人民法院的基本任务即在此，行政诉讼的一切活动均以此为核心而展开，犹如一根主线贯穿于行政诉讼的始终。

---

① 我国行政审判实践中，现行行政诉讼检察监督的不足主要表现在以下方面：(1)监督时序滞后，使行政诉讼的检察监督处于被动和弥补的局面。(2)程序简略，可操作性差。目前的检察监督权行使方式只有单一的生效裁判抗诉权，并且只能通过阅卷来获悉详情、审查是否违法。没有明确的“审级”和“审限”规定。《行政诉讼法》没有任何监督措施的规定，检察机关的法律监督活动因缺乏司法措施，在实践中每每受阻，致使检察机关的监督力度大打折扣。(3)范围狭窄、方式单一。人民检察院的行政诉讼监督在监督范围上只能在再审程序阶段进行，方法上只有对生效的行政裁判行使抗诉权。参见邹海军：《民事行政检察监督的立法缺陷及其对策》，载《当代法学》2002 年第 2 期。而关于进一步完善行政诉讼法律监督的构想，有学者认为，完备的检察监督权能应包括以下几个方面：(1)发现错误权。这项权力是指人民检察院为发现人民法院违法或不当行政审判行为而享有的手段和方法。包括：①调卷权，即有权调取、查阅人民法院行政争议案件的卷宗材料和有关材料。②调查权，即人民检察院有权调查审判组织和审判人员违反行政诉讼程序的诉讼行为及违法侵害当事人合法权益的事实情况。(2)检察建议权。人民检察院对人民法院行政审判活动中出现的轻微违法行为和不当行政诉讼行为有权提出建议、责令予以纠正或者改进。(3)提请惩戒权。行政审判活动中，因违法行使审判权而造成不良影响的，检察机关有权建议有关部门对责任人员给予行政及纪律处分。(4)立案侦查权。这里仅指在行政诉讼活动中，有贪污受贿、徇私舞弊、枉法裁判的严重违法行为构成犯罪的审判人员，由人民检察院立案侦查，代表国家提请追诉的权力。(5)抗诉权。抗诉权是现行制度下检察监督的唯一措施，而且只在再审程序运作。尽管如此，抗诉权仍不失为一种极为有效的监督手段，应该从制度上进一步完善，使抗诉权的行使规范化。参见格非：《我国民事行政抗诉机制的分析与思考》，载《华东政法学院学报》2003 年第 2 期。

（1）合法性审查的对象，是具体行政行为，不是对行政相对方是否违法的审查，相对的行为是否合法不影响对具体行政行为的审查。

（2）合法性审查的范围。限于具体行政行为的合法性，对合理性法院一般不予审查。具体行政行为合法但存在合理性问题的，法院判决驳回原告诉讼请求。

（3）合法性审查的依据。直接适用法律、行政法规、地方性法规，审理民族自治地方的行政案件，还应以自治条例和单行条例为依据。对规章参照适用，与法律、行政法规相致的，可以适用，不相一致的，可以不适用；合法的规范性文件也法院的审判依据。

（4）合法性审查的标准；具体行政行为合法标准：证据确凿，适用法律、法规正确，符合法定程序；凡有下列情形之一的，便是违法的具体行政行为。具体行政行为有下列情形之一的，判决撤销或者部分撤销，并可以判决被告重新作出具体行政行为：（一）主要证据不足的；（二）适用法律、法规错误的；（三）违反法定程序的；（四）超越职权的；（五）滥用职权的；（六）明显不当的。

（5）合法性审查的方式，有开庭审理或书面审理。

（6）合法性审查的结果，合法的具体行政行为，判决维持或确认合法有效；违法的具体行政行为，确认违法或者无效，撤销或部分撤销，并可责令被告重新做出具体行政行为，或采取相应的补救措施。

2. 选择复议原则。行政复议和行政诉讼是对不法和不当的行政行为进行救济的两种途径，就两者的关系而言，有复议前置和复议选择两种情况。

《行政诉讼法》第四十四条 对属于人民法院受案范围的行政案件，公民、法人或者其他组织可以先向行政机关申请复议，对复议决定不服的，再向人民法院提起诉讼；也可以直接向人民法院提起诉讼。法律、法规规定应当先向行政机关申请复议，对复议决定不服再向人民法院提起诉讼的，依照法律、法规的规定。

复议前置是指当事人不服具体行政行为时，必须先经复议程序解决，对复议决定不服的，方能提起行政诉讼。《行政复议法》第 19 条规定：法律、法规规定应当先向行政复议机关申请行政复议，对行政复议决定不服再向人民法院提起行政诉讼的，行政复议机关决定不予受理或者受理后超过行政复议期间不作答复的，公民、法人或者其他组织可以自收到不予受理决定书之日起或者行政复议期满之日起十五日内，依法向人民法院提起行政诉讼。

《行政复议法》第 30 条规定：公民、法人或者其他组织认为行政机关的具体行政行为侵犯其已经依法取得的土地、矿藏、水流、森林、山岭、草原、荒地、滩涂、海域等自然资源的所有权或者使用权的，应当先申请行政复议；对行政复议决定不服的,可以依法向人民法院提起行政诉讼。《税收征收管理法》第 88 条规定:纳税人、扣缴义务人、纳税担保人同税务机关在纳税上发生争议时,必须先依照税务机关的纳税决定缴纳或解缴税款及滞纳金或者提供相应的担保,然后可以依法申请行政复议;对行政复议决定不服的,可以依法向人民法院起诉。第二款规定,当事人对税务机关的处罚决定、强制执行措施或者税收保全措施不服的,可以依法申请行政复议,也可以依法向人民法院起诉。

复议选择:是指当事人对具体行政行为不服,既可选择行政复议,也可选择行政诉讼进行救济,两种救济方式中只能选择其一,一旦选定,即不得更改。对属于人民法院受案范围的行政案件,公民、法人或者其他组织可以先向上一级行政机关或者法律、法规规定的行政机关申请复议,对复议不服的,再向人民法院提起诉讼,也可以直接向人民法院提起诉讼。对绝大多数行政案件来讲,行政复议不是进行行政诉讼的必经程序,是否经过复议,由当事人选择,只有极少数行政案件是复议前置的情况。

3. 具体行政行为不因诉讼而停止执行原则。具体行政行为是行政机关代表国家做出的,一旦做出,即应推定为合法,合法的具体行政行为便有约束力、确定力、执行力,这是行政行为的效力先定原则所决定的。根据《行政诉讼法》第 56 条规定:诉讼期间,不停止具体行政行为的执行,但有下列情形之一的,停止具体行政行为的执行:(一)被告认为需要停止执行的;(二)原告或者利害关系人申请停止执行,人民法院认为该行政行为的执行会造成难以弥补的损失,并且停止执行不损害国家利益、社会公共利益的;(三)人民法院认为该行政行为的执行会给国家利益、社会公共利益造成重大损害的;(四)法律、法规规定停止执行的。当事人对停止执行或者不停止执行的裁定不服的,可以申请复议一次。《行政复议法》第 21 条也有类似规定。

4. 不适用调解原则。法院审理行政案件,既不能把调解作为行政诉讼的一个必经阶段,也不能调解作为一种结案方式。根本原因是对具体行政行为的合法性进行审查,有国家的行政职权在里面,如果允许调解,意味着国家行政权可以讨价还价,左右摇摆。行政诉讼不能调解,但行政赔偿诉讼、行政补偿可以调解。《行政诉讼法》第六十条 人民法院审理行政案件,不适用调解。但是,行政赔偿、补偿以及行政机关行使法律、法规规定的自由裁量权的案件可以调解。调解应当遵循自愿、合法原则,不得损害国家利益、社会公共利益和他人合法权益。

5. 司法变更权有限原则。这是一个对具体行政行为合法性原则的例外原则。司法变更权是法院对具体行政行为经过审理后,改变该具体行政行为的权力。这涉及司法权对行政权的监督力度大小问题，要慎重行使。《行政诉讼法》第七十七条行政处罚明显不当，或者其他行政行为涉及对款额的确定、认定确有错误的，人民法院可以判决变更。人民法院判决变更，不得加重原告的义务或者减损原告的权益。但利害关系人同为原告，且诉讼请求相反的除外。

三、行政诉讼基本原则的作用

1. 行政诉讼基本原则是人民法院和行政诉讼参与人进行行政诉讼活动的基本准则，集中体现和直接揭示了行政诉讼的本质要求和精神实质，对行政诉讼规则体系的建立具有指导意义。

2. 行政诉讼基本原则贯穿于行政诉讼的整个（或主要）过程，影响着行政诉讼的各个环节、各个阶段的各项具体制度的建立，保证行政诉讼能够公正进行。只有法院坚持独立审判、公开审判、坚持辩论、回避等基本原则，审判活动才能做到公正。

3. 行政诉讼基本原则可以弥补行政诉讼法具体规范的不足。在行政诉讼中遇到疑难问题，而行政诉讼法又没有明文规定时，可以根据行政诉讼基本原则的精神来处理和解决。

以案说法

案例一

2011 年陆某经批准在松江区建造占地面积 96 平方米、建筑面积 191.88 平方米的两层楼房，但实际建房占地面积 144 平方米，楼高三层，建筑面积 480.29 平方米，并在该房开办茶室，经营期限自 2013 年 9 月 18 日起至 2017 年 12 月 31 日止。2013 年 10 月 30 日，上海松江房地产总公司经批准对陆某房屋所在地区实施拆迁。因协商不成，松江区房地局根据有关文件作出裁决：核定陆某该户应安置人口 4 人，被拆迁房屋互换建筑面积 191.88 平方米，互换居住房屋安置在两处，合计建筑面积 203.29 平方米，拆迁人补偿陆某 191.88 平方米合法建造房屋、围墙、地砖等估价人民币 108 935 元，其他附属物 7010.60 元，有线电视移动费 350 元，电话移装费 208 元，搬场费 250 元；陆某应一次付清互换房屋差价款 89 151.72 元；另安排陆某松江区菜花泾小商品市场 164 号营业场所，免缴 1 年租金。陆某不服该行政裁决，向法院提起行政诉讼称：虽然有关部门批准建造住宅面积是 191.88 平方米，但实际建造 480.29 平方米后，土地管理部门在验收时并没有提出反对意见，相反还退还其已经支付的押金，实际上是对其多建部分的认可，故均应视为合法建筑。裁决未按被拆迁的建筑面积 480.29 平方米，以居住及营业房屋互换产权,仅按191.88平方米以居住房互换产权不当。而其经营的茶室,经松江区卫生局颁发《上海市食品卫生许可证》、市公安局核发的《治安证》、区工商局颁发的《营业执照》认可为160平方米营业面积,且该茶室位于小区的出入口处,应以相同面积沿街底层营业房屋互换产权,松江区房屋局却裁决8平方米左右的营业场所租赁安置。松江区房地局所作房屋拆迁裁决事实不清,证据不足,适用法律、法规及规章不当,请求法院撤销该裁决。

针对松江区房地局裁决8平方米左右的营业场所租赁安置行为是否合法这一问题,一审法院经审理认为,根据《上海市个体工商户营业用房拆迁安置补偿办法》第6条的相关规定"区、县人民政府指定的部门安排的营业场所使用面积每户不少于4平方米"来看,房地局为陆某安排的营业场所使用面积为8平方米,符合《上海市个体工商户营业用房拆迁安置补偿办法》的要求。一审判决维持被告松江区房地局作出的房屋拆迁裁决。陆某不服提起上诉,二审法院经审理驳回上诉,维持原判。在再审中,上海市高级人民法院经审理认为,松江区房地局根据陆某被批准的建筑面积认定实际房屋面积为191.88平方米并无不当,其裁决以互换房屋面积、质量的差异及结算差额价款的方式安置陆某两套合计建筑面积203.29平方米的居住房屋,并安排陆某营业场所,也与上述《办法》不相悖。但松江区房地局裁决仅安排8平方米左右的营业场所,缺乏合理性,原生效判决维持该房屋拆迁裁决不当,应予纠正。遂依照《中华人民共和国行政诉讼法》(2014)第70条第2项、第89条第3项之规定,判决撤销原一、二审判决,并判决松江区房地局重新作出具体行政行为。

问题:是否应重新作出具体行政行为?

评析:本案中被告做出的具体行政行为,人民法院是否仅能审查其合法性呢?事实上,这也是一审、二审法院的做法。再审法院指出被告的行政裁决行为"缺乏合理性",是否恰当?我们认为,陆某以开办茶室为生,不论他原有的建筑面积有多少是违法的,但是只要他开办茶室,客观上必然要求有一定的营业面积。而松江区房地局没有考虑到保障被拆迁人正常生活的需要,8平方米的使用面积根本无法开办一个茶室。房地局的裁决客观上使陆某处于一种十分不利的地位,甚至导致陆某实际上失去了生活来源,增加了被拆迁者陆某的生活负担和就业压力。因此,该行政裁决虽然满足表面上的合法性,但是已经明显违反了行政合理性原则中的比例原则和适当性要求,实属实质违法的行政行为。

案例二

原告刘某平与孙某经人介绍相识,1997年2月双方举行结婚仪式,6月生一女。1997年1月12日孙某至靖江市长安乡人民政府办理结婚登记，政府婚姻登记员张某碍于情面，为男女双方户籍均不在该乡，且男方又未亲自到场的刘某平、孙某办理了1997年度第34号结婚证。后长安乡因行政区划调整并入季市镇。原告因与孙某夫妻关系不睦，于2019年向法院提起解除同居关系和分割财产诉讼，诉讼中孙某提交了双方的结婚证复印件（原件已遗失），且靖江市季市镇人民政府加盖婚姻登记专用章确认属实。原告认为其从未至长安乡人民政府办理结婚登记，该结婚证颁发是违法的，于2019年8月书面申请靖江市季市镇人民政府撤销该结婚证。靖江市季市镇人民政府经查实原长安乡人民政府移交的1997年婚姻登记档案，发现原告的婚姻登记档案遗失，而档案中的第34号结婚证当事人为他人，且存在婚姻档案号缺失的情况，婚姻登记员张某反映孙某办理结婚证的时间应为1997年3月，因其未婚先孕，计划生育部门要处以罚款，为孙某将登记时间提前了2个月。2019年10月原告因靖江市季市镇人民政府不作为，向本院提起行政诉讼，要求判令其履行撤销违法结婚证的法定职责。

被告辩称：原长安乡人民政府婚姻登记档案不全，部分登记有遗失，以及存在重复登记号现象，系内部管理不规范所致，但政府办理了刘某平与孙某的结婚登记、颁发了结婚证的事实是客观存在的。原告虽未亲自到场办理，但孙某提供了男女双方的身份证、各自的婚姻状况证明材料等，说明双方是自愿的；其后刘某平与孙某举行了婚礼，并凭结婚证办理准生证、申报子女户口，说明原告对领取结婚证这一事实是知晓的；现刘某平夫妻关系不睦，产生矛盾，应通过离婚诉讼解决，不是同居纠纷，原告以登记时没有到场，而要求政府撤销结婚证的请求没有道理。根据《婚姻登记条例》的规定，只有受胁迫结婚的，婚姻登记机关应当撤销结婚证，原告不存在受胁迫结婚的情形，请求法院驳回原告的诉讼请求。

问题：是否应撤销结婚证？

评析：本案中，由于人身关系具有不可逆转性，刘某平与孙某符合结婚条件，乡政府颁发结婚证这一行政行为虽然行政主体违法、程序违法，但不构成实质违法，本着尊重既定人身关系，维护社会秩序稳定的原则、精神，不能简单认定行政行为违法就应撤销结婚证。

第十四章　行政诉讼受案范围

导入案例

张某应法官徐某之邀开着自家的轿车到谯城区法院办事，车子停放在法院院内。等到张某办完事出来，发现自己轿车的前后牌照全部被法警掰走。在张某找法警要牌照过程中，双方发生争执，张某的丈夫打110报警。民警两次前来处理遭到法警拒绝。民警走后，双方再次发生口角，引来群众围观。法警以张某妨碍法院办公为由，将其强行送往拘留所。张某被关进拘留所后，法警才向其开出依据《民事诉讼法》作出的拘留决定书。张某认为法警实施的是行政拘留行为，于是向亳州市中级人民法院申请复议。在复议无果后，张某又以谯城区法院法警对其殴打致伤且被司法拘留为由向亳州市中级人民法院提起行政诉讼。中级人民法院审理后，以张某的起诉不属于人民法院行政诉讼案件受案范围为由，裁定不予受理。张某不服一审裁定，上诉于安徽省高级人民法院。二审法院审理认为，谯城区法院属于国家审判机关，其作出的司法拘留决定及其工作人员的行为不属于行使行政职权的行为，不属于行政诉讼受案范围，故裁定驳回上诉，维持一审裁定。

思考：人民法院司法警察作出的与诉讼活动无关的管理行为是行政行为吗？其是否属于行政诉讼受案范围？

提示：通常情况下，在我国只有具体行政行为才能成为行政诉讼所解决的对象。行政机关的工作人员所履行的与自己职责没有关系的行为，不在行政诉讼的受案范围之内。本案例中，法警所从事的行为不是其职务行为，不属于行政行为，不在行政诉讼的受案范围之内。根据《国家赔偿法》第38条的规定，人民法院在民事诉讼、行政诉讼过程中，违法采取对妨害诉讼的强制措施、保全措施或者对判决、裁定及其他生效法律文书执行错误，造成损害的，赔偿请求人要求赔偿的程序，适用本法刑事赔偿程序的规定。

第一节　行政诉讼受案范围概述

一、行政诉讼受案范围的概念

行政诉讼受案范围,也称人民法院对行政案件的主管范围,是指人民法院根据法律规定受理行政案件的范围。首先,行政诉讼受案范围所要解决的是人民法院对哪些行政行为拥有司法审查权,或者说,行政相对人对哪些行政行为可以向人民法院起诉。其次,行政诉讼受案范围是公民、法人或者其他组织的合法权益能受到司法补救的范围以及他们的诉权范围。最后,行政诉讼受案范围决定着人民法院与权力机关、行政机关在处理解决行政案件上的合理分工,便于人民法院及时、正确地受理案件,防止和减少因职责范围不清而错误受案或推诿受案的现象发生。

二、确定行政诉讼受案范围的原则

1. 充分保护公民、法人和其他组织合法权益的原则。在确立受案范围时,只要条件许可,应尽可能地扩展行政诉讼的受案范围,充分发挥司法审查的作用,最大限度地保护公民、法人及其他组织的合法权益。

2. 正确处理人民法院与行政机关在受理行政案件上合理分工的原则。在确定行政诉讼的受案范围时要充分发挥行政机关在处理解决行政案件上的作用和长处,让其能通过行政复议、行政申诉等方式解决一部分行政争议,使人民法院和行政机关对各自的受案范围有一个合理的分工。

3. 立足现实,逐步扩大的原则。我国行政诉讼制度建立较晚,有关法律、法规规定还不够协调、完善,人民群众对此尚不够熟悉,有的还存在认识上的偏差。因此,行政诉讼受案范围在确立之初不宜规定过宽。但随着我国社会经济的发展,行政诉讼受案范围必将得到不断的扩展。

在确定行政诉讼受案范围时还必须考虑以下因素①:第一,行政机关行使职权的状况及自我约束状况。行政机关行使职权的状况越是优良,自我监督机制越是完善,行政诉讼受案范围就越小。第二,司法机关解决行政争议的能力。司法机关解决行政争议的能力越低,行政诉讼的受案范围就应越小,反之则有条件相对扩大。第三,公民权利意识和自主意识发展的程度。因为对公民权利的救济往往

① 参见姜明安主编:《行政法与行政诉讼法》,北京大学出版社 2005 年版,第 467 页。

只有在公民意识到其权利应当受到救济时才能出现。第四,行政法治背景。行政法律规范的完善是扩大行政诉讼受案范围的前提条件。

三、确定行政诉讼受案范围的方式

行政诉讼受案范围的确定从形式上讲,大体有以下三种模式:第一,列举式。在有关行政管理的单行法律或法规中分别列举,只有在单行法律、法规作出特别规定的情形下才能对特定的行政行为提起诉讼。第二,概括式。行政诉讼法中概括性规定一个抽象的标准,只要行政争议符合该标准,相对人即可提起行政诉讼。第三,混合式。在行政诉讼法中采取概括式和列举式并用的方式加以规定。具体又可分为两种不同的形式:一种是先作肯定性的概括规定,然后作否定性的具体排除;另一种方式则相反,先否定排除,然后肯定概括。我国现行《行政诉讼法》有关行政诉讼受案范围的规定由三个部分组成:《行政诉讼法》第 2 条对受案范围进行了概括性规定,然后由《行政诉讼法》第 12 条对受案范围进行肯定性列举,《行政诉讼法》第 13 条对受案范围进行排除性规定。

第二节　人民法院受理的行政案件

根据《行政诉讼法》第 12 条以及《行政诉讼法司法解释》第 1 条的规定,可诉性行政行为具有如下特征[①]:第一,可诉性行政行为是具有国家行政职权的机关和组织及其工作人员所实施的行为。可诉性行为的主体除了国家机关外,还包括了法律、法规授权的组织以及行使行政职权的工作人员。第二,可诉性行政行为是与行使国家行政职权有关的行为。这是判断一个行为是否可诉的根本标准,由此可以排除一下两种不可诉的行为:民事行为和个人行为。第三,可诉行政行为是对相对人的权利义务发生实际影响的行为。据此可以排除尚未成熟的行政行为、调解行为、行政指导行为以及重复处置行为。第四,可诉性行政行为是在现实情况下有司法审查可能性的行为。《行政诉讼法》第 13 条规定了对抽象行为、国家行为、内部行为和终局裁决行为的排除。第五,可诉性行政行为是具有司法审查必要性的行为。如果行政相对人对某一行为不服时法律已经为他提供了有效的法律救济,那么司法审查就是不必要的,这包括了仲裁行为和刑事侦查行为。如

---

① 参见姜明安主编:《行政法与行政诉讼法》,北京大学出版社 2005 年版,第 472 页。

公安机关根据《刑事诉讼法》的规定采取逮捕、刑事拘留、取保候审、监视居住等强制措施的行为。而在有些情况下，行政机关的不作为也具有可诉性，如果它具有以下特征：被认为违反作为义务、与之相对应的作为具有可诉性、涉及公民的财产权和人身权、超过法定期间或合理期间而不实施一定法定职责。

《行政诉讼法》第 12 条规定，人民法院受理公民、法人或者其他组织提起的下列诉讼：

（一）对行政拘留、暂扣或者吊销许可证和执照、责令停产停业、没收违法所得、没收非法财物、罚款、警告等行政处罚不服的；

（二）对限制人身自由或者对财产的查封、扣押、冻结等行政强制措施和行政强制执行不服的；

（三）申请行政许可，行政机关拒绝或者在法定期限内不予答复，或者对行政机关作出的有关行政许可的其他决定不服的；

（四）对行政机关作出的关于确认土地、矿藏、水流、森林、山岭、草原、荒地、滩涂、海域等自然资源的所有权或者使用权的决定不服的；

（五）对征收、征用决定及其补偿决定不服的；

（六）申请行政机关履行保护人身权、财产权等合法权益的法定职责，行政机关拒绝履行或者不予答复的；

（七）认为行政机关侵犯其经营自主权或者农村土地承包经营权、农村土地经营权的；

（八）认为行政机关滥用行政权力排除或者限制竞争的；

（九）认为行政机关违法集资、摊派费用或者违法要求履行其他义务的；

（十）认为行政机关没有依法支付抚恤金、最低生活保障待遇或者社会保险待遇的；

（十一）认为行政机关不依法履行、未按照约定履行或者违法变更、解除政府特许经营协议、土地房屋征收补偿协议等协议的；

（十二）认为行政机关侵犯其他人身权、财产权等合法权益的。

我国行政处罚使用的范围广、频率高，在实践中乱设处罚、滥施处罚等侵犯行政相对方权益的现象比较突出。对该第 12 条第 1 项中“等”字的理解，应作广义理解，只要属于《行政处罚法》（2021）第二条规定的“减损权益或者增加义务的方式予以惩戒的行为”，就属于人民法院的受案范围。依据《行政强制法》的规定，对人身的强制措施主要有：强制扣留、驱逐出境、强制隔离、强制治疗、强制戒毒、强制传唤等。对财产的强制措施：主要包括查封、扣押、冻结、划拨、强行拆除、强制检定、强制抵缴等。许可证制度存在的问题主要有：许可权限不清；范围失控；乱发证照；乱收许可费；程序不完备。对第12条第7项应把握以下几点：(1)行政机关应作扩大理解，实践中，侵犯经营自主权的，不仅包括行政机关，还包括法律、法规授权的组织；(2)此处的法律也应作扩大理解，不仅包括法律，还应包括法规、规章；(3)经营自主权的权利主体和权利内容。具有经营自主权的主体包括国有企业、集体企业、私营企业、个体工商户、承包户等。不同的权利主体享有的经营自主权的内容不同，自主权主要指经营者的成立、合并、兼并、破产、人、财、物，产、供、销等。

第三节　人民法院不受理的事项

根据《行政诉讼法》的规定，由行政机关的下列行为引发的争议不属于行政诉讼的受案范围，人民法院不予受理：

一、国防、外交等国家行为

国家行为是指国务院、中央军事委员会、国防部、外交部等根据宪法和法律的授权，以国家的名义实施的有关国防和外交事务的行为，以及经宪法和法律授权的国家机关宣布紧急状态、实施戒严和总动员等行为①。国家行为是一种政治性行为，行为后果由国家承担，并且其实施关系到国家的整体利益。国防、外交等国家行为不能被提起行政诉讼，是各国行政诉讼制度的通例。一般来说，其包括对外、对内两种意义。

对外意义的，或称对外国家行为，指经宪法和法律授权的专门国家机关，在国际事务中，代表整个国家行使国际法上的权利和履行国际法上的义务的行为。这种国家行为是以国际法意义上的主权国家作为法律实体，其应该是国际法上的概念，是用于处理国家间关系的对外国家行为。对外国家行为主要包括国防、外交两大类。国防是为保卫国家安全、领土完整和全民族利益而抵御外来侵略、颠覆所进行的活动。外交是为实现国家的对外政策而进行的国家间交往活动。如国家间的建交、断交、宣战、媾和、签订国际条约和协定、国家间的对等措施，等等。

对内意义的，也可称对内国家行为，指经宪法和法律授权的有关国家机关，在对国内全局性、重大性的国家事务中，代表整个国家对内实施的统治行为。这种

① 参见《行政诉讼法司法解释》第2条。

国家行为则是以公共权力意义上的国家作为法律实体,是用于处理国家与公民、法人和其他组织间重大关系的对内国家行为。

有学者认为,国家行为不纳入行政诉讼的范围主要是基于以下理由[①]:第一,这种行为不仅涉及相对人的利益,而且涉及国家的整体利益和人民的根本利益,不能因为利害关系人的权益受到损害而使国家行为无效。第二,这种行为通常以国家对内、对外的基本政策为依据,以国际斗争的形势为转移,法院很难作出判断。第三,国家行为的失误通常只由有关领导人承担政治责任,而政治责任的承担只能通过立法机关才能追究。

二、抽象行政行为[②]

抽象行政行为是指国务院制定、发布的行政法规,国务院各部委制定、发布的

---

① 参见马克思主义理论研究和建设工程重点教材《行政法与行政诉讼法学》(第2版),2018年版,第340页。

② 我国现阶段应否将抽象行政行为纳入行政诉讼的受案范围,一直存在两种截然不同的意见。一些人认为,不应将抽象行政行为纳入行政诉讼受案范围。其主要理由是:(1)在我国现行体制下,对抽象行政行为有人大和上级行政机关的监督、备案审查及法律规范清理、行政复议审查等非诉讼的监督制度,基本上可以纠正抽象行政行为中出现的个别不足和违法问题。如果增加司法监督环节,不符合我国现行宪法确定的政体。(2)抽象行政行为是一种具有普遍约束力的行为规则,它的行政相对人是不特定的公民、法人或者其他组织。如果将抽象行政行为纳入行政诉讼的受案范围,那么任何人都可以对抽象行政行为提起诉讼,实践中难以操作,如果纳入行政诉讼受案范围,法院难以胜任。(3)抽象行政行为针对的都是较大范围的对象,如果抽象行政行为符合大多数的利益,则表明该行为是正确的,个别人的利益要服从大多数人的公共利益;如果抽象行政行为侵犯了大多数人的利益,也不宜由每一个对象通过提起诉讼的方式来解决,合适的方式是由国家权力机关和上级行政机关撤销或者改变抽象行政行为,进行全面解决。但是我国行政法学界的多数同志认为,应当将抽象行政行为纳入修改后的《行政诉讼法》的受案范围。其主要理由如下:(1)我国现行的监督制度难以及时有效纠正抽象行政行为中的违法问题,将其纳入行政诉讼受案范围有利于及时有效地解决问题。(2)将抽象行政行为纳入行政诉讼受案范围与现行体制并不相悖,反而有助于完善我国的监督制度。(3)将抽象行政行为纳入行政诉讼受案范围,将会更大范围地保护公民、法人和其他组织的合法权益,促进行政机关依法行政。(4)西方发达国家司法审查制度一般把抽象行政行为纳入司法审查的范围。(5)我国行政审判和行政复议已经为审查抽象行政行为积累了丰富的经验,人民法院具有受理和审查抽象行政行为的能力。另外,针对应当纳入司法审查的抽象行政行为的范围也有不同观点:第一种观点认为,对抽象行政行为的审查应当确定在规章以下的行政规范性文件之内。第二种观点认为,除行政法规和国务院部门制定的规章外,其他行政规范性文件均应纳入司法审查的范围。第三种观点认为,应将规章和规章以下的规范性文件纳入司法审查范围。相关理论请参见胡康生主编:《行政诉讼法释义》,北京师范大学出版社1989年版;姜明安主编:《行政法与行政诉讼法》,北京大学出版社、高等教育出版社1999年版;刘德兴:《抽象行政行为应纳入行政诉讼受案范围》,载《现代法学》2000年第3期;崔建科:《重析抽象行政行为的可诉性》,载《政法论丛》2003年第4期;蔡小雪:《抽象行政行为应纳入行政诉讼受案范围》,载《人民司法》2004年第9期;胡锦光:《论我国抽象行政行为的司法审查》,载《中国人民大学学报》2005年第5期;上官丕亮:《论抽象行政行为的不可诉性与可附带司法审查性》,载《西南政法大学学报》2005年第3期。

部门行政规章,地方省级人民政府、省政府所在地的市的人民政府和设区的市的人民政府制定、发布的地方行政规章,各级各类行政机关发布的具有普遍约束力的决定、命令等文件。根据2018年《行政诉讼法司法解释》第2条,“具有普遍约束力的决定、命令”,是指行政机关针对不特定对象发布的能反复适用的规范性文件。判断一个行为是抽象行政行为还是具体行政行为,主要从以下两个方面进行把握:第一,这个行为所针对的对象是不是确定的;第二,看适用效力是一次性的还是可反复适用的。

三、行政机关对其工作人员的奖惩、任免等决定①

行政机关对其工作人员的奖惩、任免等决定并不仅指奖惩、任免这两类决定,而是统称行政机关作出的涉及该行政机关公务员权利义务的各类决定,如有关公务员培训、考核、交流、回避、退休、工资福利待遇等方面的决定。这些决定涉及的是行政机关的内部人事管理关系,属于内部人事管理活动,由此导致的行政纠纷可由行政机关自己处理解决,人民法院不予干预。具体而言,行政机关工作人员如对内部人事管理行为不服,应向该行政机关或其上一级行政机关或者监察机关、人事机关提出申诉。之所以如此规定,主要是基于以下几点考虑:第一,我国公务员制度还不健全,行政诉讼解决行政纠纷的重点应放在外部行政法律关系的争议上。第二,内部人事管理行为对政府机关外部的公民、法人或其他组织部存在权力义务关系,属于机关自身建设问题。

四、法律规定由行政机关最终裁决的具体行政行为

终局行政裁决行为是指法律规定由行政机关作出最终决定的行为。需要说明的是,此处的法律仅仅是指全国人民代表大会及其常务委员会制定、通过的规范性文件。我国目前只有极少的法律如《出境入境管理法》第64条规定,外国人对依照本法规定对其实施的继续盘问、拘留审查、限制活动范围、遣送出境措施不服的,可以依法申请行政复议,该行政复议决定为最终决定。其他境外人员对依照本法规定对其实施的遣送出境措施不服,申请行政复议的,适用前款规定。此外,《行政复议法》中规定,对国务院部门或省级人民政府就自身具体行政行为作出的行政复议决定不服的,可以向人民法院提起行政诉讼,也可以向国务院申请

---

① 有学者认为应将行政机关的奖惩、任免等决定以及行政机关相互之间的职权争议纳入行政诉讼受案范围。参见姜明安主编:《行政法与行政诉讼法》,北京大学出版社2005年版,第460页。

裁决,国务院的裁决是最终裁决;省级人民政府确认土地、矿藏等自然资源所有权或者使用权的行政复议决定为最终决定。根据实际需要规定了对某些具体行政行为引起的争议,行政机关所作的裁决是最终裁决。对于这些由法律授予行政机关最终裁决权的行政案件,人民法院不予受理。①

五、公安、国家安全等机关依照《刑事诉讼法》的明确授权实施的行为

我国的行政诉讼目前只针对行政行为。公安、国家安全等机关的刑事司法行为尚不在行政诉讼受案范围之内。所谓刑事司法行为,是指公安机关、国家安全机关、军队保卫部门、监狱等特定机关按照刑事诉讼法的明确授权实施的行为,如侦查、拘留、执行逮捕、拘传、取保候审、监视居住、通缉、搜查、扣押物证书证、冻结存款汇款、保外就医等行为。而且必须注意,该行为必须是按照《刑事诉讼法》授权的目的实施的行为,这需要结合具体案情进行判断。从实际情况看,法院实施这种监督却有诸多困难。原因在于,根据我国现行的司法体制,司法行为在习惯上不作为行政行为对待,而且,这些行为的监督权已经被授予检察院和国家监察委员会。此外,根据我国《国家赔偿法》的规定,因刑事侦查等刑事司法行为违法而致人损害的,受害人可以根据《国家赔偿法》的规定获得救济。

六、行政机关的调解行为以及法律规定的仲裁行为

行政机关的调解行为,是指行政机关居间对双方当事人之间的民事权益争

① 目前,我国法学界和实务界对《行政诉讼法》中应否设置行政最终裁决制度存在不同的认识。有人认为应当废除最终裁决制度。主要有以下三点理由:(1)根据权力分工原则,只要涉及法律问题,法院均应有管辖权。行政机关的最终裁决行为如果涉及法律问题,应当允许司法介入。(2)目前我国有些最终裁决权的设立基础并不成立,如省级政府针对自然资源权属争议作出的最终裁决行为,与行政机关的普通裁决行为并无区别,排除司法审查缺乏法理根据。另外,国务院针对各部位或省级政府决定作出的最终裁决有很多涉及法律问题,排除法院的管辖缺少理论的支持。(3)我国已经加入 WTO,按照我国加入 WTO 的承诺,政府在经济贸易领域的管理行为将接受法院的最终审查,法律规定的排除司法审查的一些最终裁决行为将与加入 WTO 的承诺发生冲突。也有不少人认为,应当有条件地保留最终裁决制度。他们提出,设置最终裁决的理由应当限于以下几个方面:(1)某一类行政行为涉及国家重要机密,一旦进入诉讼,将会严重危害国家利益;(2)某一类行政行为不可能或者极少可能侵犯行政相对人的合法权益;(3)某类行政行为专业性极强且非常复杂,以至于使法官的审查徒劳无益;(4)某一类行政行为已有近乎司法程序作保障、行政系统内部已有充分的能确保公正的救济手段;(5)因不可抗力事件使行政救济以外的司法救济成为不可能。同时也针对这五个理由,也有人反对,认为其中(1)和(5)可以作为我国现阶段设置最终裁决的因素考虑,但理由(2)(3)(4)不应作为设置最终裁决的因素考虑。参见江必新主编:《中国行政诉讼制度的完善——行政诉讼法修改问题实务研究》,法律出版社 2005 年版;谢尚果:《行政诉讼受案范围若干问题的思考》,载《湘潭大学学报(哲学社会科学版)》2006 年第 6 期。

议，经说服教育和劝导后，由当事人双方自愿达成解决纠纷协议的一种行为。行政机关的调解行为不具有行政职权的强制性，对当事人也不具有必然的约束力。基于此，行政机关的调解行为具有不可诉性，因而不在人民法院行政诉讼的受案范围之内。但是，如果行政机关借调解之名，违背当事人的意志作出具有强制性的决定，则当事人可以对其提起行政诉讼。

仲裁，是法律规定的机构以中立者的身份对平等主体之间的民事纠纷，依照一定的程序作出具有法律拘束力的判定。这里所称的“法律规定的仲裁行为”，仅指全国人大及其常委会制定的法律所规定的仲裁。目前，这类仲裁主要是劳动争议仲裁。劳动争议仲裁由各级劳动行政管理机关设立的劳动争议仲裁委员会负责进行。当事人对仲裁结果不服的，我国《民事诉讼法》已将其纳入了民事诉讼的范围并形成了固定的解决仲裁纠纷的制度。从实际效果来看，当事人如不服仲裁决定转而向人民法院提起民事诉讼，人民法院依法审理后作出的最终司法裁判可以自然否决行政机关错误的仲裁决定，因而也能同样起到保护公民、法人或者其他组织合法权益的作用。为此，法律不再将此类仲裁纳入行政诉讼的受案范围。但对于法律之外的其他行政法规、地方性法规、规章所规定的仲裁，当事人对仲裁决定不服的，则仍可以向人民法院提起行政诉讼。

七、不具有强制力的行政指导行为

行政指导行为是行政机关为实现一定行政目的，在进行行政管理过程中所采取的通过示范、提供咨询意见、建议、训导等方式而实施的一种不具有强制力的行为。由于行政指导行为对行政相对人不具有强制力和法律约束力，行政相对人对行政机关的指导有依其意愿选择是否接受的自由，我国行政诉讼法未将其纳入行政诉讼的受案范围。但是，在司法实践中应充分注意并正确处理下列情形：第一，行政机关作出具体行政行为时名义上是行政指导，但实质上却是以各种方式强迫行政相对人必须服从，此时它们就超出了行政指导的性质。对此类具体行政行为不服的，行政相对人可以向人民法院提起行政诉讼，人民法院应当受案。第二，行政指导的作出往往以行政奖励或某种优惠政策作为后盾，如果行政机关作出行政指导而且行政相对人响应，但行政机关事后不兑现奖励或相关优惠政策导致行政相对人受到损害，行政相对人向人民法院提起行政诉讼的，人民法院应当受理。第三，行政机关作出错误的行政指导，或者未依法履行行政指导的职责导致行政相对人的合法权益遭受损失时，如果行政相对人向人民法院提起行政诉讼，人民法院应当受案。

八、驳回当事人对行政行为提起申诉的重复处理行为

重复处理行为是指行政机关以原已存在的行政行为为基础，并为实现或加强原行政行为所设定的权利义务关系而再次实施的行为。公民、法人或其他组织对“驳回当事人对行政行为提起申诉的重复处理行为”不服提起诉讼的，不属于人民法院行政诉讼的受案范围。据此可知，并非对所有的重复处理行为，行政相对人不服的都被排除在人民法院行政诉讼的受案范围之外，而只限定为“驳回当事人对行政行为提起申诉的重复处理行为”。也就是说，只有这一类的重复处理行为不能提起行政诉讼。驳回当事人对行政行为提起申诉的重复处理行为，是行政机关对当事人就原已生效的行政行为提出的申诉给予驳回的行为，实质上是对原已生效的行政行为的再次肯定，也即对原行政行为所确定的权利义务关系的再次肯定，并没有形成新的权利义务关系。如果对这类重复处理行为可以提起诉讼，就是在事实上取消提起诉讼的期间，就意味着任何相对人在任何时候都可以通过申诉的方式重新将任何一个行政行为提交法院进行重新审查，这就会使法律规定的诉讼期限失去意义。故此，该类重复处理行为不再纳入行政诉讼的受案范围。

九、行政机关作出的不产生外部法律效力的行为

行政机关作出的不产生外部法律效力的行为主要是指行政机关内部事务性行为，包括行政机关的内部沟通、会签意见、内部报批等。

通常意义上的行政行为需要具有单方性、个别性和法效性等特征。单方性强调的是，法律效果系基于行政机关单方意思表示；个别性强调的是，行为的对象必须是特定之人和具体时间；法效性强调的则是，行为直接对外发生法律效果。所谓直接，是指法律效果必须直接对相对人发生，亦即行政行为一旦做成，即导致法律关系的发生、变更、消灭。所谓对外，是指行政行为对于行政主体之外的人发生法律效果，行政机关之间或行政机关内部的意见交换等行政内部行为因欠缺对外性而不具有可诉性，或者行政机关内部的《会议纪要》因没有没有对相对人产生外部法律效力，因而不可诉。

十、行政机关为做出行政行为而实施的准备、论证、研究、层报、咨询等过程性行为

具备成熟性、终结性是可诉行政行为的必备要件。行政机关在作出行政行为之前所进行的准备工作并非最终的行政行为，不具备可诉性。程序性行为的效力

通常为最终的行政行为所吸收和覆盖，当事人可以通过起诉最终的行政行为获得救济。

《最高人民法院关于审理行政许可案件若干问题的规定》第3条规定，公民、法人或者其他组织仅就行政许可过程中的告知补正申请材料、听证等通知行为提起行政诉讼的，人民法院不予受理，但导致许可程序对上述主体事实上终止的除外。

《最高人民法院关于审理政府信息公开行政案件若干问题的规定》第2条第1项规定，因申请内容不明确，行政机关要求申请人作出更改、补充且对申请人权利义务不产生实际影响的告知行为，人民法院不受理。

十一、行政机关根据人民法院的生效裁判、协助执行通知书作出的执行行为，但行政机关扩大执行范围或者采取违法方式实施的除外

2022年《民事诉讼法》第258条规定："在执行中，需要办理有关财产权证照转移手续的，人民法院可以向有关单位发出协助执行通知书，有关单位必须办理。"据此，行政机关根据人民法院的生效裁判、协助执行通知书作出的执行行为，属于履行法律规定的协助义务，不是行政机关的自主行政行为。根据2018年《行政诉讼法司法解释》第69条第1款第9项的规定："诉讼标的已为生效裁判或者调解书所羁束的"，"已经立案的，应当裁定驳回起诉"。行政机关作出的协助执行行为在性质上属于人民法院司法行为的延伸和实现，当事人要求对行政机关协助执行人民法院生效裁判的行为进行合法性审查，事实上就是要求人民法院对已被生效裁判羁束的争议进行审查，因而不能得到准许。如果当事人认为行政机关的协助执行行为侵犯其合法权益，应当针对人民法院生效裁判通过审判监督程序寻求救济。

但该条规定了一种例外情形，即"行政机关扩大执行范围或者采取违法方式实施的除外"。在这种情况下，行政机关的执行行为属于行政诉讼受案范围，是因为行政机关的此种行为已经失去了人民法院裁判文书的依托，超出了人民法院协助执行通知书的范围和本意，在性质上不再属于实施司法协助的执行行为，应当受到司法审查并独立承担法律责任。

十二、上级行政机关基于内部层级监督关系对下级行政机关做出的听取报告、执法检查、督促履责等行为

上级行政机关不改变或者不撤销所属各工作部门及下级人民政府决定、命令

的，一般并不直接设定当事人新的权利义务，并不直接对当事人的权利义务产生实际影响，当事人可以通过直接起诉所属工作部门或者下级人民政府作出的行政行为来维护合法权益。在存在更为有效便捷的救济方式的情况下，当事人坚持起诉上级行政机关不履行层级监督职责，不具有权利保护的必要性和实效性，也不利于纠纷的及时解决，且易于形成诉累。

十三、行政机关针对信访事项做出的登记、受理、交办、转送、复查、复核意见等行为

行政机关针对信访事项作出的登记、受理、交办、转送、复查、复核意见等行为不属于人民法院行政诉讼的受案范围，主要原因在于行政机关针对相对人信访事项作出的登记、受理、交办、转送、复查、复核意见等不是直接对信访人作出具体行政行为，不会增加或者减少相对人的权利义务，对信访人不具有强制力，对信访人的实体权利义务不产生实际影响。还需要做出行政行为的原行政机关对相关信访事项做出处理，相对人对新做出的行政行为有提起行政诉讼的权利。

十四、对公民、法人或者其他组织权利义务不产生实际影响的行为

不产生实际影响的行为是指对行政相对人没有直接法律效力的行为。行政行为可诉，必须具备以下三个要素：一是由行政机关实施；二是与行使行政职权有关；三是对相对人的权利、义务产生了实际影响。不产生实际影响的行政行为主要是指还没有成立的行政行为以及还在行政机关内部运行的行为，比如一些行政准备性行为，如调查取证、内部讨论、内部请示、内部备案等，不能直接影响相对人的权利义务。

以案说法

案例一

2010 年 4 月，经泗洪县政府批准，某食品公司成为泗洪县的生猪定点屠宰单位之一。在分别领取了相关部门颁发的企业法人营业执照、动物防疫合格证、税务登记证等证件后，某食品公司开始经营生猪养殖、收购、屠宰、销售和深加工等业务。2013 年 5 月 18 日，泗洪县政府下设的临时办事机构县生猪办向本县各宾馆、饭店、学校食堂、集体伙食单位、肉食品经营单位以及个体经营户发出《屠宰管理通知》。该通知称，“县城所有经营肉食品的单位及个体户，从 5 月 20 日起到县指定的生猪定点屠宰厂采购生猪产品，个体猪肉经销户一律到定点屠宰厂（县肉

联厂)屠宰生猪……"另外,根据法律规定,某食品公司应该向县兽检所报请生猪检疫。2013年5月22日,泗洪县政府分管兽医卫生监督检验工作的副县长电话指示县兽检所,停止对县肉联厂以外的单位进行生猪检疫。某食品公司报请县兽检所对其生猪进行检疫时,该所即以分管副县长有指示为由拒绝。某食品公司认为,分管副县长的电话指示侵犯其合法权益,遂提起行政诉讼。泗洪县政府辩称,电话指示是分管副县长对下属单位县兽检所做出的,是行政机关内部的行政指导行为;指示内容中没有提到某食品公司,不会直接对其权利义务产生影响。因此,这个电话指示不是人民法院行政诉讼管辖的具体行政行为,不在人民法院行政诉讼受案范围内,某食品公司无权对这个电话指示提起行政诉讼。江苏省高级人民法院认为该指示已对公民、法人或者其他组织权利义务产生实际影响,为可诉行政行为。

问题:行政机关上级对下级作出的指示是否属于人民法院行政诉讼受案范围内的可诉行政行为?

评析:审查行政机关内部上级对下级做出的指示是否属于人民法院行政诉讼受案范围内的可诉行政行为,应当从指示内容是否对公民、法人或者其他组织权利义务产生了实际影响着手。作为依法设立的生猪定点屠宰点,某食品公司有向该县动物防疫监督机构——县兽检所报检的权利和义务;县兽检所接到报检后,对某食品公司的生猪进行检疫,是其应当履行的法定职责。县兽检所当时以分管副县长有电话指示为由拒绝检疫,可见该电话指示是县兽检所拒绝履行法定职责的唯一依据。生猪定点屠宰场所的生猪未经当地动物防疫监督机构进行屠宰前、后的检疫和检验,不得屠宰,屠宰后的生猪及其产品也无法上市销售。尽管分管副县长对县兽检所的电话指示是行政机关内部的行政行为,但通过县兽检所拒绝对某食品公司的生猪进行检疫来看,电话指示已经对建明食品公司的合法权益产生实际影响,成为具有强制力的行政行为。再者,分管副县长在该县仅有两家定点屠宰场所还在从事正常经营活动的情况下,电话指示停止对县肉联厂以外单位的生猪进行检疫,指示中虽未提及某食品公司的名称,但实质是指向该公司。分管副县长就特定事项、针对特定对象所做的电话指示,对内、对外均发生了效力,并已产生了影响相对人合法权益的实际后果,因而不属于《行政诉讼法司法解释》第1条第2款第6项规定的"对公民、法人或者其他组织权利义务不产生实际影响的行为",故属于人民法院行政诉讼受案范围内的可诉行政行为。行政指导行为,是指行政机关在行政管理过程中做出的具有示范、倡导、咨询、建议等性质的行为。泗洪县政府分管副县长做出的关于"停止……检疫"的电话指示,既不是行政示范和倡导，也不具有咨询、建议等作用，因而不是《行政诉讼法司法解释》第1条第2款第4项规定的"不具有强制力的行政指导行为"，实质是带有强制性的行政命令。泗洪县政府关于该指示属于行政机关内部行政指导行为的答辩理由，也不能成立。综上所述，泗洪县政府分管副县长的电话指示，属于人民法院行政诉讼受案范围。

案例二

刘某文系北京大学92级某专业博士研究生。1994年4月27日，刘某文通过北京大学安排的笔试考试，并于当年5月10日通过了博士研究生综合考试，成绩为良。之后，刘某文进入博士论文答辩准备阶段。1995年12月22日，刘某文提出答辩申请，将其博士论文提交学校，由学校有关部门安排、聘请本学科专家对该论文进行评阅和同行评议。其中，同行评议人认为论文达到博士论文水平，同意答辩；评阅人意见为"同意安排博士答辩"。1996年北京大学论文学术评议、同行评议汇总意见为"达到博士论文水平，可以进行论文答辩"。1996年1月10日，刘某文所在系论文答辩委员会召开答辩会，刘某文经过答辩，以全票7票通过了答辩。系论文答辩委员会作出决议"授予刘某文博士学位，建议刘某文对论文作毕业的修订"。1996年1月19日，刘某文所在系学位评定委员会讨论博士学位，应到委员13人，实到委员13人，同意授予刘某文博士学位者12人，不同意授予刘某文博士学位者1人，表决结果为：建议授予博士学位。1996年1月24日，北京大学学位评定委员会召开第41次会议，应到委员21人，实到委员16人，同意授予刘某文博士学位者6人，不同意授予刘某文博士学位者7人，3人弃权，该次会议将3票弃权票计算在反对票中，其表决结果为：校学位评定委员会不批准授予刘某文博士学位。之后，北京大学据前一个表决结果颁发给刘某文博士研究生结业证书，而不是博士研究生毕业证书。

刘某文于1999年9月24日以北京大学学位评定委员会不批准授予其博士学位为由向北京市海淀区人民法院提起行政诉讼，该诉讼以北京大学学位评定委员会为被告；同日，其又以北京大学拒绝颁发博士研究生毕业证书为由向海淀区人民法院提起行政诉讼，该诉讼以北京大学为被告。海淀区人民法院经过审理，于1999年12月17日以（1999）海行初字第103号行政判决书对第一个行政诉讼案件作出判决：（1）撤销被告北京大学学位评定委员会1996年1月24日作出的不授予原告刘某文博士学位的决定；（2）责令被告北京大学学位评定委员会于判决生效后3个月内对是否批准授予刘某文博士学位的决议审查后重新作出决定。同日，以（1999）海行初字第104号行政判决书对第二个行政诉讼案件作出判决：

(1)撤销被告北京大学1996年1月为原告刘某文颁发的(96)研结证字第001号博士研究生结业证书;(2)责令北京大学在判决生效后两个月内向刘某文颁发博士研究生毕业证书。

问题:法院的判决是否合理?

评析:本案是否属于人民法院的受案范围?本案不属于《行政诉讼法》第12条规定的排除性情形,但颁发毕业证书和学位证书的行为与《行政诉讼法》第12条第2款第3项规定的颁发许可证和执照的行为是否属于同类行为呢?许可证和执照是直接赋予相对方从事某种职业或活动的资格,而毕业证书和学位证书则主要涉及对学生学习情况的证明、学术水平的评价。当然,不可否认,毕业证书和学位证书的取得与否与学生将来的就业、收入、社会评价等息息相关,从这个意义上说,适用第12条第1款第12项的规定对于本案更为合适。此外,《教育法》中有更为明确的规定,其第42条规定:“受教育者享有以下权利:……(三)在学业成绩和品行上获得公正评价,完成规定的学业后获得相应的学业证书、学位证书;(四)对学校给予的处分不服向有关部门提出申诉,对学校、教师侵犯其人身权、财产权等合法权益,提出申诉或者依法提起诉讼……”对于这里的“依法提起诉讼”,应当包括刑事诉讼、民事诉讼和行政诉讼。而在《学位条例》中,有关学位授予争议的规定,主要有第16条:“非学位授予单位和学术团体对于授予学位的决议和决定持有不同意见时,可以向学位授予单位或国务院学位委员会提出异议。学位授予单位和国务院学位委员会应当对提出的异议进行研究和处理。”第17条:“学位授予单位对于已经授予的学位,如发现有舞弊作伪等严重违反本条例规定的情况,经学位评定委员会复议,可以撤销。”第18条:“国务院对于已经批准授予学位的单位,在确认其不能保证所授学位的学术水平时,可以停止或撤销其授予学位的资格。”而对于学位申请者的学生,却无任何声明异议、申请行政复议、提起行政诉讼的救济规定。应当说,《行政诉讼法》及其司法解释为司法救济进入教育领域提供了一条路径。这条路径则是自田永诉北京科技大学案之后才得以真正凸现,而刘燕文诉北京大学案则使这条路径进一步凸现和扩展。法院认为高等学校属于法律法规授权的组织,对其经授权而行使的行政行为,应当纳入行政诉讼的范围。在这里需要注意的另一个问题是:如果认为拒绝颁发学业证书和学位证书的行为不属于“侵犯其他人身权、财产权”的行政行为,则该行为是否又符合《行政诉讼法》第12条第2款规定的“法律、法规规定可以提起诉讼的其他行政案件”呢?如前所述,目前的法律、法规中实无明确规定有关学业证书和学位证书的争议,学生可向法院提起行政诉讼。但是,根据《行政诉讼法》第1条“为保证人民法院正确、及时审理行政案件，保护公民、法人和其他组织的合法权益，监督行政机关依法行使行政职权，根据宪法制定本法。”第2条“公民、法人或者其他组织认为行政机关和行政机关工作人员的具体行政行为侵犯其合法权益，有权依照本法向人民法院提起诉讼。”则在目前教育领域缺乏应有法律救济的情况下，将有关颁发毕业证书、授予学位的争议纳入行政诉讼的受案范围是符合《行政诉讼法》的立法目的和立法精神的。进一步分析，颁发毕业证和学位证的行为属于羁束性行政行为，只要符合法定条件，如成绩合格，论文答辩通过，决议经全体成员过半数通过等，就应予以颁发，在此意义上讲，法院也有权对该种行为进行司法审查。

第十五章　行政诉讼管辖

导入案例

居住在乙市的个体经营户张某驾驶的A－03676号汽车因被乙市公安局怀疑为一周前在甲市交通肇事的车辆而于2016年12月10日晚被该局扣押,此后该局又将所扣押的车辆交给甲市公安局扣押,甲市公安局的扣押清单(传真复印件)于12月26日由乙市公安局转交给张某。由于张某认为自己驾驶的车根本不是在甲市的肇事车辆,故对乙市公安局的扣车行为不服,以该局认定事实不清为由向乙市基层人民法院提起行政诉讼,请求判决撤销乙市公安局的扣押行为。乙市人民法院受理该案并于2017年8月25日开庭审理后,决定追加甲市公安局为本案的共同被告,并依法送达起诉状副本。甲市公安局在提交答辩状期间对管辖权提出异议,认为此案中甲市公安局是最初做出具体行政行为的行政机关,应依法将此案移送给有管辖权的甲市基层人民法院受理。庭审中乙市公安局也以公务协助和保守“办案机密”为由,拒绝陈述将所扣汽车移交给甲市公安局的具体时间。

思考:在被告甲市公安局提出管辖权异议的情况下,如何认定地域管辖权?

提示:本案中,甲市公安局提出的管辖权异议能够成立,案件应由甲市人民法院管辖。从本案的情况看,因原告收到的是甲市公安局的扣押财物清单,故可以判断行政行为的真正主体是甲市公安机关,所以本案的管辖法院应是甲市人民法院。

第一节 行政诉讼管辖概述

一、行政诉讼管辖的概念

行政诉讼的管辖①,是指人民法院之间受理第一审行政案件的分工和权限,即解决第一审行政案件具体应当由何地、何级法院受理的问题。理解行政诉讼管辖,应该注意以下几点:第一,行政诉讼管辖划分的是法院系统内部相互之间的分工和权限,而不是划分法院与其他国家之间以及国家机关与国家机关之间处理行政争议的分工和权限。第二,行政诉讼管辖的问题既包括级别管辖,也包括地域管辖,还包括因确定行政案件管辖过程中可能出现的具体问题所产生的指定管辖和移转管辖等。第三,行政诉讼管辖确定的只是法院之间受理第一审行政案件的分工和权限,而不涉及二审、再审行政案件。第一审人民法院的行政案件管辖确定后,第二审管辖法院就自行确定,无须法律再作具体规定。再审行政案件由原审法院另行组成合议庭审理,也不再涉及行政诉讼管辖确定问题。第四,第一审

① 行政诉讼管辖制度的确立有利于解决现实中存在的问题,有利于维护和保障诉讼当事人的合法权益。然而由于种种原因,我国行政诉讼管辖制度在具体的操作中却背离了其本身原有的价值轨道,出现了很多问题。有学者认为,现有问题主要是"行政诉讼管辖过于沿袭民事诉讼管辖的规定,且已不适应现实需要;司法权对行政权的依附在现实中造成了地方保护主义",并认为现行的法律设计和现实的运行效果之间产生了较大差距。另有学者认为,现有的主要问题具体表现在:"体制方面的制约,即现行法院体制对政府的依附性太强,现行管辖制度的设计不能发挥应有的作用;客观形势发生了变化,行政诉讼立法时的许多制度设计主要针对的是行政处罚案件,这与当前的现实不符;法院内部认识不到位思想不统一;法院内部对行政诉讼的认识和审判思路的统一也不同程度地存在一些问题。"针对以上问题,有学者提出以下完善对策:首先,异地交叉审判。这是在行政诉讼法尚未修改的情况下,采取适当集中模式或依据管辖权转移的规定形成的审判模式。它包括两种情形:一是将几个相邻的基层法院的行政案件集中于一个基层法院审理;二是根据行政诉讼法管辖权转移的规定和其他相关规定,在一定辖区内异地审理一审行政案件。其次,提高初审管辖级别,设立巡回法庭。具体建议是:(1)中级人民法院管辖地方一审行政案件。(2)高级人民法院管辖下列第一审行政案件:一是以国务院各部门或者省、自治区、直辖市人民政府为被告的行政案件;二是本辖区内的重大、复杂行政案件。(3)最高人民法院管辖全国范围内的重大、复杂行政案件。最后,设立行政法院。其意义在于:"其一,行政诉讼蕴含的独特的司法功能——权力制约功能需要由相对独立的审判组织——行政法院来执掌;其二,行政法院的设置可以提高行政法官的专业素养;其三,行政法院的设置可增强行政审判的抗干扰能力;其四,有利于更快捷、准确地解决行政纠纷;其五,我国'在司法制度上一直借鉴大陆法系国家的制度,但行政法院更适合于我国国情'。"参见李红枫:《行政诉讼管辖制度现状及对策分析》,载《行政法学研究》2003 年第 1 期;王振清:《行政诉讼前沿事务问题研究》,中国方正出版社 2004 年版;马怀德:《司法改革和行政诉讼制度的完善》,中国政法大学出版社 2004 年版;杨海坤、黄学贤:《行政诉讼基本原理与制度完善》,中国人事出版社 2005 年版;胡肖华:《权利与权力的博弈》,中国法制出版社 2005 年版。

管辖一经确定后，即具有排他性和恒定性。人民法院根据《行政诉讼法》的规定获得了对某行政案件的管辖权后，在作出判决之前，它对行政案件始终享有排他性管辖权。除非有法律另有规定和其他特殊情况的发生，不得对管辖作任意变动。

行政诉讼管辖不同于行政诉讼主管（又称行政诉讼的受案范围）。主管是指人民法院对哪些行政案件拥有审判权，其解决的是国家机关之间的权限划分问题。管辖则是在法院获得了对某些案件的审判权之后，在人民法院内部之间对审判权进行再分配，其解决的是人民法院内部相互之间对某个行政案件行使审判权，以及公民、法人和其他组织就某个行政案件向哪个法院起诉的问题。因此从二者的关系来看，管辖是以主管为基础，凡不属于人民法院主管的案件，任何一个法院都无管辖权。而行政诉讼主管又靠行政诉讼管辖来实现，没有管辖，人民法院审判权就无法实现。因此，主管是管辖的前提，管辖是主管的具体化。

二、确立行政诉讼管辖的原则

行政诉讼法关于管辖的确定，主要依据以下几项原则：

（一）便于当事人尤其是原告进行诉讼

作为行政诉讼的原告在行政执法阶段一般处于弱者地位，其权益容易被行政行为侵犯。设立行政诉讼制度的目的在于为他们认为行政机关的具体行政行为侵犯其合法权益时，提供一种法律救济手段。

（二）便于人民法院公正审理行政案件原则

在确定管辖时，法律需为人民法院办理行政案件提供便利，便于人民法院调查取证、传唤当事人以及执行行政诉讼的裁判文书等，其目的在于方便人民法院审理行政案件，也有利于保证人民法院的公正审理这些案件。

（三）合理分工和均衡负担的原则

在确定行政诉讼管辖时，在诉讼负担上不能使某一级法院的负担过重、过繁，否则会不利于法院对行政案件的及时审理与判决。

（四）管辖与审判能力相适应原则

在行政案件的管辖分配时，不仅要考虑案件的数量问题，还要考虑能力、水平与可行性等问题，保障行政诉讼的管辖法院与其受理和审判的能力相适应。

三、行政诉讼管辖的分类

以不同的标准,行政诉讼管辖可以作不同的划分。以管辖是否由人民法院决定为标准,行政诉讼管辖可以分为法定管辖和裁定管辖;以管辖是不是法律强制规定和任意规定为标准,行政诉讼的管辖可以分为专属管辖、协议管辖和选择管辖;以诉讼关系为标准,行政诉讼管辖可以分为共同管辖和合并管辖。根据我国行政诉讼法的规定,行政诉讼管辖包括级别管辖、地域管辖和裁定管辖。

第二节　级 别 管 辖

一、行政诉讼级别管辖的概念

行政诉讼级别管辖,是指上下级人民法院之间受理第一审行政案件的分工和权限,其实质是依据人民法院组织体系来确定上下级人民法院对第一审行政案件的管辖权。确定级别管辖是划分各级人民法院审理第一审行政案件的分工,确定第一审行政案件具体由哪一级法院进行审理的依据。根据我国《行政诉讼法》的规定,行政诉讼的级别管辖分为四级:基层人民法院的管辖、中级人民法院的管辖、高级人民法院的管辖和最高人民法院的管辖。

二、基层人民法院管辖的第一审行政案件

《行政诉讼法》第 14 条规定:"基层人民法院管辖第一审案件。"[①]这依规定表明,凡不属于其他级别法院管辖的案件,其余所有第一审案件基层人民法院都应当受理。但在发生基层人民法院因利害关系、管辖权争议和其他客观原因不能行使管辖权的情况时,其上级或共同上级人民法院可以指定管辖。原因在于,基层人民法院数量大、分布广,由其受理第一审行政案件,便于当事人诉讼,也便于案件的及时审理。

---

① 有学者认为,由基层人民法院行使行政案件的管辖权,行政案件管辖权的级别过低。在行政诉讼的实践中,这种规定的效果并不理想,不利于行政诉讼立法目的的实现。为了克服现行级别管辖存在的问题,应提高审级,调整部分行政案件一审法院的级别,确保审理案件法院的级别高于被告的"行政级别"。具体而言,应取消基层人民法院行政案件的管辖权,或者仅保留基层人民法院对简易行政案件的管辖权,由中级人民法院行使对一审行政案件的初审管辖权。参见姜明安主编:《行政法与行政诉讼法》,北京大学出版社 2005 年版,第 492 页。

三、中级人民法院管辖的第一审行政案件

根据《行政诉讼法》第15条规定,中级人民法院管辖下列第一审行政案件:

(一)对国务院部门或者县级以上地方人民政府所作的行政行为提起诉讼的案件

上述机关的级别较高,他们做出的具体行政案件的专业性和政策性较强,影响也较大,不适合由基层人民法院进行管辖。

(二)海关处理的案件

海关处理的行政案件主要包括:相对人对海关作出的行政处罚不服提起诉讼的案件,对海关的扣押决定不服提起诉讼的案件,对海关作出的缴纳关税不服提起诉讼的案件,有关海关行政处罚的案件等。需要强调的是,海关处理的案件不等于所有的海关案件。《最高人民法院关于海事法院受理案件范围的若干规定》规定,海事法院可以受理海事行政案件和海事赔偿案件。这类海关案件并非海关处理案件,由专门法院受理。

(三)本辖区内重大、复杂的案件

关于本辖区内重大、复杂的案件的标准,2018年《行政诉讼法司法解释》第5条有下列情形之一的,属于《行政诉讼法》第15条第3项规定的"本辖区内重大、复杂的案件":"(一)社会影响重大的共同诉讼案件;(二)涉外或者涉及香港特别行政区、澳门特别行政区、台湾地区的案件;(三)其他重大、复杂案件。"

(四)其他法律规定由中级人民法院管辖的案件

该项规定是一种指示性、兜底性条款,如果其他法律规定由中级人民法院作为第一审的行政案件,即由中级人民法院作为第一审,此处的法律,是指狭义上的法律,是指全国人大或者全国人大常委会通过的法律。例如《全国人民代表大会常务委员会关于在北京、上海、广州设立知识产权法院的规定》,对三个知识产权法院受理知识产权民事、行政案件范围作了规定,最高人民法院依据此决定发布了《最高人民法院关于北京、上海、广州知识产权法院管辖的规定》,最高人民法院该司法解释,就对知识产权法院和当地中级人民法院就案件管辖范围作了划分。

四、高级人民法院管辖的第一审行政案件

《行政诉讼法》第 16 条规定，高级人民法院管辖本辖区内重大、复杂的第一审行政案件。这类行政案件是专指在一个省、自治区、直辖市范围内，案情重大，涉及面广并具有重大影响的案件。

五、最高人民法院管辖的第一审行政案件

《行政诉讼法》第 17 条规定，最高人民法院只对在全国范围内有重大、复杂影响的行政案件才行使一审管辖权。

第三节　地域管辖

行政诉讼的地域管辖是指同级人民法院之间受理第一审行政案件的权限和分工。地域管辖和级别管辖既有联系又有区别。联系表现在：地域管辖是在级别管辖的基础上划分的，只有确定级别管辖后，才能确定地域管辖，借助于地域管辖进一步落实具体的受诉法院。区别在于：级别管辖是从纵向上来确定各级人民法院对案件的管辖权限，它所解决的是案件应由哪一级法院管辖的问题。而地域管辖是从横向上来确定同级人民法院之间对案件的管辖权限划分，它所解决的是应该由哪个地方的法院管辖的问题。地域管辖可以划分为：一般地域管辖和特殊地域管辖。

一、一般地域管辖

行政诉讼的一般地域管辖是指以作出具体行政行为的行政机关所在地来确定人民法院对行政案件的管辖。《行政诉讼法》第 18 条第 1 款规定："行政案件由最初作出行政行为的行政机关所在地人民法院管辖。经复议的案件，也可以由复议机关所在地人民法院管辖。"

行政案件由最初作出具体行政行为的行政机关所在地人民法院管辖。《行政诉讼法》第 26 条第 2 款规定："经复议的案件，复议机关决定维持原行政行为的，作出原行政行为的行政机关和复议机关是共同被告；复议机关改变原行政行为

的,复议机关是被告。”[①]根据这一规定,一般管辖包括两种情况:(1)行政案件由最初作出行政行为的行政机关所在地人民法院管辖,这是地域管辖的原则规定;(2)行政案件可以由最初作出行政行为的行政机关所在地的人民法院管辖,也可以由复议机关所在地的人民法院管辖,这是一般地域管辖的特殊规定。这种管辖适用于行政案件经过行政机关复议,复议机关维持原具体行政行为的情形。在这种情况下就出现了两个管辖法院,即最初作出行政行为的行政机关所在地人民法院有管辖权,复议机关所在地人民法院也管辖权。《行政诉讼法》修正过程中修改这一条的目的,就是通过行政复议制度加强对原行政行为的监督、修正,维护行政相对人的合法利益,减少诉讼。出现两个管辖法院后,由行政相对人根据具体情况选择管辖法院。

经过复议的案件,可能会出现以下三种情况:第一种情况,复议机关受理案件,维持了原行政行为,这种情况下,作出原行政行为的行政机关所在地人民法院有管辖权,行政复议机关所在地也有管辖权;第二种情况,复议机关受理案件,改变了原行政行为的处理结果,复议机关所在地人民法院有管辖权;第三种情况,复议机关没有受理案件,或者受理案件后,在法定期限内没有复议案件,这种情况下,复议机关不作为,如果要起诉复议机关,只能以行政不作为的理由起诉,与原案件没有了关联性,在此,我们只讨论前两种情况的管辖法院。

根据《行政诉讼法司法解释》第 22 条的规定,行政复议决定“改变原具体行政行为”,是指复议机关改变原行政行为的处理结果。复议机关改变原行政行为所认定的主要事实和证据、改变原行政行为所适用的规范依据,但未改变原行政行为处理结果的,视为复议机关维持原行政行为。复议机关确认原行政行为无效,属于改变原行政行为。复议机关确认原行政行为违法,属于改变原行政行为,但复议机关以违反法定程序为由确认原行政行为违法的除外。

二、特殊地域管辖

特殊地域管辖是以诉讼当事人或诉讼标的与法院管辖区的关系来确定行政

---

① 有学者认为,该规定确立了原告就被告的管辖规则,增加了原告的诉讼成本,不方便原告进行诉讼。而且,由于受诉法院与被告同处一地,法院受理和审理面临较大的困难。因此建议,除不动产案件外,原被告所在地的法院都有管辖权,确立由原告选择管辖的原则。参见姜明安主编:《行政法与行政诉讼法》,北京大学出版社 2005 年版,第 495 页。对此,美国法律的规定值得借鉴。对于案件有管辖权的法院有四种可能:(1)被告行政机关所在地及其官员居住地;(2)诉讼行为发生地;(3)不动产所在地;(4)原告居住地。在这四类法院中,除不动产所在地法院是专有管辖法院外,其余基础法院原告可以选择起诉。参见王名扬:《美国行政法》,中国法制出版社 1999 年版,第 595 页。

案件的管辖法院的。相对于一般地域管辖而言,该管辖优先适用。我国特殊地域管辖包括专属管辖和共同地域管辖两种。

(一)专属管辖

专属管辖是指法律以诉讼标的所在地为标准,强制规定特定的诉讼只能由特定法院进行管辖。专属管辖的显著特征在于它的管辖上的排他性。根据《行政诉讼法》第20条,因不动产提起的行政诉讼,由不动产所在地人民法院管辖。不动产一般是指不能移动其位置或者其位置移动后就会引起其性能、价值、形状等改变的财产,主要指土地及其地面附着物。土地包括滩涂、草原、山岭、荒地等;附着物指自然的或者人工的附在土地之上或之中的物体,如建筑物、矿山、山林、水流及其他定着物等。行政诉讼法所称的"不动产"案件具体包括不动产所有权、使用权案件,建筑物的拆除、改建案件,不动产污染案件,自然权属征收案件,自然资源采伐许可案件等。"不动产"必须是案件的客体或者当事人争议的标的,当事人起诉就是为了解决不动产权属问题。如果不动产仅仅是证据或关联情况,则不属于不动产案件。上述规定主要是为了便于人民法院对不动产进行调查、勘验,以便人民法院正确、及时地审理案件以及之后对判决的执行。

注意,当事人因国有资产产权界定行为提起行政诉讼的,应当根据不同情况确定管辖法院。产权界定行为直接针对不动产作出的,由不动产所在地人民法院管辖。产权界定行为针对包含不动产在内的整体产权作出的,由最初作出产权界定的行政机关所在地人民法院管辖;经过复议的案件,复议机关改变原产权界定行为的,也可以由复议机关所在地人民法院管辖。

(二)共同管辖

共同管辖是指依据法律规定,两个以上的人民法院对同一性质案件都有管辖权而由原告选择具体管辖法院的管辖。根据《行政诉讼法》的相关规定,共同管辖主要有以下两种情况:

第一,《行政诉讼法》第18条第1款规定:"行政案件由最初作出具体行政行为的行政机关所在地人民法院管辖。经复议的案件,也可以由复议机关所在地人民法院管辖。"

第二,《行政诉讼法》第19条规定:"对限制人身自由的强制措施不服提起的行政诉讼,由被告所在地或者原告所在地人民法院管辖。"所谓限制人身自由的行政强制措施,不仅包括限制人身自由的行政强制措施,还包括限制人身自由的行政处罚行为、行政拘留等行为。凡涉及限制公民人身自由的行政强制措施,无论其名称、措施、程序和实施状态如何,一律适用该条规定。被告所在地是指被诉行政机关主要办事机构所在地。原告所在地,包括原告户籍所在地、经常居住地和被限制人身自由所在地。所谓经常居住地,是指公民在其户籍所在地之外最后、连续居住满 1 年以上的地方。所谓被限制人身自由地,是指被告行政机关对原告实施强制治疗、强制戒毒等被限制人身自由的场所所在地。

行政机关基于同一事实既对人身又对财产实施行政处罚或者采取行政强制措施的,被限制人身自由的公民、被扣押或者被没收财产的公民、法人或者其他组织对上述行为均不服的,既可以向被告所在地人民法院提起诉讼,也可以向原告所在地人民法院提起诉讼,受诉人民可以一并管辖。

必须强调,共同管辖只是表明各有关法院对同一行政案件都拥有管辖权,并不意味着由他们共同审理同一行政案件。这一行政案件最终由哪个法院行使管辖权,还必须借助于选择管辖来解决。《行政诉讼法》第 21 条规定:"两个以上人民法院都有管辖权的案件,原告可以选择其中一个人民法院提起诉讼。原告向两个以上有管辖权的人民法院提起诉讼的,由最先立案的人民法院管辖。"由此可见,共同管辖和选择管辖是就同一问题分别从法院的管辖权和当事人两个不同的角度作出的规定,共同管辖是选择管辖的前提和基础,选择管辖是共同管辖的必要补充和具体落实。法律如此规定的目的是避免和解决人民法院管辖权问题引起的争议。

第四节 裁定管辖

行政诉讼的裁定管辖是指根据法律规定的规则,由人民法院裁定确定的第一审行政案件的管辖。由于其与级别管辖和地域管辖相比,不是法定的,而是由法院指定的,故称作裁定管辖,用于解决具体案件在管辖上出现的一些特殊问题。《行政诉讼法》第 21、22 条和第 23 条分别规定的移送管辖、指定管辖和移转管辖,均属于裁定管辖。

一、移送管辖

移送管辖,是指人民法院对已经受理的行政案件经审查发现自己对该案件没有管辖权时,依法将该行政案件移送给有管辖权的法院管辖的一种法律制度。这是无管辖权的人民法院受理了不属于其管辖的情况下所采取的补救措施,实质上是案件的移送。在行政诉讼中,移送管辖应当具备以下三个条件:

1. 移送案件的人民法院已经受理该行政案件,即诉讼程序已经开始但未审结。在审查起诉期间发现不属于自己管辖的人民法院应当告知当事人向有管辖权的人民法院提起诉讼,不产生移送问题;如果受诉人民法院已经对案件作出判决,当事人应当通过上诉或抗诉,引起二审程序或审判监督程序,也不发生移送管辖问题。

2. 移送案件的人民法院认为自己对该案件没有管辖权,即受案人民法院在审理过程中发现自己对该案件没有管辖权。这里的"认为自己没有管辖权"是以受案的人民法院的认识为标准,而不是以客观实际为标准。如果受诉人民法院认为自己对已受理的行政案件无管辖权,必须将案件及时移送给有管辖权的人民法院。

3. 受理案件的人民法院只能将案件移送给自己认为对该案有管辖权的人民法院。移送管辖的目的是纠正管辖中出现的错误,避免没有管辖权的人民法院对行政案件审理造成损失,因此,人民法院在运用移送管辖时,必须将案件移送给受理法院认为有管辖权的人民法院。这里的有管辖权的人民法院,也是以受理案件的人民法院的主观认识为准,而不是以客观实际为准。

注意,依据《行政诉讼法》第 22 条,受移送的人民法院必须接受移送。案件被受理法院移送到受移送的人民法院,受移送的人民法院必须接受。如果受移送的人民法院认为自己也无管辖权时,不得再自行移送给别的人民法院或退回移送的人民法院,而应当报请上一级人民法院指定管辖,以免影响行政相对人依法行使诉权和法院对行政案件的及时审理。

二、指定管辖

指定管辖,是指由于某种特殊原因,有管辖权的人民法院不能行使管辖权,或者两个以上人民法院对同一行政案件的管辖发生争议,由上级人民法院以裁定的方式,决定案件由某个人民法院管辖的制度。指定管辖的意义在于使本来没有管辖权的人民法院由于上级人民法院的指定而获得管辖权,或者在有管辖权的法院中确定具体的管辖法院,确保行政案件得到及时审理。依据《行政诉讼法》第 23 条,行政诉讼的指定管辖有下列两种情形:

1. 有管辖权的人民法院由于特殊原因不能行使管辖权的,由其上级人民法院指定管辖。所谓特殊原因主要有两个方面:(1)事实原因,这是指有管辖权的人民法院遇到不可抗力的原因,客观上无法行使管辖权,如发生地震、水灾、火灾等自然灾害或事故;(2)法定原因,这是指法律明确规定有管辖权的人民法院遇到当事人申请全体审判人员回避而无法组成合议庭,不能行使管辖权。这可能包括:原告是受诉人民法院的工作人员、受诉人民法院所在地的党政主要负责人或者是受诉人民法院主要领导人或者行政审判人员的近亲属,或者受诉人民法院参与了被诉具体行政行为,当事人申请回避的理由成立的。

2. 人民法院之间因对管辖权发生争议并协商不成的,由它们共同的上级人民法院指定管辖。人民法院之间管辖权发生争议有两种情况:一种是积极争议,它是指两个以上的人民法院都认为自己对某一行政案件享有管辖权;另一种是消极争议,它是指两个以上人民法院都认为自己对某一行政案件没有管辖权。处理这两种争议,首先应当协商,协商不成的,应报请双方共同上级人民法院来指定。

三、移转管辖

移转管辖又称管辖权的转移,它是指经上级人民法院决定或同意,下级人民法院将其有管辖权的第一审行政案件移交给上级人民法院审理,或者上级人民法院将自己有管辖权的第一审案件移交给下级人民法院审理的情形。上级人民法院有权审判下级人民法院管辖的第一审行政案件,也可以将自己管辖的第一审行政案件移交下级人民法院审判。下级人民法院对其管辖的第一审行政案件,认为需要由上级人民法院审判的,可以报请上级人民法院决定。移转管辖时应当注意以下两点:首先,移转的法院与接收的法院之间应当有审级关系,没有上下级审级关系的法院之间是不能进行移转管辖的;其次,移转管辖的目的应当在于诉讼公正和诉讼效率,诸如下级法院受理案件后,发现案情复杂,难度大,自己力所不能及,或者为了排除地方的干扰,或是为了保护当事人的诉权等。

移转管辖不同于移送管辖:(1)移交法院之间的关系不同。移送管辖一般是在同级人民法院之间进行的,它是地域管辖的一种补充形式,其目的是将没有管辖权的法院已受理的行政案件,移送给有管辖权的人民法院;而移转管辖发生在上、下级法院之间,它是级别管辖的一种变通形式,其目的是调整不同级法院对具体案件的管辖权。(2)移交的基础不同。移送管辖是受案法院认为自己对案件没有管辖权,而将行政案件移送给有权管辖的法院;移转管辖则是有管辖权的法院经上级法院决定或同意,将自己有管辖权的行政案件移交给无管辖权的法院。(3)移交的条件不同。移转管辖必须经过上级人民法院同意或直接决定,下级人民法院只有提出管辖权转移的建议权，没有最终的决定权；移送管辖的移送法院可以不经受移送法院的同意，直接将案件移送过去。

第五节　管辖异议

一、管辖异议的含义

管辖异议又称管辖权异议，是指当事人认为受诉人民法院对已受理的案件无管辖权，提出不服该受诉法院管辖的意见。由于《行政诉讼法》没有规定管辖异议制度，法院在实践中遇到管辖异议问题时，通常会适用《民事诉讼法》有关管辖异议的规定来处理。为了填补法律的空白，最高人民法院在 2018 年《行政诉讼法司法解释》中对管辖异议作出了补充规定，确立了行政诉讼的管辖异议规则，主要是为了克服地方保护主义，充分保护行政诉讼当事人的诉权。

二、管辖异议的条件

人民法院在审查当事人提出的管辖异议时，通常审查是否符合管辖异议的成立条件。按照 2018 年《行政诉讼法司法解释》第十条的相关规定，当事人提出管辖异议，必须满足以下条件：

第一，提出管辖异议的主体适格。按规定，提出管辖异议的主体是行政诉讼的当事人，即原告、被告或第三人，当然，原告是否有权提出管辖异议，目前在学界尚存不同意见。有学者认为原告不应成为管辖异议的主体。理由在于，管辖法院是原告自己主动选择的，应视为已经承认和接受受诉法院的管辖，不存在管辖异议问题。如果原告对管辖确有异议，完全可以撤诉。[①] 也有学者认为，原告可以成为管辖异议的主体。理由在于，根据 2018 年《行政诉讼法司法解释》第 60 条的规定，原告撤诉后，若以同一事实和理由重新起诉的，人民法院不予受理。因此，原告不行使管辖异议权，其行政诉权难以保证。并且，在司法实践中，原告提出管辖异议的情形主要有：原告误向无管辖权的法院起诉的，在法院受理后才知道受诉法院无管辖权；在共同诉讼中，被追加进来的共同原告对受诉法院的管辖权提出异议；受诉法院认为被告的理由成立，之后依职权提出自己无管辖权而将案件移

---

① 参见张树义主编：《寻求行政诉讼制度发展的良性循环》，中国政法大学出版社 2000 年版，第 75 页。

送，原告对移送的裁定提出异议。[①]

第二，在规定期限内提出异议。当事人提出管辖异议，应当在接到人民法院应诉通知之日起 15 日内以书面形式提出，并且只能向受理案件的一审法院提出，而不能向二审法院提出。值得注意的是，行政诉讼中关于管辖异议的期限的规定 2000 年最高人民法院《行政诉讼法司法解释》规定的异议期限是在收到人民法院应诉通知之日起 10 内以书面形式提出。2018 年《行政诉讼法司法解释》延长了异议期限，与《民事诉讼法》的异议期限保持一致，有利保护被告方的诉权。

第三，提出管辖异议的形式和内容符合要求。当事人提出管辖异议，只能采用书面形式。并且，在书面异议中，必须说明异议的内容，例如，当事人认为受诉法院无管辖权而应当由其他法院管辖，或者认为虽然受诉法院有管辖权，但由于某些特殊原因不适宜管辖而应当依法转移管辖权。

三、对管辖异议的处理

对当事人提出的管辖异议，人民法院应当在案件实体审理之前进行审查。异议成立的，受理行政案件的人民法院应当裁定，将案件移送有管辖权的人民法院[②]；异议不成立的，裁定驳回。根据 2018 年《行政诉讼法司法解释》第十条和第一百零一条的规定，对裁定驳回管辖异议不服的，当事人可以在法定期限内提出上诉。上诉法院应当在法定期限内，对上诉进行审查并作出最终裁定。逾期不提出上诉和二审人民法院裁定驳回上诉，维持原裁定的，原审人民法院应当继续本案的审理。当事人就原审人民法院有无管辖权问题提出再审的，不影响原审人民法院对案件的继续审理。根据 2018 年《行政诉讼法司法解释》第十一条的规定，有下列情形之一的，人民法院不予审查：(一)人民法院发回重审或者按第一审程序再审的案件，当事人提出管辖异议的；(二)当事人在第一审程序中未按照法律规定的期限和形式提出管辖异议，在第二审程序中提出的。

---

① 参见章武生：《民事案件管辖权异议初探》，载《法学研究》1993 年第 6 期。

② 有学者对此质疑，认为对于管辖异议成立时直接由法院依职权将案件移送有管辖权法院的处理方式不妥。如果某案件有两个或两个以上的法院有管辖权，应当由原告自行选择。而法院依据职权移送处理的方式实际上限制或剥夺了原告对管辖法院的选择权，并且即使有管辖权的法院只有一个，也可能由于种种原因，原告不愿意去受移送的法院进行诉讼。因此，受诉法院忽视原告意愿而依职权移送的行为违背了原告发动诉讼的法律规定，不利于对原告诉权的全面保护。参见章武生：《民事案件管辖权异议初探》，载《法学研究》1993 年第 6 期。

以案说法

案例一

农民张某自2016年3月以来一直在某市城西区从事人力三轮车货运经营。2018年5月10日，由某市城西区工商局、公安分局和市容管理办公室三机关工作人员组成的执法队在进行执法检查时，发现张某无证从事违法经营活动，遂将张某的人力三轮车扣押。第二天，执法队将张某的三轮车送往城北废旧物资处理站集中销毁。张某赶往该站，并与执法人员发生争执。执法队工作人员认为张某态度恶劣，便将其就地关押在一间办公室长达10小时。张某回到住所地后，决定起诉某市城西区工商局、公安分局和市容管理办公室三机关。他在向上述三机关所在地的城西区人民法院和关押地城北区人民法院函寄起诉状2天后，又向某县人民法院提起行政诉讼，请求判决撤销三机关联合执法作出的限制人身自由的行政强制行为并判令三机关赔偿其损失，同时告知县人民法院，他已于2天前向被告所在地的某市城西区人民法院和被限制其人身自由所在地的城北区人民法院函寄了起诉状，但是未办理手续。县人民法院得知此情况后，便与城西区人民法院和城北区人民法院电话联系，该二院告知均已收到原告的起诉状，并已发出通知要求原告办理手续。县人民法院向他们说明原告已经向本院递交了起诉状并办理了手续，通知他们不要受理此案，而决定由本院受理此案。

问题：本案如何确定管辖权？

评析：根据《行政诉讼法》的规定，两个以上的人民法院均有管辖权的案件，原告可以选择其中一个人民法院提起诉讼。原告向两个以上有管辖权的人民法院提起诉讼的，由最先收到起诉状的人民法院管辖。人民法院因管辖权发生争议，由争议双方协商解决，协商不成的，报其共同上级法院指定管辖。

本案中，三被告做出了三种不同性质的行为，一是扣押原告车辆行为，二是销毁原告车辆行为，三是限制原告人身自由的行为。针对前两个行为，原告只能向某市城西区人民法院提起行政诉讼，即由作出具体行政行为的行政机关所在地的人民法院管辖此案。由于第三种行为是限制人身自由的行为，所以按照2017年《行政诉讼法》第19条的规定，限制原告人身自由的城北区人民法院和原告所在地的某县人民法院均享有管辖权。因此，原告针对不同的行为应选择不同的管辖法院。

行政诉讼的裁定管辖是指根据法律规定的规则，由人民法院裁定确定的第一审行政案件的管辖。裁定管辖包括移送管辖、指定管辖和移转管辖。

移送管辖，是指人民法院对已经受理的行政案件，发现自己对该案件没有管辖权,从而依法将该行政案件移送给有管辖权的法院审理。

指定管辖,是指由于某种特殊原因,有管辖权的人民法院不能行使管辖权,或者两个以上人民法院对同一行政案件的管辖发生争议,由上级人民法院以裁定的方式,决定案件由某个人民法院管辖的制度。

移转管辖又称管辖权的转移,是指经上级人民法院决定或同意,下级人民法院将其有管辖权的第一审行政案件移交给上级人民法院审理,或者上级人民法院将自己有管辖权的第一审案件移交给下级人民法院审理的情形。移转管辖不同于移送管辖:首先,移交法院之间的关系不同。其次,移交的基础不同。最后,移交的条件也不同。

行政诉讼的管辖权异议是指在行政诉讼当事人在人民法院受理起诉后的法定期间内,向受理案件的人民法院提出异议,认为该案件应当由其他人民法院受理的情形。能够提出管辖权异议的只有行政诉讼的当事人,即原告、被告、共同诉讼人和第三人。

案例二

董某芝与同院邻居骆某芬双方平素关系不睦,2017 年 3 月 15 日双方因院内雨水的清扫发生争执。此时,董某芝的丈夫范某财用污秽下流的语言辱骂骆某芬。随后范某华(董某芝之女)当众用极其恶劣的语言对骆进行侮辱。骆某芬忍无可忍,打了范某华一记耳光。随后范某华、董某芝、陈某运(范某华之夫)共同对骆进行殴打,双方厮打成一团。范某华踢伤骆的腹部,被群众拉开后,董某芝、陈某运阻止骆离开现场,继续揪打骆某芬,致其当场昏迷。经医院诊断:骆某芬"脑外伤综合征""双手挫伤,左中、下腹部挫伤",住院治疗 15 天。董某芝"左手软组织挫伤、右前臂表皮挫伤"。董某芝、范某华、陈某运的行为引起了在场围观群众的公愤。

对此 T 市公安局 H 分局分别以"殴打他人"为由给予董某芝拘留 15 日处罚,给予陈某运拘留 10 日处罚;以"公然侮辱妇女"为理由给予范某华拘留 15 日处罚。董某芝、陈某运、范某华不服,申请复议,复议机关经过复议认为:董、骆两家此次纠纷,双方互有责任。根据《治安管理处罚法》,以"殴打他人为由"对董某芝改裁为罚款 200 元;对陈某运改裁罚款 100 元;以"侮辱他人"为由,对范某华改裁罚款 200 元。骆某芬对此不服,对复议决定提起诉讼。法院经审理查明:本案系董某芝故意滋事,挑起事端,且殴打原告骆某芬致伤;范某华当众公然对原告进行侮辱,情节严重。根据董某芝、范某华的违法事实,复议机关给予罚款处罚,显失公正,判决变更被告的裁决,分别对董某芝、范某华处以行政拘留 15 日。但未对陈某运做出处理。董某芝、范某华提起上诉。

问题：在骆某芬对复议决定不服提起的诉讼中，哪个法院有管辖权？

评析：根据《行政诉讼法》第18条规定："行政案件由最初作出行政行为的行政机关所在地人民法院管辖。经复议的案件，也可以由复议机关所在地人民法院管辖。"最初作出具体行政行为的行政机关——T市公安局H分局所在地以及复议机关——T市公安局所在地的法院都有管辖权，又由于本案不属于重大、复杂的案件，由基层法院审理即可。

1. 公民对行政机关限制人身自由的行政强制措施不服而提起的诉讼，既可以由被告所在地人民法院管辖，也可以由原告所在地人民法院管辖。

2. 临界不动产案件，有关行政区域的人民法院都有管辖权。这里比较常见的是因临界库区、保护区而发生的行政案件。

3. 行政机关基于同一事实既对人身又对财产实施行政处罚或者采取行政强制措施的，被限制人身自由的公民、被扣押或者没收财产的公民、法人或者其他组织对上述行为均不服的，被告所在地人民法院和原告所在地人民法院都有管辖权。

在确定管辖法院方面，可以采用以下四种方法：

1. 原告选择。两个以上人民法院都有管辖权的案件，原告可以选择其中一个人民法院提起诉讼。

2. 最先收到诉状的人民法院管辖。原告向两个以上有管辖权的人民法院提起诉讼的，由最先收到起诉状的人民法院管辖。

3. 协商管辖或者指定管辖。人民法院对管辖权发生争议，由争议双方协商解决。协商不成的，报他们的共同的上级人民法院指定管辖。

4. 受诉人民法院一并管辖。行政机关基于同一事实既对人身又对财产实施行政处罚或者采取行政强制措施的，被限制人身自由的公民、被扣押或者没收财产的公民、法人或者其他组织对上述行为均不服的，既可以向被告所在地人民法院提起行政诉讼，也可以向原告所在地人民法院提起行政诉讼，受诉人民法院可以一并管辖，将两个诉讼请求合并审理。

第十六章　行政诉讼参加人

导入案例

2018 年 10 月 9 日，张某的侄女与江某的堂兄结婚。次日，张某与其兄到江某堂兄家做客。饭后闲谈中，张某之兄讲到江某之兄昨天为抬嫁妆，将张某亲戚的自行车胎划破。江某之兄听到后，与坐在身边的张某争辩，因话不投机，双方拉扯起来。江某见后，不分青红皂白，即用手中的碗向张某头上砸去，致张某血流满面。10 月 12 日，张某向公安部门报案，要求依法处理。江某于 10 月 13 日向公安部门投书，承认错误，表示愿意接受调解。桐城县公安局于 11 月 30 日对江某分别作出治安拘留 7 天的处罚裁决和赔偿张某医疗费等损失共 601.47 元的处理决定。江某不服桐城县公安局的处罚裁决和处理决定，于 12 月 5 日向安庆市公安局提出复议申请。被告安庆市公安局根据《治安管理处罚法》作出撤销桐城县公安局对江某治安拘留 7 天的复议决定。张某于 2019 年 2 月 4 日收到被告的复议决定书后，于 2 月 7 日提起行政诉讼。

思考：在这个案例中，张某能够作为原告提起诉讼吗？

提示：行政诉讼的原告是指认为行政主体及其工作人员的具体行政行为侵犯其合法权益，以自己的名义依法向人民法院起诉，从而引起行政诉讼程序发生的公民、法人和其他组织。在本案中，张某认为公安局不处罚江某的行政行为侵犯了自己的合法权益，其当然可以根据行政诉法法的相关规定提起诉讼，以行使自己的权利。

第一节　行政诉讼参加人概述

一、行政诉讼参加人的概念

行政诉讼参加人，是指因与行政案件有利害关系，通过起诉、应诉等方式参加到行政诉讼活动中,并对整个或部分行政诉讼活动产生较大影响的行政诉讼当事人及其代理人。行政诉讼参加人包括行政诉讼当事人和与行政诉讼当事人地位类似的行政诉讼代理人。行政诉讼当事人具体包括行政诉讼原告、行政诉讼被告和行政诉讼第三人。行政诉讼代理人包括法定代理人、指定代理人和委托代理人。行政诉讼参加人和行政诉讼参与人不同,后者的范围更为广泛,它不仅包括行政诉讼参加人,而且还包括了证人、勘验人、鉴定人和翻译人员。

二、行政诉讼当事人

(一)行政诉讼当事人的概念

行政诉讼当事人,是指因具体行政行为发生争议,以自己的名义参加诉讼,并受人民法院裁判拘束的人。当事人有狭义与广义之分,狭义的当事人仅指原告与被告,包括共同原告和共同被告;广义的当事人除原告和被告外,还包括第三人。在行政诉讼的不同阶段,当事人有不同的称谓:在第一审程序中,称为原告和被告;在第二审程序中,称为上诉人和被上诉人;在审判监督程序中,称为申诉人和被申诉人;在执行程序中,称为申请执行人和被申请执行人。当事人的称谓不仅仅是一个名称问题,而且直接表明了当事人在行政诉讼中的诉讼地位及其诉讼权利和义务。行政诉讼当事人具有如下特点:

1. 行政诉讼当事人是与具体行政行为有直接利害关系,并受人民法院裁判拘束的人。这里所说的利害关系,指的是行政实体法上的利害关系。对实体法上的相对人来说,利害关系是指其权利义务的得失、变更。对实体法上的被告行政机关而言,利害关系则是指其行使权力的行为是否合法、得当。当事人以外的其他诉讼参与人并不是基于自身利益参加诉讼,而是为了协助他人进行诉讼,他们与案件的审理结果也没有直接或间接的利害关系。

2. 行政诉讼当事人以自己的名义参加诉讼,这是当事人不同于代理人的根本特点。所谓以自己的名义进行诉讼,也就是按自己的意志、为自己的利益参加诉讼。代理人是以被代理人的名义参加诉讼的,因此其不是行政诉讼的当事人。

3. 行政诉讼当事人具有一定的稳定性。行政诉讼的原告与被告、第三人与被告的关系具有一定的稳定性,被告永远是行政主体,体现出行政诉讼典型的“民告官”性质。

4. 行政受诉当事人应当受到法院裁判的约束。因为人民法院的裁判是针对当事人之间的行政权利和义务的争执作出的,因而其裁判的效力也只是针对当事人。当事人以外的其他诉讼参与人,人民法院的裁判则不发生拘束力。

(二)诉讼当事人的诉讼地位

当事人的诉讼地位指的是行政诉讼中当事人所享有的诉讼权利和诉讼义务。

当事人的诉讼权利主要有:(1)与实体权益直接相关的诉讼权利。如原告有起诉权,变更或增加诉讼请求的权利;被告有应诉权和答辩权。(2)程序上的诉讼权利。如申请回避权、举证权、辩论权等权利。(3)对法院生效判决的执行申请权。胜诉一方有权向人民法院申请执行。此外,对法院生效的法律文书,对被告有依法强制执行的权利。

当事人应当履行的诉讼义务主要有:依法行使诉讼权利、按时到庭参加诉讼,履行举证义务、遵守法庭秩序、自觉履行生效的法律文书等。

需要指出的是,在行政诉讼中,原告与被告的诉讼权利、义务并不完全对等。如原告有起诉权,而被告没有反诉权;再如行政诉讼实行举证责任倒置,被告承担具体行政行为合法性的举证义务。此外,上述的原告的诉讼权利、义务也及于第三人。

第二节　行政诉讼的原告

一、行政诉讼原告的概念

行政诉讼的原告是指认为行政主体及其工作人员的具体行政行为侵犯其合法权益,以自己的名义依法向人民法院起诉,从而引起行政诉讼程序发生的公民[①]、法人和其他组织。理解行政诉讼原告需要注意以下几点:

1. 行政诉讼原告是公民、法人和其他组织。在行政诉讼中,只有作为行政实体法中的行政相对人——公民、法人和其他组织才有必要成为行政诉讼中的原告。行政机关在法律上具有双重地位,当其作为行政主体时,不具有原告资格;但

---

① 根据《行政诉讼法》第25条的规定,行政行为的相对人以及其他与行政行为有利害关系的公民、法人或者其他组织,有权提起诉讼,比1989年《行政诉讼法》更为合理,但该条中的公民换成自然人更为妥当,因为公民是指具有中华人民共和国国籍的自然人,明显不能涵盖外国人和无国籍人。根据《行政诉讼法》第99条的规定,在对等原则下,外国人和无国籍人在我国领域内进行行政诉讼,也适用《行政诉讼法》关于原告的规定,同我国公民一样享有同等的诉讼权利和义务。因此,用"自然人"这一概念也许比"公民"更妥当。

当其以行政相对人的身份出现,接受其他行政机关的管理,受到具体行政行为侵害时,也可以成为行政诉讼的原告。

2. 行政诉讼原告是认为具体行政行为侵犯其合法权益的公民、法人和其他组织。这里有四层内容:(1)在我国,目前只有法定权利,而且主要是人身权、财产权受到侵害的人才有原告资格。(2)原告必须是自己的合法权益受到侵害的人。任何人不得为他人的利益而起诉。(3)这里所说的侵害是指对相对人行政法上的权利义务产生影响,包括已经产生影响和一旦实施必将产生影响,而不仅限于已经造成实际损害。(4)这里的侵害并不以真实存在为必要条件,只要起诉人"认为"其合法权益受到侵害即可。至于起诉人的合法权益是否确受其害,最终要由人民法院作出判断。

3. 行政诉讼原告是承担具体行政行为法律后果或受具体行政行为影响的公民、法人或其他组织。原告必须与被诉的具体行政行为有利害关系,即承担该具体行政行为法律后果或其合法权益受到具体行政行为影响。

具体而言,我国行政诉讼原告主要包括:

1. 自然人。既包括我国国民也包括认为自己权利受到侵害的外国人和无国籍人。

2. 法人。法人是指具有民事权利能力和民事行为能力,依法独立享有民事权利和承担民事义务的组织,包括企业、事业和社团法人。

3. 其他组织(非法人组织)。其他组织是指依法成立、有一定的组织机构和财产,但又不具备法人资格的组织。其他组织的范围,具体包括依法登记并领取营业执照的私营独资企业、合伙组织、合伙型联营组织等。不具备法人资格的其他组织向人民法院提起行政诉讼,由该组织的主要负责人作诉讼代表人。没有主要负责人时,可以由实际负责人作诉讼代表人。

二、行政诉讼原告的确定

有关原告资格的立法规定主要体现在如下三个方面:《行政诉讼法》第 2 条关于行政诉权的规定;《行政诉讼法》第 25 条关于原告范围的规定,即确定原告的不同情形;《行政诉讼法》第 44 条至第 49 条关于起诉、受理条件的规定。依据上述规定,学者习惯以行政相对人作为标准来判定原告资格①。鉴于《行政诉讼法》的立法规定过于原则,难以解决司法实践中原告资格的确定问题,《行政诉讼法司法解释》第12条规定,即“与具体行政行为由法律上利害关系的公民、法人或者其他组织对该行为不服的,可以提起行政诉讼”。这一规定确立了“法律上的利害关系”标准,意味着所有行政诉讼第三人都可能成为行政诉讼的原告。② 该标准的确立,扩大了原告资格的范围,也拓宽了行政诉讼的受案范围,更有利于保护相对人的行政诉权。

根据上述解释的规定,具体而言,行政诉讼原告资格应当按照如下方式确定:

1. 被诉的行政行为涉及其相邻权或者公平竞争权的。

相邻权人原告资格的确定。相邻权是指不动产的占有人在行使其物权时,对

---

① 目前学术界和实务界对《行政诉讼法》是如何界定原告资格的有不同的理解。第一,相对人说。这个观点认为,行政诉讼的原告,必须是被诉行政行为指向的对象,及行政行为的相对人。“我国行政诉讼法第24条用专门的法律条文规定行政诉讼原告的法定条件有三:(1)原告必须是具体行政行为的对象,即是原告定位于相对人;(2)原告必须是认为具体行政行为的相对人;(3)原告必须是向法院提起诉讼的相对人。”(刘恒:《行政救济制度研究》,法律出版社1998年版)“有学者认为,根据我国行政诉讼法学理论,对行政机关的具体行政行为不服,只有该具体行政行为的相对人才能起诉,而行政相对人是指具体行政行为所赋予的权利或所科处义务的直接承受者,不包括与该具体行政行为有其他关系的公民、法人或者其他组织。该观点认为《行政诉讼法》第27条有关第三人的规定,确定了具体行政行为其他相关人在行政诉讼中的地位是第三人而不是原告。”这种以行政相对人作为界定原告资格的观点,在行政诉讼制度刚刚开始的时候,比较流行,但随着行政诉讼实践和理论的发展,这种观点被越来越多的人抛弃。第二,利害关系说。这种观点认为,行政诉讼原告资格就是利害关系,只要公民、法人、其他组织与被诉行政行为有利害关系,就是合格的原告,否则,就不具备原告资格,不能提起行政诉讼。第三,认定规则说。这种观点认为,原告资格的本质,是如何认定合格原告,而如何认定合格原告是通过确立原告资格的规则来完成的。第四,利益保护说。这种观点认为,行政诉讼原告的资格是法律上的利益,但法律上的利益是有程度的,这个程度上的限制应当是在诉讼上值得保护的利益。如果这种利益是微小的、不值得耗费司法资源进行保护的利益,所以,这个观点是把法律上的利益作为确认原告资格的性质标准,而把值不值得保护作为衡量原告资格或者程度标准。第五,程序实体结合说。这种观点把原告资格的形式问题与法院审判的实体问题联系起来,认为法院能够通过诉讼解决实体问题的,起诉人就具备原告资格;如果法院无权或者不能受理,审判的实体问题,起诉人就不具备原告资格。认为把原告资格仅仅看成程序性问题或形式问题这种传统制度和做法,都是不正确的。此外,还有其他理论观点,如实际侵权说,认为公民、法人和其他组织是否具备原告资格,要看其合法权益是否受到了行政机关具体行政行为的实际侵害。主观认为说,即只要公民、法人或者其他组织认为行政机关所做的具体行政行为侵犯其合法权益,就具备了向人民法院起诉请求撤销或者变更的资格。

② 什么是“法律上”的利害关系,有学者认为在理解时应该区分法律上的利害关系和法律上应当保护的厉害关系。法律上的利害关系是指法律上的利益,是起诉人通过诉讼期望获得法律保护的利益,而法律上应当保护的利害关系是指起诉人通过诉讼能够获得保护的利益,与起诉人的胜诉权相关。至于“利害关系”,应当理解为切身的、现实的和直接的利害关系。参见姜明安主编:《行政法与行政诉讼法》,北京大学出版社2005年版,第502页。

与其相邻的他人不动产所享有的特定支配权。如果具体行政行为侵害了公民的相邻权，相邻权人具有原告资格。

公平竞争权人原告资格的确定。行政机关的具体行政行为涉及公平竞争权时，公民、法人或其他组织可以依法提起行政诉讼，也就是说公平竞争权受到侵犯的公民、法人或其他组织具有原告资格。

2. 在行政复议等行政程序中被追加为第三人的。

行政复议中的第三人与申请人、被申请人同属于行政复议当事人范畴，是指除申请人、被申请人外，与复议案件有利害关系，为维护自己利益而参与复议程序，承担复议权利与义务的人。在复议程序中被追加为第三人，如果在复议程序中被复议结论设置了相应义务，有权利向人民法院提起诉讼。

在其他行政程序中被追加为第三人，是行政管理中的第三人，与具体行政行为有利害关系，或者被相应具体行政行为设定为承担义务的第三人，有原告资格，可以向人民法院提起诉讼。

3. 要求行政机关依法追究加害人法律责任的。

侵权案件中的受害人是指平等主体一方因受到其他公民（加害人）违法行为侵害的人。在发生侵害时，如果加害人或受害人中起诉的一方为原告，没有起诉的一方是第三人；如果加害人认为行政处罚过重而起诉，受害人认为处罚过轻同时起诉的，受害人和加害人都是原告，但他们不是共同原告。

4. 撤销或者变更行政行为涉及其合法权益的。

行政机关在行政管理过程中，撤销或者变更行政行为涉及除行政相对人之外第三人的合法权益，行政机关的撤销或者变更的行政行为会影响第三人的合法权益，即该第三人与行政机关的撤销或者变更行政行为有利害有关系，在这种情况下有原告资格，可以通过行政诉讼维护自身合法权益。

5. 为维护自身合法权益向行政机关投诉，具有处理投诉职责的行政机关作出或者未作出处理的。

这是投诉举报者的原告资格规定，即必须是出于为维护自身合法权益向行政机关投诉。在司法实践中，投诉类行政等滋扰性案件数量激增。一些与自身合法权益没有关系或者与被投诉事项没有关联的“职业打假人”“投诉专业户”，利用立案登记制度降低门槛之机，反复向行政机关进行投诉。被投诉机关无论作出还是不作出处理决定，“职业打假人”等都会基于施加压力等目的而提起行政诉讼。这些人为制造的诉讼，既干扰了行政机关的正常管理，也浪费了法院有限的司法资源，也使得其他公民正当的投诉权利受到影响。《行政诉讼法司法解释》明确规定,为维护自身合法权益向行政机关投诉,具有处理投诉职责的行政机关作出或者未作出处理的公民、法人或者其他组织具有原告主体资格。

6. 其他与行政行为有利害关系的情形。

这是一种兜底性条款,立法或者司法解释不能把与具体行政行为有利害关系的所有状况一一列举,采用这种灵活性规定,可以让人民法院在《行政诉讼法》的规定范围内,把符合立法条件的行政案件立案审查,公正审理案件,化解社会矛盾。

《行政诉讼法司法解释》第15条至第18条,对相关原告资格的确定,就是根据与具体行政行为有利害关系而确定的。

三、行政诉讼原告资格的转移

原告资格转移是指有权起诉的公民死亡、法人或其他组织终止,他们的原告资格依法转移给与其有利害关系的特定公民、法人或其他组织。行政诉讼原告资格转移应该注意以下几个问题:

1. 行政诉讼原告资格转移的条件。行政诉讼原告资格转移的条件主要包括以下几个方面:(1)有原告资格的主体在法律上不复存在;(2)有原告资格的自然人死亡、有原告资格的法人或非法人组织终止时,其诉讼期限仍在法定起诉期限内;(3)原告资格转移发生在有特定利害关系的主体之间,就自然人而言,彼此之间存在着近亲属关系,就法人或非法人组织之间,被转移主体与承受者之间在实体权利义务上存在着承受与被承受的关系。

2. 自然人原告资格的转移。有权提起诉讼的公民死亡,其近亲属可以提起诉讼。近亲属包括配偶、父母、子女、兄弟姐妹、祖父母、外祖父母、孙子女、外孙子女和其他具有扶养、赡养关系的亲属。公民因被限制人身自由而不能提起诉讼的,其近亲属可以依其口头或书面委托以该公民的名义提起诉讼。

3. 法人或者其他组织的原告资格的转移。有权提起诉讼的法人或者其他组织终止,承受其权利的法人或者其他组织可以提起诉讼。

第三节　行政诉讼的被告

一、行政诉讼被告的概念

行政诉讼的被告①是原告指控其具体行政行为侵犯原告的合法权益而向人民法院起诉，人民法院受理后通知其应诉的行政机关或法律、法规授权的组织。根据《行政诉讼法》(2017)第25条的规定，行政诉讼的被告包括必须满足以下条件：

1. 具有行政主体资格。它可能是行政诉讼被告是行政机关和法律、法规授权的组织。这里的行政机关指的是有独立的机构、编制和经费，能够以自己的名义

---

① 在理论上，确定行政诉讼被告有行为说和代表说两种观点。(1)行为说，即以主体的行为为根据确定行政诉讼被告，谁行为，谁是被告。就行政诉讼的被告资格来讲，本质上是一个程序性质问题，不是一个实体行政的问题；不但如此，而且被告资格这个程序性问题还是行政诉讼受案范围问题已经解决了的前提下才能确定。所以，我们讨论被告资格问题的前提，是案件已经是行政案件，被诉的行为已经被确定为行政行为，属于行政诉讼受案范围。谁行为谁是被告，其本质是以"名"而不是以"实"作为确定被告的资格标准。其合理性和优越性有：一是被告本身就是程序性问题，不是也不应当是实体性问题。被告资格不是要解决被告是否有权做出这样的行政行为，而是要解决谁做出了这个行政行为。二是被告资格本身就具有代表性质。这种代表性首先是因为各个行政机关、机构等拥有的都是国家的行政职权，是代表国家在行使权力，也是具体的机关、机构代表着抽象的国家。所以，虽然任何一个行政行为都是由特定的主体作出或者实施的，没有也不可能由一个抽象的主体作出一个行政行为。但是，行政行为的效力是统一的，行政行为所产生的是法律上的约束力，而不是某一个机关、机构自身的效力。在这种背景下的被告，也具有代表性质，代表国家行政职权行使者来承担行政职权行使的法律后果和法律责任。三是行为者做被告有很实际的意义。无论是对起诉人来说，还是对法院来说，确定行为者总是很容易的；反过来，确定行政主体、行为主体、责任主体三主体何以还要确定行为者是否有独立的财政拨款、是否有法律，总是更复杂的，有时甚至是非常困惑的。谁行为谁被告，把复杂的问题简单化，便于起诉人起诉，也便于法院启动行政诉讼。四是行为者做被告不会影响当事人诉讼权利的实现。也不会影响法院裁判的履行。(2)代表说。任何行政机关、机构等，都属于同级人民政府的职能部门或者工作机构等，最终归属于同级政府。这是我们的基本行政体制，而且毫无例外。因此，学者认为完全可以把行政诉讼的被告确定为同级人民政府。代表说的主要理由：其一，政府作为行政诉讼的被告，更能体现行政权力的统一性和财产的统一性。政府是财政的掌握者，是未分配经费的掌管人，是国库的代表。由财政的掌握者代表各个机关、机构应诉，是再合适不过的事情。其二，政府的综合性特征是它能够代表各个机关、机构并能承担责任的重要标准。政府在现有的国家机构体系中，是最具有代表性的主体，由它作为行政诉讼的被告，较为合理恰当。其三，由政府作为行政诉讼的被告而不是由行为机关做被告，也能够在很大程度上克服目前存在的机关赔偿经费不足和"体外循环"资金赔偿等问题。其四，政府工作多是重大事项的决策、领导，实施和具体管理多是由机关和部门进行。这也就意味着，政府比行为者更超脱。由政府做被告，这种行为者与责任者的"错位"安排，无疑可以减少现行制度中行为机关与责任主体在同一情形下的"抵触"因素，有利于受害人合法权益的保护和救济。其五，便于受害人提起诉讼和诉讼程序的进行。实践中，经常有不知道告谁和告的是否全面等问题发生，不便于操作。以政府作为被告，在很大程度上可以使这个比较复杂的问题简单化，便于识别和操作，符合便民原则。

独立行使行政职权,并能独立承担法律责任和诉讼后果的国家机关。

2. 实施了原告认为侵犯其合法权益的具体行政行为。行政机关或法律、法规授权组织只有在行使行政职权过程中,因其具体行政行为被公民、法人或其他组织认为侵犯其合法权益,进而以原告的身份向人民法院起诉时,才有可能成为行政诉讼被告。

3. 行政诉讼被告是被人民法院通知应诉的行政机关或法律、法规授权组织。

二、行政诉讼被告的确定

根据《行政诉讼法》(2017)第 25 条和《行政诉讼法司法解释》(2017)对被告认定的相关规定,行政诉讼被告应该按照下列方式确定:

1. 直接起诉案件的被告的确定。公民、法人或者其他组织直接向人民法院起诉的,作出具体行政行为的行政机关是被告。

2. 经过行政复议程序的行政案件的被告的确定。(1)经复议的案件,复议机关决定维持原行政行为的,作出原行政行为的行政机关和复议机关是共同被告;(2)复议机关改变原具体行政行为的,复议机关是被告。根据 2018 年《行政诉讼法司法解释》第 22 条规定:"复议机关改变原行政行为",是指复议机关改变原行政行为的处理结果。复议机关改变原行政行为所认定的主要事实和证据、改变原行政行为所适用的规范依据,但未改变原行政行为处理结果的,视为复议机关维持原行政行为。复议机关确认原行政行为无效,属于改变原行政行为。复议机关确认原行政行为违法,属于改变原行政行为,但复议机关以违反法定程序为由确认原行政行为违法的除外。(3)复议机关在法定期限内不作复议决定,当事人对原具体行政行为不服,向人民法院起诉的,作出原具体行政行为的行政机关作为被告;当事人对复议机关不履行法定职责不服的,复议机关为被告。

3. 法律、法规授权组织做出的行政行为,该组织是被告。

4. 受委托的组织做出具体行政行为时被告的确定。由行政机关委托的组织所作出的具体行政行为,委托的行政机关是被告。行政机关在没有法律、法规或者规章规定的情况下,授权其内设机构、派出机构或者其他组织行使行政职权的,应当视为委托。当事人对该类主体的具体行政行为不服提起诉讼的,该行政机关为被告。

5. 经上级行政机关批准而做出具体行政行为时行政诉讼被告的确定。当事人不服经上级行政机关批准的具体行政行为,向人民法院提起诉讼的,应当以在对外发生法律效力的文书上署名的机关为被告。具体而言,当一个行政机关做出具体行政行为后，须报请上级行政机关批准，上级行政机关批准后正式对外署名的，该审批机关是被告；如果该上级行政机关只是审批，没有署名的，作出具体行政行为的行政机关为被告；如果二者都署名，则二者为共同被告。

6. 行政机关内部组织或派出机构作出具体行政行为时被告的确定。行政机关的内设机构或者派出机构在没有法律、法规或者规章授权的情况下，以自己的名义做出具体行政行为，当事人不服提起诉讼的，应当以该行政机关为被告。法律、法规或者规章授权行使行政职权的行政机关内设机构、派出机构或者其他组织，超出法定授权范围实施行政行为，当事人不服提起诉讼的，应当以实施该行为的机构或者组织为被告。

7. 行政机关被撤销后被告的确定。行政机关被撤销的，继续行使职权的行政机关是被告。至于行政机关被撤销后，没有继续行使其职权的行政机关时，被告如何确定，根据2018年《行政诉讼法司法解释》第23条规定行政机关被撤销或者职权变更，没有继续行使其职权的行政机关的，以其所属的人民政府为被告；实行垂直领导的，以垂直领导的上一级行政机关为被告。

8. 共同作出具体行政行为被告的确定。两个以上行政机关作出一具体行政行为的，共同作出具体行政行为的行政机关是共同被告。具体而言：(1)行政机关以共同名义作出具体行政行为的，共同署名的行政机关是共同被告；如果只有一个行政机关署名，则无论有无其他行政机关的实质参与，都视为署名行政机关的行为，由署名的行政机关做被告。(2)行政机关与非行政机关（不具有行政主体资格）共同署名作出处理决定的，作出决定的行政机关是被告。但行政机关和非行政机关共同作出的行为侵犯了相对人合法权益，需要赔偿的，人民法院可通知非行政机关作为第三人参加诉讼。

9. 由行政机关组建的组织作出具体行政行为被告的确定。如果行政机关组建并赋予行政管理职能、但不具有独立承担法律责任能力的机构，以自己的名义做出具体行政行为，组建该机构的行政机关为被告；法律、法规授权的具有管理公共事务职能的组织可以在法定授权范围内实施行政处罚。取得独立行政主体地位的，则这些组织为被告。

10. 非常设机构做出具体行政行为时被告的确定。如果非常设机构引起争议的行为有法律、法规的明确授权，则非常设机构为被告；如果没有法律、法规的授权，则以组建该机构的行政机关是被告。

在实践中，由于行政机关的设置较为复杂，因而不能要求原告确定适格被告。相对人起诉时只需指出具体行政行为为何组织或者何人所为，适格被告最终由人民法院确定。当人民法院认为被告不适格时，不应当不予受理，或受理后驳回起诉，而应在征得原告同意后依职权追加或者变更被告。应当追加的被告，原告不同意追加的，可以作为第三人参加诉讼；应当变更被告，原告不同意变更的，裁定驳回起诉。

第四节　共同诉讼人

一、共同诉讼人的概念

在行政诉讼中，当事人一方或双方为两人以上，因同一具体行政行为发生的行政案件，或者因同样的具体行政行为发生的行政案件，人民法院认为可以合并审理的，为共同诉讼。参与共同行政诉讼的主体成为共同诉讼人。原告为二人以上的称为共同原告，被告为二人以上的称为共同被告。根据《行政诉讼法》(2017)第 27 条的规定，共同诉讼分为必要的共同诉讼和普通的共同诉讼。因而，共同诉讼人也可分为必要的共同诉讼人和普通的共同诉讼人。法律规定共同诉讼的目的是避免对同一行政争议作出相互矛盾的判决，也是简化诉讼程序、提高办案效率的需要。

二、必要的共同诉讼人

必要共同诉讼，是指当事人一方或双方为两人以上，诉讼标的是同一具体行政行为的诉讼。必要共同诉讼中的共同原告和共同被告统称为必要共同诉讼人。必要共同诉讼具有如下特征：

1. 必要共同诉讼人诉讼的标的同一，即诉讼客体是同一具体行政行为。所谓同一具体行政行为是指行政主体以一个意思表示处理两个以上的行政相对人、两个以上的行政主体以一个意思表示处理一个行政相对人或者两个以上的行政主体以一个意思表示处理两个以上的行政相对人。

2. 必要共同诉讼人因同一具体行政行为而发生了不可分割的法律或事实联系。共同诉讼当事人对于引起争议的同一具体行政行为，有着共同的利害关系，即共同的诉讼权利义务关系，任何一个人的行为都会影响到其他人的权益。

3. 必要共同诉讼人都是独立的法律主体。共同诉讼人有独立的诉讼法律地位，一个诉讼当事人对其他诉讼当事人的行为没有约束力。它们各自以自己的名义参与诉讼，并对各自的行为负责。之所以必须共同审理，在于判决的统一和诉讼效率的要求。

对必要共同原告，法院有义务通知未起诉的其他共同原告参加诉讼；但如果有原告资格的人不愿起诉，法院不得强行追加，可以通知他们作为第三人参加诉讼。对于必要共同被告，原告起诉中有遗漏的，人民法院有权在征求原告人同意的基础上追加被告，并通知被告应诉。被追加的被告无权拒绝应诉。

三、普通的共同诉讼人

普通的共同诉讼，是指当事人一方或双方为两人以上，诉讼标的同类，由法院合并审理的诉讼。普通诉讼中的共同原告和共同被告统称为普通共同诉讼人。普通共同诉讼合并审理的主要目的在于节省诉讼成本。普通共同诉讼人之间没有必然的联系，其诉讼行为不影响其他共同诉讼人。①

四、共同诉讼人的确定

1. 行政主体就同一事实对若干公民、法人或其他组织分别作出具体行政行为，公民、法人或其他组织不服向人民法院起诉的，该公民、法人或其他组织为共同原告。

2. 侵权案件中的致害人和受害人为必要的共同诉讼人。侵权案件中的致害人和受害人均对给予致害人的行政处罚不服，提起诉讼的，尽管两者的诉讼请求相反，但因是同一具体行政行为引起的人民法院应该合并审理。此时致害人和受害人是共同原告。

3. 法人或组织因违法被处罚，该法人或组织的负责人、直接行为人同时被处罚的，该法人或组织与该法人或组织的负责人、直接行为人为共同原告。

4. 两个以上行政主体分别依据不同的法律、法规对同一事实作出具体行政行为，公民、法人或其他组织不服向人民法院起诉的，行政主体为共同被告。另外，两个以上的行政主体联合执法，做出同一具体行政行为时，如果都署名的，所有参加执法的行政主体是共同被告。

---

① 为了更好区分必要的共同诉讼和普通的共同诉讼，试举一例。甲乙二人共有一处房产，城建规划部门认定该房为违法建筑而将其拆除，甲乙二人不服而提起的诉讼即为必要的共同诉讼。如果甲乙二人不是共有一处房产，而是拥有相邻房产，那么甲乙二人不服而提起的诉讼即为普通的共同诉讼。

第五节 行政诉讼第三人

一、第三人的概念

行政诉讼第三人，是指与被诉具体行政行为有利害关系，申请参加或者由人民法院通知其参加到行政诉讼中的其他公民、法人或者其他组织。依据《行政诉讼法》(2017)第29条的规定，行政诉讼第三人具有以下特征：

1. 第三人需是原告、被告以外的人。根据《行政诉讼法司法解释》第26条第2款的规定，应当追加被告而原告不同意追加的，人民法院应当通知其以第三人的身份参加诉讼。由此可见，行政诉讼第三人除了与被诉行政行为由利害关系的其他公民、法人或其他组织外，也包括行政主体。

2. 第三人应当与被诉的具体行政行为有利害关系。这里"与被诉的具体行政行为有利害关系"是指与被诉具体行政行为有法律上的权利义务关系，并且仅限于行政法上的权利义务关系。

3. 第三人具有独立的诉讼地位。在行政诉讼中，第三人具有独立的地位，或者其利益不能被原告或被告的所代替，或者因法定原因不能成为原告或被告。在诉讼中，第三人有权提出与本案有关的诉讼主张。第三人有权站在原告一方要求撤销违法的具体行政行为，也有权和被告一道请求维持被诉具体行政行为，还可能既不请求维持、也不请求撤销被诉具体行政行为，仅主张自己的行为合法。行政诉讼第三人对人民法院的一审判决不服的，有权提起上诉。

4. 第三人参加的是他人已经开始、尚未结束的诉讼。这是与民事诉讼第三人共同具备的特征。当然，他可以是主动申请参加诉讼，也可以是由人民法院依职权通知其参加诉讼。

二、行政诉讼第三人的种类

行政诉讼第三人大致可以分为两类：

1. 原告所起诉的被告不适格，人民法院应当通知原告变更被告；原告不同意变更的，裁定驳回起诉。应当追加被告而原告不同意追加的，人民法院应当通知其以第三人的身份参加诉讼。此外，两个或两个以上的行政主体如果基于同一事实、针对同一对象作出了相互关联或相互矛盾的行政行为，其中一个行为被诉，其他行政主体应当作为第三人参加诉讼。

2. 行政机关的同一具体行政行为涉及两个以上利害关系人，其中一部分利害关系人对具体行政行为不服提起诉讼，人民法院应当通知没有起诉的其他利害关系人作为第三人参加诉讼。具体而言，大致包括以下几种情形：

（1）行政处罚案件中的第三人。在行政处罚案件中，加害人不服行政处罚作为原告起诉，受害人可以作为第三人参加诉讼。如果受害人认为行政处罚过轻不服向人民法院起诉时，加害人可以以第三人的名义参加诉讼。在同一行政处罚案件中，行政主体处罚了两个以上的违法行为人，其中一部分被处罚人向人民法院起诉的，没有起诉的被处罚人可作为行政诉讼第三人。

（2）行政裁决案件中的第三人。公民、法人或其他组织之间发生民事纠纷，由行政主体居中裁决的，叫作行政裁决。一方当事人对行政主体的裁决不服向人民法院起诉的，另一方当事人可以作为行政诉讼第三人。

（3）两个以上行政主体共同作出行政行为时的第三人。两个以上行政主体作出行政行为，公民、法人或其他组织只起诉其中的一个被告，人民法院应当追加另外的行政诉讼被告。如果公民、法人或其他组织不同意追加时，人民法院应当通知其作为第三人参加诉讼。

（4）具体行政行为冲突案件中的第三人。具体行政行为的冲突有两种情况，一种情况是两个以上行政主体都作出具体行政行为，且具体行政行为相互冲突，此时公民、法人或其他组织起诉时，非被告的行政机关为第三人。另一种情况是越权之诉中，公民、法人或其他组织起诉越权的行政主体时，被越权的行政主体为第三人。

（5）非行政机关的组织参与做出具体行政行为时的第三人。行政主体在行使行政职权过程中，某些非行政机关的组织和行政主体共同作出具体行政行为。若这些非行政机关的组织没有法律、法规的授权，且公民、法人或者其他组织对这种“共同”作出的具体行政行为不服提起行政诉讼时，非行政机关的组织是行政诉讼第三人。

（6）受行政委托的组织做出具体行政行为时的第三人。受行政委托的组织做出具体行政行为时超越委托的范围，公民、法人或其他组织对委托的行政主体提起行政诉讼时，受行政委托的组织可以作为第三人。

三、第三人参加行政诉讼的程序

第三人参加诉讼的时间为原、被告之间的行政诉讼开始以后、终结以前。第三人参加诉讼的方式有两种：一种是第三人主动申请参加，由法院决定。如果法院准许,则以书面形式通知第三人;如果未获准许,法院则以裁定形式予以驳回。另一种是第三人未主动申请,法院通知其参加诉讼;如果第三人拒绝参加,法院可以缺席判决。行政诉讼第三人和其他诉讼主体一样,享有诉讼权利,承担诉讼义务。前者如有权提供证据、聘请律师等;后者如遵守法庭秩序等。第三人不服一审判决、裁定的,有权上诉。

第六节　行政诉讼代理人

一、行政诉讼代理人的概念

行政诉讼代理人,是指在行政诉讼中,以当事人的名义在代理权限内进行行政诉讼活动的人。行政诉讼代理人具有以下特征:

1. 行政诉讼代理人只能以行政诉讼当事人的名义进行诉讼活动。

2. 行政诉讼代理人只能在代理权限范围内活动。

3. 行政诉讼代理人的行为的法律后果归属于被代理人。

4. 行政诉讼代理人必须维护被代理人的利益。代理人参加行政诉讼的目的不是维护自己的利益,而是被代理人的利益。因此,代理人只能代理一方当事人,不能同时代理双方当事人,也不能同时作原告、被告一方和第三人的代理人。当然也不能为自己代理。

二、行政诉讼代理人的种类

按照代理权产生的依据不同,可将行政诉讼代理人分为三类:法定代理人、指定代理人和委托代理人。

(一)法定代理人

行政诉讼的法定代理人,是指根据法律规定享有代理权,代替无诉讼行为能力人进行行政诉讼的人。法定代理人是直接根据法律规定而设定的,不以被代理人的意志而转移。法定代理人的条件首先被代理人是无诉讼行为能力的人,即未成年人、精神病人等。其次代理人与被代理人之间存在亲权或监护关系,诸如父母、配偶、子女、兄弟姐妹等。如果被代理人没有作为监护人的亲属,则由未成年人父母所在单位或精神病人所在单位的居民委员会、村民委员会作为法定代理人。法定代理人代理权限是基于特定的法律事实而消灭。这些事实主要包括作为被代理人的未成年人已经成年，有行政诉讼行为能力；精神病人恢复正常，重新具有诉讼行为能力；代理人本人死亡或丧失诉讼行为能力；被代理人与代理人之间的收养关系结束等。

（二）指定代理人

行政诉讼的指定代理人，是指基于法院指定而享有代理权、代替无诉讼行为能力人进行行政诉讼的人①。指定代理人的代理权限分两种情况：一种是指定代理人为法定代理人的，为全权代理；另一种是指定代理人为法定代理人以外的，代理权限由法院确定。指定代理人代理权的消灭是基于以下事实而发生：案件终结；当事人恢复诉讼行为能力；当事人的法定代理人可以行使代理权等。

（三）委托代理人

行政诉讼的委托代理人，是指受当事人、法定代理人的委托、代理行政诉讼当事人进行行政诉讼活动的人。委托代理基于当事人、法定代理人的委托产生。《行政诉讼法》第 31 条规定，"当事人、法定代理人，可以委托一至二人作为诉讼代理人。律师、基层法律服务工作者；当事人的近亲属或者工作人员；当事人所在社区、单位以及有关社会团体推荐的公民，可以受委托为诉讼代理人"。由此可见，行政诉讼的委托代理人的范围十分广泛。但是，无论谁作为代理人，均应当向法院提交委托人签名或盖章的授权委托书。授权委托书应当载明委托事项和具体权限。当事人解除或者变更委托的，应当书面告知人民法院，由人民法院通知其他当事人。委托代理人代理权消灭有以下主要事实：诉讼终结；委托人解除委托，受委托人辞去委托；当事人、第三人更换或死亡；受委托人死亡或丧失诉讼行为能力等。

① 《行政诉讼法》第 30 条规定："没有诉讼能力的公民，由其法定代理人代为诉讼。法定代理人互相推诿代理责任的，由人民法院指定其中一个人代为诉讼。"被指定的代理人不得拒绝。有学者认为，法院的这种指定代理不是诉讼代理制度中的"指定代理"，被指定的人仍然是法定代理人，而不是指定代理人。该学者认为指定代理只存在于刑事诉讼中，是指在无诉讼行为能力人没有法定代理人，或者虽有法定代理人但不能行使代理权时，为了保护无诉讼能力的当事人的合法权益，保证诉讼顺利进行而由人民法院依法指定的一种代理制度。参见姜明安主编：《行政法与行政诉讼法》，北京大学出版社 2005 年版，第 514 页。

以案说法

案例一

陈某驾驶“蓝江04号”轮在我国领海运输“三菱”牌空调机1216台,“乐声”牌空调机70台,“卡西欧”中英文打字机2台,“爱华”牌激光视盘放像机10台,对讲机10台,“佳能”复印机126台、“粒粒橙”饮料5988箱,14寸彩色显示器230台,“健伍”音响2台等我国限制进口的货物,被湛江海关查获。湛江海关作出处罚通知书,认定陈某运输的以上货物无合法证明,以运往越南海防为名,实际准备运往我国广西北海和广西钦州沙井交货,其行为已构成走私,决定全部没收上述走私物品。昆利发展有限公司(以下简称昆利公司)、晶泽有限公司(以下简称晶泽公司)不服中华人民共和国湛江海关(以下简称湛江海关)的行政处罚决定,以其是被没收财物的所有权人,向湛江市中级人民法院提起行政诉讼。

问题:昆利公司、晶泽公司是否具有原告资格?

评析:昆利公司、晶泽公司具有原告资格。湛江海关提出昆利公司和晶泽公司不是被诉具体行政行为所指向的当事人,昆利公司和晶泽公司与被诉具体行政行为没有法律上的利害关系,向法院提交的证明材料又不是当事人在被查扣当时向海关呈验的证明,因此不具备原告资格,无权提起诉讼。这是对原告资格限于直接相对人的狭隘理解,本案中海关的没收决定虽然是直接对陈某作出的,但昆利公司和晶泽公司作为货物的所有权人的权益客观上直接受到了影响;而海关根据海关法在查处违法运输行为没收财物时,要考虑承运人运输的货物是否有合法证明,承运人是否有合法运输资格。如果由于承运人运输货物不具有合法证明而予以处罚,实质上是对作为托运人的货物所有权人作出的处罚。即海关在以该货物不具有合法证明为由处罚时,应当考虑货物所有权人的利益。因此,海关处罚的行为不仅直接影响了两公司的财产权,而且该财产权属于海关作出具体行政行为时应当考虑的利益,两公司与海关的没收决定具有实质上的利害关系,也就具备了原告资格。

案例二

2018年3月5日,徐某承包了锦州区云龙镇林木采石二场,经营海岭山山崖开采生产项目。此后,他一直严格按采矿许可证确定的矿区范围和进行深度开发。采矿许可证有效期限到2019年12月31日止。但在2019年7月23日,锦州区经济开发局向他下达了《安全生产监察通知单》,责令他自第二天起停止爆破、放炮作业。理由是,采石场与锦州云龙通盈电器厂距离太近,而厂里一直有不少职工上班,违反了采矿安全规定。考虑安全因素,徐某对锦州区经济开发局采取的强制措施没有异议。然后经过多方了解,徐某发现锦州区云龙通盈电器厂建设于2015年的厂房,竟然是未批准的违法建设,违法建设一直没有被查处而且还影响了他合法的生产经营活动。徐某不服,认为该辖区内的违法建设进行查处,是规划行政主管部门的法定职责。锦州云龙通盈电器厂违法建设的厂房是三层楼,面积在500平方米以上,且建设时间已有3年,锦州区规划局不可能不知道,但作为主管部门却一直没有查处,已构成行政不作为。最后徐某决定不经投诉,直接向锦州区人民法院起诉锦州区规划局行政不作为。

问题:徐某对于规划局的行政不作为是否具有原告资格?

评析:对于本案中徐某的原告资格,有两种看法。一种看法认为,依照现行法律规定,徐某对于规划局的不作为不具有原告资格。按照目前行政诉讼的有关规定,具有原告资格的公民、法人、或者其他组织要同具体行政行为有利害关系,其合法权益是直接由被诉具体行政行为而不是由其他行为侵犯的,即被诉具体行政行为同损害之间具有直接因果关系。另一种看法认为,从行政诉讼的目的出发,对利害关系作广泛的理解,只要是行政机关应当依职权主动履行法定职责,也应该承担行政不作为的法律责任。在目前法律规定的下前一种看法较为可取,从本案的因果关系上看,行政机关的不作为行为与徐某权益受损只是具有偶然性关系。在徐某起诉前,不作为的违法行为已经存在,如果没有经济发展局的具体行政行为,徐某不会得知规划局违法不作为行为的存在。在徐某损害与规划局不作为之间不存在因果关系。因此,徐某对于规划局不作为的违法行为不具有原告资格。

第十七章　行政诉讼证据

导人案例

罗某因宋某经营的歌厅噪声太大发生厮打。宋某经禄丰县医院诊断为:腰胸部及臀部软组织挫伤,经鉴定为轻微伤。罗某经禄丰县医院诊断为右手中指挫伤,表皮裂伤。另外,禄丰县公安局金山镇派出所曾接星辰歌舞厅的陈某报案:原告罗某于当日23时40分用石头打碎其歌舞厅茶色玻璃一块。因此,禄丰县公安局金山镇派出所作出给予罗某行政拘留15日的行政处罚告知通知书并送达罗某。当日,禄丰县公安局根据《中华人民共和国治安管理处罚法》第8、26条的规定对原告作出行政拘留13天的决定和赔偿第三人医药费341.60元的裁决。罗某不服,向禄丰县人民法院提起行政诉讼。

思考:这个案例中哪些可以作为行政诉讼中的证据?

提示:在行政诉讼中证据的形式有:书证、物证、视听资料、证人证言、当事人陈述、鉴定意见、勘验笔录和现场笔录。本案中,禄丰县医院的诊断为是书证的一种。陈某的报案属于证人证言。

第一节　行政诉讼证据概述

一、行政诉讼证据的概念

所谓行政诉讼证据,是指一切用来证明案件真实情况的事实材料。首先,证据是一种材料,这种材料是由当事人提交给人民法院或者由人民法院依照职权在必要情况下调取的。其次，证据是用来证明案件事实的①。根据不同的标准，行政诉讼的证据又可分为原始证据与传来证据、言词证据与实物证据、直接证据与间接证据、法定证据与非法定证据等不同种类。

二、行政诉讼证据的特征

作为证据的一种，行政诉讼证据首先必须具有证据的三个共同特征，即客观性（证据必须是客观存在的事实）、关联性（证据必须是与待证案件事实具有内在联系）和合法性（证据的来源和形式必须合法）。此外，因受行政诉讼性质的影响，行政诉讼证据还具有以下不同于民事诉讼证据和刑事诉讼证据的特征：

1. 行政诉讼证据法定形式的多样性。主要包括书证、物证、视听资料、电子数据、证人证言、当事人陈述、鉴定意见、勘验笔录和现场笔录。现场笔录是其他诉讼中不具备的证据。

2. 行政诉讼证据来源的特定性。行政诉讼的证据主要来自行政程序，并且主要由作为被告的行政机关提供给人民法院。

3. 举证责任分配的特殊性。在行政诉讼中，举证责任的分配是相对确定的，即对具体行政行为的合法性问题由被告承担举证责任，如果被告不能提供证据证明被诉的具体行政行为合法，则无须原告证明具体行政行为违法，就应当由被告承担败诉的后果。

4. 行政诉讼证据规则的特殊性。如行政诉讼被告及其代理人在诉讼过程中，不得自行向证人和原告收集证据；被告应当在收到起诉状副本之日起 15 日内向人民法院提供证据等。

三、行政诉讼证据的种类

依据《行政诉讼法》第 33 条的规定，按照证据的不同形式，行政诉讼的证据可以分为以下几类：

1. 书证

书证，即作为证据的文书，以其内容、文字、图画、符号等记载的、表达人的思

---

① 长期以来，我国学界通行的观点认为证据是一种事实。参见江伟：《证据法学》，法律出版社 1999 年版，第 206 页。但有学者指出，应区分证据和证据证明的对象，案件事实是证据所要证明的对象，而不属于证据本身，证据应当是证明案件事实的一种手段、一种材料，材料是证据存在的方式。据此，行政诉讼的证据是指能够用来证明行政案件真实情况的一切材料或手段。参见杨寅、吴偕林：《中国行政诉讼制度研究》，人民法院出版社 2003 年版，第 187 页。

想和行为并用来证明案件情况的材料，其基本特征是用它记载或反映的思想内容来证明案件事实。在行政诉讼中，作为书证的文书主要有行政决定书、公证书、证明书、许可证、通知书等。

2. 物证

物证，即作为用来证明案件事实的物品或痕迹，以其存在的外形、性状、质量、特征、规格等证明案件事实的物品。其基本特征是以物品的自然状态来证明案件事实，不带有任何主观内容。作为证据的物品都是有形物，既可以为人们所观察，又可以在一定条件下进行比较。

3. 视听资料

视听资料，是指利用录音、录像的方法录制的音响和图像或者用电子计算机储存的用来证明案件事实的材料。其特征是以其音响、影像或其他信息等内容来证明案件的事实，其显示通常需要借助一定的科学仪器，并且它一般是以动态的内容来发挥证明作用的。

4. 证人证言

证人证言，是指了解案件有关情况的非本案诉讼参加人就其所了解的有关案件事实的情况依法所作出的口头或书面陈述。了解案件情况的公民作证是法律规定的义务，但精神病人或没有独立思考能力的儿童等不能正确表达意思的人不能作为证人。证人有权宣读、查阅或修改询问笔录，有权使用本民族的语言文字进行陈述，有权请求支付作证所需的一切费用。

5. 电子数据

电子数据，是指基于计算机应用、通信和现代管理技术等电子化技术手段形成包括文字、图形符号、数字、字母等的客观资料。电子数据是案件发生过程中形成的，以数字化形式存储、处理、传输的，能够证明案件事实的数据。电子数据包括但不限于下列信息、电子文件：(1)网页、博客、微博客、朋友圈、贴吧、网盘等网络平台发布的信息；(2)手机短信、电子邮件、即时通信、通讯群组等网络应用服务的通信信息；(3)用户注册信息、身份认证信息、电子交易记录、通信记录、登录日志等信息；(4)文档、图片、音视频、数字证书、计算机程序等电子文件。

6. 当事人陈述

当事人陈述，是指原告、被告、第三人在诉讼中向人民法院所作的关于案件事实情况的叙述。作为证据的当事人陈述只限于当事人对案件事实的陈述，包括成人、反驳和支持叙述三方面的内容。但是，由于当事人与案件有直接的利害关系，其所陈述的真实性应经严格审查方可确信，并且应该有其他证据作为旁证，才能作为定案根据。

7. 鉴定意见

鉴定意见,是指鉴定部门所指派的鉴定人运用自己的专业知识,利用专门的设备和材料,对案件中出现的专门问题进行分析、鉴别后所作的结论性意见。鉴定意见包括两大类:(1)当事人向人民法院提供的鉴定意见,但必须是法定部门作出的,否则没有证明效力。(2)人民法院在认为需要时,对专门问题交由法定鉴定部门进行鉴定。无法定鉴定部门的,人民法院可指定其他鉴定部门进行鉴定。

8. 勘验笔录和现场笔录

勘验笔录,是指行政机关工作人员或法院指定的工作人员对不能、不便拿到人民法院的物证和现场,就地进行分析、检验、测量、勘查后作出的记录。如对有争议的建筑物进行拍照,确定方位并以文字、表格、图画等形式将所得结果作出的记录。在勘验时,勘验人员必须出示证件,邀请当地基层组织或有关单位派人参加。当事人或其承认家属应当到场,拒不到场的,不影响勘验工作的进行。现场笔录是指行政机关工作人员在实施行政行为的现场,对现场情况所作的书面记录。如公安机关对违反治安管理的人进行询问所作的笔录。现场笔录必须是在现场制作的,不能事后补作,而且应由执行职务人、当事人、见证人等有关人员签名或盖章。

勘验笔录不同于现场笔录:(1)制作的主体不同。勘验笔录既可以是行政机关工作人员制作的,也可以是法院的工作人员制作的,还可以是受行政机关或者人民法院委托的人员制作的。而现场笔录只能是行政机关的工作人员制作的,因为只有行政机关才可能在行政管理的现场。(2)制作的时间和反映的待证事实不同。勘验笔录是案件事实发生以后制作的,而现场笔录则是行政机关在实施行政管理的过程当中制作的,是对行政执法当时的情况所作的书面描述和客观记载。

注意,《行政诉讼法》第33条第2款规定:"以上证据经法庭审查属实,才能作为认定案件事实的根据。"由此可见,无论何种形式的证据,都必须经过核实这一环节才能最终成为定案的依据。

第二节 行政诉讼的举证责任

一、行政诉讼举证责任的概念与特征

行政诉讼的举证责任,是指在行政诉讼中,承担举证责任的当事人应当提供

证据证明自己的主张,否则将承担败诉风险及不利后果的制度①。行政诉讼举证责任具有以下特征:

1. 行政诉讼的证明对象主要是被诉的具体行政行为,其证明要求的侧重点主要放在被诉具体行政行为的事实基础和合法性上。

2. 行政诉讼举证责任分配相对确定。行政诉讼中,对于被诉具体行政行为的合法性,要由被告承担举证责任。所以,作为被告的行政机关必须自始至终地承担证明被诉具体行政行为合法的举证责任。

3. 行政机关的举证范围不局限于被诉具体行政行为合法性的事实依据,还包括行政机关作出具体行政行为所依据的规范性文件;在举证的时间上,也有特殊限制,即被告应当在一审答辩期内向人民法院提供证据。

完整的行政诉讼的举证责任由证据提出责任或推进责任以及说服责任两部分构成②。提出证据的责任是一种推进程序进展的责任,凡提出事实主张的当事人都有提出证据的责任。推进责任是指当事人提供证据证明其诉讼主张构成法律争端从而值得或者应当由法院予以审判的举证责任,其全称是利用证据推进诉讼进行的责任。说服责任是一种决定败诉后果由谁承担的实体责任,即在不能证明特定事实或者特定的事实真伪不明时,由负有说服责任的当事人承担举证不能的败诉后果。根据《行政诉讼法》第49条的规定,原告证明起诉符合法定起诉条件的举证责任属于推进责任;而根据《行政诉讼法》第34条的规定,被告对被诉具体行政行为的合法性承担说服责任。

二、行政诉讼举证责任的分配

行政诉讼举证责任的分配,是指对于有争议且需要加以证明的事实,应当由谁承担举证责任。被告对作出具体行政行为负有举证责任,应当提供作出具体行政行为的证据和所依据的规范性文件。但对具体行政行为合法性以外的其他问题仍然是“谁主张、谁举证”。

(一)被告的举证责任

被告对具体行政行为的合法性承担举证责任,被告必须举出事实根据和法律

---

① 关于举证责任的性质,学界有不同的看法:权利说认为举证责任是当事人的一种诉讼权利;义务说认为举证责任是当事人的一种义务;权利义务说认为举证责任是当事人的权利也是他的义务;保障制裁说认为举证责任既非权利,也非义务,而是对权利的保障,对不履行义务的制裁。参见柴发邦主编:《当代行政诉讼基本问题》,中国人民公安大学出版社1989年版,第119-120页。

② 参见姜明安主编:《行政法与行政诉讼法》,北京大学出版社2005年版,第520页。

依据来证明其具体行政行为合法,如果不能证明自己被诉的具体行政行为合法,则无须原告证明其行为违法,被告就要承担败诉的法律后果。行政诉讼中,由被告就行政行为的合法性才承担举证责任的理论依据和实践依据在于:第一,有利于保护原告一方的诉权。由于行政相对人难以了解行政管理的具体依据和有关的专业知识,原告很难证明具体行政行为的违法性。第二,有利于充分发挥行政主体的举证优势。在行政管理活动中,行政主体处于主导地位,对行政相对人作出的具体行政行为无须相对人同意,他们也更清楚其行为是否有法可依。第三,有利于促进行政主体依法行政。行政主体有义务提供其做出的具体行政行为合法的依据,因为依据依法行政基本原则的要求,行政主体在进入行政诉讼程序之前和做出具体行政行为时就应当由事实依据和法律依据。正是基于这一理由,《行政诉讼法》第35条明确规定:"在诉讼过程中,被告及其诉讼代理人不得自行向原告、第三人和证人收集证据。"

(二)原告的举证责任

原告在行政诉讼中应承担必要的举证责任,这主要是指除对被诉的具体行政行为的合法性由被告承担举证责任以外,原告对其主张应承担举证责任。

原告主要对以下事项承担举证责任:

1.证明起诉符合法定条件。这里有两层含义:(1)公民、法人或者其他组织向人民法院起诉时,应当提供其符合起诉条件的相应的证据材料。(2)原告在审理阶段承担证明起诉符合法定条件的举证责任。

2.起诉被告不作为的案件中,证明其提出申请的事实。但有两点例外:

(1)被告应当依职权主动履行法定职责的。

(2)原告因被告受理申请的登记制度不完备等正当事由不能提供相关证据材料,并能够作出合理说明的。

3.原告一并提起的行政赔偿诉讼中,证明因受被诉具体行政行为侵害而造成损害的事实。原告可以提供证明被诉具体行政行为违法的证据。原告提供的证据不成立的,不免除被告对被诉具体行政行为合法性的举证责任。

4.其他应当由原告负举证责任的事项。这是关于原告举证责任的兜底条款,也是考虑到审判实践的复杂性而作的规定。

第三节 行政诉讼证据的提供、调取与保全

一、当事人向人民法院提供行政诉讼证据

(一)当事人提供证据的规则

1. 被告提供证据应当符合一定的原则

(1)被告的举证时限

被告应当在收到起诉状副本之日起 15 日内,提供据以作出被诉具体行政行为的全部证据和所依据的规范性文件。如果被告不提供或者无正当理由逾期提供证据,视为被诉具体行政行为没有相应的证据。被告因不可抗力或者客观上不能控制的其他正当事由,不能在规定的期限内提供证据的,应当在收到起诉状副本之日起 15 日内向人民法院提出延期提供证据的书面申请。人民法院准许延期提供的,被告应当在正当事由消除后 15 日内提供证据。逾期提供的,视为被诉具体行政行为没有相应的证据。复议机关在复议过程中收集和补充的证据,不能作为人民法院维持原具体行政行为的依据。被告在二审过程中向法院提交在一审过程中没有提交的证据,不能作为二审法院撤销或变更一审裁判的依据。原告或者第三人提出其在行政程序中没有提出的反驳理由或者证据的,经人民法院许可,被告可以在第一审程序中补充相应的证据。有下列情形之一的,被告经人民法院准许也可以补充相关的证据:①被告在作出具体行政行为时已经收集证据,但因不可抗力等正当事由不能提供的;②原告或者第三人在诉讼过程中,提出了其在被告实施行政行为过程中没有提出的反驳理由或者证据的。

(2)被告及其诉讼代理人在诉讼过程中不得自行向原告和证人收集证据

在诉讼过程中,被告及其代理人原则上不得向证人收集证据,但是在经过人民法院允许的情况下,被告可以补充有关证据。

2. 原告和第三人提供证据的举证规则

原告可以提供证明被诉具体行政行为违法的证据。原告或者第三人应当在开庭审理前或者人民法院指定的交换证据之日提供证据。因正当事由申请延期提供证据的,经人民法院准许,可以在法庭调查中提供。逾期提供的,视为放弃举证权利。原告或者第三人在第一审程序中无正当事由未提供而在第二审程序中提供的证据,人民法院不予采纳。

人民法院向当事人送达案件受理通知书或者应诉通知书时，应当告知其举证范围、举证期限和逾期提供证据的法律后果，并告知因正当事由不能按期提供证据时应当提出延期提供证据的申请。

（二）当事人提供各类证据的具体要求

对各类证据的提供作出具体明确的要求，是质证和认证的基础，对于查明案件事实真相具有重要意义。为此，《关于行政诉讼证据若干问题的规定》对各类证据的提供作出了要求。

1. 对提供书证的要求

根据《关于行政诉讼证据若干问题的规定》第 10 条的规定，当事人提供书证的，应当满足以下要求：(1) 提供书证的原件，提供原件确有困难的，可以提供与原件核对无误的复印件、照片、节录本；(2) 提供由有关部门保管的书证原件的复制件、影印件或者抄录件的，应当注明出处，经该部门核对无异后加盖其印章；(3) 提供报表、图纸、会计账册、专业技术资料、科技文献等书证的，应当附有说明材料；(4) 被告提供的被诉具体行政行为所依据的询问、陈述、谈话类笔录，应当有行政执法人员、被询问人、陈述人、谈话人签名或者盖章。法律、法规、司法解释和规章对书证的制作形式另有规定的，从其规定。

2. 对提供物证的要求

根据《关于行政诉讼证据若干问题的规定》第 11 条的规定，当事人提供物证的，应当满足以下要求：(1) 提供原物。提供原物确有困难的，可以提供与原物核对无误的复制件或者证明该物证的照片、录像等其他证据；(2) 原物为数量较多的种类物的，提供其中的一部分。

3. 对提供视听资料的要求

根据《关于行政诉讼证据若干问题的规定》第 12 条的规定，当事人提供视听资料的，应当满足以下要求：(1) 提供有关资料的原始载体，提供原始载体确有困难的，可以提供复制件；(2) 注明制作方法、制作时间、制作人和证明对象等；(3) 声音资料应当附有该声音内容的文字记录。

4. 对提供电子数据的要求

人民法院对于电子数据的真实性，应当结合下列因素综合判断：(1) 电子数据的生成、存储、传输所依赖的计算机系统的硬件、软件环境是否完整、可靠；(2) 电子数据的生成、存储、传输所依赖的计算机系统的硬件、软件环境是否处于正常运行状态，或者不处于正常运行状态时对电子数据的生成、存储、传输是否有影响；

(3)电子数据的生成、存储、传输所依赖的计算机系统的硬件、软件环境是否具备有效的防止出错的监测、核查手段;(4)电子数据是否被完整地保存、传输、提取,保存、传输、提取的方法是否可靠;(5)电子数据是否在正常的往来活动中形成和存储;(6)保存、传输、提取电子数据的主体是否适当;(7)影响电子数据完整性和可靠性的其他因素。人民法院认为有必要的,可以通过鉴定或者勘验等方法,审查判断电子数据的真实性。

5. 对提供证人证言的要求

根据《关于行政诉讼证据若干问题的规定》第 13 条的规定,当事人提供证人证言的,应当满足以下要求:(1)写明证人的姓名、年龄、性别、职业、住址等基本情况;(2)有证人的签名,不能签名的,应当以盖章等方式证明;(3)注明出具日期;(4)附有居民身份证复印件等证明证人身份的文件。

6. 对提供鉴定结论的要求

根据《关于行政诉讼证据若干问题的规定》第 14 条的规定,当事人提供鉴定结论的,应当满足以下要求:被告向人民法院提供的在行政程序中采用的鉴定结论,应当载明委托人和委托鉴定的事项、向鉴定部门提交的相关材料、鉴定的依据和使用的科学技术手段、鉴定部门和鉴定人鉴定资格的说明,并应有鉴定人的签名和鉴定部门的盖章。通过分析获得的鉴定结论,应当说明分析过程。

对需要鉴定的事项负有举证责任的当事人,在举证期限内无正当理由不提出鉴定申请、不预交鉴定费用或者拒不提供相关材料,致使对案件争议的事实无法通过鉴定结论予以认定的,应当对事实承担举证不能的法律后果。

原告或第三人有证据或正当理由表明被告据以认定案件事实的鉴定结论可能有错误,在举证期限内书面申请重新鉴定的,人民法院应予准许。当事人对人民法院委托的鉴定部门作出的鉴定结论有异议申请重新鉴定,提出证据证明存在下列情形之一的,人民法院应予准许:(1)鉴定部门或者鉴定人不具有相应的鉴定资格的;(2)鉴定程序严重违法的;(3)鉴定结论明显依据不足的;(4)经过质证不能作为证据使用的其他情形。对有缺陷的鉴定结论,可以通过补充鉴定、重新质证或者补充质证的方式解决。

7. 对被告向人民法院提供的现场笔录的要求

根据《关于行政诉讼证据若干问题的规定》第 15 条的规定,当事人提供现场笔录的,应当满足以下要求:被告向人民法院提供的现场笔录应当载明时间、地点和事件等内容,并由执法人员和当事人签名。当事人拒绝签名或者不能签名的,应当注明原因。有其他人在现场的,可由其他人签名。法律、法规和规章对现场笔录的制作形式另有规定的，从其规定。

8. 对涉外证据的具体要求

当事人向人民法院提供的在中华人民共和国领域外形成的证据，应当说明来源，经所在国公证机关证明，并经中华人民共和国驻该国使领馆认证，或者履行中华人民共和国与证据所在国订立的有关条约中规定的证明手续。当事人提供的在中华人民共和国香港特别行政区、澳门特别行政区和台湾地区内形成的证据，应当具有按照有关规定办理的证明手续。当事人向人民法院提供外文书证或者外国语视听资料的，应当附有由具有翻译资质的机构翻译的或者其他翻译准确的中文译本，由翻译机构盖章或者翻译人员签名。

9. 其他要求

其他要求主要包括：（1）证据涉及国家秘密、商业秘密或者个人隐私的，提供人应当作出明确标注，并向法庭说明，法庭予以审查确认。（2）当事人应当对其提交的证据材料分类编号，对证据材料的来源、证明对象和内容作简要说明，签名或者盖章，注明提交日期。

人民法院收到当事人提交的证据材料，应当出具收据，注明证据的名称、份数、页数、件数、种类等以及收到的时间，由经办人员签名或者盖章。对于案情比较复杂或者证据数量较多的案件，人民法院可以组织当事人在开庭前向对方出示或者交换证据，并将交换证据的情况记录在卷。

二、人民法院对行政诉讼证据的调取

行政诉讼证据的调取是指人民法院依职权或依原告和第三人的申请，向有关行政机关以及其他组织取得证据。调取证据是行政诉讼法赋予人民法院的重要程序性权力，既体现了行政诉讼的职权性，又是解决当事人举证困难的司法救济方式。应当注意的是，人民法院只有认为必要时，才主动调取证据，但不得为证明被诉具体行政行为的合法性，调取被告在作出具体行政行为时未收集的证据。根据《行政诉讼法》（2017）第41条规定，与本案有关的下列证据，原告或者第三人不能自行收集的，可以申请人民法院调取：（1）由国家机关保存而须由人民法院调取的证据；（2）涉及国家秘密、商业秘密和个人隐私的证据；（3）确因客观原因不能自行收集的其他证据。此外，《最高人民法院关于行政诉讼证据若干问题的规定》（2022）第22条规定，根据《行政诉讼法》（1989）第34条第2款的规定，有下列情形之一的，人民法院有权向有关行政机关以及其他组织、公民调取证据：（1）涉及国家利益、公共利益或者他人合法权益的事实认定的；（2）涉及依职权追加当事人、中止诉讼、终结诉讼、回避等程序性事项的。《最高人民法院关于行政诉讼证据若干问题的规定》(2022)第23条还规定:原告或者第三人不能自行收集,但能够提供确切线索的,可以申请人民法院调取下列证据材料:(1)由国家有关部门保存而须由人民法院调取的证据材料;(2)涉及国家秘密、商业秘密、个人隐私的证据材料;(3)确由于客观原因不能自行收集的其他证据材料。

当事人申请人民法院调取证据的,应当在举证期限内提交调取证据申请书。调取证据申请书应当写明下列内容:证据持有人的姓名或者名称、住址等基本情况;拟调取证据的内容;申请调取证据的原因及其要证明的案件事实。人民法院对当事人调取证据的申请,经审查符合调取证据条件的,应当及时决定调取;不符合调取证据条件的,应当向当事人或者其诉讼代理人送达通知书,说明不准许调取的理由。当事人及其诉讼代理人可以在收到通知书之日起3日内向受理申请的人民法院书面申请复议一次。人民法院应当在收到复议申请之日起5日内作出答复。人民法院根据当事人申请,经调取未能取得相应证据的,应当告知申请人并说明原因。

人民法院可以依当事人申请或者依职权勘验现场。人民法院勘验现场时,勘验人必须出示人民法院的证件,并邀请当地基层组织或者当事人所在单位派人参加。当事人或其成年亲属应当到场,拒不到场的,不影响勘验的进行,但应当在勘验笔录中说明情况。审判人员应当制作勘验笔录,记载勘验的时间、地点、勘验人、在场人、勘验的经过和结果,由勘验人、当事人、在场人签名。勘验现场时绘制的现场图,应当注明绘制的时间、方位、绘制人姓名和身份等内容。当事人对勘验结论有异议的,可以在举证期限内申请重新勘验,是否准许由人民法院决定。

人民法院可以要求当事人提供或补充证据。一般而言,在下列情况下,人民法院应当要求当事人提供或补充证据:(1)当事人提供的证据不足以充分证明其提出的主张。如只提供了主要证据,没有提供次要证据;或者只提供了次要证据而没有提供主要证据。(2)人民法院发现当事人只提供对自己有利的证据,而没有提供对自己不利的证据。(3)当事人虽然掌握了证据,但出于种种原因未向法院提供或全部提供。(4)当事人提供的证据有瑕疵,如证言含混不清,物证不够完整,视听资料不清晰等。(5)当事人追加诉讼请求。(6)某项证据的成立需要有其他证据佐证,而当事人未提供佐证材料。

《民事诉讼法》(2021)第79条规定:"当事人可以就查明事实的专门性问题向人民法院申请鉴定。当事人申请鉴定的,由双方当事人协商确定具备资格的鉴定人;协商不成的,由人民法院指定。当事人未申请鉴定,人民法院对专门性问题认为需要鉴定的,应当委托具备资格的鉴定人进行鉴定。”人民法院对专门性问题的鉴定,不是对行政机关鉴定过的问题全部重新进行鉴定,而是将应当鉴定而没有鉴定的问题、不具有鉴定资格的人员或部门所作的鉴定结论、鉴定结论不明确的鉴定以及鉴定结论与其他证据有矛盾的鉴定等,交由法定鉴定部门进行鉴定。原告或者第三人有证据或者有理由表明被告据以认定案件事实的鉴定结论可能有错误,在举证期限内书面申请重新鉴定的,人民法院应予准许。

根据《最高人民法院关于民事诉讼证据的若干规定》(2020)第36条的规定,人民法院对鉴定人出具的鉴定书,应当审查是否具有下列内容:(1)委托法院的名称;(2)委托鉴定的内容、要求;(3)鉴定材料;(4)鉴定所依据的原理、方法;(5)对鉴定过程的说明;(6)鉴定意见;(7)承诺书。鉴定书应当由鉴定人签名或者盖章,并附鉴定人的相应资格证明。委托机构鉴定的,鉴定书应当由鉴定机构盖章,并由从事鉴定的人员签名。上述内容欠缺或者鉴定结论不明确的,人民法院可以要求鉴定部门予以说明、补充鉴定或者重新鉴定。

三、行政诉讼证据保全

(一)行政诉讼证据保全的概念

行政诉讼证据保全,是指在行政诉讼证据可能灭失或者以后难以取得的情况下,人民法院根据诉讼参加人的申请或者依职权采取某种必要的措施,将证据加以固定和保存的制度。证据保全既是当事人提供证据的补救方法,也是人民法院获取证据的一种手段。对于保护当事人的合法权益、保证诉讼程序的顺利进行具有重要的意义和作用。

(二)行政诉讼证据保全的条件

1. 必须存在可能灭失或以后难以取得证据的情况。证据可能灭失又分为两种情况:(1)证据材料的载体本身可能不复存在。如证人因年老、患病即将死亡;作为物证的建筑物可能倒塌或被拆除等。(2)证据材料的载体本身仍然存在,但可能失去它所具有的证明作用。所谓证据在以后难以取得,并非指今后绝对无法取得,而是指一旦错过了有利时机,证据虽不致灭失,但以后取得将发生严重困难,如证人到国外定居等。

2. 采取保全措施的证据必须与案件有一定的关联性。即该项证据能够证明该案件的事实,案件事实与证据之间存在内在的联系。

3. 根据《关于行政诉讼证据若干问题的规定》第27条第1款的规定,当事人向人民法院申请保全证据的，应当在举证期限届满前以书面形式提出，并说明证据的名称和地点、保全的内容和范围、申请保全的理由等事项。当事人申请保全证据的，人民法院可以要求其提供相应的担保。

（三）行政诉讼证据保全的程序

1. 诉讼参加人提出申请，由人民法院决定。人民法院对诉讼参加人的申请，应当认真审查，根据实际情况作出是否准予保全证据的裁定。如人民法院同意证据保全的申请，应作出准许裁定并及时采取证据保全措施。如果人民法院不接受当事人的申请，应作出不予保全的裁定并说明理由。

《最高人民法院关于行政诉讼证据若干问题的规定》(2002)第 27 条第 3 款规定："法律、司法解释规定诉前保全证据的，依照其规定办理。"这是我国首次对行政诉讼诉前证据保全制度作出的明确规定。所谓诉前保全，是指在行政程序中，当事人在了解相关行政证据的权利受到行政主体的限制或剥夺的情况下，可以在提起诉讼之前申请人民法院对该证据进行保全的获得。

2. 人民法院依职权主动采取保全证据措施。人民法院审判人员如果发现证据可能灭失或者以后难以取得的，可以不待参加人提出申请，依职权主动地对证据采取保全措施。

（四）行政诉讼证据保全的方法

对证据实施何种方法进行保全，应根据具体情况而定。书证的保全方法主要是复制；物证的保全方法有拍照、录像、复制和制作勘验笔录等；视听材料的保全方法主要是录音、录像；对证人证言、当事人的陈述主要是采用制作询问笔录或者录音；此外还可以根据证据的不同特点采用查封、扣押、鉴定等保全措施。

第四节　行政诉讼证据的质证

一、行政诉讼证据质证的概念

行政诉讼证据的质证，又称行政诉讼证据的对质辨认和核实，它是指在法庭指导下，当事人双方对在法庭上出示的证据进行对质、辨认、辩驳、说明和解释，以确认证据证明力的活动。在我国行政诉讼案件审理中，当事人双方可以就证据的关联性、合法性和真实性进行质证，也可以就证据有无证明效力及证明效力大小进行质证。

二、行政诉讼证据质证的规则和要求

(一)证据的质证规则

1. 证据应当在法庭上全面出示,并经庭审质证。未经庭审质证的证据,不能作为定案的依据。但也有例外情形:(1)当事人在庭前证据交换过程中没有争议并记录在卷的证据,经审判人员在庭审中说明后,可以作为认定案件事实的依据。(2)经合法传唤,因被告无正当理由拒不到庭而需要依法缺席判决的,被告提供的证据不能作为定案的依据,但当事人在庭前交换证据中没有争议的证据除外。

2. 法庭在第一审程序中进行质证并且对经过庭审质证的证据,除确有必要外,一般不再进行质证。法庭在质证过程中,对与案件没有关联的证据材料,应予排除并说明理由。法庭在质证过程中,准许当事人补充证据的,对补充的证据仍应进行质证。

3. 在第二审程序中或者按照审判监督程序审理的案件,对当事人依法提供的新的证据,法庭应当进行质证。根据《关于行政诉讼证据若干问题的规定》第 52 条,所谓的“新的证据”主要是指以下证据:在一审程序中应当准予延期提供而未获准许的证据;当事人在一审程序中依法申请调取而未获准许或者未取得,人民法院在第二审程序中调取的证据;原告或者第三人提供的在举证期限届满后发现的证据等。在第二审程序中,当事人对第一审认定的证据仍有争议的,法庭也应当进行质证;按照审判监督程序审理的案件,因原判决、裁定认定事实的证据不足而提起再审所涉及的主要证据,法庭也应当进行质证。

4. 涉及国家秘密、商业秘密和个人隐私或者法律规定的其他应当保密的证据,不得在开庭时公开质证。当事人申请人民法院调取的证据,由申请调取证据的当事人在庭审中出示,并由当事人质证。人民法院依职权调取的证据,由法庭出示,并可就调取该证据的情况进行说明,听取当事人意见。

5. 当事人应当围绕证据的关联性、合法性和真实性,针对证据有无证明效力以及证明效力的大小,进行质证。经法庭准许,当事人及其代理人可以就证据问题相互发问,也可以向证人、鉴定人或者勘验人发问。当事人及其单立人相互发问,或向证人、鉴定人或者勘验人发问时,发问的内容应当与案件事实有关联,不得采用引诱、威胁、侮辱等语言或者方式。

(二)对各类证据质证的具体要求

当事人应当围绕证据的关联性、合法性和真实性,针对证据有无证明效力以及证明效力大小,进行质证。在质证过程中,对各类证据的质证要求是不一样的:

1. 对书证、物证和视听资料的质证要求。对书证、物证和视听资料进行质证时,当事人应当出示证据的原件或者原物。但有下列情况之一的除外:(1)出示原件或者原物确有困难并经法庭准许可以出示复制件或者复制品;(2)原件或者原物已不存在,可以出示证明复制件、复制品与原件、原物一致的其他证据。视听资料应当当庭播放或者显示,并由当事人进行质证。

2. 对证人证言的质证要求。凡是知道案件事实的人,都有出庭作证的义务。有下列情形之一的,经人民法院准许,当事人可以提交书面证言:(1)当事人在行政程序或者庭前证据交换中对证人证言无异议的;(2)证人因年迈体弱或者行动不便无法出庭的;(3)证人因路途遥远、交通不便无法出庭的;(4)证人因自然灾害等不可抗力或者其他意外事件无法出庭的;(5)证人因其他特殊原因确实无法出庭的。不能正确表达意志的人不能作证。根据当事人申请,人民法院可以就证人能否正确表达意志进行审查或者交由有关部门鉴定。必要时,人民法院也可以依职权交由有关部门鉴定。

当事人申请证人出庭作证的,应当在举证期限届满前提出,并经人民法院许可。人民法院准许证人出庭作证的,应当在开庭审理前通知证人出庭作证。当事人在庭审过程中要求证人出庭作证的,法庭可以根据审理案件的具体情况,决定是否准许以及是否延期审理。

有下列情形之一,原告或者第三人可以要求相关行政执法人员作为证人出庭作证:(1)对现场笔录的合法性或者真实性有异议的;(2)对扣押财产的品种或者数量有异议的;(3)对检验的物品取样或者保管有异议的;(4)对行政执法人员的身份的合法性有异议的;(5)需要出庭作证的其他情形。

出庭作证的证人不得旁听案件的审理。法庭询问证人时,其他证人不得在场,但组织证人对质的除外。证人应当陈述其亲历的具体事实。证人根据其经历所作的判断、推测或者评论,不能作为定案的依据。

3. 对电子数据的质证要求。当事人以电子数据作为证据的,应当提供原件。电子数据的制作者制作的与原件一致的副本,或者直接来源于电子数据的打印件或其他可以显示、识别的输出介质,视为电子数据的原件。

当事人应当关注电子数据的真实性性、完整性、可靠性。电子数据证据的收集必须符合法定程序,证据的形式必须满足法定的条件。收集电子数据证据时要注意证据来源、取证主体、取证程序合法合规。关联性方面,电子证据在时间维度上,发生时间与待证事实的发生需要具有时间上的密切联系,电子数据能够确定地指向真实的主体。

4. 对鉴定意见的质证要求。当事人要求鉴定人出庭接受询问的,鉴定人应当出庭。鉴定人因正当事由不能出庭的,经法庭准许,可以不出庭,由当事人对其书面鉴定意见进行质证。鉴定人不能出庭的正当事由,参照前述证人不能出庭的规定。

5. 对专门性问题的质证要求。对被诉具体行政行为涉及的专门性问题,当事人可以向法庭申请由专业人员出庭进行说明,法庭也可以通知专业人员出庭说明。必要时,法庭可以组织专业人员进行对质。当事人对出庭的专业人员是否具备相应专业知识、学历、自利等专业资格等有异议的,可以进行询问。由法庭决定其是否可以作为专业人员出庭。

第五节 行政诉讼证据的认证

一、行政诉讼证据认证的含义

行政诉讼证据的审核认定,简称行政诉讼的认证,是指人民法院对经庭审出示、质证的证据进行审查判断以确定其是否具有客观性、关联性、合法性,有无证明力及证明力的大小,并据此对证据材料能否作为定案根据进行认定的活动。它包括审核与认定两个紧密联系的环节。

二、行政诉讼证据认证的标准

各类证据只有经过审核属实,才能作为人民法院定案的根据。人民法院审核认定证据是在法官的主持和诉讼参与人的参加下,依法对各种证据进行分析判断,确定证据材料与案件事实之间的证明关系,排除不具有关联性的证据材料,找到可定案证据的活动。人民法院裁判行政案件,应当以证据证明的案件事实为依据。首先,人民法院应当对接受和收集的所有证据全部纳入审核认定范围,不因其来源和种类不同而人为取舍。其次,人民法院应当站在客观、公正的立场上对证据进行审核认定,避免先入为主或者主观臆测。对证据的审核认定包括对证据能力与证明力的认定,对二者的认定应该以客观性、关联性、合法性为标准。

1. 客观真实性。证据的真实性是指证据材料所反映的或者所证明的案件的真实情况，即该证据是否真实、可靠。法庭应当从以下方面审查证据的客观真实性：(1)证据形成的原因；(2)发现证据时的客观环境；(3)证据是否为原件、原物，复制品与原件、原物是否相符；(4)提供证据的人或者证人与当事人是否有利害关系；(5)影响证据真实性的其他因素。

2. 关联性。证据的关联性是指行政诉讼证据与待证事实之间必须有内在的必然联系。法庭应当对经过庭审质证的证据和无须质证的证据进行逐一审查和对全部证据综合审查，遵循法官职业道德，运用逻辑推理和生活经验，进行全面、客观和公正的分析判断，确定证据材料与案件事实之间的证明关系，排除不具有关联性的证据材料，准确认定案件事实。

3. 合法性。证据的合法性是指行政诉讼证据必须是经合法程序、运用合法手段取得的，并且符合法定形式。法院应当从以下几方面审核证据的合法性：(1)证据是否符合法定形式；(2)证据的取得是否符合法律、法规、司法解释和规章的要求；(3)是否有影响证据效力的其他违法情形。

三、行政诉讼证据认证的具体规则

(一)证据排除规则

1. 非法证据不能作为人民法院的定案根据。证据的内容、形式和程序必须合法，非法证据不能作为人民法院的定案根据。下列证据材料不能作为定案根据：(1)严重违反法定程序收集的证据材料；(2)以偷拍、偷录、窃听等手段获取侵害他人合法权益的证据材料；(3)以利诱、欺诈、胁迫、暴力等不正当手段获取的证据材料；(4)当事人无正当事由超出举证期限提供的证据材料；(5)在中华人民共和国领域以外或者在中华人民共和国香港特别行政区、澳门特别行政区和台湾地区形成的未办理法定证明手续的证据材料；(6)当事人无正当理由拒不提供原件、原物，又无其他证据印证，且对方当事人不予认可的证据的复制件或者复制品；(7)被当事人或者他人进行技术处理而无法辨明真伪的证据材料；(8)不能正确表达意志的证人提供的证言；(9)不具备合法性和真实性的其他证据材料等。

2. 下列证据不能作为认定被诉具体行政行为合法的依据：(1)被告及其诉讼代理人在作出具体行政行为后或者在诉讼程序中自行收集的证据；(2)被告在行政程序中非法剥夺公民、法人或者其他组织依法享有的陈述、申辩或者听证权利所采用的证据；(3)原告或者第三人在诉讼程序中提供的、被告在行政程序中未作为具体行政行为依据的证据。

3. 对被告在行政程序中采纳的鉴定意见,原告或者第三人提出证据证明有下列情形之一的,人民法院不予采纳:(1)鉴定人不具备鉴定资格;(2)鉴定程序严重违法;(3)鉴定意见错误、不明确或者内容不完整。

4. 以违反法律禁止性规定或者侵犯他人合法权益的方法取得的证据,不能作为认定案件事实的依据。

(二)禁止反证规则

禁止反证规则是指某些证据虽具有一定证明力,但出于某种特殊考虑或原因,不能作为定案根据的规则。具体包括:(1)复议机关在复议程序中收集和补充的证据,或者作出原具体行政行为的行政机关在复议程序中未向复议机关提交的证据,不能作为人民法院认定原具体行政行为合法的依据。(2)被告在二审过程中向法庭提交在一审过程中没有提交的证据,不能作为二审法院撤销或者变更一审裁判的根据。(3)行政赔偿诉讼中,人民法院主持调解时当事人为达成调解协议而对案件事实的认可,不得在其后的诉讼中作为对其不利的证据。(4)被告在行政程序中依照法定程序要求原告提供证据,原告依法应当提供而拒不提供,在诉讼程序中提供的证据,人民法院一般不予采纳。

(三)证明力优先规则

证据的证明力,是指证据本身所显示出来的能够让法庭相信其所证实的案件事实的效力。人民法院判断证明同一事实的数个证据的证明力应当遵循下列规则:(1)国家机关以及其他职能部门依职权制作的公文文书优于其他书证;(2)鉴定意见、现场笔录、勘验笔录、档案材料以及经过公证或者登记的书证优于其他书证、视听资料和证人证言;(3)原件、原物优于复制件、复制品;(4)法定鉴定部门的鉴定意见优于其他鉴定部门的鉴定意见;(5)法庭主持勘验所制作的勘验笔录优于其他部门主持勘验所制作的勘验笔录;(6)原始证据优于传来证据;(7)其他证人证言优于与当事人有亲属关系或者其他密切关系的证人提供的对该当事人有利的证言;(8)出庭作证的证人证言优于未出庭作证的证人证言;(9)数个种类不同、内容一致的证据优于一个孤立的证据;(10)以有形载体固定或者显示的电子数据交换、电子邮件以及其他数据资料,其制作情况和真实性经对方当事人确认,或者以公证等其他有效方式予以证明的,与原件具有同等的证明效力。

（四）当事人自认规则

在庭审中一方当事人或者其代理人在代理权限范围内对另一方当事人陈述的案件事实明确表示认可的，人民法院可以对该事实予以认定。但有相反证据足以推翻的除外。若一方当事人对另一方当事人提供的证据予以否认，但不能提供充分的证据进行反驳的，可以综合全案情况审查认定该证据的证明效力。

（五）直接认定（司法认知）规则

1. 某些事实无须加以证明，就可以被肯定或者否定。下列事实法庭可以直接认定：(1)众所周知的事实；(2)自然规律及定理；(3)按照法律规定推定的事实；(4)已经依法证明的事实；(5)根据日常生活经验法则推定的事实。对于上述(1)、(3)、(4)、(5)项，当事人有相反证据足以推翻的除外。

2. 原告确有证据证明被告持有的证据对原告有利，被告无正当事由拒不提供的，可以推定原告的主张成立。

3. 生效的人民法院裁判文书或者仲裁机构裁决文书确认的事实，可以作为定案依据。但是如果发现裁判文书或者裁决文书认定的事实有重大问题，应当中止诉讼，通过法定程序予以纠正后恢复诉讼。

（六）非独立的定案证据规则

某些证据因其形成过程或者其自身存在着某种缺陷，导致这些证据不能单独作为定案依据，而必须有其他证据补充或结合其他证据才能作为定案依据。下列证据不能单独作为定案依据：(1)未成年人所作的与其年龄和智力状况不相适应的证言；(2)与一方当事人有亲属关系或者其他密切关系的证人所作的对该当事人有利的证言，或者与一方当事人有不利关系的证人所作的对该当事人不利的证言；(3)应当出庭作证而无正当理由不出庭作证的证人证言；(4)难以识别是否经过修改的视听资料；(5)无法与原件、原物核对的复制件或者复制品；(6)经一方当事人或者他人改动，对方当事人不予认可的证据材料；(7)其他不能单独作为定案依据的证据材料等。

（七）公开说理规则

公开说理规则，是指对于证据的认定，应当公开、当庭进行，其理由与结果应当在判决书中予以说明并宣告。也就是说，庭审中经过质证的证据，能够当庭认定的，应当当庭认定；不能当庭认定的，应当在合议庭合议时认定。人民法院应当在裁判文书中阐明证据是否采纳的理由。法庭发现当庭认定的证据有误，可以按照下列方式纠正：庭审结束前发现错误的，应当重新进行认定；庭审结束后宣判前发现错误的，在裁判文书中予以更正并说明理由，也可以再次开庭予以认定；有新的证据材料可能推翻已认定的证据的，应当再次开庭予以认定。

四、行政诉讼的证明标准

证明标准是为了实现法定证明任务，法律规定在每一个案件中诉讼证明必须达到的程度。它既是衡量当事人举证到何种程度才能满足举证要求的标准，又是法官据以确信案件事实以及评判法官对事实认定是否妥当的尺度。我国《行政诉讼法》和《关于行政诉讼证据若干问题的规定》均未规定证明标准问题，在行政诉讼中应当采取何种证明标准，学界存在不同看法。有学者主张采取与民事诉讼和刑事诉讼相同的证明标准，即采取一元制的证明标准①。但从我国民事诉讼和刑事诉讼的现行立法来看，我国实行的却是二元制的证明标准。依据《民事诉讼法》，我国民事诉讼采用了优势证明标准，只要当事人一方提供的证据效力明显优于对方当事人提供的证据的证明力，即可根据证据效力占优势的证据认定案件事实。依据《刑事诉讼法》我国刑事诉讼法采用了严格证明标准，对被告被指控的犯罪事实必须证明到排除一切合理怀疑的程度。在如何设定行政诉讼的证明标准上，应当考虑以下因素：

第一，法律程序的价值取向。如果行政诉讼程序以公正为价值取向，则证明标准的要求高些；如果行政诉讼程序以效率为价值取向，则证明标准的要求就要低些。如果行政程序兼顾公正和效率，则证明标准应当区分行政行为的主要事实和次要事实并分别确定其证明标准，对主要事实的证明标准高，而次要事实的证明标准可以低一些。②

第二，举证责任的差异。在行政诉讼中，说服责任是证明被诉行政行为合法性的责任，其证明标准应当因案件事实的具体情况不同分别达到严格证明标准或

---

① 证据的确实、充分，既是对证据质的要求，也是对证据量的要求，具体体现在：一是据以定案的证据均已查证属实；二是案件事实均有必要的证据予以证明；三是证据之间、证据与案件事实之间的矛盾得到合理排除；四是得出的结论是唯一的，排除了其他可能性。这四点必须同时具备，才能认为证据已经达到确实充分的程度。对此种证明标准上的要求，民事诉讼、刑事诉讼和行政诉讼概莫能外。参见陈一云主编：《证据学》，中国人民大学出版社 1991 年版，第 117－118 页。

② 章剑生：《行政诉讼法基本理论》，中国人事出版社 1998 年版，第 122 页。

明显优势的证明标准。推进责任主要是原告证明行政程序事实或推进行政程序的责任,其证明标准应当低于说服责任的证明标准。[①]

第三,行政案件的性质及对当事人权益影响的大小程度。证明标准应当与案件的性质和影响程度呈正比例关系,案件越是重大复杂,对证明标准的要求就越高。[②]

由于行政案件的特殊性、复杂性和多样性,不可使用单一的证明标准。笔者建议以优势证明标准为原则,以严格证明标准为例外。在实施拘留、劳动教养、责令停产停业、吊销执照等对行政相对人的人身权、财产权产生重大影响的案件,应使用严格证明标准。

以案说法

省棉麻公司从县棉绒厂购进760包棉花,同年将其出售给国棉六厂。市纤维纺织品监督检查所(以下简称纺检所)对国棉六厂购进的760包棉花进行检查,发现该批棉花掺杂使假,纺检所检查人员当即制作了现场检查笔录,内容包括检查的时间、地点、被检查的单位、检查的情况及处理的意见,被检查单位的负责人乔某在现场检查笔录上签字。在检查过程中,检查人员了解到该批棉花是棉麻公司从县棉绒厂购入后销售给国棉六厂的,即提取了棉麻公司开具的棉花销售清单及县棉花公司运出码单和检验证书。2015年3月1日纺检所通知棉麻公司、县棉花公司和棉绒厂负责人对被封存的760包棉花再次进行检查,但棉麻公司拒不到场。纺检所对此次检查情况制作了现场笔录。参加检查的县棉花公司和棉绒厂同意纺检所的检查意见,在现场笔录上签字。此后,纺检所依法定程序对封存的棉花抽样送检,结果检验为混级劣质棉。棉麻公司、县棉花公司和棉绒厂接到检验报告后,在法定的期限内未提出复验的请求。2015年5月30日纺检所以棉麻公司销售不符合国家强制标准的成包棉为由,作出责令停止销售,罚款90,025.63元的行政处罚决定。棉麻公司对该处罚决定不服,以纺检所的现场笔录认定事实有误为由,提起行政诉讼。

问题:本案被告制作的现场笔录是否合法;法院能否采信该现场笔录作为裁判的依据。

---

① 参见高家伟、乔红星:《行政诉讼证明标准初探》,载《诉讼法学研究》(第1卷),中国检察出版社2002年版,第543页。

② 参见姜明安主编:《行政法与行政诉讼法》,北京大学出版社2005年版,第535页。

评析：本案原、被告争议的焦点就是被告纺检所作出的两份现场笔录能否作为定案的证据。原告提出的抗辩理由是，本案被告纺检所两次进行检查时，被处罚人棉麻公司均不在现场。纺检所先后制作的两份现场检查笔录，棉麻公司都没有、也不可能在上面签字。没有当事人签字或盖章的现场笔录不能起到证明作用。法院在审查时，应当从现场笔录的形式和内容两个方面进行。从内容上看，经庭审质证，纺检所的现场笔录的内容是真实的。它记载了纺检所两次对760包棉花进行检查的时间、地点、被检查的单位、检查的详细的经过及其处理意见。从程序上看，该现场笔录是在被告执法检查的过程中制作的，符合"先取证，后裁决"的原则。至于两份现场笔录上均无原告的签名或盖章，应当具体考察这一情况出现的原因。被告纺检所在进行第一次检查时，是对国棉六厂购进的760包棉花进行检查，当时并不知道该批棉花是原告棉麻公司销售的，因此不可能通知原告参加检查，但是第一次的现场笔录有被检查单位的负责人乔某在现场检查笔录上签字，符合司法解释所规定的"有其他人在场的，可由其他人签名"的规定，其效力应当得到肯定。在制作第二份现场笔录时，事前曾通知原告参加检查，2015年3月1日被告纺检所通知棉麻公司、县棉花公司和棉绒厂负责人对被封存的760包棉花进行第二次检查，但棉麻公司拒不到场。纺检所对此次检查情况制作了现场笔录。参加检查的县棉花公司和棉绒厂同意纺检所的检查意见，在现场笔录上签字。此后，纺检所依法定程序对封存的棉花抽样送检，结果检验为混级劣质棉。棉麻公司、县棉花公司和棉绒厂接到检验报告后，在法定的期限内未提出复验的请求。由此可见，原告提出的其未在现场笔录上签名或盖章，因此二被告所做现场笔录无效的抗辩理由是不成立的。另外，被告除了提供两份现场笔录外，还有现场检查拍摄的照片，棉麻公司棉花销售清单、县棉花公司出具的棉花运出码单、对棉花的抽样检验报告等证据可以相互印证，足以证明案件的事实情况。

第十八章　行政诉讼程序

导入案例

康某购买了奎文客运公司豪华客车一辆，2014年7月14日下午，在大胥家调度室排班时，司法所所长带领8人强行上车，未出示任何证件，未说明任何理由，将司机和售票员推到一边，将车开到镇政府大院，次日，康某找镇政府要车被拒绝。康某认为镇政府的扣车行为侵犯了自己的财产权，依法向市中级人民法院提起行政诉讼，请求确认镇政府扣车行为违法。接到法院送达的起诉状副本后，镇政府答辩认为原告无中生有，虚构事实，乱行诉权，镇政府并未实施扣押原告车辆的具体行政行为，原告所诉缺少事实根据，请求法院驳回原告的起诉。为支持自己的起诉，原告向一审法院提交了现场照片、证人证言、代理人的调查笔录等证据，证明被告确实实施了扣押原告车辆的行为。一审法院认为，原告提供的证据可以证明被诉具体行政行为的存在，由此认定原告起诉具有事实根据，符合起诉条件。经过实体审理，法院依法判决确认被告的具体行政行为违法。

思考：通过整个案例请思考提起行政诉讼的条件。

提示：提起行政诉讼应当符合以下条件：(1)原告是认为具体行政行为侵犯其合法权益的公民、法人或者其他组织。这一条件包括以下含义：①原告是作为行政相对人的公民、法人和其他组织，而不是行使行政职权的行政主体。②原告必须与被诉具体行政行为具有法律上的利害关系。所谓具有法律上的利害关系，也就是指行政机关的具体行政行为对原告的权利义务已经或将会产生实际影响。③原告认为具体行政行为侵犯其合法权益。(2)有明确的被告。原告在起诉状中必须明确指出被告是谁，若没有明确的被告，起诉不能成立。(3)有具体的诉讼请求和事实根据。(4)属于人民法院受案范围和受诉人民法院管辖。本案中，原告已经具备了上述条件，因此可以提起行政诉讼。

第一节 第一审程序

第一审程序,是人民法院对行政案件进行初次审理时所必须遵循的时限、步骤、方式等要素所构成的一个连续过程,包括起诉、受理、审理和裁判四个阶段。第一审程序是一切诉讼案件的必经程序,是第二审程序的前提和基础,只有经过第一审程序才能到达第二审程序。

一、起诉

行政诉讼的起诉,是指公民、法人和其他组织认为行政机关的具体行政行为侵犯了其合法权益,向人民法院提出诉讼请求,要求人民法院行使国家审判权,对具体行政行为进行审查,以保护自己合法权益的一种法律行为。起诉是人民法院对相应案件行使审判权的前提。在行政诉讼中,作出具体行政行为的行政机关一方只能做被告,不享有起诉权,也不能反诉成为原告。

(一)起诉的条件

根据《行政诉讼法》(2017)第49条的规定,起诉应当符合下列条件:

1. 原告是认为具体行政行为侵犯其合法权益的公民、法人或者其他组织。这一条件包括以下含义:(1)原告是作为行政相对人的公民、法人和其他组织,而不是行使行政职权的行政主体。(2)原告必须与被诉具体行政行为具有法律上的利害关系。所谓具有法律上的利害关系,也就是指行政机关的具体行政行为对原告的权利义务已经或将会产生实际影响。具体行政行为无论是行政处理决定还是行政复议裁决,均须对相对人已经产生或者必然产生法律效果。如果具体行政行为尚未作出,或者已经撤销或丧失效力,相对人起诉的,人民法院不应受理。对于正在处于形成过程中的行政处理决定或者公务员不能代表其所在行政机关的个人简介,均不得提起行政诉讼。(3)原告认为具体行政行为侵犯其合法权益。需要强调的是,只要公民、法人或者其他组织主观上认为自己的合法权益受到具体行政行为侵害,同行政机关发生行政争议,就可以提起行政诉讼。原告是否实际上受到该具体行政行为的侵犯,必须最终由法院审理和作出裁决。

2. 有明确的被告。原告在起诉状中必须明确指出被告是谁,是哪个或哪些行政机关的具体行政行为侵犯了其合法权益。若没有明确的被告,诉讼法律关系就不能形成和无从开始，诉讼的后果也无人承担，法院也无从进行判决。根据现行法律的规定，被告必须是作出具体行政行为的行政机关或法律、法规授权的组织，原告起诉时必须指出该机关或组织的名称。

3. 有具体的诉讼请求和事实根据。具体的诉讼请求是指原告对被告提出的具体的权利主张和人民法院作出何种判决的要求，可以是确认具体行政行为违法、或撤销、变更具体行政行为，或要求行政主体履行法定职责等。在起诉时，必须向法院提出具体才权利主张及其初步的理由和根据，因为没有事实根据的请求是无法审理的请求，但是否确凿充分则需要法院进行审理后才能作出判断。根据《行政诉讼法司法解释》的规定，若行政机关作出具体行政行为时不制作、不送达决定书，当事人对具体行政行为不服，向人民法院起诉时，只要能证实具体行政行为的存在并符合其他起诉条件时，人民法院就应当受理。由此可见，起诉时原告的举证责任与诉讼过程中的举证责任是大相径庭的，前者决定诉讼程序是否开始，而后者决定原告是否胜诉。

4. 属于人民法院受案范围和受诉人民法院管辖。原告起诉的案件，必须是根据《行政诉讼法》的规定，属于人民法院受理范围内的行政案件，对于《行政诉讼法》第 13 条规定的事项，则不属于人民法院受理范围，当事人不能起诉。此外，即使是属于人民法院受理的案件，鉴于人民法院系统内部的分工，原告起诉还必须符合《行政诉讼法》关于级别管辖和地域管辖的相关规定。

（二）起诉的期限

1. 一般起诉期限

起诉期限是指不服具体行政行为的当事人有权请求人民法院保护其合法权益的法定期限。

（1）公民、法人或者其他组织直接向人民法院提起诉讼的，应当自知道或者应当知道作出行政行为之日起六个月内提出。法律另有规定的除外。法律另有规定的除外，这项原则是为了照顾部分法律在《行政诉讼法》修改前已经规定起诉期限，为了避免法律之间的冲突，做了这个规定。但根据法治统一原则，在《行政复议法》、《行政诉讼法》修改完善复议期限和诉讼期限后，其他的法律规定应当与《行政复议法》、《行政诉讼法》规定的复议和诉讼期限保持一致。

（2）公民、法人或其他组织不服行政机关的具体行政行为而向复议机关申请行政复议，对复议决定不服的，可以在收到复议决定书之日起 15 日内向人民法院提起行政诉讼。复议机关逾期不作决定的，公民、法人或者其他组织可以在复议期满之日起 15 日内向人民法院提起诉讼。法律另有规定的除外。

(3)公民、法人或者其他组织申请行政机关履行保护其人身权、财产权等合法权益的法定职责,行政机关在接到申请之日起两个月内不履行的,公民、法人或者其他组织可以向人民法院提起诉讼。法律、法规对行政机关履行职责的期限另有规定的,从其规定。公民、法人或者其他组织在紧急情况下请求行政机关履行保护其人身权、财产权等合法权益的法定职责,行政机关不履行的,提起诉讼不受前款规定期限的限制。公民、法人或者其他组织对行政机关不履行法定职责提起诉讼的,应当在行政机关履行法定职责期限届满之日起六个月内提出。

(4)行政机关作出行政行为时,未告知公民、法人或者其他组织起诉期限的,起诉期限从公民、法人或者其他组织知道或者应当知道起诉期限之日起计算,但从知道或者应当知道行政行为内容之日起最长不得超过一年。复议决定未告知公民、法人或者其他组织起诉期限的,适用前款规定。

(5)公民、法人或者其他组织不知道行政机关作出的具体行政行为内容的,其起诉期限从知道或者应当知道该具体行政行为内容之日起计算。对涉及不动产的具体行政行为从作出之日起超过 20 年、其他具体行政行为从作出之日起超过 5 年提起诉讼的,人民法院不予受理。

2. 起诉期限的延长

公民、法人或者其他组织因不可抗力或者其他特殊情况耽误法定期限的,在障碍消除后的 10 日内,可以申请延长期限,由人民法院决定。对此应当理解以下几点:

(1)起诉期限耽误的原因须是不可抗力或其他特殊情况。所谓不可抗力,是指当事人不能预见、不能避免并且不能克服的客观情况。所谓其他特殊情况,是指除不可抗力以外,不能归责于起诉人的事由,如原告病重、原告被限制人身自由等。

(2)当事人申请延长期限,应当在不可抗力或者其他特殊障碍消除后 10 日内提出。

(3)当事人申请延长法定的起诉期限,是否准许,由人民法院决定。

(三)起诉的方式

起诉原则上应以书面形式进行,即原告应向人民法院递交起诉状及起诉状副本,不得以口头形式起诉。这是因为,行政诉讼针对的是行政机关做出的具体行政行为,一般会涉及公共利益,案情复杂。采用书面形式起诉不仅体现起诉行为的严肃性和慎重态度，减少起诉的随意性，有利于原告全面详尽地表述自己的诉讼请求，而且有利于被告的答辩，便于人民法院弄清双方争议的焦点，正确及时审理案件。

书写起诉状确有困难的，可以口头起诉，由人民法院记入笔录，出具注明日期的书面凭证，并告知对方当事人。

起诉状应当列明下列事项：

1. 原告和被告的基本情况。原告如果是个人的，应写明姓名、性别、年龄、民族、籍贯、职业、工作单位和住址；原告如果是单位或其他组织的，应写明法人或组织的名称、住所地和法定代表人的姓名、职务。不具备法人资格的其他组织起诉时，由该组织的正职行政负责人作为法定代表。原告如无诉讼行为能力而由法定代理人、委托代理人代理诉讼的，应在原告之后，记明代理人的相关信息。至于被告的基本情况，应载明被诉行政机关的全称、地址、法定代表人的姓名、职务。

2. 诉讼请求和所根据的事实和理由。具体的诉讼请求是原告起诉所要达到的目的，是希望法院保护自己的合法权益的具体内容，以及希望法院作出何种判决。原告还必须明确说明行政机关具体行政行为存在的事实、与具体行政行为具有直接利害关系的事实和认为具体行政行为违法的理由三个方面的根据。

3. 证据和证据来源。原告在诉状中应列举全部能够证明其诉讼请求的证据及来源。证据由原告持有的，应随起诉状递交。如是证人，应注明其姓名、住址等信息，以便调查。证据为他人持有的，应记明持有人的姓名等信息。此外，起诉状还应载明接受起诉状的人民法院的名称和起诉的具体日期，并由原告签名或盖章。原告递交起诉状，应按被告人数提供起诉状副本，由受诉人民法院送达被告。

根据 2018 年《行政诉讼法司法解释》第 54 条规定，依照行政诉讼法第四十九条的规定，公民、法人或者其他组织提起诉讼时应当提交以下起诉材料：(一)原告的身份证明材料以及有效联系方式；(二)被诉行政行为或者不作为存在的材料；(三)原告与被诉行政行为具有利害关系的材料；(四)人民法院认为需要提交的其他材料。

(四)起诉与申请行政复议的衔接

在行政诉讼和行政复议的衔接问题上，我国采用由行政相对人选择救济手段和行政复议前置相结合的立法模式。

在由行政相对人选择救济手段的情况下，如果行政相对人选择了向行政复议机关申请复议，复议机关已经受理的，在法定复议期限内不得向人民法院提起行政诉讼；如果行政相对人选择了向人民法院提起行政诉讼，人民法院已经依法受理的，不得申请行政复议。如果行政相对人既提起诉讼又申请行政复议的，由先受理的机关管辖；同时受理的，由行政相对人选择。如果行政相对人先向行政复议机关申请复议，又经复议机关同意撤回复议申请，在法定起诉期限内对原具体行政行为提起诉讼的，人民法院应当依法受理。

在行政复议前置的情况下，行政相对人未申请复议直接提起诉讼的，人民法院不予受理，行政相对人依法向行政复议机关申请了行政复议，复议机关不受理复议申请或者在法定期限内不作出复议决定，行政相对人不服，可以在复议期满之日起 15 日内依法向人民法院提起行政诉讼，人民法院应当依法受理。

部分行政案件，原告既可申请复议也可选择直接诉讼。但是，如果发了明确规定行政复议决定是"终局"性质时，当事人一旦选择复议就不得再提起诉讼。例如省、自治区、直辖市人民政府确认土地、矿藏、水流、森林、山岭、草原、荒地、滩涂、海域等自然资源的所有权或者使用权的行政复议决定为最终裁决。

二、审查与受理

（一）受理的概念

受理，是指人民法院对公民、法人或其他组织的起诉进行审查，认为符合法律规定的起诉条件而决定立案并予以审理的诉讼行为。《行政诉讼法》（2017）第 51 条规定，人民法院在接到起诉状时对符合本法规定的起诉条件的，应当登记立案。对当场不能判定是否符合本法规定的起诉条件的，应当接收起诉状，出具注明收到日期的书面凭证，并在七日内决定是否立案。不符合起诉条件的，作出不予立案的裁定。裁定书应当载明不予立案的理由。原告对裁定不服的，可以提起上诉。起诉状内容欠缺或者有其他错误的，应当给予指导和释明，并一次性告知当事人需要补正的内容。不得未经指导和释明即以起诉不符合条件为由不接收起诉状。对于不接收起诉状、接收起诉状后不出具书面凭证，以及不一次性告知当事人需要补正的起诉状内容的，当事人可以向上级人民法院投诉，上级人民法院应当责令改正，并对直接负责的主管人员和其他直接责任人员依法给予处分。

（二）对起诉的审查

人民法院接到原告的起诉状后，人民法院应组成合议庭，从以下几个方面对起诉进行审查：（1）对起诉条件的审查，即审查原、被告是否合格；诉讼请求是否具体、明确、事实根据是否具备；是否属于人民法院的受案范围和受诉人民法院管辖。(2)对起诉程序的审查。审查起诉是否符合法定起诉程序,主要是指当事人起诉是否符合行政复议与行政诉讼关系的规定,有复议前置要求的是否经过了复议程序。(3)对起诉期限的审查。审查行政相对人是否在法定起诉期限内提起诉讼,若起诉超过了法定起诉期限,是否有延长期限的正当理由。(4)审查是否属于重复诉讼。重复诉讼分为时间上的重复诉讼和空间上的重复诉讼。前者是指起诉人就已经作出生效判决、裁定的案件再次提起诉讼,即审查诉讼标的是否为生效判决的效力所羁束;后者是指对于其他人民法院正在审理中的同一案件,当事人又以同一标的、同一事实根据和理由另行起诉。(5)对撤诉后再起诉的审查。已撤回起诉,再行起诉应审查其是否有正当理由。(6)对起诉状内容的审查。审查起诉状内容是否明确、完整。(7)对诉讼代理人、代表人的审查。法律规定必须由法定或者指定代理人、代表人为诉讼行为的,审查是否由法定或者指定代理人、代表人为诉讼行为;由诉讼代理人代为起诉,审查其代理是否符合法定要求。(8)对其他法定起诉要件的审查。

(三)受理与否的决定

人民法院根据对各具体行政案件的审查情况,应当依法作出不同处理决定:

(1)符合起诉条件的,决定立案。对于符合起诉条件的,人民法院应在收到起诉状之日起7日内立案,并及时通知当事人。

(2)不符合起诉条件,但可以补正或更正的,法院指定期间责令补正或更正;在指定期间已经补正或更正的,应依法受理。

(3)不符合起诉条件,且无法或者逾期补正或更正的,裁定不予受理。人民法院认为起诉不符合受理条件的,并且原告无法补正或者逾期不补正或更正而不符合起诉条件的,在接到起诉状之日起7日内作出裁定,不予受理。原告对不予受理的裁定不服,可在收到裁定书之日起10日内向上一级人民法院提出上诉。

(4)人民法院对起诉状进行审查的处理期限为7日,从受诉人民法院收到起诉状之日起计算;因起诉状内容欠缺而责令原告补正的,从人民法院收到补正材料之日起计算。人民法院在7日内不能决定是否受理的,应当先予受理;受理后经审查发现不符合起诉条件的,裁定驳回起诉。如果受诉人民法院在7日内既不立案,又不作出不予受理的裁定,起诉人可以向上一级人民法院申诉或者起诉。上一级人民法院认为符合受理条件的,应予受理;受理后可以移交或者指定下级人民法院审理,也可以自行审理。

三、一审案件的审理

（一）审理前的准备

根据《行政诉讼法》的有关规定和审判实践，审理前的准备工作主要包括：

1. 组成合议庭。合议庭由审判员组成，或者由审判员、陪审员组成。合议庭的成员，应当是 3 人以上的单数。合议庭组成后，应尽可能在开庭前将合议庭组成人员通知当事人，以便于当事人及早了解合议庭成员的个人情况，从而充分行使申请回避的权利。合议庭依少数服从多数的原则对案件进行审理和裁判。

2. 简易程序的规定。根据《行政诉讼法》（2017）第 82、83 条规定，人民法院审理下列第一审行政案件，认为事实清楚、权利义务关系明确、争议不大的，可以适用简易程序：（1）被诉行政行为是依法当场作出的；（2）案件涉及款额二千元以下的；（3）属于政府信息公开案件的。除前款规定以外的第一审行政案件，当事人各方同意适用简易程序的，可以适用简易程序。发回重审、按照审判监督程序再审的案件不适用简易程序。适用简易程序审理的行政案件，由审判员一人独任审理，并应当在立案之日起四十五日内审结。

3. 送达诉讼文书。人民法院应当在立案之日起 5 日内，将起诉状副本和应诉通知书发送被告。被告应当在收到起诉状副本之日起 15 日内向人民法院提交作出具体行政行为的有关材料，并提出答辩状。人民法院应当在收到答辩状之日起 5 日内，将答辩状副本发送原告。被告不提出答辩的，不影响人民法院审理。人民法院向当事人送达上述诉讼文书时，应当告知其举证范围、举证期限和逾期提供证据的法律后果，并告知因正当事由不能按期提供证据时应当提出延期提供证据的申请。

4. 处理管辖异议。当事人在答辩期内提出管辖异议的，人民法院应当进行审查，并依法裁定移送管辖或者驳回异议。

5. 审核诉讼材料。合议庭应当认真审核诉讼材料，即当事人提供的起诉状、答辩状和各种证据材料，了解诉讼主体的情况，了解原告的诉讼请求、事实及理由，了解被告和第三人的答辩要点、被告作出具体行政行为的证据和法律依据。

6. 调查收集证据。在审查诉讼材料的基础上，法院可根据需要决定进行调查和收集证据，对案件存疑的地方进行进一步调查。决定是否要求当事人补充证据，是否需要对专门性问题进行鉴定，是否采取证据保全措施等。

7. 确认、更换和追加当事人。原告所起诉的被告不适格，人民法院应当告知原告变更被告；原告不同意变更的，裁定驳回起诉。应当追加被告而原告不同意追加的,人民法院应当通知其以第三人的身份参加诉讼。同提起诉讼的具体行政行为有利害关系的其他公民、法人或者其他组织,可以作为第三人申请参加诉讼,或者由人民法院通知参加诉讼。

8. 其他必要的准备工作。除上述活动外,人民法院在开庭审理前还应根据案情需要做好如下工作:为不通晓当地民族通用的语言、文字的当事人提供翻译;决定将具有共同诉讼性质的案件合并审理;裁定采取财产保全措施或者先予执行;根据具体案情分别裁定停止具体行政行为的执行或者驳回停止执行的申请;在开庭3日前将开庭时间、地点通知当事人和其他诉讼参与人;决定是否公开审理,如果决定公开审理,应当公告当事人姓名、案由和开庭的时间、地点等。

(二)开庭审理

行政诉讼一般应公开审理,涉及国家机密、个人隐私和法律另有规定者,则可不公开审理。公开审理的案件应允许记者采访、报道;不公开审理则除当事人和法院通知的其他诉讼参与人外,不允许其他人参加。

1. 宣布开庭。宣布开庭是法庭调查前的一个准备阶段。其主要内容和顺序是:先由书记员查清当事人和其他诉讼参与人是否到庭,并宣布法庭纪律;再由审判长宣布开庭;审判长还应宣布案由,核对当事人及其诉讼代理人身份,宣布合议庭组成人员、书记员名单。鉴定人、勘验人、翻译人员出庭参与诉讼活动时,也应宣布他们的姓名、称谓和职务,告知当事人有关的诉讼权利和义务,告知当事人如认为审判人员及书记员、翻译人员、鉴定人、勘验人与本案有利害关系或者有其他关系可能影响公正审判的,有权申请上述人员回避。询问当事人是否申请回避。如果当事人提出回避申请,法院应当根据法律的有关规定作出处理。①

2. 法庭调查。行政诉讼第一审程序中的法庭调查,是指合议庭根据法律的规定,在诉讼当事人和其他参与人的参加下,对原告起诉的具体行政行为进行全面审查而开展的司法活动。法定调查的任务是审核和查实各种证据,以查明案情,认定案件的事实。法庭调查的顺序为:

---

① 当事人申请回避,应当说明理由,在案件开始审理前提出;回避事由在案件开始审理后知道的,应当在法庭辩论终结前提出。被申请回避的人员,在人民法院作出是否回避的决定前,应当暂停参与本案的工作,但案件需要采取紧急措施的除外。对当事人提出的回避申请,人民法院应当在3日内以口头或者书面形式作出决定。申请人对驳回回避申请决定不服的,可以向作出决定的人民法院申请复议一次。复议期间,被申请回避的人员不停止参与本案的工作。对申请人的复议申请,人民法院应当在3日内作出复议决定并通知复议申请人。

(1)当事人陈述。行政诉讼法没有规定当事人陈述的顺序,实践中多由法院自由掌握。一般始于原告宣读起诉状,被告宣读答辩状,然后是双方当事人陈述。原告陈述主要应说明其合法权益受到具体行政行为侵害的事实和过程,被告陈述主要应说明自己做出的具体行政行为的合法性,并提出相应行为的事实和法律依据。

(2)举证与质证。举证、质证的内容包括:①证人出庭作证,宣读未到庭证人证言,当事人经法庭许可向证人发问,有权对证人证言发表质证意见;②出示书证、物证、视听资料和电子数据,当事人发表质证意见;③宣读鉴定意见,经法庭许可,当事人可以向鉴定人发问,可以发表质证意见并请求重新鉴定,是否准许,由人民法院决定;④宣读勘验笔录、现场笔录;经法庭许可,当事人可以向勘验人员和现场笔录人发问,可以发表质证意见并请求重新勘验,是否准许,由人民法院决定。

(3)证据的认定和争议焦点的归纳。法庭调查阶段,当事人应认真行使发问权和申请权,积极参与证据的审查,也可以提出新的证据,但被告提出新的证据必须是在诉讼开始前收集的证据。法庭调查结束前,审判长应当就法庭调查认定的事实和当事人争议的问题进行归纳总结。

3. 法庭辩论。法庭辩论是开庭审理的又一个重要阶段,它是在审判人员的主持下,当事人及其诉讼代理人对案件的事实认定和法律适用提出自己的看法,并对对方当事人的主张进行反驳的一种诉讼活动。法庭辩论中当事人、第三人及其诉讼代理人可以运用证据和法律规范,就案件争议事实的真伪和如何正确适用法律阐明自己的观点和诉讼请求,反驳他方的观点和论据。理解法庭辩论需要注意以下几点:(1)法庭辩论应当按照一定的程序进行。辩论的顺序是:①原告及其诉讼代理人发言;②被告及其诉讼代理人答辩;③第三人及其诉讼代理人发言;④互相辩论。(2)法庭辩论必须以法庭调查为基础。(3)法庭辩论应当围绕着案件中存有争议的事实、证据和法律适用问题展开,任何与案件无关的辩论内容,审判人员有权提示或给予制止。辩论终结,由审判长按原、被告和第三人的顺序征询双方当事人的最后意见。在法庭辩论过程中,法庭如发现新的事实或当事人提供了新的证据,确需核查,由审判长决定停止辩论,恢复法庭调查或延期审理,待事实查清后再恢复法庭辩论。

4. 合议庭评议。合议庭评议,是指合议庭成员通过对案件情况的分析研究,在确认案件的事实和适用法律的基础上,对被诉具体行政行为是否合法作出最终判断的一种诉讼活动。合议庭评议采用不公开的形式进行,并实行少数服从多数的原则,但少数人的意见应当记入合议笔录,并且每一位合议庭组成人员都应在合议笔录上签名。合议庭根据经过法庭审查认定的证据,确认案件事实,适用法律、法规和参照规章,最终形成法院对案件的判决。

5. 宣判。宣判是由合议庭代表法院对被诉具体行政行为是否合法的认定,法院对相应具体行政行为的处置。人民法院对公开审理或不公开审理的案件,一律公开宣告判决。当庭宣判的,应当在10日内发送行政判决书、裁定书、行政赔偿调解书或者行政附带民事判决书;定期宣判的,宣判后立即发给裁判文书。宣告判决时,必须告知当事人上诉权利、上诉期限和上诉的法院。宣告判决、裁定或行政赔偿调解书、附带民事诉讼调解书后,由审判长宣布闭庭。

法院在审理行政案件过程中,如遇到下列情形,可视情况作出延期审理的决定:(1)应当到庭的当事人和其他诉讼参与人有正当理由没有到庭的;(2)当事人临时提出回避申请且无法及时作出决定的;(3)需要通知新的证人到庭,调取新的证据,重新鉴定、勘验,或者需要补充调查的;(4)其他应当延期的情形。

(三)审理期限

行政诉讼中的审理期限,是指人民法院受理行政案件从立案之次日起至裁判宣告或调解书生效之日止的期间。人民法院应当在立案之日起六个月内作出第一审判决。有特殊情况需要延长的,由高级人民法院批准,高级人民法院审理第一审案件需要延长的,由最高人民法院批准。具体延长多少时间,由审理法院决定,但原则上不应当超过一审审理期限。基层人民法院申请延长审理期限,应当直接报请高级人民法院批准,同时报中级人民法院备案。

需要延长审理期限的,应当在审理期限届满10日前向高级人民法院或者最高人民法院提出申请。对于下级人民法院申请延长办案期限的报告,上级人民法院应当在审理期限届满3日前作出决定,并通知提出申请延长审理期限的人民法院。

下列期间不计入行政案件审理期限:(1)因当事人、诉讼代理人、辩护人申请通知新的证人到庭、调取新的证据、申请重新鉴定或者勘验,法院决定延期审理1个月之内的期间;(2)公告、鉴定的期间;(3)审理当事人提出的管辖权异议和处理法院之间的管辖争议的期间;(4)由有关专业机构进行审计、评估、资产清理的期间;(5)中止诉讼至恢复诉讼的期间。

四、行政诉讼裁判

行政诉讼裁判，是指受理行政案件的人民法院根据案件事实和国家法律，针对审理案件过程中发生的各种问题所作的司法处理。一经作出，对原告、被告和法院都会产生约束力，非经法定程序不得更改。

（一）一审行政判决

一审行政判决，又称为初审行政判决，是指人民法院代表国家，在审理一审行政案件终结时，根据事实和法律，对被诉具体行政行为是否合法作出的结论性判定以及对被诉具体行政行为的效力作出的权威性处理。一审判决的种类及其适用条件如下：

1. 驳回诉讼请求判决。驳回诉讼请求判决是指人民法院经过审理，在查明事实的基础上所作的对原告诉讼请求予以否定的判决。根据《行政诉讼法》第 69 条的规定行政行为证据确凿，适用法律、法规正确，符合法定程序的，或者原告申请被告履行法定职责或者给付义务理由不成立的，人民法院判决驳回原告的诉讼请求。

驳回诉讼请求判决的理由，也是 1989 年《行政诉讼法》维持判决的理由，维持行政机关具体行政行为的判决是 1989 年《行政诉讼法》的一个判决类型，由于 2014 年《行政诉讼法》立法目的的修改，首先，从维护和监督行政行为到监督行政行为，没有了维护行政行为的立法目的，故维持判决失去了存在的意义；其次，从原告的诉讼请求和维持判决的逻辑顺序上看，维持判决和原告的诉讼请求没有内在联系，法院的判决书应当根据原告的诉讼请求做出有针对性的处理，法院的判决书要么支持原告的诉讼请求，要么驳回原告的诉讼请求。2014 年的《行政诉讼法》修改取消了“维持判决”的种类，是《行政诉讼法》修改的一个重点内容。

驳回原告诉讼请求的条件：（1）行政行为证据确凿；（2）行政行为适用法律、法规正确；（3）行政行为符合法定程序；或者原告申请被告履行法定职责或者给付义务理由不成立。

2. 撤销判决。撤销判决是人民法院经过审理，在查清全部案件事实的基础上确认具体行政行为违法或部分违法，进而作出的部分或全部撤销具体行政行为的判决。一旦判令撤销原行政行为，行政机关不得基于同一事实和理由重新作出原具体行政行为。如果法院判令被告重新作出具体行政行为，被告亦不得作出与原具体行政行为基本相同的行为，但主要事实和主要理由有所改变的除外。被诉具体行政行为具有下列情形之一的，人民法院判决撤销或部分撤销，并可以判决被告重新作出具体行政行为：(1)主要证据不足。法定的事实要件缺少必要的证据证明；证据是否属实无法查证，证据无法采信；证据结论不具有唯一性，不能排除其他可能性；证据不合法。(2)适用法律、法规错误。指行政机关在作出具体行政行为时，适用了不应该适用的法律、法规规范，或者没有适用应当适用的法律、法规规范。通常表现为行政机关对事实的定性错误，对法律、法规适用范围和效力的把握错误，对法律、法规的原意、本质含义和法律精神理解、解释的错误，或者片面适用法律规范。(3)违反法定程序。违反了法律规范设定的行政活动必须遵循的步骤、顺序、方式、时间及相关的程序性制度。(4)超越职权。行政机关行使了法律规范没有赋予该机关的权力，对属于该机关范围以外的人和事进行了处理，或者逾越了法律规范所设定的必要的限度。(5)滥用职权。行政机关作出的具体行政行为虽然在其权限范围内，但行政机关不正当地行使职权，不符合法律授予这种职权的目的，不符合法律规范的精神，而是以个人意志武断专横地行政。人民法院可以根据具体案件情况作出部分撤销的判决。(6)明显不当的。明显不当是指行政行为严重违反行政合理性原则而不合适、不妥当或者明显不具有合理性。随着行政裁量权的不断扩大，实践中存在大量虽然合法但明显不合理的行政行为。特别是近年来，涉及行政处罚、行政强制、不动产登记、征收征用等资源类案件、劳动和社会保障类案件、行政裁决等案件中，行政机关的自由裁量权不断扩大，裁量因素不断增加。如果片面强调机械式的合法性审查原则，忽视对合理性的审查，就无法真正做到行政争议的实质性解决，不能满足广大人民群众的需求。

3. 履行判决。履行判决是人民法院经过审理，在查明案件事实的基础上，对拒不履行或拖延履行法定职责的行政主体，责令其在一定期限内履行法定职责的判决。适用履行判决必须具备以下条件：(1)被告对行政相对人负有履行职责的法定义务；(2)行政相对人向负有法定职责的主管行政机关提出了合法的申请。当然，在紧急情况下可以不受此条件的限制；(3)被告具有不履行或者拖延履行法定职责的客观事实。所谓不履行，指行政机关以默示的或明示的方式，否定合法申请人的申请。通常表现为：拒绝而不说明理由或根本就没有理由；拒绝虽附有理由，但该理由不是法律规范所规定或认可的理由；拒绝虽有一定理由，但尚不足以构成作出行政决定的根据；表面上同意，但为相对人设定不能接受的履行条件或相对人根本不具备的条件，等等。所谓拖延履行，是指行政机关在合理时间内不履行其行政法上的义务，不对相对人的申请作出明确的答复。具体表现为：在合理期限内对当事人的申请不予理睬或漠不关心；对当事人的申请持模棱两可、不置可否的态度;无理推脱;推脱虽持有理由,但理由不正当或不充分;附条件地处理,而该条件是相对人无法接受或与法律相违背的。

4. 确认判决。确认判决是人民法院经过审理,在查明案件事实的基础上,对被诉具体行政行为是否合法、有效所作的判决。确认判决分为确认被诉具体行政行为合法、有效的判决和确认被诉具体行政行为违法、无效的判决。确认合法或有效判决的适用必须满足两个条件:(1)经人民法院审查,被诉具体行政行为合法;(2)对该被诉具体行政行为不适宜判决维持,也不适合驳回诉讼请求。人民法院经过审查,认为被诉具体行政行为具有下列情形之一的,应当作出确认被诉具体行政行为违法或者无效的判决:(1)被告不履行法定职责,但判决责令其履行法定职责已无实际意义的。例如,在一些行政不作为案件中,由于原告请求保护人身权、财产权的时效性很强,超过一定期限,合法权益的损害已经发生,使得请求的事项对于原告而言已经没有实际意义。(2)被诉具体行政行为违法,但不具有可撤销内容的。这主要指事实行为。所谓事实行为,是指行政机关工作人员作出的虽不创设新的行政法律关系但与执行职务密切相关的行为,对相对人不发生法律拘束力。例如,执法人员暴力执法导致人身或财产损害的行为,法院判决撤销殴打或损毁行为无疑是荒谬的。(3)被诉行政行为依法不成立或者无效的。不成立是指行政行为在法律上不存在,通常是由于没有经过法定程序和不具备法定形式。无效是指行政行为重大、明显违法而自始不发生法律效力,根据《行政诉讼法司法解释》第99条规定:有下列情形之一的,“重大且明显违法”:行政行为实施主体不具有行政主体资格;减损权利或者增加义务的行政行为没有法律规范依据;行政行为的内容客观上不可能实施;其他重大且明显违法的情形。(4)被诉具体行政行为违法,但撤销该具体行政行为将会给国家利益或者公共利益造成重大损失的,人民法院应当作出确认被诉具体行政行为违法的判决,并责令被诉行政机关采取相应的补救措施,造成损害的,依法判决承担赔偿责任。这需要以下三个条件:第一,被诉具体行政行为依法应予撤销;第二,撤销被诉具体行政行为将会给国家利益、公共利益造成重大损失;第三,损失是重大的。

5. 变更判决。变更判决是指人民法院经过审理,在查明案件事实的基础上,运用国家审判权直接变更被诉具体行政行为而作出的判决。但人民法院在做出变更判决时,需要注意的是:(1)人民法院行使司法变更权只能针对行政处罚行为,对非行政处罚行为,人民法院不能直接变更;(2)人民法院行使司法变更权只能针对显失公正的行政处罚行为,对于主要证据不足,适用法律、法规错误,超越职权,违反法定程序的行政处罚,人民法院只能判决撤销而不能直接变更。对于滥用职权的行政处罚,只有当其达到显失公正时方能直接变更。

(二)二审行政判决

我国实行两审终审制,二审判决即终审判决。除有特殊情况经高级人民法院或最高人民法院批准延长审限外,必须自收到上诉状之日起2个月内作出二审判决:维持原判或改判。

1. 维持原判。维持原判是指二审法院通过对上诉案件的审理,确认一审判决认定事实清楚,适用法律、法规正确,从而作出的否定和驳回上诉人的上诉,维持一审判决的判决。所谓"原判决认定事实清楚",是指一审判决对具体行政行为的合法性裁判有可靠的事实基础和确凿的证据支持,没有疑点。"适用法律、法规正确",是指一审法院适用法律、法规恰如其分,没有适用不应当适用的法律规范,也没有遗漏应当适用的法律规范。

2. 发回重审或者改判。二审人民法院审上诉案件,经审理后,如果原判决、裁定认定事实错误或者适用法律、法规错误的,依法改判、撤销或者变更;原判决认定基本事实不清、证据不足的,发回原审人民法院重审,或者查清事实后改判。通常,一审判决认定事实不清应发回一审法院重审,但有时一审法院由于主观或客观原因,很难或不可能查清该事实,或者该案案情过于复杂,牵涉面广,二审法院自己很容易查明,在这种情况下,二审法院对一审认定事实不清的,也可以自己在查明事实后直接改判。

(三)行政诉讼裁定

1. 行政诉讼裁定的概念与特征。行政诉讼裁定,简称行政裁定,是人民法院在审理行政案件过程中,为解决本案的程序问题所作出的对诉讼参与人发生法律效力的司法判定。与行政判决相比,行政诉讼裁定具有以下特点:

(1)适用的事项不同。行政裁定是人民法院在审判行政案件的过程中为解决程序问题所作出的决定,而行政判决是人民法院在审理行政案件的过程中为解决实体问题所作的最终决定。所谓程序问题,是指人民法院指挥当事人和其他诉讼参与人按照法定程序进行诉讼活动中发生的问题,或者是人民法院按照法定程序审理行政案件中发生的问题。裁定偶尔也涉及实体问题,但仅限于人民法院为最终解决本案实体问题而在程序上所采取的暂时性或者临时性的应急措施,它不最终确定行政案件争议的权利义务关系即实体问题。

(2)作出的时间不同。行政裁定在行政诉讼的任何阶段都可以作出,而行政判决只能在案件审理终结时才能作出。

(3)适用的法律依据不同。行政裁定所适用的法律依据是程序性规范,而行政判决所适用的法律依据主要是实体性规范。

(4)表现的形式不同。行政裁定在形式上既可以是书面的,也可以是口头的,而行政判决则必须是书面的。

(5)上诉的范围不同。除对不予受理、管辖异议和驳回起诉的裁定可以上诉外,对其他裁定一律不准上诉;而对所有类型的一审行政判决都可以上诉。

2. 行政诉讼裁定的种类。行政诉讼裁定的种类如下:

(1)不予立案或驳回起诉裁定。适用于下列情形:①原告起诉的事项为《行政诉讼法》第 13 条规定的事项,或其他不属于法院主管的行政案件的;②起诉人无原告诉讼主体资格的;③不符合起诉的程序,且无法补正或者原告不按规定期限补正的;④依照规定应当先经过复议的行政案件,原告未向复议机关申请复议的;⑤起诉超过法定期限的;⑥对人民法院正在审理或审理终结的行政案件,起诉人就同一事项向人民法院提起诉讼的;⑦起诉人错列被告的;⑧案件不属于受诉法院管辖,且不属于指定管辖或移送管辖的;⑨已撤回起诉,无正当理由再行起诉的;⑩起诉不具备法律规定的其他情形的。不予受理或驳回起诉的裁定,是法院认为原告的起诉不合法,不能立案受理,否定原告的起诉行为。如果原告对不予受理的裁定不服,有权在接到裁定后 10 日内提起上诉,要求上级人民法院撤销该裁定。

(2)管辖异议裁定。被告行政机关在接到法院的应诉通知书后,如认为法院对原告和自己的行政争议没有管辖权的,可以在法定期限内提出异议。法院应当在实体审理前作出本案是否有管辖权的裁定。

(3)中止或终结诉讼裁定。由于发生特殊原因使行政诉讼无法继续进行,法院需要裁定中途停止诉讼,待以后情况变化后再恢复诉讼。中止诉讼的期限为妨碍诉讼进行的事由消失后,恢复中止的诉讼程序为止。诉讼终结,由于发生特殊原因或者原告撤诉使诉讼无法继续进行,而应结束诉讼程序。如一方当事人死亡,没有继承人参加诉讼,或者原告撤诉,均可终结诉讼。

(4)移送或者指定管辖的裁定。《行政诉讼法》第 22 条规定:“人民法院发现受理的案件不属于自己管辖的,应当移送有管辖权的人民法院,受移送的人民法院应当受理。受移送的人民法院认为受移送的案件按照规定不属于本院管辖的,应当报请上级人民法院指定管辖,不得再自行移送。”《行政诉讼法》第 23 条规定:“有管辖权的人民法院由于特殊原因不能行使管辖权的,由上级人民法院指定管辖。人民法院对管辖权发生争议，由争议双方协商解决。协商不成的，报它们的共同上级人民法院指定管辖。”移送或者指定管辖，均以裁定的方式进行。

(5)诉讼期间停止具体行政行为的执行或者驳回停止执行的申请的裁定。《行政诉讼法》第56条规定在确定不停止执行原则的同时，规定了可例外停止执行的三种情形，即被告认为需要停止执行的；原告申请停止执行，人民法院认为该具体行政行为执行会造成难以弥补的损失，并且停止执行不损害社会公共利益，裁定停止执行；法律、法规规定停止执行的。

(6)财产保全的裁定。《行政诉讼法司法解释》规定，人民法院对于一方当事人的行为或者其他原因，可能使具体行政行为或者人民法院生效判决不能或者难以执行的案件，可以根据对方当事人的申请作出财产保全的裁定；当事人没有提出申请的，人民法院在必要时也可以依法采取财产保全措施。当事人不服，可申请复议一次，复议期间不停止裁定的执行。人民法院应对复议申请在3日内进行审查并作出决定。如果裁定正确的，要告知申请人驳回申请的决定；如果裁定不正确，要作出新的裁定，变更或撤销原裁定。

(7)先予执行的裁定。先予执行是人民法院为了及时而切实地保护当事人的合法权益所采取的有力措施，必须以具备法定条件和人民法院认为确有必要为前提。当事人对先予执行裁定不服时处理方式与财产保全裁定类似。

(8)准许或者不准许撤诉的裁定。《行政诉讼法》第62条规定：“人民法院对行政案件宣告判决或者裁定前，原告申请撤诉的，或者被告改变其所作的行政行为，原告同意并申请撤诉的，是否准许，由人民法院裁定。”原告提起行政诉讼后，又申请撤回起诉，或在案件宣判之前要求撤诉，人民法院认为依法应准许或者不准许其撤诉的，应当使用裁定。在二审程序中，上诉人申请撤诉的，无论人民法院是否准许，也应使用裁定。注意，《行政诉讼法司法解释》第36条规定：“人民法院裁定准许原告撤诉后，原告以同一事实和理由重新起诉的，人民法院不予受理。准予撤诉的裁定确有错误，原告申请再审的，人民法院应当通过审判监督程序撤销原准予撤诉的裁定，重新对案件进行受理。”

(9)补正裁判文书中的笔误的裁定。如果判决书有错写、误算、用词不当、遗漏判决原意、文字表达超出判决原意的范围，以及正本与原本个别地方不符等失误，常以裁定加以补正。如果判决书遗漏部分诉讼请求、诉讼费用以及涉及当事人实体权利等内容，则应作出补充判决，不得以裁定为之。

(10)中止或者终结执行的裁定。进行行政强制执行程序后，人民法院应当按照法律规定的程序和方式将生效的行政裁判文书及其他法律文书的全部应执行内容强制执行完毕。但是,一些特殊事由的出现会阻碍执行程序的继续执行,此时,法院就可以作出中止执行的裁定。另外,若出现特殊事由使得强制执行无法继续进行或者继续进行没有意义,法院应当作出终结执行的裁定。由于《行政诉讼法》没有关于中止和终结执行的明确规定,法院可参照《民事诉讼法》中的相关规定。

(11)提审、指令再审或者发回重审的裁定。《行政诉讼法》第 92 条第 2 款规定:“最高人民法院对地方各级人民法院已经发生法律效力的判决、裁定,上级人民法院对下级人民法院已经发生法律效力的判决、裁定,发现有本法第九十一条规定情形之一,或者发现调解违反自愿原则或者调解书内容违法的,有权提审或者指令下级人民法院再审。”注意,提审、指令再审或者发回重审事宜本身尚未对当事人的权益产生实质性影响,只是程序性问题,应当适用裁定。

(12)准许或者不准许执行行政机关的具体行政行为的裁定。行政机关作出具体行政行为后,相对人在法定期间既不起诉,也不履行的,可以依职权或者申请人民法院强制执行。法院对申请材料进行初步审查后,如果没有发现具体行政行为由重大违法,[①]就应作出准许执行的裁定;反之,则作出不予执行的裁定。

(13)其他需要裁定的事项。

3. 行政诉讼裁定的效力。行政诉讼裁定只对案件参与人发生拘束力,对社会不发生拘束力。裁定具有确定力,裁定一经作出,人民法院不得任意加以撤销或者改变。对于不准上诉的裁定,裁定一经宣布或送达即发生法律效力。对于可以上诉的裁定,只有在法定上诉期间内当事人不上诉,裁定才发生法律效力。裁定是解决程序问题的,一般在诉讼期间有效,随着诉讼结束,裁定的效力自行消失。但是,有的裁定具有独立性,不依附于诉讼而持续存在,即使诉讼结束,裁定的效力并不随之消失。例如,批准原告撤诉的裁定发生法律效力后,原告就不能对同一被告的同一具体行政行为依据同一事实和理由提起新的诉讼。

(四)行政诉讼决定

1. 行政诉讼决定的概念和特点。行政诉讼决定,是指人民法院为了保证行政诉讼的顺利进行,对诉讼过程中发生的某些特殊事项所作的决定。它具有不同于判决和裁定的特点:

---

① 依据《行政诉讼法司法解释》第 95 条的规定,导致人民法院应当裁定不准许执行的重大违法包括:明显缺乏事实依据的;明显缺乏法律依据的;其他明显违法并损害被执行人合法权益的。

（1）行政诉讼决定所解决的是诉讼过程中可能出现的特殊问题，而行政判决所解决的是案件争议的实体问题，裁定所解决的是诉讼过程中发生的程序问题。

（2）行政诉讼决定是为了保证案件的正常审理和诉讼程序的正常进行，或者为案件审理和诉讼活动的正常进行创造必要的条件，而不是对案件的实体问题作最终的结论和处理。

（3）行政诉讼决定不是对案件的审判行为，不能依上诉程序提起上诉，当事人对决定不服的，只能申请复议。

2. 行政诉讼决定的种类及适用范围。行政诉讼决定是人民法院在行政诉讼过程中，对某些特殊问题运用司法行政权力所作的行为。凡是不属于判决或者裁定解决的问题，均可以采用决定的方式解决。行政诉讼决定主要有以下几种：

（1）回避决定。院长担任审判长时的回避，由审判委员会决定；审判人员的回避，由院长决定；其他人员（书记员、翻译人员、鉴定人、勘验人员）的回避，由审判长决定。对当事人提出的回避申请，人民法院应当在3日内以口头或者书面形式作出决定。申请人对驳回回避申请决定不服的，可以向作出决定的人民法院申请复议一次。复议期间，被申请回避的人员不停止参与本案的工作。对申请人的复议申请，人民法院应当在3日内作出复议决定，并通知复议申请人。

（2）采取强制措施的决定。对于训诫、责令具结悔过的强制措施，通常由审判长当庭作出口头决定，记入笔录即可；对于罚款、拘留的强制措施，须经人民法院院长批准，由合议庭作出书面决定。当事人不服的，可以申请复议。

（3）延长诉讼期限的决定。公民、法人或者其他组织因不可抗力或者其他特殊情况耽误法定期限的，在障碍消除后的10日内，可以申请延长期限，由人民法院决定。此外，高级人民法院和最高人民法院亦可作出是否延长审理期限的决定。

（4）再审的决定。合议庭已经审结的行政案件，裁判发生法律效力后，发现违反法律、法规规定，认为需要再审的，由院长提交审判委员会讨论决定是否再审。审批委员会决定再审的，院长应当按照审判委员会的决定作出开始再审的决定。

（5）对重大、疑难行政案件的处理决定。合议庭审理的重大、疑难的行政案件，经评议后，合议庭应报告院长，由院长提交审判委员会讨论决定，制作判决，向当事人宣告、送达。

（6）有关执行程序的决定。执行程序中，案外人对执行标的提出异议的，由执行员进行审查，认为有理由的，报院长批准中止执行，由合议庭审查或由审判委员会作出决定。

3. 行政诉讼决定的形式。行政诉讼中的决定分为口头决定和书面决定两种形式。从审判实践看，人民法院对妨碍诉讼行为的人作出的罚款和拘留决定，对行政机关拒绝履行判决和裁定的罚款决定，通常都是采用书面形式。

4. 行政诉讼决定的效力。行政诉讼决定一经作出，当即发生效力，具有执行内容的，应立即付诸执行。对影响当事人权利的决定，当事人可申请复议一次，但不因当事人申请复议而停止决定的执行和影响决定的效力。决定发生效力后，若发现认定事实或适用法律确有错误，可由作出决定的人民法院撤销和变更，但不能依审判监督程序进行再审，也不能通过上诉程序由上一级人民法院予以纠正。

五、法律适用

（一）法律适用的概念与特点

所谓行政诉讼中的法律适用，是指人民法院在审理行政案件的过程中，按照法定程序具体运用行政法规范审查具体行政行为的合法性并作出相应裁判的活动。它具有以下几个特点：

1. 行政诉讼法律适用的主体具有特定性。行政诉讼法律适用的主体只能是人民法院。这一特点将行政诉讼法律适用与行政行为的法律适用区别开来。前者是审查具体行政行为合法性并作出裁判的司法活动。

2. 行政诉讼法律适用的性质具有监督性。行政诉讼法律适用是人民法院对行政机关在具体行政行为中进行的法律适用的审查，是针对同一行政管理事项的第二次法律适用，是对第一次法律适用的监督。

3. 行政诉讼法律适用的范围具有广泛性。行政诉讼法律适用的范围极为广泛，涉及我国行政法的多种法律渊源，不仅包括法律，还包括行政法规、地方性法规以及规章；不仅包括行政实体性的法律规范，而且还包括行政程序性的法律规范。

4. 行政诉讼法律适用的形式具有多样性。行政诉讼法律适用形式的多样化，具体表现在既有“依据”，又有“参照”。《行政诉讼法》第 63 条规定人民法院审理行政案件以法律、行政法规、地方性法规、自治条例和单行条例为依据。“参照”包括两方面的内容：《行政诉讼法》第 53 条规定，人民法院审理行政案件，参照行政规章；人民法院审理行政案件，对于《行政诉讼法》没有规定的，适用《民事诉讼法》的有关规定。

5. 行政诉讼法律适用的效力具有终局性。行政诉讼法律适用是对法律、法规的最终适用，具有最终的法律效力。它不仅高于行政执法机关的法律适用，也高于行政复议机关的法律适用。这实际上体现了国家司法权在法律适用上的终局效力。

(二)法律适用的规则

行政诉讼中法律适用的规则是:

(1)人民法院审理行政案件,以法律、法规为依据。人民法院审理行政案件依据的法律、法规包括:法律、行政法规、地方性法规、自治条例和单行条例。

(2)人民法院审理行政案件,参照规章。何为"参照"?就是指人们法院在审理行政案件时可以参考、依据规章的有关规定,但规章对人们法院不具有绝对的拘束力。这是由于行政规章和法律、法规在性质、内容、制定依据、法律地位、效力等级等方面存在差异的结果。人民法院参照规章的前提是审查规章,依据其合法性决定是否适用。对于不合法的规章,可拒绝适用,但不能宣布规章无效或予以撤销。

(3)人民法院审理行政案件,援引司法解释。最高人民法院关于具体适用法律的司法解释,各级人民法院必须遵照执行。各级人民法院在审理行政案件时,适用最高人民法院司法解释的,应当在行政裁判文书中援引。

(4)人民法院审理行政案件,可以引用其他规范性文件。这些规范性文件包括:无法律或地方性法规制定权的国家机关制定的规范性文件,无行政法规或规章制定权的行政机关制定的具有普遍约束力的决定、命令等。注意,引用提起规范性文件的前提是,它不与法律、法规、规章相互抵触。

(三)规范冲突的处理

规范冲突是指就同一事项,不同法律规范有不同的规定,导致在效力上的相互抵触。就冲突的多个规范,人民法院必须选择其一予以适用。具体而言,应遵循以下规则:

1. 层级冲突,上位法优先。不同位阶的法律规范发生冲突时,以高位阶的法律规范优于低位阶的法律规范为原则予以适用。法律规范的位阶的排序依据《立法法》第87条至第89条的规定确定,具体而言,法律高于行政法规、地方性法规和规章;行政法规效力高于地方性法规和规章;地方性法规的效力高于本级和下级的地方政府规章;省、自治区的人民政府制定的规章的效力高于本行政区域内设区的市的人民政府制定的规章。

2. 同级冲突,由有权机关决定或裁决。《立法法》第95条规定:"地方性法规、规章之间不一致时,由有关机关依照下列规定的权限作出裁决:(一)同一机关制定的新的一般规定与旧的特别规定不一致时,由制定机关裁决;(二)地方性法规与部门规章之间对同一事项的规定不一致,不能确定如何适用时,由国务院提出意见,国务院认为应当适用地方性法规的,应当决定在该地方适用地方性法规的规定;认为应当适用部门规章的,应当提请全国人民代表大会常务委员会裁决;(三)部门规章之间、部门规章与地方政府规章之间对同一事项的规定不一致时,由国务院裁决。根据授权制定的法规与法律规定不一致,不能确定如何适用时,由全国人民代表大会常务委员会裁决。"

3. 新旧冲突,新法优先。同一等级的法律规范,其新旧规定之间发生冲突的,应当优先适用新的规范。新的一般规定和旧的特别规定的冲突,由有权机关裁决。《立法法》第 94 条规定:"法律之间对同一事项的新的一般规定与旧的特别规定不一致,不能确定如何适用时,由全国人民代表大会常务委员会裁决。行政法规之间对同一事项的新的一般规定与旧的特别规定不一致,不能确定如何适用时,由国务院裁决。"

4. 种属冲突,特别法优先。一般规定与特别规定发生冲突时,优先适用特别规定。

第二节　第二审程序

行政诉讼第二审程序,简称为二审程序,又称为上诉审程序或终审程序,是指行政诉讼当事人不服地方各级人民法院第一审未生效的行政判决、裁定,向上一级人民法院提起上诉,由上一级人民法院进行审理的程序。

一、上诉

(一)上诉的概念

上诉,是指行政诉讼的当事人因不服第一审人民法院未生效的判决、裁定,请求第一审人民法院的上一级人民法院对行政案件进行重新审理的诉讼活动。一审裁判后各方当事人均提起上诉的,上诉各方均为上诉人。一方当事人提起上诉的,该当事人为上诉人,未提起上诉的对方当事人为被上诉人。共同诉讼中一人或一部分人提起上诉,提出上诉的人为上诉人,与上诉请求相对立的各方均为被上诉人;与上诉请求利害关系一致,未提起上诉的其他当事人仍处于原审诉讼地位,依原审地位列明。

注意,上诉和起诉存在明显的区别:第一,起诉的主体是在行政法律关系中处于相对人地位的公民、法人或其他组织;而上诉的主体是在第一审程序中的当事人,包括原告、被告和第三人。第二,起诉必须包括实体权利请求,即使以具体行政行为违反法定程序为由请求人民法院予以撤销,其实质仍然是解决行政实体法上的权利和义务冲突;而上诉如是针对裁定提起的,只有程序上的请求内容。第三,受理起诉的可以是一个人民法院,也可以是多个人民法院;而受理上诉的人民法院只有一个,即第一审人民法院的上一级人民法院。

(二)上诉的条件

1. 上诉必须针对未发生法律效力的第一审判决、裁定。

2. 上诉人和被上诉人必须是一审程序中的当事人。

3. 必须在法定上诉期限内提出上诉。不服判决的上诉期限为 15 日,不服裁定的上诉期限为 10 日。上诉期限属于法定期限,当事人和人民法院不得协商变更。

4. 上诉的方式必须合法。当事人必须以书面形式提起上诉。

(三)提出上诉的程序

上诉既可以通过一审人民法院提出,也可以直接向第二审人民法院提出。当事人提出上诉,应当按照对方当事人的人数提出上诉状副本。当事人直接向第二审人民法院提出上诉的,第二审人民法院应当在 5 日内将上诉状发送一审人民法院。一审人民法院收到上诉状后,应当在 5 日内将上诉状副本送达其他当事人。对方当事人应当在收到上诉状副本之日起 15 日内提出答辩状。被上诉人不提交答辩状的,不影响人民法院对上诉案件的审理。一审人民法院在收到上诉状、答辩状后,应当在 5 日内连同全部案卷和证据材料报送第二审人民法院。已经预收诉讼费用的,一并报送。

二、上诉的审查与受理

(一)审查的主体与内容

第二审人民法院在收到一审人民法院报送的上诉状、答辩状以及一审的全部案卷材料后,即可进行审查。第二审人民法院对上诉的审查,主要从是否符合上诉的条件进行审查。

（二）审查的结果

第二审人民法院对上诉可以有以下三种处理结果：(1)对于符合法定条件的上诉，且上诉状的内容完整的，应当决定受理；(2)对于符合法定条件的上诉，但上诉状的内容有欠缺的，应当告知上诉人限期补正，否则可以裁定不予受理；(3)对于不符合法定条件的上诉，应当裁定不予受理。

三、上诉案件的审理

第二审法院审理上诉案件，除适用二审程序本身的特别规定外，均适用第一审程序。以下仅就行政诉讼法对第二审程序作出的特别规定进行说明：

1. 审理范围。人民法院审理上诉案件，应当贯彻全面审查的原则，不受上诉范围的限制。具体而言，主要审查一审案件的判决或裁定认定的事实是否清楚，适用法律是否正确，诉讼程序是否合法。

2. 审判组织。人民法院审理二审行政案件必须采用合议制，并且，只能由审判人员组成合议庭，合议庭的组成人员中不得有人民陪审员。

3. 审理方式。第二审程序的审理方式既可以是开庭审理，也可以是书面审理。所谓书面审理，是指人民法院不需要当事人和其他诉讼参与人到庭，不进行法庭调查和法庭辩论，只通过审阅案卷材料即直接作出裁判的审理方式。二审人民法院对上诉案件，应当组成合议庭对案件进行审理，经过阅卷、调查和询问当事人，对没有提出新的事实、证据或者理由，合议庭认为不需要开庭审理的，也可以不开庭审理。二审人民法院是否开庭审理，由二审人民法院决定，如果当事人在二审中没有提出新的事实、证据或者理由，二审人民法院认为一审判决事实清楚、证据确凿、程序合法，也可以不开庭，采用书面审理的方式。

4. 第二审程序中的特殊证据规则。原告或者第三人在第一审程序中无正当事由未提供而在第二审程序中提供的证据，人民法院不予接纳。在第二审程序中，对当事人依法提供的新的证据，法庭应当进行质证；当事人对第一审认定的证据仍有争议的，法庭也应当进行质证。所谓“新的证据”是指以下证据：(1)在一审程序中应当准予延期提供而未获准许的证据；(2)当事人在一审程序中依法申请调取而未获准许或者未取得，人民法院在第二审程序中调取的证据；(3)原告或者第三人提供的在举证期限届满后发现的证据。

5. 审理期限。人民法院审理上诉案件，应当在收到上诉状之日起三个月内作出终审判决。有特殊情况需要延长的，由高级人民法院批准，高级人民法院审理上诉案件需要延长的,由最高人民法院批准。可以延长多长时间,行政诉讼法和司法解释没有做出规定,由二审人民法院决定延长时间,但原则上,不应当超过3个月。审理期限的计算与一审程序相同。

6. 上诉的撤回。在二审法院受理上诉后至二审裁判前,由于上诉人撤回上诉,经法院审查准许其撤回上诉,从而终结二审审理。法院主要从以下几方面审查撤回上诉请求:有无规避法律;有无损害国家、集体或第三人利益;是否符合其他撤诉条件。如果没有上述三种情形,应准许撤诉。

四、二审裁判

行政诉讼中的二审裁判,是指受理第二审行政案件的人民法院根据案件事实和国家法律,采用第二审程序,针对审理案件过程中发生的各种问题所作的司法处理。由于我国实行两审终审制度,因而二审裁判是生效裁判,亦称终审裁判,当事人对其不能上诉。

人民法院审理上诉案件,按照下列情形,分别作出以下裁判:

1. 判决驳回上诉,维持原判。维持原判是指二审人民法院通过对上诉案件的审理,确认一审判决认定事实清楚,适用法律、法规正确,从而作出的否定和驳回上诉人的上诉,肯定一审判决的合法性并维持一审判决或裁定的判决。

维持原判的条件是:(1)原判决认定事实清楚。所谓"原判决认定事实清楚",是指一审判决无论是认定具体行政行为合法,还是认定其违法,或者认定其形式上合法,实质上违法,或认定其显失公正,都必须有明确无误的事实和确凿的证据支持,这些事实和证据不应该存在疑点,不应该相互矛盾。否则,就不能认定原判决认定事实清楚。(2)原判决适用法律、法规正确。所谓"原判决适用法律、法规正确",是指一审法院适用法律、法规恰如其分,没有适用不应当适用的法律规范,也没有遗漏应当适用的法律规范。

2. 依法改判。依法改判,是指第二审人民法院通过对上诉案件的审理,确认一审判决认定事实清楚,但适用法律、法规错误,或确认一审判决所根据的事实不清楚,而作出直接改变一审判决内容的判决。依法改判适用于以下三种情况:(1)一审判决认定事实清楚,但适用法律、法规错误;(2)一审判决认定事实不清,证据不足;(3)一审审理由于违反法定程序可能影响案件正确判决。值得注意的是,当一审判决认定事实不清、证据不足,或者一审审理违反法定程序可能影响案件正确判决时,人民法院既可以发回原审法院重审,也可以依法改判。

3. 裁定撤销原判,发回重审。发回重审适用于以下情形:(1)原判决认定事实不清，证据不足，或者由于违反法定程序可能影响案件正确判决的；(2)原审判决遗漏了必须参加诉讼的当事人或者诉讼请求的；(3)原审判决遗漏行政赔偿请求，第二审人民法院经审理认为依法应当予以赔偿的，在确认被诉具体行政行为违法的同时，就行政赔偿问题进行调解；调解不成的，应当就行政赔偿部分发回重审。第二审人民法院裁定发回原审人民法院重新审理的行政案件，原审人民法院应当另行组成合议庭进行审理。当事人对重审案件的判决和裁定不服，可以上诉。

4. 裁定撤销原裁定，指令依法立案受理或者继续审理。第二审人民法院经审理认为原审人民法院不予受理或者驳回起诉的裁定确有错误，且起诉符合法定条件的，应当裁定撤销原审人民法院的裁定，指令原审人民法院依法立案受理或者继续审理。

另外，当事人在第二审期间提出行政赔偿请求的，第二审人民法院可以进行调解；调解不成的，应当告知当事人另行起诉。

第三节　审判监督程序

行政诉讼中的审判监督程序，又称为再审程序，是指人民法院根据当事人的申请、检察机关的抗诉或法院自己发现已经发生法律效力的判决、裁定确有错误，依法对案件进行再审的程序。再审分为上级法院指令再审和本法院审判委员会自行决定的再审两类。此外，上级法院对下级法院已经发生法律效力的判决、裁定认为确有错误的，可以“提审”。

一、审判监督程序与第二审程序的区别

审判监督程序和第二审程序的差异，主要表现在：

1. 审理的对象不同。审判监督程序是对已经发生法律效力的行政裁判进行审查；而第二审程序则是对第一审人民法院作出的尚未发生法律效力的判决、裁定进行审查。

2. 提起的机关和人员不同。审判监督程序是由上级人民法院、人民检察院及原审人民法院院长提交审判委员会决定后提起的；而第二审程序是由当事人及其法定代理人提起的。

3. 提起的理由不同。审判监督程序的启动必须以已经生效的判决、裁定违反法律、法规规定，行政赔偿调解违反自愿原则或者调解协议的内容违反法律规定

为前提;而第二审程序是由当事人认为第一审判决、裁定在认定事实或者适用法律上有错误而提起。

4. 提起的期限不同。在审判监督程序中,如果是当事人申请再审的,应当在行政判决书、行政裁定书和行政赔偿调解书生效后六个月内提出。如果属于人民法院决定再审,或是因人民检察院抗诉而再审的,则没有提起期限上的限制,有权提起的机关对于已生效的判决、裁定发现其确有错误的,随时可以提起审判监督程序;而在二审程序中,当事人必须在法定的期限内提起上诉,对判决的上诉期限为 15 天,对裁定的上诉期限为 10 天。

5. 审理的人民法院不同。按审判监督程序对行政案件再次进行审理的法院既可以是原一审人民法院、二审人民法院,也可以是它们的上级人民法院;按第二审程序对行政案件再次进行审理的法院只能是第一审人民法院的上一级人民法院。

二、审判监督程序的提起

(一)提起审判监督程序的条件

1. 必须由法定的机关和人员提出。能够提起审判监督程序的机关和人员有:(1)作出生效裁判的人民法院的院长与审判委员会;(2)作出生效裁判的上级人民法院;(3)人民检察院。当事人不是提起审判监督程序的主体。当事人的再审申请可能但不必然引发再审程序。

2. 必须是对已经发生法律效力的行政判决书、裁定书和行政赔偿调解书提出。

3. 必须具有法定理由。提起审判监督程序的理由具体包括:

(1)人民法院院长、上级人民法院发现生效裁判违反法律、法规规定。主要体现是:①不予立案或者驳回起诉确有错误的;②有新的证据,足以推翻原判决、裁定的;③原判决、裁定认定事实的主要证据不足、未经质证或者系伪造的;④原判决、裁定适用法律、法规确有错误的;⑤违反法律规定的诉讼程序,可能影响公正审判的;⑥原判决、裁定遗漏诉讼请求的;⑦据以作出原判决、裁定的法律文书被撤销或者变更的;⑧审判人员在审理该案件时有贪污受贿、徇私舞弊、枉法裁判行为的。

(2)人民检察院发现生效裁判违反法律、法规规定。主要体现是:①不予立案或者驳回起诉确有错误的;②有新的证据,足以推翻原判决、裁定的;③原判决、裁定认定事实的主要证据不足、未经质证或者系伪造的;④原判决、裁定适用法律、法规确有错误的;⑤违反法律规定的诉讼程序,可能影响公正审判的;⑥原判决、裁定遗漏诉讼请求的；⑦据以作出原判决、裁定的法律文书被撤销或者变更的；⑧审判人员在审理该案件时有贪污受贿、徇私舞弊、枉法裁判行为的。

（3）人民法院认为当事人提出的申诉或再审申请符合条件。主要体现是：①不予立案或者驳回起诉确有错误的；②有新的证据，足以推翻原判决、裁定的；③原判决、裁定认定事实的主要证据不足、未经质证或者系伪造的；④原判决、裁定适用法律、法规确有错误的；⑤违反法律规定的诉讼程序，可能影响公正审判的；⑥原判决、裁定遗漏诉讼请求的；⑦据以作出原判决、裁定的法律文书被撤销或者变更的；⑧审判人员在审理该案件时有贪污受贿、徇私舞弊、枉法裁判行为的；⑨发现调解违反自愿原则或者调解书内容违法。

（二）提起审判监督程序的程序

提起再审的程序，具体分为以下四种情况：

1. 本院院长提交审判委员会讨论决定再审。

2. 上级人民法院提审或者指令下级人民法院再审。上级人民法院对下级人民法院已经发生法律效力的判决、裁定，发现违反法律、法规规定的，有权提审或者指令下级人民法院再审。

3. 人民检察院抗诉。地方各级人民检察院对同级人民法院已经发生法律效力的判决、裁定，经审查认为符合抗诉条件的，应当提请上一级人民检察院抗诉。最高人民检察院对各级人民法院的生效民事或行政判决、裁定，上级人民检察院对下级人民法院的生效民事或行政判决、裁定，有权提出抗诉。人民检察院提出抗诉，由检察长批准或者检察委员会决定。

对人民检察院按照审判监督程序提出抗诉的案件，人民法院应当再审。

4. 当事人提出申诉或者申请再审。当事人对已经发生法律效力的判决、裁定，认为确有错误的，可以向原审人民法院或者上一级人民法院提出申诉，申诉是当事人的宪法权利，没有时间限制。当事人申请再审，应当在判决、裁定发生法律效力后六个月内提出，申请再审，是当事人在行政诉讼法上的权利，有时间限制。当事人对已经发生法律效力的行政赔偿调解书，提出证据证明调解违反自愿原则或者调解协议的内容违反法律规定的，可以在六个月内申请再审。

人民法院接到当事人的再审申请后，经审查，再审申请不予受理：

（1）再审申请人超过六个月提出再审申请的；

（2）不符合法定主体资格的再审申请；

（3）上级人民法院对经终审法院的上一级人民法院依照审判监督程序审理后

维持原判或者经两级人民法院依照审判监督程序复查均驳回的申请再审案件；

(4)最高人民法院再审裁判或者复查驳回的案件，再审申请人或申诉人仍不服提出再审申请或申诉的。

三、再审案件的审理

1. 裁定中止原判决的执行。按照审判监督程序决定再审的案件，应当裁定中止原判决的执行；上级人民法院决定提审或者指令下级人民法院再审的，应当作出裁定，裁定应当写明中止原判决的执行；情况紧急的，可以将中止执行的裁定口头通知负责执行的人民法院或者作出生效判决、裁定的人民法院，但应当在口头通知后10日内发出裁定书。

2. 审判组织。人民法院审理再审案件，应当另行组成合议庭，原合议庭人员不应参加新的合议庭审理案件。

3. 适用程序。人民法院按照审判监督程序再审的案件，发生法律效力的判决、裁定是由第一审人民法院作出的，按照第一审程序审理，所作的判决、裁定，当事人可以上诉；发生法律效力的判决、裁定是由第二审人民法院作出的，按照第二审程序审理，所作的判决、裁定是发生法律效力的判决、裁定，当事人不得上诉；上级人民法院按照审判监督程序提审的，按照第二审程序审理，所作的判决、裁定是发生法律效力的判决、裁定，当事人不得上诉。

4. 审理期限。再审案件按照第一审程序审理的，适用行政诉讼法规定的审理一审案件的期限；按照第二审程序审理的，适用行政诉讼法规定的审理二审案件的期限。

5. 通知人民检察院派员出庭。人民法院开庭审理抗诉案件时，应当通知人民检察院派员出庭。

四、再审裁判

再审裁判，是指人民法院按照审判监督程序程序作出的行政判决和裁定。根据案件的具体情况，人民法院分别作出如下处理：

1. 维持原裁判。原判决、裁定并无不当的，应当判决维持并继续执行原判决、裁定。

2. 依法改判。人民法院审理再审案件，认为原生效判决、裁定确有错误，在撤销原生效判决或者裁定的同时，可以对生效判决、裁定的内容作出相应裁判。

3. 发回重审。发挥重审的情况有以下几种情况：

（1）原生效判决、裁定确有错误的。

（2）违反法定程序的。主要情况有：①审理本案的审判人员、书记员应当回避而未回避的；②依法应当开庭审理而未经开庭即作出判决的；③未经合法传唤当事人而缺席判决的；④遗漏必须参加诉讼的当事人的；⑤对与本案有关的诉讼请求未予裁判的；⑥其他违反法定程序可能影响案件正确裁判的。

4. 对原审法院受理、不予受理或者驳回起诉错误的处理。对原审法院受理、不予受理或者驳回起诉错误的，应当分别情况作如下处理：（1）第一审人民法院作出实体判决后，第二审人民法院认为不应当受理的，在撤销第一审人民法院判决的同时，可以发回重审，也可以径行驳回起诉；（2）第二审人民法院维持第一审人民法院不予受理裁定错误的，再审法院应当撤销第一审、第二审人民法院裁定，指令第一审人民法院受理；（3）第二审人民法院维持第一审人民法院驳回起诉裁定错误的，再审法院应当撤销第一审、第二审人民法院裁定，指令第一审人民法院审理。

第四节　行政案件审理过程中的特殊制度

一、撤诉

撤诉，是指在行政诉讼过程中，人民法院对原告或者上诉人撤回诉讼请求的申请裁定是否准许的制度。

（一）撤诉的类型

根据行政诉讼法的规定，撤诉申请撤诉和视为申请撤诉。以下就此作些简要介绍：

1. 申请撤诉。申请撤诉，是指在行政诉讼过程中，人民法院对原告或者上诉人主动撤回诉讼请求的申请裁定是否准许的制度。申请撤诉具有两种情形：（1）在被诉具体行政行为未改变的情况下主动向人民法院申请撤诉，即主动申请撤诉。（2）因被告改变其所作的具体行政行为而申请撤诉。

申请撤诉必须符合下列条件：（1）提出撤诉申请必须是原告或者上诉人或者原告或者上诉人特别授权的委托代理人，对没有诉讼行为能力的原告或者上诉人，由他的法定代理人提出；（2）申请撤诉必须是原告或者上诉人自愿并明确提出；（3）申请撤诉必须符合法律的规定，不得影响或侵犯国家、集体和他人的合法权益,不得规避法律;(4)申请撤诉必须是在人民法院判决或者裁定宣告前提出。申请撤诉必须经人民法院审查,是否准许,由人民法院审查后作出裁定。

2. 视为申请撤诉。视为申请撤诉,又称按撤诉处理,是指在行政诉讼过程中,由于原告或者上诉人没有履行法定诉讼义务,人民法院据此推定原告或者上诉人有撤诉的意思表示,并裁定准予撤诉或不准撤诉的制度。与申请撤诉不同,视为申请撤诉没有原告或者上诉人明确的意思表示,只是从其行为予以推断。视为申请撤诉有以下三种情况:(1)原告或者上诉人经两次合法传唤,无正当理由拒不到庭的;(2)原告或者上诉人未经法庭许可中途退庭的;(3)原告或者上诉人未按规定的期限预交案件受理费,又不提出缓交、减交、免交申请,或者提出申请未获批准的。

(二)撤诉的法律后果

1. 终结行政诉讼审理程序。人民法院裁定准许当事人撤诉或者对当事人按撤诉处理后,正在进行的一审程序或二审程序即告终结。

2. 原告或者上诉人不得以同一事实和理由,就同一标的再行起诉或者上诉。

3. 撤诉申请人承担诉讼费用。原告或者上诉人申请撤诉获得人民法院裁定准许后,案件受理费由原告或者上诉人承担,减半收取。

二、缺席判决

缺席判决,是指在当事人无正当理由拒不参加法庭审理的情况下,人民法院直接经过审理并作出判决的制度。缺席判决是相对于对席判决而言的,其与对席判决具有同等效力。

缺席判决主要适用于以下两种情况:(1)经人民法院合法传唤,被告无正当理由拒不到庭的,可以缺席判决。(2)原告或者上诉人申请撤诉,人民法院裁定不予准许的,原告或者上诉人经合法传唤无正当理由拒不到庭,或者未经法庭许可而中途退庭的,人民法院可以缺席判决。

三、财产保全与先予执行

(一)财产保全

行政诉讼中的财产保全,是指人民法院对于因当事人一方的行为或者其他原因,可能使具体行政行为或者人民法院生效裁判不能或者难以执行的案件,先行采取强制措施以保证具体行政行为或者判决实现的制度。人民法院在诉讼中采取财产保全措施适用于两种情形:(1)对于因一方当事人的行为或者其他原因,可能使人民法院生效裁判不能或者难以执行的;(2)对于因一方当事人的行为或者其他原因,可能使具体行政行为不能或者难以执行的。人民法院在诉讼中采取财产保全的程序有两种,即依申请保全和依职权保全。

(二)先予执行

行政诉讼中的先予执行,是指人民法院根据行政案件的需要,在判决作出前裁定一方当事人先行支付他方当事人一定款项的制度。适用先予执行应当符合以下条件:(1)原告必须向人民法院提出先予执行的申请,法院不能依职权主动裁定先予执行;(2)当事人之间的权利义务关系明确,义务人没有依法履行给付义务,不先予执行将严重影响到申请人的生活;(3)原告的诉讼请求必须有给付内容。先予执行适用以下案件:行政机关没有依法发给抚恤金、社会保险金、最低生活保障费等案件。

四、审理程序延阻

审理程序延阻是指因特殊原因而使诉讼活动不能按正常程序进行时,人民法院根据具体情况分别决定(或裁定)采取延期开庭审理、中止诉讼或终结诉讼的制度。审理程序延阻包括三个制度:延期审理、诉讼中止或诉讼终结。

(一)延期审理

延期审理,是指在法定情形出现时,人民法院决定将已经确定的审理日期或者正在进行审理的案件延至另一日期再审理的制度。有下列情形之一的,可以延期开庭审理:(1)必须到庭的当事人和其他诉讼参与人有正当理由没有到庭的;(2)当事人临时提出回避申请且无法及时作出决定的;(3)需要通知新的证人到庭,调取新的证据,重新鉴定、勘验,或者需要补充调查的;(4)其他应当延期的情形。

(二)诉讼中止

诉讼中止,是指在诉讼进行过程中,诉讼程序因特殊情况的发生而暂时停止的制度。有下列情形之一的,中止诉讼:(1)原告死亡,须等待其近亲属表明是否参加诉讼的;(2)原告丧失诉讼行为能力,尚未确定法定代理人的;(3)作为一方当事人的行政机关、法人或者其他组织终止,尚未确定权利义务承受人的;(4)一方当事人因不可抗力的事由不能参加诉讼的；(5)案件涉及法律适用问题，需要送请有权机关作出解释或者确认的；(6)案件的审理须以相关民事、刑事或者其他行政案件的审理结果为依据，而相关案件尚未审结的；(7)其他应当中止诉讼的情形。

中止诉讼由人民法院以裁定方式作出。对于中止诉讼的裁定，当事人不得申请复议，也不得提出上诉。中止诉讼的原因消除后，恢复诉讼。诉讼程序恢复后，当事人在诉讼中止前所为的诉讼行为，依然继续有效。

(三)诉讼终结

诉讼终结，是指在诉讼进行过程中，因特殊情况的发生使诉讼活动不能继续进行下去或者继续进行下去无任何意义，法院结束诉讼程序的法律制度。有下列情形之一的，终结诉讼：

(1)原告死亡，没有近亲属或者近亲属放弃诉讼权利的；

(2)作为原告的法人或者其他组织终止后，其权利义务的承受人放弃诉讼权利的；

(3)因《行政诉讼法司法解释》第 87 条第 1 款第 1、2、3 项原因中止诉讼满 90 日仍无人继续诉讼的，裁定终结诉讼，但有特殊情况的除外。诉讼终结裁定书送达当事人之日起，即发生法律效力。对此裁定，不能提出上诉，也不能申请复议。当事人不能对同一诉讼请求以同一事实和理由向人民法院起诉，法院也无权受理。

五、合并审理

合并审理，是指人民法院对相互有联系的行政案件可以决定合并在一起进行审理的制度。有下列情形之一的，人民法院可以决定合并审理：(1)两个以上行政机关分别依据不同的法律、法规对同一事实作出具体行政行为，公民、法人或者其他组织不服向同一人民法院起诉的；(2)行政机关就同一事实对若干公民、法人或者其他组织分别作出具体行政行为，公民、法人或者其他组织不服分别向同一人民法院起诉的；(3)在诉讼过程中，被告对原告作出新的具体行政行为，原告不服向同一人民法院起诉的；(4)人民法院认为可以合并审理的其他情形。

六、诉讼不停止执行具体行政行为

诉讼不停止执行具体行政行为，是指行政相对人不服行政机关所做出的具体行政行为而起诉到人民法院时，人民法院受理后，在诉讼期间不停止该具体行政行为执行的制度。[1] 诉讼期间，不停止行政行为的执行。但有下列情形之一的，裁定停止执行：

（1）被告认为需要停止执行的；

（2）原告或者利害关系人申请停止执行，人民法院认为该行政行为的执行会造成难以弥补的损失，并且停止执行不损害国家利益、社会公共利益的；

（3）人民法院认为该行政行为的执行会给国家利益、社会公共利益造成重大损害的；

（4）法律、法规规定停止执行的。

当事人对停止执行或者不停止执行的裁定不服的，可以申请复议一次。

七、期间与期日

（一）期间

行政诉讼的期间，是指法院、诉讼当事人及其他诉讼参与人进行诉讼行为的期限和日期，是法律或法院对进行或完成某种诉讼行为在时间上提出的要求。期间可分为法定期间和指定期间。法定期间是指法律规定的期间，如起诉应当在知道作出具体行政行为之日起 6 个月内提出；一审案件应在 6 个月内审结；等等。指定期间，是指在诉讼中当某些情况出现后法院为当事人或诉讼参与人指定的期间。如法院确认行政机关具有不作为情形时，判决限期履行法定职责等。

期间以时、日、月、年计算，依法律规定，期间开始的时和日应计算在内。期间届满最后一日是节假日的，以节假日后的第一日为期间届满的日期。期间不包括在途时间（如邮寄时间等）。诉讼当事人由于不可抗力的原因耽误了法定期间的，应依法在障碍消除后 10 日内申请法院顺延期限，是否顺延由法院决定。

---

① 现行《行政诉讼法》明确规定了"诉讼期间不停止行政行为执行"这一制度，即原则上不停止行政行为执行，只有在例外的情况下才停止。这种做法应当改变。为了充分发挥行政诉讼保护行政相对人合法权益的作用，"诉讼不停止行政行为执行"的制度应当修改为"诉讼期间一般应由法院先行裁定停止行政行为执行"的制度。当然，确立起诉期间一般要停止行政行为执行的制度，并不是说所有情况下都停止行政行为的执行，在特殊情况下法院也可根据需要裁定不停止行政行为的执行：如被告或者有利害关系的第三人申请执行，人民法院认为停止执行对公共利益或他人利益造成不可弥补的损失的；行政决定属于支付赡养费、抚养费、抚恤金、医疗费用、社会保险金、最低生活保障费等情况紧急的费用的；行政决定属于支付劳动报酬的；法律、法规规定不停止执行的；等等。

（二）期日

行政诉讼的期日是指法院、当事人和其他诉讼参与人进行行政诉讼的日期和时间。期日开始前，改变原来的日期成为期日变更。法院变更期日应根据具体情况决定，应慎重而为，保证行政诉讼活动的顺利进行。期日变更后，应及时通知当事人或其他诉讼参与人依变更后的期日参与诉讼。

八、送达

送达是法院依法定方式将诉讼文书或者法律文书送交当事人和诉讼参与人的行为。送达可能是通知一定事项，便于当事人及其他参与人行使诉讼权利，履行诉讼义务；也可能是通知诉讼日期，令当事人或其他诉讼参与人按指定的时间和地点进行某种诉讼行为。送达还可能是通知当事人或其他诉讼参与人在规定时间内行使某项诉讼权利，完成某种诉讼行为。期间的计算从送达之日开始。至于送达的方式，包括直接送达、留置送达、委托送达、邮寄送达、由受送达人单位转交送达和公告送达等。具体采用哪种方式送达，法院必须根据具体案件作出合理选择。无论采用何种送达方式，都必须取得证明受送达人收到法院送达的诉讼文书的凭证，由受送达人在送达回证上记明收到日期并签名或盖章。

以案说法

2019年4月，某市居民石某某未经城市建设规划部门批准，在其住宅院内建造附属用房两间，建筑面积21.7平方米。2020年5月石某某的邻居王某某向该市建设局举报石某某未经批准建造附属用房。市建设局经调查取证，认定该附属用房系违法建筑，于同年7月8日作出限期拆除的行政处罚决定，次日将处罚决定书送达被处罚人石某某。

石某某不服行政处罚决定，于7月30日向某市人民法院提起行政诉讼，以其对主房及宅院用地在1998年已依法取得了土地使用权证书，所建造的附属用房并不影响城市建设规划为由，请求人民法院依法撤销市建设局对其所作的行政处罚决定。市建设局则以石某某起诉时已超过《城乡规划法》第44条规定的诉讼期限为由，请求人民法院依法驳回石某某的起诉。某市人民法院经公开开庭审理查明，石某某起诉超过法定期限且无正当理由，于同年8月30日裁定驳回石某某的起诉。驳回起诉裁定送达后，石某某未上诉，但于同年9月6日向某市人民政府申请复议。某市人民政府于同年11月4日作出复议决定，维持市建设局对石某某所作的行政处罚决定。石某某对复议决定不服,因复议决定维持原具体行政行为,故以做出原具体行政行为的市建设局为被告,于11月13日再次向某市人民法院起诉。

问题:市法院在8月30日驳回石某某的起诉后,是否应当受理石某某于11月13日的诉讼?

评析:原告石某某此次起诉的事实和理由与上次起诉而被人民法院裁定驳回的事实和理由同一,显属重复起诉。因此,就原告石某某此次起诉,人民法院应否受理,有两种不同意见。

第一种意见认为,根据"一事不再理"原则,行政相对人对同一具体行政行为重复起诉的,人民法院应当裁定不予受理。已经受理的,亦无须进行实体审理,而直接裁定驳回起诉。

第二种意见认为,原告石某某对复议决定不服,在法定起诉期限内提起诉讼,人民法院应当受理。

法律规定复议和诉讼为选择程序时,诚然,行政相对人可以先向上一级行政机关或者法律、法规规定的行政机关申请复议,对复议决定不服的,再向人民法院起诉,也可以直接向人民法院起诉。但就提起诉讼作为行政相对人寻求救济的终极手段而言,只有提起诉讼的期限大于或者等于申请复议的期限时,才能使复议和诉讼顺利衔接,形成良性互动;才能避免产生因超过起诉期限被裁定不予受理或裁定驳回起诉后再申请复议,进而再次提起诉讼的情形。

第十九章　行政诉讼执行

导入案例

李某承包了一家建材店经营木材。被告在检查木材来源时认定原告所售木材货证不符，作出没收其松木的处罚决定。原告不服，向区人民法院提起行政诉讼，人民法院判决撤销被告对原告的行政处罚决定，于判决生效后5日内将没收的木材返还原告。判决书送达后，双方都没有上诉。但上诉期满后在人民法院确定的判决履行期间内被告仍拒不将没收的木材返还原告。原告无奈，向区人民法院申请强制执行。

思考：在本案中，当事人是否符合向人民法院申请执行行政裁判的条件？

提示：行政诉讼的执行条件有四：(1)须有执行根据。(2)须有可供执行的内容。(3)被执行人有能力履行而拒绝履行义务。(4)申请当事人在法定期限以内提出了执行申请。在这个案件中，执行根据是生效的判决书，执行内容是要求返还木材，被执行人作为行政机关当然有能力将已经没收的木材返还。因此，原告当然可以要求法院强制执行已经生效的法律文书。

第一节　行政诉讼案件执行

一、行政诉讼执行的概念与特征

行政诉讼执行是指对发生法律效力的行政判决书、行政裁定书、行政赔偿判决书和行政赔偿调解书，负有义务的一方当事人逾期拒不履行的，人民法院和有权的行政机关依法采取强制措施，使生效法律文书所确定的义务得以实现的活动。其特征是：

1. 执行机关是人民法院或有权行政机关。

2. 执行申请人或被申请人必有一方是行政机关。

3. 执行根据是已经生效的裁判文书。

4. 执行后果是使裁判文书所确定的义务得以实现。

二、行政诉讼执行的条件、主体、对象与范围

（一）执行条件

行政诉讼执行条件，是指法律规定的启动行政诉讼执行程序的条件。主要有：

1. 须有执行根据。行政诉讼的执行根据为已经发生法律效力的裁判文书。

2. 须有可供执行的内容。并非所有的生效法律文书都有可供执行的内容，只有生效裁判明确规定了当事人作为义务的才有执行的可能，否则不存在发生执行的问题。

3. 被执行人有能力履行而拒绝履行义务。

4. 申请当事人在法定期限以内提出了执行申请。具体申请期限是：申请人是公民的，申请执行的期限为 1 年，申请人是行政机关、法人或者其他组织的为 180 日，逾期法院则不予保护。申请人逾期申请的，除有正当理由外，人民法院不予受理。

（二）执行主体

所谓执行主体，是指行政执行案件形成的诉讼法律关系中权利义务的承担者。在由行政机关执行的时候，就是行政执行程序上的权利义务的承担者，包括执行组织、执行当事人、执行参与人和执行异议人。

1. 执行组织。执行组织，也叫执行机关，是指拥有行政诉讼执行权并主持执行过程的主体。通常情况下，第一审人民法院为执行主体，但第一审人民法院认为情况特殊需要由第二审人民法院执行的，可以报请第二审人民法院执行；第二审人民法院可以决定由其执行，也可以决定由第一审人民法院执行。

2. 执行当事人。执行当事人，在法院为执行主体时是指执行申请人与被申请人，在行政机关为执行主体时是指执行人与被执行人。

3. 执行参与人。执行参与人，是指除执行当事人以外的其他参与执行过程的国家机关、企业、社会组织或者个人。执行参与人主要有以下三种：

（1）如果执行涉及被执行人的存款、劳动收入，那么，该存款或劳动收入所在的机构（如银行、信用社或工作单位等）就是执行参与人。

（2）如果执行涉及物件或票证等，那么，掌握或保护这些物件、票证的单位或

个人,有义务按通知交出这些物件、票证等,他们也是执行参与人。

(3)如果执行涉及财产的手续登记或变更,那么,主管登记的机关或部门也有义务协助完成执行过程,从而成为执行参与人,如房产变卖执行中的房产管理机关等。

4. 执行异议人。执行异议人,是指在执行过程中,当事人以外的对执行标的提出不同意见,主张全部或者部分权利的主体。执行异议人的根本特征在于他就案件的执行标的向法院提出了自己的独立主张,主张自己的权利。执行异议人可能是审判程序中的当事人,也可能不是,但一定不是执行程序的申请人与被申请人。

对于执行异议人理由成立的,法院在裁定中止执行后应当对执行标的作出调整,如执行被执行人的其他无权属争议的财产。执行标的不应当调整而异议又成立的,通常是人民法院的生效裁判存在错误,应当按照审判监督程序对案件重审。

(三)执行对象

执行对象,是指执行根据所确定的,并由执行组织的执行行为所指向的客体。执行对象必须以执行根据为基础。在法院作为执行组织的案件中还必须是执行申请人在其执行申请中明确指明要求被执行人履行义务为前提。

行政诉讼的执行对象分三类:物、行为和人身。

(四)执行范围

所谓执行范围,是指物、行为、人身成为执行对象的具体界限。它要解决哪些物是可以执行的对象,哪些必须给被执行人保留,对行为或人身的执行又应有何种限制。由于行为或者人身作为执行对象时都是特定的,因此,在理论与实践中,执行范围问题主要涉及的是作为执行对象的物。对此,有以下几项限制:

1. 只有属于被执行人本人所有的财产或物件才能成为执行的对象,其他无论什么关系人的财产或物件都不能纳入被执行的范围。

2. 被执行人是公民的,应当保留被执行人及其扶养家属的生活必需费用和生活必需品。

3. 被执行人如果是以生产劳动为主要谋生手段的,该被执行人赖以谋生的生产工具不能作为执行的范围。

4. 被执行人是法人或组织的,在法人或组织未宣告破产或被撤销的,其必要的生产、工作设备、厂房、用房等不能纳入执行范围。

5. 被执行人是行政机关的,除可供执行的款项以外,行政机关履行职责所必须的财物均不能纳入执行范围。即使是款项，仍必须保留给行政机关足够的履行职责的经费。

三、行政诉讼执行措施

(一)执行措施概述

所谓执行措施，是指执行机关所采用的具体执行手段与方法。

(二)执行措施的种类及适用

行政诉讼执行措施，可以按不同标准分为不同种类，常用的有两种分类：按照执行措施适用对象的不同，可以分为针对行政机关的执行措施与针对其他被执行人的执行措施；按照执行措施的强制方式，可以分为直接强制执行措施与间接强制执行措施。

1. 对行政机关的执行措施。行政机关拒绝履行人民法院生效的判决、裁定的，人民法院可以根据不同情况采取五种执行措施：

(1)划拨。对应当归还的罚款或者应当给付的款额，通知银行从该行政机关的账户内划拨。(2)罚款。行政机关在生效法律文书规定期限内拒不履行的，从期满之日起，人民法院对该行政机关按日处以50－100元的罚款。(3)公告。将行政机关拒绝履行的情况予以公告，人民法院可以把行政机关拒绝履行的情况对外公告，将行政机关的违法行为对外公告，接受社会监督，纠正其违法行为。(4)司法建议。人民法院向不履行生效法律文书的行政机关的上一级行政机关或者监察、人事机关提出司法建议，接受司法建议的机关，根据有关规定进行处理，并将处理结果告知人民法院。(5)追究刑事责任。行政机关拒不履行判决、裁定，情节严重构成犯罪的，依法追究主管人员和直接责任人员的刑事责任。

2. 对公民、法人或者其他组织的执行措施。对公民、法人或者其他组织的执行措施种类较多。主要有：(1)冻结；(2)划拨或者扣缴；(3)扣留、提取；(4)查封、扣押、拍卖、变卖和收购；(5)强制交付；(6)强行拆除；(7)强行迁出或者强制退出；(8)强行销毁。

四、行政诉讼执行程序

行政诉讼执行程序，是指在行政诉讼执行的全部过程中，以及在行政诉讼执行中出现特定情形时应当遵循的行为准则。

(一)执行提起

执行提起是执行程序发生的原因。执行是要式行为,必须依据法律规定的方式提起。执行程序的提起有以下三种方式:

1. 申请执行。申请是提起执行的主要方式。当事人提出申请执行的期限为2年,申请执行的期限从法律文书规定的履行期间的最后一日起计算;法律文书中没有规定履行期限的,则以该文书生效之日起计算。

2. 移送执行。移送执行,是指无须当事人申请,而由案件审判庭的审判人员直接将生效法律文书移交法院执行庭的执行人员进行执行的制度。发生法律效力的具有给付赡养费、扶养费内容的法律文书、民事制裁决定书,以及刑事附带民事判决、裁定、调解书,由审判庭移送执行机构执行。

3. 委托执行。委托执行,是指执行法院不便异地执行时,委托当地法院并由该受委托法院代为执行的制度。受托法院应当于收到委托执行手续后15日内开始执行,一般应当在30日内执行完毕,最迟应当在6个月内执行完毕。

(二)审查立案

行政诉讼执行的审查立案,是指执行机构在接到执行申请书和移送执行书后,在法定期限内,对有关文书、材料进行审查、对案情进行了解,并决定是否立案执行的制度。人民法院的执行机构应当在接到执行申请书或者移送执行书之日起7日内完成审查,符合条件的,决定立案;不符合条件的,裁定不予受理。

(三)执行准备

决定立案执行的,执行机构在实施执行以前,应当全面了解案情,特别是要了解被执行义务人拒不履行义务的原因,是否有能力及其财产状况等情况,做好执行的准备工作。

(四)实施执行

实施执行,是指人民法院适用执行措施的过程,是执行的实现阶段。人民法院应当运用强制措施,保证实现法律文书所确定的义务内容,保护当事人合法权益。

(五)执行阻却

执行阻却,是指在执行过程中,因发生法定事由,使执行不能继续或继续执行已无必要，因而执行程序中断的现象。执行阻却的情形有：执行和解、执行中止、执行终结。

1. 执行和解。执行和解，是指在执行中，执行申请人与被申请人双方自行达成和解协议，从而结束执行的制度。

2. 执行中止。执行中止，是指在行政诉讼的执行过程中，由于法定事由的出现，暂时中断执行，待事由消失后执行程序继续进行的制度。引起执行中止的法定事由应当包括：(1)申请人表示可以延期执行的；(2)案外人对执行标的提出确有理由的异议的；(3)作为一方当事人的公民死亡，需要等待继承人继承权利或承担义务的；(4)作为一方当事人的法人、其他组织终止的，尚未确定权利义务承受者的；(5)法院认为应当中止执行的其他情形。

3. 执行终结。执行终结，是指在行政诉讼的执行过程中，因法定事由出现，使执行已无必要或不可能继续进行，因而结束执行程序的制度。在行政诉讼中引起执行终结的法定事由应当包括：(1)申请人撤销执行申请的；(2)据以执行的法律文书被依法撤销；(3)作为被执行人的公民死亡，无遗产可供执行，又无义务承担人的；(4)请求依法发给抚恤金、最低生活保障费案件的权利人死亡的；抚恤金、最低生活保障费都是特定人享有的权利，如果该特定权利人已死亡，其权利内容也随之消灭，不能被转让或代替，也不得继承，已无执行的必要，必须终结；(5)法院认为应当终结执行的其他情形。

(六)执行完毕

执行完毕，是指执行机关采取执行措施，实现执行根据确定的义务，完成执行任务，从而结案。

(七)执行回转

执行回转是在执行结束后，因法定事由而将已执行的对象恢复到执行前的状态，即回转。行政强制执行回转具有以下四个特点：

1. 执行回转的时间必须是行政强制执行正在进行中或者已经执行完毕。行政强制执行尚未开始的，不发生执行回转的问题。

2. 执行回转的原因是据以执行的行政决定被撤销、变更，或者执行错误的。一旦执行根据有错误，依法定程序被撤销或者变更，执行根据中所确定的权利义务即失去了其合法根据。为依法保护行政相对人的合法权益，必须让其利益回复到原有状态。

3. 执行回转的标的只能是财物。对人身自由的强制是无法执行回转的，只能适用国家赔偿的相关规定。

4. 执行回转的方式是恢复原状或者退还财物。执行回转的根本目的在于使行政相对人的财产权利恢复到执行程序开始前的状态。如果能够恢复原状或返还财物的,就应当予以恢复原状或者返还财物;如果原物因行政机关保管不善而遭毁损、灭失或者被第三人以拍卖方式善意取得,而不能恢复原状或者退还财物的,应当依照《国家赔偿法》的规定予以相应的金钱赔偿。

第二节 非诉行政行为执行

一、非诉行政行为执行的概念

非诉行政行为的执行,是指行政机关作出具体行政案件后,公民、法人或者其他组织在法定期限内,既不向人民法院提起行政诉讼,又拒不履行已生效的具体行政行为所确定的义务时,行政机关或行政裁决行为确定的权利人向人民法院提出执行申请,由人民法院采取强制措施,使具体行政行为的内容得以实现的制度。

非诉行政行为的执行有以下四个特征:

(1)非诉行政行为的执行机关是人民法院,而非行政机关。

(2)非诉行政行为的执行根据是行政机关作出的已生效具体行政行为。该具体行政行为没有进入行政诉讼,没有经过人民法院的裁判。

(3)非诉行政行为的执行申请人是行政机关或行政裁决行为确定的权利人,被执行人是公民、法人或者其他组织。

通常情况下,非诉行政行为执行的执行申请人是行政机关。在特定情况下,非诉行政行为的执行申请人也可以是生效具体行政行为确定的权利人或者其继承人、权利承受人。

(4)非诉行政行为的执行前提是公民、法人或者其他组织在法定期限内,既不提起行政诉讼,又拒不履行具体行政行为所确定的义务。

二、非诉行政行为执行的权力根据与范围

(一)非诉行政行为执行的权力根据

非诉行政行为执行的权力根据,是指在何种情况下行政机关可以申请人民法院强制执行具体行政行为,在何种情况下行政机关不能申请人民法院强制执行具

体行政行为的问题。人民法院行使对非诉行政行为的执行权包括以下三种情况：

(1)法律、法规没有赋予行政机关强制执行权，行政机关申请人民法院强制执行的，人民法院应当依法受理；

(2)法律、法规规定既可以由行政机关依法强制执行，也可以申请人民法院强制执行，行政机关申请人民法院强制执行的，人民法院应当依法受理；

(3)法律、法规赋予行政机关强制执行权，没有规定可以申请人民法院强制执行，行政机关申请人民法院强制执行的，人民法院应当依法受理。

(二)非诉行政行为执行的范围

非诉行政行为执行的范围是指哪些行政行为可以通过人民法院的非诉强制执行程序来实现其内容。

非诉行政行为执行的范围应当遵循以下三项具体限定：

1. 不允许提起行政诉讼的行为，人民法院不予执行。

2. 行政行为的内容不具体，或者没有可供执行内容的。

3. 其他不宜由法院执行的行为。如限制人身自由的行政行为。

三、非诉行政行为执行的管辖与期限

(一)非诉行政行为执行的管辖

非诉行政行为执行的管辖，是指人民法院受理与执行非诉行政行为时的分工与权限制度。非诉行政行为执行案件的管辖包括八种情况：(1)专门人民法院、人民法院的派出法庭不受理非诉行政执行案件。(2)非诉行政执行案件原则上由申请人所在地的基层人民法院管辖。(3)国务院部门、省级人民政府申请执行的案件，专利、海关行政机关申请执行的案件，以及重大涉外或者重大涉港、澳、台的案件，中级人民法院辖区内重大复杂的案件，以及其他基层人民法院不适宜执行的案件由中级人民法院受理。(4)执行对象为不动产的，由不动产所在地的基层人民法院管辖。(5)申请人申请人民法院强制执行具体行政行为，基层人民法院认为执行有困难的，可以报请上级人民法院受理。上级人民法院可以决定自己执行，也可以决定由下级人民法院执行。(6)两个以上人民法院对案件都有管辖权的，申请人可以选择向其中一个人民法院申请执行。申请人分别向两个以上有管辖权的人民法院申请强制执行的，由最先立案的人民法院管辖。两个以上人民法院对同一非诉执行案件同时立案的，报请其共同的上级人民法院指定管辖。(7)人民法院对非诉行政执行案件的管辖权发生争议的，由争议的人民法院协商确定管辖,协商不成的,报共同的上一级人民法院指定管辖。(8)人民法院发现所受理的非诉行政执行案件不属于本院管辖的,应当移送至有管辖权的人民法院处理,受移送的法院不得再自行移送。

(二)非诉行政行为执行的期限

非诉行政行为申请执行的期限分两种情况:

1. 行政机关申请执行其具体行政行为的,应当自被执行人的法定起诉期限届满之日起三个月内提出。逾期申请的,除有正当理由外,人民法院不予以受理。

2. 行政机关根据法律的授权对平等主体之间民事争议作出裁决后,当事人在法定期限内没有起诉又不履行,作出裁决的行政机关在申请期限内不申请执行的,生效行政裁决行为所确定的权利人或者其继承人、权利承受人申请人民法院强制执行的,应当在行政机关申请期限届满之日起90日内提出。

四、非诉行政行为执行的条件

申请人民法院执行具体行政行为应当具备以下九个条件:

(1)具体行政行为依照法律、法规的规定可以由人民法院执行,即属于前述非诉行政行为执行的范围。

(2)具体行政行为已经生效并具有可执行内容。申请强制执行的具体行政行为必须已经生效,并具有可供执行的内容,如给付或作为义务。

(3)申请人是作出该具体行政行为的行政机关或者法律、法规、规章授权的组织,或者是行政裁决行为所确定的权利人、权利人的继承人、权利承受人。

(4)被申请人是该具体行政行为所确定的义务人。

(5)被申请人对具体行政行为在法定期限内不申请行政复议、不提起行政诉讼,又不履行。

(6)具体行政行为确定的履行义务的期限已经届满,或者行政机关另行指定的履行义务的期限内已经届满。

(7)申请人在法定期限内提出申请。

(8)申请人向人民法院提出书面申请。

(9)受理执行申请的人民法院拥有管辖权。

五、非诉行政行为执行的程序

非诉行政行为的执行程序包括申请与受理、审查、告知履行和强制执行等环节。

（一）申请与受理

非诉行政行为的执行始自行政机关或者行政裁决所确定的权利人、权利人的继承人或者权利承受人的申请，向人民法院提出申请是非诉行政行为执行开始的唯一方式，法院无权自行开始非诉行政行为的执行，这一点与行政诉讼的执行有所不同。依法申请人民法院强制执行具体行政行为的，应当提供以下申请材料：

1. 强制执行申请书。强制执行申请书应当包括与执行有关的事项。

2. 据以执行的生效行政法律文书。

3. 证明被申请执行的具体行政行为合法的材料。

4. 被执行人的财产状况。

5. 其他必须提交的材料。其他必须提交的材料是指除上述材料以外的与执行有关的必要材料。如执行对象为特定物的，行政机关就应提供有关特定物的形态、特征、存放地点等情况。人民法院在接到申请人的申请后，应当进行审查以决定是否受理立案。

（二）非诉行政行为执行中的财产保全

执行中的财产保全通常是为了防止被执行人隐匿、转移财产，恶意逃避执行的财产处分行为而由人民法院依法对被执行人的财产采取一种强制性的保护措施。非诉行政行为执行中的财产保全具有以下四个特征：

1. 非诉行政行为执行前的财产保全依申请开始，人民法院不得主动采取。保全申请人必须是非诉行政行为执行的申请人，即行政机关或者具体行政行为确定的权利人。

2. 非诉行政行为执行前财产保全申请应向对该具体行政行为拥有强制执行管辖权的人民法院提出。

3. 非诉行政行为执行前财产保全的实质条件是申请人有充分理由证明被执行人可能逃避执行。

4. 非诉行政行为执行前提出财产保全的申请人如果是具体行政裁决行为所确定的权利人，权利人的继承人或者权利承受人的，必须向人民法院提供采取保全措施的财产担保。申请人不按规定提供担保，人民法院应当依法驳回其执行前财产保全申请。

（三）人民法院对具体行政行为的合法性审查

人民法院对非诉行政行为决定立案执行后，应当对被申请执行的具体行政行为进行合法性审查。但这种审查既不开庭，也没有严格的程序。

1. 审查组织与方式。经合议庭审查认定具体行政行为合法、正确，人民法院应作出准予强制执行的裁定，否则，人民法院应当作出不予强制执行的裁定。该裁定应当送达申请人民法院强制执行的行政机关或者行政裁决行为的权利人，但不得上诉。

2. 审查标准。被申请执行的具体行政行为有下列三情形之一的，人民法院应当裁定不准予执行：(1)明显缺乏事实根据的；(2)明显缺乏法律依据的；(3)其他明显违法并损害被执行人合法权益的。

（四）案件移交与通知履行

人民法院的行政审判庭裁定准予执行的非诉行政行为需要采取强制执行措施的，行政审判庭应当将案件交由本院负责强制执行非诉行政行为的机构具体执行。

（五）实施强制措施

准备强制阶段，人民法院应当出具强制执行手续，填写强制执行的有关法律文书，通知有关单位、人员到场，制订强制执行方案等。

（六）执行结束

执行任务完成后，人民法院应将案卷材料整理归档，并结清各种手续及费用，书面通知申请强制执行的申请人，从而宣告执行程序结束。

以案说法

申请人玉溪市城乡建设委员会于2019年5月5日作出城建违法行政处理决定，认定某镇某地部分居民未经审批建盖房屋违法，责令建筑者限期自行拆除。2019年12月15日申请人玉溪市城乡建设委员会向法院申请执行某镇某地部分居民违法建筑一案。申请人向法院提交的证明材料有：(1)城建违法处理行政决定书；(2)城建监察违法案件立案登记表；(3)现场勘查笔录；(4)巡视检查笔录；(5)责令停止违法行为通知书；(6)限期改正违法行为通知书；(7)公告送达副本等。经审查，法院认为申请人提供的证明材料是针对某镇某地居民在玉溪桥下西侧建盖的建筑物，是依照城建监察的执法程序依法取得和作出，依法应予采纳。根据上述证据，法院认定某镇某地部分居民，未经有关部门规划审批，在玉溪市红塔区玉溪桥下西侧建盖了一幢建筑面积160平方米的二层砖混结构房屋和一间占地面积19.6平方米的简易房。玉溪市城乡建设委员会在立案、调查的基础上，根据《中华人民共和国城乡规划法》第40条、《云南省城市规划管理条例》《玉溪市规划暂行办法》等相关规定，认定该建筑违法，并于2019年6月5日在非法建筑物上、《玉溪日报》、玉溪电视台上公告责令建筑者限期自行拆除。公告期满后，该建筑的有关人员未向人民法院提起诉讼，也未自行拆除该建筑物。

法院认为，玉溪市城乡建设委员会在发现某镇某地居民未取得建筑规划许可证违法建筑后，作为城市规划职能部门，依照城建监察执法的程序及有关法律，作出的责令违法建筑当事人限期自行拆除建筑物的具体行政行为，事实清楚、程序合法、法律依据充分。基于有关当事人在规定的期限内未自行拆除违法建筑物，玉溪市城乡建设委员会向法院申请强制拆除违法建筑物，法院应予以支持。依照《中华人民共和国城乡规划法》第40条、《最高人民法院关于适用〈中华人民共和国行政诉讼法〉的解释》第161条的规定，裁定：玉溪市城乡建设委员会强制申请合法，准予强制执行。

问题：法院应当如何对申请强制执行的非诉具体行政行为进行审查？

评析：根据最高人民法院《行政诉讼司法解释》第161条中规定："被申请执行的行政行为有下列情形之一的，人民法院应当裁定不准予执行：（一）实施主体不具有行政主体资格的；（二）明显缺乏事实根据的；（三）明显缺乏法律、法规依据的；（四）其他明显违法并损害被执行人合法权益的情形。"该条规定了人民法院审查非诉具体行政行为的标准。对非诉行政案件审查的模式概括起来大体有三种：（1）严格审查模式；（2）适度审查模式；（3）宽泛审查模式。这里规定的是适度审查模式，即以具体行政行为存在明显、重大违法内容为审查标准，而对不影响合法性的一般瑕疵即合理性问题则不作严格要求。

虽然法院要对非诉案件进行合法性审查，但是这种审查毕竟不同于诉讼，它没有设置双方当事人对抗辩论的程序，法院仅通过对行政机关申请执行时提供的材料进行审查，来判断具体行政行为的合法性，因此，只要从案卷上看，行政机关不是明显的违法并损害被执行人的利益，法院就应当裁定准予执行。所以，这种审查仍是一种实质性审查，这就要求法院不能仅看行政机关提供的材料是否齐全，手续是否具备，法院必须要对行政机关具体行政行为是否合法进行审查，即要看具体行政行为是否有事实依据、法律根据，行政机关是否超越职权、滥用职权，是否违反法定程序等。

具体地讲，法院对非诉具体行政行为的审查应从以下两个方面进行：

1. 程序方面审查。程序审查包括：(1)申请人提交的材料是否完备。行政机关申请执行具体行政行为必须提交的材料有申请执行书、执行依据、作出具体行政行为和申请执行的法律依据、证明具体行政行为的合法性证据的有关材料。(2)具体行政行为是否已经生效，即是否存在相对人对具体行政行为既不提起诉讼或复议又不履行的情况。(3)有无超过申请执行期限。(4)是否属于受案范围和受申请的人民法院管辖。(5)具体行政行为是否经过复议程序，复议是前置的还是选择的，相对人有无申请复议。如果相对人有申请复议权并在法定期间内已经申请复议的，行政机关申请执行，人民法院应裁定不予执行。

2. 实体方面审查。从司法实践来看，对具体行政行为的审查，与对行政诉讼案件的审判标准基本相似，但相对宽一些，如实体上处理、处罚不当或者不合理的案件，一般要裁定执行；只有达到明显错误的程度，才不予执行。① 对具体行政行为的审查应注意以下几点：(1)被申请执行人是否是违法的行政相对人，即被执行主体有无错误。(2)行政处理的内容有无法律、法规依据。(3)行政处罚或处理有无超越法定幅度。(4)具体行政行为有无职权。(5)证据是否充分，事实是否清楚。特别是行政相对人提出异议的行政执行案件，应当调阅案卷进行审查，发现证据不足，事实不清楚的，不予执行。

在本案的审查过程中，申请人玉溪市城乡建设委员会向法院提交了以下证据：(1)城建违法处理行政决定书；(2)城建监察违法案件立案登记表；(3)现场勘查笔录；(4)巡视检查笔录；(5)责令停止违法行为通知书；(6)限期改正违法行为通知书；(7)公告送达副本等。法院对申请人的执行申请进行了实质性审查。认为申请人作出的具体行政行为所依据的证据材料是依照城建监察的执法程序作出，依法应予采纳。在以上证据支持的前提下，法院认定，申请人玉溪市城乡建设委员会在发现李棋镇金家边等地居民未取得建筑规划许可证违法建筑后，依照城建监察执法的程序及有关法律，作出责令违法建筑当事人限期自行拆除建筑物的具体行政行为，事实清楚、程序合法、法律依据充分。基于有关当事人在规定的期限内未自行拆除违法建筑物的事实，玉溪市城乡建设委员会向法院申请强制拆除违法建筑物，该行政行为合法并无重大明显违法，法院应予以支持。由本案可知，法院审查非诉行政行为的标准是适度的实质性审查。

---

① 金永熙：《法院执行实务新论》，人民法院出版社2000年版，第425页。

第二十章　行政赔偿

导入案例

李某系私营企业振兴服装厂的厂长。2016 年 2 月 27 日，李某因与他人发生经济纠纷而被当地西城区公安分局刑事拘留。3 月 9 日，西城区人民检察院批准将其逮捕。5 月 17 日检察院提出公诉。9 月 13 日，西城区人民法院经审理认为，检察院以诈骗罪起诉李某证据不足，宣告李某无罪。振兴服装厂因厂长被羁押，自 2016 年 3 月停产。2016 年 9 月 1 日，西城区工商局以法定代表人涉嫌犯罪为由吊销了该厂营业执照。李某被释放后曾就吊销营业执照一事提出行政复议申请，但市工商局维持了原决定。

思考：在这个案例中，李某是否可以提出行政赔偿呢？

提示：行政赔偿的构成要件包括侵权行为主体、侵权行为、损害事实和因果关系等四个方面。本案中，侵权主体是市工商局；工商局的行为直接造成了李某的损失。李某可以基于此要求市工商局进行行政赔偿。

第一节　行政赔偿概述

一、行政赔偿的概念和特征

行政赔偿是指国家行政机关及其工作人员违法行使职权，侵犯公民、法人和其他组织的合法权益造成其损害时，由国家向受害人承担赔偿责任的制度。[1] 赔偿费用由国库支出，列入各级政府财政。行政赔偿与其他赔偿制度比较，具有以

---

① 注意行政赔偿和行政补偿的区别。行政补偿是指行政主体合法行政行为造成行政相对人损失而对相对人实行救济的制度，尚未体系化和法典化。传统行政法学认为，由于导致补偿的行政行为是合法的，因而是可以宽宥的，故补偿的范围通常小于赔偿的范围。补偿对当事人所受的损失的救济只要到适当的程度即可，而不是充分填补相对人所受的损失。

下特点：

（1）行政赔偿中的侵权行为主体是国家行政机关及其工作人员。正是由于侵权行为主体的特定性，使得行政赔偿在赔偿构成要件、归责原则以及赔偿范围等方面区别于民事赔偿；①而在赔偿请求人、赔偿义务机关以及赔偿程序等方面则区别于司法赔偿。②

（2）行政赔偿的范围是特定的。行政赔偿的范围分为两类：①具体行政行为造成的损害；②事实行为造成的损害。

（3）行政赔偿途径是多渠道的。受害人取得行政赔偿，可以通过向行政赔偿义务机关提出申请，也可以通过行政复议行政诉讼等多种渠道实现。

（4）行政赔偿是对行政过程中的国家侵权行为造成的损害所给予的赔偿，也就是说，行政赔偿是行政机关及其工作人员违法行使行政职权的行为引起的。这意味着，引起行政赔偿的行为必须是行政机关及其工作人员行使职权的过程中的行为，包括具体行政行为和事实行为，而且这种行为必须是违法的。

（5）行政赔偿的主体是国家，但具体履行行政赔偿义务的机关则为致害的行政机关或法律、法规授权的组织。行政机关及其工作人员是代表国家，以国家的

---

① 行政赔偿和民事赔偿的区别主要表现在：第一，赔偿主体不同。行政赔偿的责任主体是国家，但具体赔偿义务由法定赔偿义务机关履行；民事赔偿的主体是民事主体，赔偿主体与赔偿义务人通常是一致的。第二，发生的基础不同。行政赔偿由国家侵权引起；民事赔偿则由民事侵权等引起，与公权力运作无关。第三，归责原则不同。行政赔偿的归责原则是违法原则；民事赔偿归责主要是过错原则，并以无过错责任原则和公平原则为补充。第四，赔偿程序不同。在提起行政赔偿诉讼前，除在行政诉讼和行政复议中一并提起行政赔偿请求外，如果单独提出，请求人应向赔偿义务机关提出，否则，法院不予受理；民事赔偿中受害人可直接向法院提出。第五，赔偿范围不同。行政赔偿限于物质损害，且以直接损失为限；民事赔偿还包括健身损害和间接损失。第六，赔偿方式不同。行政赔偿以支付赔偿金为主要赔偿方式；民事赔偿还可以用恢复原状、返还财产等方式。

② 司法赔偿是国家司法机关及其工作人员违法行使职权，侵犯公民等的合法权益并造成损害，由国家承担赔偿责任的制度。虽然同属国家赔偿，但行政赔偿和司法赔偿有很多区别：第一，侵权行为主体不同。行政赔偿的侵权行为主体是国家机关及其工作人员，还包括法律、法规授权组织及其工作人员，受委托组织及其工作人员等；而司法赔偿的侵权主体是行使司法职能的国家公安机关、国家安全机关以及军队的保卫部门、国家检察机关、国家审判机关、监狱管理机关及其共组人员。第二，发生基础不同。行政赔偿由违法行政行为引起，而司法赔偿由司法侵权行为引起，主要是由于违法采取强制措施、保全措施以及执行措施所引起。第三，归责原则不同。行政赔偿采取违法归责原则；司法赔偿适用违法归责原则的同时，兼采结果责任原则。例如，一审法院判决被告无罪，即使人民检察院对该被告的逮捕决定在实体上和程序上都不违法，国家对该无辜公民仍应予以赔偿。第四，追偿条件不同。行政赔偿追偿的条件是行政工作人员有故意、重大过失，采用的是主观标准。司法赔偿追偿条件是司法人员实施刑讯逼供、殴打或以其他暴力方式伤害公民身体，或违法使用武器、警械、或在审理案件中有贪污受贿、徇私舞弊、枉法裁判行为，采用的是客观标准。第五，程序不同。行政赔偿最终可以诉讼，而司法赔偿是通过非诉讼途径进行的。

名义实施行政管理的,因而无论是合法的行为还是违法的行为,其法律后果都归于国家。但具体的赔偿事务,如收集证据、确定是否赔偿和赔偿数额、出庭应诉、决定是否与受害人和解以及最后支付赔偿金等,都是由行政赔偿义务机关来完成。

二、行政赔偿的归责原则

当相对人某种权益受到损害后,国家是否赔偿,赔偿以什么为依据,是以行为人的过错为依据,还是以发生损害的结果为依据,抑或是以行为的违法为依据,这即是所谓归责原则问题。[①] 实现国家赔偿制度的各国采用的原则很不一致,有代表性的有四种:过错归责原则、过错加违法原则、无过错归责原则和违法归责原则。

(一)过错归责原则

过错归责,是指致害行为人存在故意或过失或者致害行为本身存在某种欠缺,方构成承担赔偿责任的根据。至于过错,又存在主观过错和公务过错之分。主观过错是指致害行为人具有的一种应受责难的心理状态,包括故意和过失。它奠定了国家机关及其工作人员必须对自己行为负责的基础,便于分清责任。但实践中,由于致害行为发生在国家管理活动中,且常常不是一人为之,加上程序公开程度不够,在判断上较为困难,不易把握。至于公务过错,是指公务行为欠缺正常的标准,以公务活动是否达到中等公务活动水准为客观标准进行衡量以判断实施公务的机关的责任有无,而公务员个人的过错是次要的。避免了主观判断的困难,为受害人提供了较多的救济机会。

(二)过错+违法归责原则

过错+违法归责原则,是指国家机关及其工作人员故意或过失不法侵害公民等合法权益的,国家承担赔偿责任的归责原则。它要求国家承担赔偿责任的前提条件是造成损害的执行职务行为违反法律,而且行为人有故意或过失。只有同时满足违法和存在过错两个条件,国家才承担赔偿责任。

(三)无过错责任归责原则

无过错责任归责原则也称危险责任原则或严格责任原则,即在国家公务活动中,只要有损害结果发生,国家就要承担赔偿责任,而无须考虑致害人的过错。它

---

① 参见薛刚凌主编:《国家赔偿法教程》,中国政法大学出版社1997年版,第41页。

不评判侵权行为引起的原因、性质和内容，不问其是否违法或有无过错，而是从侵权行为的结果着眼，从结果责任出发，实行客观归责，在一定程度上加重了国家的责任。

（四）违法归责原则

违法归责原则，是指国家赔偿以职务违法行为为归责标准，而不问侵权公务人员过错的有无。我国《国家赔偿法》第 2 条规定："国家机关和国家机关工作人员行使职权有本法规定的侵犯公民、法人和其他组织合法权益的情形，造成损害的，受害人有依照本法取得国家赔偿的权利。"这说明我国明确采用了违法归责原则。至于"违法"的判断，尚无法律规定或立法解释。狭义说认为，指致害行为违反了法律、法规的明文规定，[①]而广义说认为，除了违反严格意义上的法律规范外，还包括违反法律的诚信原则、公序良俗原则、尊重人权原则、权力不得滥用原则、尽合理注意原则等。[②] 笔者支持从广义上解释"违法"，法既包括实体法，也包括程序法；既包括法律、法规和规章以及其他具有普遍约束力的规范性文件，也包括法的基本精神和原则。

三、行政赔偿的构成要件

根据我国《国家赔偿法》第 2 条的规定，有学者认为国家赔偿责任的构成要件有三：损害的存在、违法行使职权的行为、侵权行为与损害结果之间的因果关系。[③] 实质上，上述三要件说与四要件说（主体要件、行为要件、结果要件和因果关系要件）是相同的，只不过三要件说中的行为要件涵盖了行为要件和主体要件。

（一）行为主体

行为主体所要解决的是谁实施的行为才引起行政赔偿责任的问题。只有国

---

① 参见肖峋：《中华人民共和国国家赔偿法理论与实用指南》，中国民主法制出版社 1994 年版，第 94 页；张正钊：《国家赔偿制度研究》，中国法制出版社 1998 年版，第 35 页。

② 参见马怀德：《国家赔偿法的理论与实务》，中国法制出版社 1994 年版，第 98 页。还有学者认为，除此之外，违法还应包含以下几方面的内容：滥用或超越行使自由裁量权，提供错误信息、错误的指导及许可或批准，造成他人权益损害；没有履行对特定人的法律义务或尽到合理注意。参见应松年主编：《国家赔偿法研究》，法律出版社 1995 年版，第 84 页。

③ 参见张树义：《国家赔偿法实用手册》，法律出版社 1994 年版，第 13 页；胡建淼主编：《国家赔偿法教程》，浙江人民出版社 1994 年版，第 113 页；王德祥主编：《国家赔偿法概论》，海洋出版社 1991 年版，第 42 页。

家机关和国家机关工作人员[①]以及其他组织、个人在法律授权或接受国家机关委托的情况下，才能成为行政赔偿中的侵权行为的主体。注意，国家机关工作人员不同于国家工作人员或公务员。从范围上看，前者的范围更小，关键在于把握好“在国家机关中担任国家职务”和“依法从事公务”这两个核心要素。至于在国家机关中工作的工勤人员，由于不行使公共权力，不能成为行政赔偿中的侵权行为主体。

（二）执行职务的行为违法

首先，致害行为必须是执行职务的行为。对于职务行为范围的判断，按主观标准说，以雇用人的意思为判断标准，执行职务的范围仅限于雇用人命令受雇人办理的事项范围；按客观标准说，以行为人的外观为准，只要行为从外观上可以被认为属于社会上执行职务的范畴即可。与主观标准相比，客观标准强调外观形式与执行职务的联系，从而拓宽了执行职务的范围，有利于相对人的保护。但笔者认为，在具体认定职务行为时，必须考虑多种因素，考察行为的时间、职责权限、名义、实质意义，[②]同时注意行为的地点和目的，[③]以及上述因素与行使职权的内在联系。[④]

（三）损害事实

损害事实的发生是行政赔偿的前提，没有损害的存在就没有赔偿的必要。损害事实是指行政侵权行为造成的受害人合法权益的不利，包括人身损害和财产损害等。作为行政赔偿要件之一的损害事实，一般应具备如下特征：现实性与确定性、特定性与异常性、非法性与可估量性等。[⑤] 鉴于国家财力的可承受能力，一般难以对行政侵权造成的所有损害都予以赔偿，而仅限于法定损害事实。[⑥]

---

① 有学者认为，还应包括事实上执行公务的人员或自愿协助公务的人员。参见房绍坤、丁乐超、苗生明：《国家赔偿法原理与实务》，北京大学出版社 1998 年版，第 71 页；薛刚凌主编：《国家赔偿法教程》，中国政法大学出版社 1997 年版，第 60 页。

② 参见张树义：《行政诉讼实务详解》，中国政法大学出版社 1991 年版，第 44 页。

③ 参见姜明安：《论国家侵权责任的构成》，载《行政法学研究》编辑部编：《国家赔偿法研究》，中国政法大学出版社 1991 年版，第 41 页。

④ 参见马怀德：《国家赔偿法的理论与实务》，中国法制出版社 1994 年版，第 92 页。

⑤ 参见薛刚凌主编：《国家赔偿法教程》，中国政法大学出版社 1997 年版，第 55 页。

⑥ 江必新：《国家赔偿法原理》，中国人民公安大学出版社 1994 年版，第 131 页。

（四）因果关系

行政侵权行为与损害事实之间存在因果关系，即违法行政是原因，损害事实是结果。因果关系的存在与否以及认定时的宽严程度，直接影响受害人合法权益的救济范围。在理论上，对于因果关系的认定存在条件说、原因说、相当因果关系说、必然因果关系说、直接因果关系说等不同理论。其中，直接因果关系说逐渐成为最具代表性的学说。[①]

第二节　行政赔偿的范围

行政赔偿范围的含义，学界有不同的观点。第一种观点认为它是指国家对行政行为造成的损害承担赔偿责任的领域；[②]第二种观点认为它包含两方面的内容：国家对行政活动中哪些损害相对人的行为承担责任以及国家赔偿相对人因违法行政而受到的哪些损害。[③] 从理论上讲，行政机关的违法行为对行政相对人的合法权益造成损害的，都应由国家承担赔偿责任。但实践中，各国行政赔偿的范围都受到不同程度的限制。[④] 按照《国家赔偿法》的规定，对行政活动中侵犯人身权、财产权的行为，国家予以赔偿。

一、侵犯人身权的行政赔偿

人身权是指那些与公民的人身不可分的权利。人身权是公民最基本的权利，是其他权利的基础，因而对它予以法律保护具有重要的意义。人身权的内容十分广泛，可以分为人格权和身份权。人格权又可分为人身自由权、生命权、健康权、姓名权、名誉权、荣誉权等；身份权可分为配偶权、亲权和亲属权等。[⑤] 在上述权利中，侵犯人身自由权、生命权和健康权的，国家予以赔偿。

---

① 皮纯协、何寿生：《比较国家赔偿法》，中国法制出版社 1998 年版，第 97 页。

② 姜明安主编：《行政法学》，法律出版社 1998 年版，第 384 页。

③ 马怀德：《国家赔偿法的理论与实务》，中国法制出版社 1994 年版，第 135 页。

④ 应松年主编：《国家赔偿法研究》，法律出版社 1995 年版，第 106 页。

⑤ 张俊浩主编：《民法学原理》，中国政法大学出版社 1997 年版，第 132 页。

（一）人身自由权损害赔偿

行政赔偿范围内的人身自由权损害包括以下几类：

1. 违法拘留。行政拘留是公安机关对违法者采取的一种限制或剥夺人身自由的行政处罚。违法拘留可能是由于认定事实不清、证据不足，或适用法律、法规错误，或违反法定程序等原因引起。

2. 违法采取限制人身自由的行政强制措施。限制人身自由的强制措施包括劳动教养、强制扣留等。其中，劳动教养是对一贯违法且屡教不改或由轻微犯罪行为尚不构成犯罪又有劳动能力的人采取的一种惩罚性劳动教养措施。劳动教养制度由于和国家尊重保障人权的执政理念、立法层级、执行程序等存在冲突，2013 年 11 月，2013 年 12 月，中共中央和全国人大常委会通过正式文件，废除了该项制度。强制扣留是指海关对有走私嫌疑的人，经海关关长批准，短期内限制其人身自由的措施。

3. 非法拘禁。它是指在行政拘留和行政强制措施以外限制人身自由的行为。具体由两种：其一，无法定权限的机关实施了限制了公民人身自由的行为。其二，有限制人身自由权限的机关以法定外的名目或理由限制公民人身自由。

4. 以其他方法非法剥夺公民人身自由的行为。

（二）生命健康权损害赔偿

纳入行政赔偿范围的生命健康权损害包括以下几类：

1. 以殴打等暴力行为或者唆使他人以殴打等暴力行为造成公民身体伤害或死亡的。殴打就其行为而言，可能是适用器械，也可能不适用器械。唆使他人殴打是指教唆、指使他人殴打。除殴打外，还有其他暴力行为，如将某人置于烈日下暴晒。

2. 违法使用武器、警械造成公民身体伤害或死亡的。武器、警械的使用应当符合《人民警察使用武器和警械的规定》。违法使用的表现形式很多，如无权使用武器、警械的人使用武器、警械；在不该使用武器、警械时使用武器、警械；使用武器、警械超过必要限度；使用武器、警械的种类选择错误等。

3. 造成公民身体伤害或者死亡的其他违法行为。这是一项概括性规定。凡是行政机关的违法行为造成公民身体伤害的，都要承担赔偿责任。

二、侵犯财产权的行政赔偿

财产权是以财产为客体的权利。依据《国家赔偿法》第4条规定,行政机关及其工作人员在行使职权时有下列侵犯财产权情形之一的,受害人有取得赔偿的权利:

1. 违法实施罚款、吊销许可证和执照、责令停产停业、没收财物等行政处罚。罚款是指强制违法相对人在一定期限内向国家缴纳一定数量的货币的处罚措施。没收财物是指行政机关依法将违法相对人的非法所得、违法行为工具或设施、违禁品等强制无偿收归国家所有的处罚措施。吊销许可证和执照是指主管行政机关将已经发给相对人的可以从事某项行为或富裕某种资格的许可证件收回,使其失去从事某项行为或丧失某种资格的处罚措施。责令停产停业是指行政机关要求违法者在一定期限内治理、整顿,达到要求后再允许其复产复业的处罚措施。违法实施行政处罚可能是由于处罚主体不合法、超越权限、处罚对象错误、处罚内容错误以及处罚程序错误。

2. 违法对财产采取查封、扣押、冻结等行政强制措施。行政强制措施分为对人身的强制措施和对财产的强制措施。对财产的强制措施主要有查封、扣押、冻结等几种形式。查封是指行政机关对某些动产或不动产实行就地封存,不允许财产所有人使用或处分的强制措施。扣押是指行政机关将有关财产置于自己控制之下,以防当事人毁损或转移的强制措施。冻结是指行政机关要求银行暂时拒绝当事人动用其银行存款的强制措施。违法对财产采取强制措施的主要表现形式有:实施主体不合法;强制措施的对象错误;强制措施的程序违法;疏于对财产的妥善保管等。

3. 违法征收征用财产、摊派费用。行政征收,是指行政主体根据法律、法规规定,以强制方式无偿取得相对人财产所有权的一种具体行政行为。征收主要包括税收和行政收费。违法征收财产的有各种表现:法律、法规对征收财物有明文规定,征收机关部按规定征收的;在没有任何法律、法规规定的情况下,行政机关自行规定征收的;无权征收的机关擅自征收的。此外,摊派费用也是违法征收的一种形式。

4. 造成财产损害的其他违法行为。除上述列举的几种情形外,凡是相对人的财产权受到违法行政行为侵害并造成实际损失的,相对人均可请求行政赔偿。

三、国家不承担行政赔偿责任的情形

有权利必有救济,有损害就有赔偿,这是法律的一般原则。但在某些特殊情况下，由于损害不是国家行政机关所造成，或者损害虽然发生在行政活动中，但由于不可抗力造成，国家不负赔偿责任。依据《国家赔偿法》第5条规定，国家不承担行政赔偿责任的情形主要有：

（一）行政机关工作人员实施的与行使职权无关的个人行为

行政机关工作人员的行为包括职务行为和个人行为。国家只对职务行为造成的损害承担行政赔偿责任，对于那些与行使职权无关的个人行为造成的损害，不承担赔偿责任。区分个人行为和职务行为的主要标准是：时间标准、地点标准、名义标准、公益标准、职责标准、命令标准和公务标志标准等。

（二）因公民、法人和其他组织自己的行为致使损害发生

行政机关及其工作人员在行使职权时造成公民、法人或其他组织损害的原因很多，如果该损害完全是因受害人自己的行为造成的，则应当免除国家行政赔偿责任。如果损害结果发生的原因既有受害人自己的行为，又有行政机关及其工作人员的违法行为，应当在分清责任的基础上确定行政机关应当承担的赔偿责任。如果部分损害是行政机关或工作人员所致，部分损害由受害人自己行为所致，则国家应当给予部分赔偿。

（三）法律规定的其他情形

这是国家不承担行政赔偿责任的概括规定。目前，该条规定尚缺乏明确解释。① 有学者认为法律规定不予赔偿的情形应包含以下三类：一是根据国家行政赔偿责任构成要件，国家本应承担赔偿责任，但因出于政治等层面的考虑而不承担赔偿责任；二是侵权行为本身不符合行政侵权赔偿责任的构成要件，不构成行政侵权赔偿责任；三是适用民法上的抗辩事由来减免国家赔偿责任的情况。② 也有学者认为法律规定的其他情形是指不可抗力、第三人过错和从其他途径可获得补偿。③

---

① 根据《最高人民法院关于审理行政赔偿若干问题的规定》中规定，国家行为和抽象行政行为被排除在行政赔偿之外。而对于自由裁量行政行为、对公务员的管理行为、复议终局行为、怠于履行职责、行政合同行为、侵犯其他权利的行为、共有公共设施等引起的损害，是否可以请求行政赔偿，法律没有规定。

② 皮纯协等主编：《国家赔偿法释论》，中国法制出版社1994年版，第123页。

③ 薛刚凌主编：《国家赔偿法教程》，中国政法大学出版社1997年版，第162页。

第三节 行政赔偿请求人和赔偿义务机关

一、行政赔偿请求人

(一)行政赔偿请求人的概念

行政赔偿请求人是指因受违法行政的侵害,依法有权请求国家给予行政赔偿的公民、法人和其他组织。行政赔偿请求人恒定为相对人一方,作为行政主体的行政机关不能成为请求人。行政赔偿请求人是因违法行政损害其合法权益并造成实际损害的人,而且必须以自己的名义请求赔偿。

(二)行政赔偿请求人的范围

依据《国家赔偿法》第 6 条的规定,行政赔偿请求人包括受到行政侵权行为损害的公民、法人和其他组织。公民包括中国公民和外国公民以及无国籍人。受害的公民死亡的,其继承人和其他有扶养关系的亲属可以成为赔偿请求人。注意,继承人有多个的,按民事继承的顺序,前一顺序的继承人未放弃请求权,后一顺序的继承人就不能逾越行使请求权。有抚养关系的亲属包括尊亲属、卑亲属、血亲和姻亲,也可以是近亲属和远亲属。受害的法人和其他组织终止的,承受其权利的法人或者其他组织可以成为赔偿请求人。但在下列情况下,法人或其他组织的赔偿请求人资格不发生转移:(1)法人或其他组织被行政机关吊销许可证或执照,但该法人或组织仍有权以自己的名义提出赔偿请求,不发生请求权转移问题;(2)法人或其他组织破产,也不发生赔偿请求权转移问题。破产程序尚未终止时,破产企业仍有权就此前的行政侵权损害取得国家赔偿;(3)法人或其他组织被行政机关撤销、变更、兼并、注销,也不发生赔偿请求权转移问题。

二、行政赔偿义务机关

(一)行政赔偿义务机关的概念

行政赔偿义务机关就是代表国家具体履行行政赔偿义务的组织,具有以下权利义务:第一,受理行政赔偿请求并作出处理;第二,参加因赔偿问题引起的行政复议和行政赔偿诉讼;第三,履行相应行政复议决定或法院判决;第四,行使追偿权。行政赔偿义务机关的设定必须遵循以下三项原则:第一,职权主义原则,要求由违法行使职权的行政机关充当行政赔偿义务机关；第二，行政主体原则，要求作为行政赔偿义务机关的组织必须具有行政主体资格；第三，便民原则，要求行政赔偿义务机关的设定必须尽可能第方便受害人行使行政赔偿请求权。

（二）行政赔偿义务机关的确定

依据《国家赔偿法》第7条和第8条的规定，行政赔偿义务机关有行政机关和法律、法规授权组织两类。具体而言，又可分为以下几种情况：

1. 行政机关为赔偿义务机关。行政机关及其工作人员行使职权侵犯公民、法人或其他组织的合法权益造成损害的，该行政机关为赔偿义务机关。两个以上行政机关共同实施违法行政行为造成损害的，应由该两个以上行政机关为共同赔偿义务机关，承担连带赔偿责任。共同赔偿义务机关之间负连带责任，赔偿请求人有权向其中任何一个行政机关提出赔偿请求，该行政机关应当先予赔偿，但赔偿后可要求其他有责任的行政机关负担相应的赔偿费用。

2. 法律、法规授权的组织为赔偿义务机关。法律、法规授权的组织在行使被授予的行政职权时，侵犯公民、法人和其他组织合法权益造成损害的，该被授权组织为赔偿义务机关。

3. 委托机关为赔偿义务机关。当受委托的组织或个人违法行使职权引起赔偿责任时，应由委托的行政机关承担法律责任，充当赔偿义务机关。当行政机关赔偿损失后，赔偿义务机关有权责令有故意或者重大过失的受委托的组织或者个人承担部分或者全部赔偿费用。

4. 致害机关被撤销后的赔偿义务机关。行政机关实施侵权行为给他人造成损害后又被撤销的，一般由继续行使职权的行政机关为赔偿义务机关。如果没有继续行使其职权的行政机关，撤销该赔偿义务机关的行政机关为赔偿义务机关。

5. 经行政复议后的赔偿义务机关。相对人在行政活动中所受的违法损害，经复议程序后可能出现三种情况：加重损害、减轻损害和维持原状。凡是复议机关的复议决定加重侵害的，复议机关对加重的部分承担赔偿义务。

6. 几类特殊情况的处理。第一，关于派出机关和派出机构。一般而言，派出机关具有行政主体资格，并由独立财政，可确认其赔偿义务机关资格；而派出机构，无论有无法律的明确授权，由于欠缺财政独立，由派出机构所在的行政机关作为赔偿义务机关比较合适。第二，关于内部机构和临时机构。鉴于国家赔偿涉及财产责任的承担，而内部机构和临时机构没有独立财政。而且，行政机关对其所属的内部机构和临时机构有监督职责，应承担赔偿义务。第三，关于批准机关。

依照《行政诉讼法司法解释》第 19 条的规定，当事人不服经上级行政机关批准的具体行政行为，向人民法院起诉的，应当以在对外发生法律效力的文书上署名的机关为被告。同样，经批准的行为致害，也可以对外发生法律效力的文书上署名的机关为赔偿义务机关。

第四节 行政赔偿程序

一、行政赔偿程序的概念

行政赔偿程序是指受害人提起赔偿请求，赔偿义务机关和人民法院解决赔偿争议所要遵循的方式和步骤。我国行政赔偿分为两种途径：(1)单独就赔偿问题向行政机关及人民法院提出请求；(2)在行政复议、行政诉讼中一并提起。

"单独提起"是指行政机关及其工作人员的违法行为已经被确认，赔偿请求人仅就赔偿问题提出请求。单独提出赔偿请求，必须遵循"赔偿义务机关先行处理"规则。只有在赔偿请求人向赔偿义务机关提出赔偿请求，赔偿义务机关拒绝赔偿或赔偿请求人对赔偿数额有异议的，才可以向人民法院提起行政赔偿诉讼。

"一并提起"是指赔偿请求人在申请行政复议或行政诉讼的同时，一并提出赔偿的请求。它是将两项不同的请求一并向同一机关提出，要求合并审理解决。一并提起赔偿请求在申请行政复议时提出，按行政复议程序进行，在行政诉讼时一并提出赔偿请求的，按行政诉讼程序进行。

二、行政赔偿义务机关的先行处理程序

（一）行政赔偿请求的提出

行政赔偿请求人自行政机关及其工作人员行使职权时的行为被依法确认为违法之日起 2 年内，有权向行政赔偿义务机关提出赔偿请求。行政赔偿请求人向行政赔偿义务机关请求赔偿，应当递交书面赔偿申请书。[①] 如果行政赔偿请求人无法书写，也可口头申请，由赔偿义务机关将其口头申请记入笔录，经赔偿请求人确认无误后，由请求人签字或盖章，该笔录与正式申请书具有同等法律效力。

---

① 申请书应当记载下列事项：第一，受害人的姓名等信息；第二，具体的行政赔偿要求；第三，要求行政赔偿的理由和事实根据；第四，赔偿义务机关；第五，申请的时间。

(二)行政赔偿义务机关的受案

行政赔偿义务机关在收到申请书之后,应按照法律的规定,对申请书提出的赔偿要求进行审查。看申请是否符合行政赔偿的要件、申请书的内容和形式是否符合要求、申请人所要求赔偿的损害是否确由本行政机关及其工作人员或受本行政机关委托的组织或个人的违法侵权行为所造成、赔偿请求人的要求是否属于法律规定的赔偿范围。如果经审查后认为赔偿申请符合行政赔偿条件的,应决定受理并通知赔偿请求人。赔偿义务机关如果发现有以下情况,应按规定分别处理:(1)申请书的内容、形式有缺漏,应当告知申请人予以补正;(2)申请人不具有请求权,应当告知有请求权的人申请;(3)申请人已丧失请求权的,应告知其不予受理的原因。

(三)行政赔偿义务机关的处理

行政赔偿义务机关应当自收到赔偿申请之日起2个月内作出赔偿或不予赔偿的决定。行政赔偿义务机关逾期不予赔偿或者赔偿请求人对赔偿数额有异议的,赔偿请求人可自期间届满之日起3个月内向人民法院提起诉讼。行政赔偿义务机关在法定期限内如出现下列情况,视为处理不成:赔偿义务机关对赔偿申请置若罔闻,不予理睬,或者对自己提出的赔偿方案不予实施;赔偿请求人对赔偿义务机关提出的方案有异议的,包括对赔偿数额、方式、履行期限有不同意见。

三、行政赔偿诉讼

行政赔偿诉讼是特殊的诉讼形式,它是人民法院根据赔偿请求人的诉讼请求,依照行政诉讼程序和国家赔偿的基本制度和原则裁判赔偿争议的活动。其特点是:(1)从受案范围上看,有些不能提起行政诉讼的案件,却可以提起行政赔偿诉讼。(2)从起诉条件上看,在单独提起赔偿诉讼时,要以行政赔偿义务机关先行处理为前提条件。在一并提起赔偿请求时,通常以行政复议或行政诉讼确认行政行为违法为赔偿先决条件。(3)从举证责任分担上看,不完全采取"被告负举证责任"的原则,赔偿请求人必须对自己的诉讼请求和主张承担举证责任。(4)从审理形式上看,行政诉讼不适用调解,而赔偿诉讼则可以适用调解。

(一)行政赔偿诉讼的受案范围

公民、法人或其他组织认为行政机关及其工作人员在行使行政职权时有下列侵犯人身权、财产权情形之一的,有权向人民法院提起行政赔偿诉讼。具体包括:

(1)违法实施行政处罚或者违法采取行政强制措施的;(2)非法拘禁或者以其他方法非法剥夺公民人身自由的;(3)以暴力行为造成公民身体伤害或者死亡的;(4)违法使用武器等造成公民身体伤害或死亡的;(5)违反国家规定征收财物、摊派费用的;(6)其他违法行为。

人民法院针对以下情况也应当依法受理:(1)赔偿请求人对行政机关确认具体行政行为违法但又决定不予赔偿,或者对确定的赔偿数额有异议提起行政赔偿诉讼的;(2)赔偿请求人认为行政机关及其工作人员实施了《国家赔偿法》第3条第3、4、5项和第4条第4项规定的非具体行政行为的行为侵犯其人身权、财产权并造成损失,赔偿义务机关拒不确认致害行为违法,赔偿请求人可直接向人民法院提起行政赔偿诉讼;(3)赔偿请求人对赔偿义务机关确定的赔偿数额有异议或者赔偿义务机关逾期不予赔偿,赔偿请求人有权在法定期限内向人民法院提起行政赔偿诉讼;(4)法律规定由行政机关最终裁决的具体行政行为,被作出最终裁决的行政机关确认违法,赔偿请求人以赔偿义务机关应当赔偿而不予赔偿或逾期不予赔偿或者对赔偿数额有异议提起行政赔偿诉讼的。

公民、法人或者其他组织以国防、外交等国家行为或者行政机关制定发布行政法规、规章或者具有普遍约束力的决定、命令侵犯其合法权益造成损害为由,向人民法院提起行政赔偿诉讼的,人民法院不予受理。此外,行政机关工作人员在执行职务中致人伤亡已构成犯罪,受害人或其亲属提起刑事附带民事赔偿诉讼的,人民法院对民事赔偿诉讼请求不予受理。但应当告知受害人可以依据《国家赔偿法》的有关规定向人民法院提起行政赔偿诉讼。如果人民法院已作刑事附带民事赔偿处理,受害人或其家属再提起行政赔偿诉讼的,人民法院不予受理。

(二)行政赔偿诉讼的管辖

对行政赔偿诉讼的管辖具体如下:

1. 公民、法人或者其他组织在提起行政诉讼的同时一并提出行政赔偿请求的,人民法院依照《行政诉讼法》第17、18、20条的规定管辖。

2. 赔偿请求人提起行政赔偿诉讼的请求涉及不动产的,由不动产所在地的人民法院管辖。

3. 赔偿请求人单独提起行政赔偿诉讼,应当符合级别管辖的规定。

4. 赔偿请求人因同一事实对两个以上行政机关提起行政赔偿诉讼的,可以向其中任何一个行政机关住所地的人民法院提起。赔偿请求人向两个以上有管辖权的人民法院提起行政赔偿诉讼的,由最先收到起诉状的人民法院管辖。

5. 公民对限制人身自由的行政强制措施不服，或者对行政机关基于同一事实对同一当事人作出限制人身自由和对财产采取强制措施的具体行政行为不服，在提起行政诉讼的同时一并提出行政赔偿请求的，由受理该行政案件的人民法院管辖；单独提起行政赔偿诉讼的，由被告住所地或原告住所地或者不动产所在地的人民法院管辖。

6. 如果人民法院发现受理的行政赔偿案件不属于自己管辖，应当移送有管辖权的人民法院；受移送的人民法院不得再行移送。

7. 人民法院对行政赔偿案件的管辖权发生争议的，由争议双方协商解决，协商不成的，报请他们的共同上级人民法院指定管辖。如果双方为跨省、自治区、直辖市的人民法院，高级人民法院协商不成的，由最高人民法院及时指定管辖。上级人民法院指定管辖时，应当逐级进行，不得越级报请。

（三）行政赔偿诉讼当事人

行政赔偿诉讼当事人包括原告、被告和第三人。

一般情况下，行政赔偿诉讼的原告即为受害人，是其合法权益受到行政机关及其工作人员的违法行使职权行为侵犯并造成了损害的公民、法人或其他组织。受害的公民死亡，其继承人和其他有扶养关系的亲属以及死者生前扶养的无劳动能力的人有权提起行政赔偿诉讼。企业法人或者其他组织被行政机关撤销、变更、兼并、注销，认为经营自主权受到侵害，依法提起行政赔偿诉讼，原企业法人或其他组织，或者对其享有权利的法人或其他组织均具有原告资格。

行政赔偿诉讼的被告是行政赔偿义务机关。如果两个以上行政机关共同侵权，赔偿请求人可以对其中一个或者数个侵权机关提起行政赔偿诉讼，若诉讼请求系可分之诉，被诉的一个或者数个侵权机关为被告；若诉讼请求系不可分之诉，由人民法院依法追加其他侵权机关为共同被告。如果复议机关的复议决定加重损害的，赔偿请求人只对作出原决定的行政机关提起行政赔偿诉讼，作出原决定的行政机关为被告；赔偿请求人只对复议机关提起行政赔偿诉讼的，复议机关为被告。

行政赔偿诉讼第三人是指与行政赔偿案件处理结果有法律上的利害关系的其他公民、法人或者其他组织。

（四）行政赔偿诉讼的提起

赔偿请求人单独提起行政赔偿诉讼，应当符合下列条件：原告具有请求资格；

有明确的被告;有具体的赔偿请求和受损害的事实根据;加害行为为具体行政行为的,该行为已被确认为违法;赔偿义务机关已先行处理或超过法定期限不予处理;属于人民法院行政赔偿诉讼的受案范围和受诉人民法院管辖;符合法律规定的起诉期限。

赔偿请求人单独提起行政赔偿诉讼,可以在向赔偿义务机关递交赔偿申请书后的 2 个月,届满之日起 3 个月内提出。但是,赔偿义务机关作出赔偿决定时,未告知赔偿请求人的诉权或者起诉期限致使赔偿请求人逾期向法院起诉的,其起诉期限从赔偿请求人实际指导诉权或者起诉期限时计算,但逾期的期间自赔偿请求人收到赔偿决定书之日起不得超过 1 年。

(五)行政赔偿诉讼的受理

人民法院接到赔偿请求人单独提起的行政赔偿起诉状,应当进行审查,并在 7 日内立案或者作出不予受理的裁定。如果人民法院在 7 日内不能确定可否受理的,应当先予受理。审理中发现不符合受理条件的,裁定驳回起诉。当事人对不予受理或者驳回起诉的裁定不服的,可以在裁定书送达之日起 10 日内向上一级人民法院提起上诉。

(六)行政赔偿诉讼的审理与判决

当事人在提起行政诉讼的同时一并提出行政赔偿请求,或者因具体行政行为和与行使职权有关的其他行为侵权造成损害一并提出行政赔偿请求的,人民法院应当分别立案,根据具体情况可以合并审理,也可以单独审理。人民法院审理行政赔偿案件在坚持合法、自愿的前提下,可以就赔偿范围、赔偿方式和赔偿数额进行调解。调解成立的,应当制作行政赔偿调解书。调解书与判决具有同等的法律效力。

(七)行政赔偿诉讼的执行与期间

行政赔偿案件审结后,发生法律效力的行政赔偿判决、裁定或调解协议,当事人必须履行。一方拒绝履行的,对方当事人可以向人民法院申请执行。根据《行政诉讼司法解释》第 152、153 条规定,对发生法律效力的行政判决书、行政裁定书、行政赔偿判决书和行政调解书,负有义务的一方当事人拒绝履行的,对方当事人可以依法申请人民法院强制执行。人民法院判决行政机关履行行政赔偿、行政补偿或者其他行政给付义务,行政机关拒不履行的,对方当事人可以依法向法院申请强制执行。申请执行的期限为二年。申请执行时效的中止、中断,适用法律有关规定。申请执行的期限从法律文书规定的履行期间最后一日起计算;法律文书规定分期履行的,从规定的每次履行期间的最后一日起计算;法律文书中没有规定履行期限的,从该法律文书送达当事人之日起计算。逾期申请的,除有正当理由外,人民法院不予受理。

第五节　行政赔偿的方式和计算标准

一、行政赔偿方式

行政赔偿方式,是指国家对行政机关及其工作人员的职务侵权行为承担赔偿责任的各种形式。我国行政赔偿的方式有三种:支付赔偿金、返还财产和恢复原状。依据《国家赔偿法》第 32 条规定,国家赔偿以支付赔偿金为主要形式。能够返还财产或者恢复原状的,予以返还财产或者恢复原状。

1. 支付赔偿金。支付赔偿金,又称为金钱赔偿,是指以货币形式支付赔偿金额,补偿受害人所受损失的一种赔偿方式。

2. 返还财产。返还财产是行政机关将违法占有或控制的财产返还给受害人的赔偿方式。

3. 恢复原状。恢复原状是指赔偿义务机关对受害人受损害的财产进行修复,使之恢复到受损害前的形状和性能的赔偿方式。

除上述三种行政赔偿方式外,行政赔偿的其他方式,还包括停止侵害、消除影响、恢复名誉、赔礼道歉等。其适用范围主要是侵犯受害人的人身权并影响受害人名誉权和荣誉权的行为。停止侵害是指责令侵权人立即停止正在进行的侵害行为,以避免损失后果的发生或扩大的法律措施,如解除对财产的查封、扣押和冻结。消除影响是指赔偿义务机关承担的在特定范围内消除给受害人带来的不良影响。

二、行政赔偿标准

行政赔偿标准,是指国家支付赔偿金赔偿行政侵权受害人损失时所适用的标准。从世界各国的赔偿制度来看,行政赔偿标准大致有三种,即惩罚性标准、补偿性标准和抚慰性标准。① 我国行政赔偿采用的主要是抚慰性标准。行政赔偿的具体计算标准如下：

(一)人身权损害赔偿的计算标准

人身权的损害包括侵犯公民人身自由和侵犯公民生命健康权两类，而行政违法侵害公民名誉权和荣誉权的，不适用支付赔偿金的方式。

1. 人身自由权损害赔偿的计算标准。具体计算标准是等于该公民被限制人身自由的天数乘以国家上年度职工的日平均工资。这意味着赔偿数额对所有人一律平等，不论受害人在失去人身自由期间所遭受的实际损失多大，也不管受害人的身份、职业或其他情况的差异。"上年度职工平均工资"中的上年度是指赔偿义务机关、复议机关或人民法院赔偿委员会作出赔偿决定时的上年度。

2. 生命健康权损害赔偿的计算标准。

(1)造成身体伤害的，应当支付医疗费、护理费，以及赔偿因误工减少的收入。减少的收入每日的赔偿金按照国家上年度职工日平均工资计算，最高额为国家上年度职工年平均工资的5倍；

(2)造成部分或者全部丧失劳动能力的，应当支付医疗费、护理费、残疾生活辅助具费、康复费等因残疾而增加的必要支出和继续治疗所必需的费用，以及残疾赔偿金。残疾赔偿金根据丧失劳动能力的程度，按照国家规定的伤残等级确定，最高不超过国家上年度职工年平均工资的20倍。造成全部丧失劳动能力的，对其扶养的无劳动能力的人，还应当支付生活费；

(3)造成死亡的，应当支付死亡赔偿金、丧葬费，总额为国家上年度职工年平均工资的20倍。对死者生前扶养的无劳动能力的人，还应当支付生活费。

上述第(2)、(3)项规定的生活费的发放标准，参照当地最低生活保障标准执行。被扶养的人是未成年人的，生活费给付至18周岁止；其他无劳动能力的人，生活费给付至死亡时止。

(二)财产权损害赔偿的计算标准

1. 处罚款、罚金、追缴、没收财产或者违法征收、征用财产的，返还财产。

---

① 惩罚性标准要求支付的赔偿数额超过受害人实际所受损失，带有惩罚性质。补偿性标准要求支付的赔偿金能够填平受害人的实际损失，使其合法权益恢复到受害前的状态。抚慰性标准要求支付的赔偿金只是在一定范围内对受害人予以赔偿，不以补足受害人的实际损失为目标。

2. 查封、扣押、冻结财产的，解除对财产的查封、扣押、冻结，造成财产损坏或者灭失的，可以按照下述3、4项进行损害赔偿。

3. 应当返还的财产损坏的，能够恢复原状的恢复原状，不能恢复原状的，按照损害程度给付相应的赔偿金。

4. 应当返还的财产灭失的，给付相应的赔偿金。

5. 财产已经拍卖或者变卖的，给付拍卖或者变卖所得的价款；变卖的价款明显低于财产价值的，应当支付相应的赔偿金。

6. 吊销许可证和执照、责令停产停业的，赔偿停产停业期间必要的经常性费用开支。所谓必要的经常性费用开支，是指企业、公民等停产停业期间用于维持其生存的基本开支，如水电费、房屋租金、职工基本工资等。

7. 返还执行的罚款或者罚金、追缴或者没收的金钱，解除冻结的存款或者汇款的，应当支付银行同期存款利息。

8. 对财产权造成其他损害的，按照直接损失给予赔偿。所谓直接损失是指由于侵权行为直接造成的已经发生的实际损失。

三、行政赔偿费用

行政赔偿费用是指国家用于支付行政赔偿所支出的费用。按照《国家赔偿法》第37条，国家赔偿费用，列入各级财政预算。由各级财政按照财政管理体制分级负担。各级政府应当根据本地区的实际情况，确定一定数额的国家赔偿费用，列入本级财政预算。国家赔偿费用由各级财政机关负责管理。当年实际支付国家赔偿费用超过年度预算的部分，在本级预算预备费中解决。赔偿费用预算与支付管理的具体办法由国务院规定。

第六节　行 政 追 偿

一、行政追偿的概念

行政追偿，是指国家向赔偿请求人支付了赔偿金、履行了赔偿责任之后，依法责令有故意或者重大过失的行政机关工作人员，法律、法规授权组织的工作人员，以及受委托的组织或者个人承担部分或者全部赔偿费用的法律制度。① 其实质就是行政机关代表国家对有故意或重大过失的行政机关工作人员及受委托的组织和个人行使行政追偿权。

行政追偿与行政赔偿是两个不同的概念。行政赔偿所要解决的是国家行政机关与受害人二者之间有关行政赔偿过程中权利与义务关系的问题,而行政追偿所要解决的则是国家或行政机关与行政机关工作人员之间有关损害赔偿费用分担过程中权利与义务关系的问题。

二、行政追偿的条件

行政追偿必须具备以下两个条件:

1. 行政赔偿义务机关已经向受害人支付了赔偿金。赔偿义务机关在根据行政赔偿协议书、决定书或人民法院依法作出的已经发生法律效力的判决、裁定或调解书履行行政赔偿义务后,行使行政追偿权的时机条件即告成熟。

2. 行政机关工作人员、法律、法规授权组织的工作人员以及受委托的组织或者个人有故意或者重大过失。故意,是指致害工作人员明知自己的行为会给行政相对人的合法权益造成损害,仍然希望或者放任这种损害后果发生的主观心态。重大过失,是指致害工作人员不但没有注意到其身份或职务上的特别要求,而且未能预见和避免普通公民均能预见或避免的对行政先对人的损害。

三、行政追偿人与被追偿人

(一)行政追偿人

按照法律规定,行政追偿人应当是行政赔偿义务机关,包括以下几种情形:

1. 因行政机关工作人员违法行使职权,侵犯公民、法人和其他组织的合法权益造成损害,引起赔偿的,该工作人员所在行政机关为追偿人。

2. 法律、法规授权的组织的工作人员行使职权导致侵权损害赔偿的,该组织

① 《国家赔偿法》第16条第1款规定,赔偿义务机关赔偿损失后,应当责令有故意或重大过失的工作人员或者受委托的组织或者个人承担部分或全部赔偿费用。第31条规定,赔偿义务机关赔偿后,应当向有在处理案件中有刑讯逼供或者以殴打、虐待等行为或者唆使、放纵他人以殴打、虐待等行为造成公民身体伤害或者死亡的,违法使用武器、警械造成公民身体伤害或者死亡的,有贪污受贿、徇私舞弊、枉法裁判行为之一的工作人员追偿部分或者全部赔偿费用。《国家赔偿费用管理条例》第12条第1款规定,赔偿义务机关应当依照《国家赔偿法》第16条、第31条规定,责令有关工作人员、受委托的组织或者个人承担或者向有关工作人员追偿部分或者全部国家赔偿费用。

是追偿人。

3. 受行政机关委托的组织或者个人违法行使受委托的职权导致侵权损害赔偿的,委托的行政机关是追偿人。

(二)被追偿人

被追偿人是指在行使国家行政职权过程中,有故意或重大过失,实施加害行为的行政机关工作人员、法律、法规授权组织的工作人员以及受行政机关委托的组织和个人。主要有以下几种情形:

1. 两个或两个以上行政机关工作人员共同实施加害行为导致国家赔偿时,相应行为人均为被追偿人。在追偿实务中,应根据各行为人在加害行为中的地位作用以及过错的轻重,分别确定其追偿责任。

2. 经过行政机关合议的事项,造成损害赔偿的,所有参加合议的人都是被追偿人。但对最终形成的决议表示反对的除外。

3. 法律、法规授权组织的工作人员行使行政职权造成侵权损害赔偿的,该工作人员是被追偿人。

4. 受行政机关委托行使行政职权的组织的成员实施加害行为,造成损害赔偿的,该受委托的组织为被追偿人。该组织在承担了追偿责任后,可以根据其内部规章再追究直接责任人员的责任。

四、行政追偿的范围

赔偿义务机关在行使追偿权确定追偿金额时,一般应遵循下列原则:

1. 追偿的范围以赔偿义务机关支付的损害赔偿金额为限。

2. 赔偿义务机关因自己的过错而支付了过多的赔偿金的,超额部分赔偿义务机关无权追偿。

3. 追偿数额的大小要与过错程度相适应,同时还要考虑被追偿者的薪金收入。

4. 追偿数额的确定通常应与被追偿者进行协商,协商不成的,由行政赔偿义务机关作出处理决定。

五、行政追偿的方式

行政追偿方式是行政赔偿义务机关(代表国家)对被追偿对象就追偿问题作出处理的具体方法。追偿的形式有两种:一是违法行使行政职权的工作人员先向受害人赔偿损失，然后，请求国家折算补偿。二是国家先向受害人赔偿，然后根据法定条件和情况责令致害的行政机关工作人员支付赔偿费用。我国采用第二种形式。

以案说法

2018 年 7 月 14 日晚，原告陈某、黄某之子陈某华酒后到王某的饮食店寻衅滋事，砸坏店内玻璃柜台。经他人劝说，陈某华承认错误并表示愿意赔偿。此时恰逢某县公安局某派出所副所长张某带领工作人员进行治安巡逻来到店内。张某打了陈某华两巴掌，并要扭送陈某华到派出所处理。扭送过程中，张某因用力过猛导致陈某华站立不稳，扑倒在地，头面部撞在水泥地上，造成陈某华因颅内弥漫性蛛网膜下腔出血死亡。2019 年 1 月 15 日，某县人民法院以过失杀人罪判处张某有期徒刑 2 年 6 个月，缓刑 3 年。原告陈某、黄某多次要求县公安局进行赔偿解决无果后，于 2020 年 2 月 15 日向某县人民法院提起行政侵权赔偿诉讼。

问题：本案是否具备行政侵权赔偿责任的构成要件？是行政赔偿还是行政补偿？

评析：行政赔偿是指国家行政机关及其工作人员违法行使职权，侵犯公民、法人和其他组织的合法权益造成其损害时，由国家向受害人承担赔偿责任的制度。根据《行政诉讼法》和《国家赔偿法》的规定，行政赔偿的构成要件包括侵权行为主体、侵权行为、损害事实和因果关系等四个方面：侵权行为的主体只能是国家行政机关及其工作人员、法律、法规授权的组织及其工作人员、行政机关委托的组织或个人；侵权行为是指行政机关及其工作人员、法律、法规授权的组织及其工作人员以及行政机关委托的组织或个人在行使行政职权的过程中所实施的违法行为；必须要有损害事实的存在；行政侵权行为与损害事实之间存在因果关系。就本案而言，被告某县公安局所属某派出所副所长张某在行使治安管理职权时，以殴打等暴力行为造成被害人陈某华死亡的法定事实，其行为具有违法性，且该违法行为与被害人陈某的死亡具有因果关系。因此，本案中被告某县公安局应当为其工作人员张某的公务致害行为承担行政赔偿责任。

行政补偿不同于行政赔偿。行政补偿是指国家机关及其公务人员在其合法行为给当事人造成特别损失，国家予以赔偿的制度。二者虽然都是对在国家权力运作过程中受特别损害的相对人的补救，但二者还是有本质的区别。行政赔偿是国家行政机关及其工作人员违法行为引起的，以违法为前提；行政补偿是指国家机关及其公务人员合法行为造成的，以合法为条件。本案中，某县公安局派出所副所长张某行为时是以殴打等暴力行为行使职权，具有典型的违法性，应该是行政赔偿而非行政补偿。